통번역의
사회문화적 측면

Sociocultural aspects of translating and interpreting

존 벤자민스 통번역 총서 04
한국통역번역학회

John Benjamins Series

04

통번역의 사회문화적 측면

Sociocultural aspects of translating and interpreting

A.핌, M.슐레징어, 주자나 제트마로바 편저 | 이주연 옮김

HU:iNE

Sociocultural aspects of translating and interpreting(Benjanmins Translation Library, v. 67)
from the International Conference on Translation and Interpreting (10th : 2003 : Prague, Czech Republic)/edited by Anthony Pym, Miriam Shlesinger and Zuzana Jettmarová
John Benjamins Publishing Company, Amsterdam/Philadelphia(2006)

발간사

1960년대 캣포드(J. C. Catford)와 니다(E. Nida) 이후 통역학을 포괄하는 광의의 번역학은 현대적 본격 학문 분야로 부상하기 시작하였다. 캣포드의 '언어학적 접근'과 니다의 성서번역을 위한 '소통효과중심의 접근'에 이어 '문화전환'(cultural turn)과 '맥락전환'(contextual turn)의 패러다임 전환을 거치면서 번역학은 학제적 성격(interdisciplinarity)을 더욱더 공고히 하게 되었다.

번역학이 대표적인 학제적 학문분야인 것은 연구대상인 번역현상과 문제의 설명을 위해 가져오는 이론 틀(frameworks)과 연구방법론(research methodology)의 다양성 때문이라 할 수 있다. 번역학은 번역과정과 번역결과물을 모두 연구대상으로 삼는다. 번역사의 '블랙박스' 안에서 번역행위를 둘러싸고 연속적으로 이루어지는 무수한 의사결정 과정과 그 과정에 작용하는 다양한 변수들을 설명하는 한편 이들 작용의 가시적 구현체로서의 번역결과물을 모두 다룬다. 이렇다 보니 번역사의 머릿속에서 이루어지는 과정을 들여다보기 위해 사고발화법(Think-Aloud Protocol), fMRI(기능적 자기 공명 영상 기법), 통계처리를 포함하는 코퍼스 분석, 담화분석 및 기능문법 등 다양한 인접학문분야의 연구성과와 분석도구를 차용하기도 한다.

그러나 번역학이 언제까지나 학제성에 만족하고 있을 수만은 없다. 번역학의 학제성은 그동안 어쩌면 번역학의 일방적 '짝사랑'이었을 수도 있다는 문제의식이 필요한 시점에 와있다. 프랑스 번역학자 질(D. Gile)의 이야기는 이런 면에서 시사하는 바가 크다.

> 『번역학이』 타 학문분야와 맺어오고 있는 파트너십은 균형을 이루지 못한 경우가 대부분 이어서, 『우월한』 지위, 파워, 재정능력 및 실제 리서치 능력은 파트너 관계에 있는 학문분야가 점하하는 경우가 일반적이다. 뿐만 아니라 학제성이 패러다임의 확산을 도와 결과적으로 자율적인 학문분야로서의 통번역 연구의 지위를 약화시키고 있다.
>
> (질 2004: 29)

발생학적으로 학제성을 장점으로 강조해온 번역학의 입장에서 다시 한 번 곱씹어볼 일이다. 핌(A. Pym) 역시 대표적 번역학 학술지의 하나인 『Target』의 역할을 되돌아보면서, 번역학이 인접 학문분야의 연구성과를 도입해오고 있는 반면, 정작 번역학의 연구성과가 인접 학문분야로 전파되는 경우는 상대적으로 드물다는 점을 지적하고 있다. 그만큼 번역학과 인접학문분야의 관계가 균형 잡힌 호혜적 지적(知的) 파트너십은 아니었다는 이야기일 것이다. 이런 시점에서 번역학을 연구하는 우리가 해야 할 일은 번역학 자체의 고유연구영역을 더 분명히 규정하는 한편 학문적 엄격성을 갖춘 연구방법론을 확립하는 일일 것이다.

존 벤자민스(John Benjamins) 출판사의 통번역 총서는 그동안 전세계적으로 번역학의 다양한 연구 성과와 새롭게 개척되는 연구방법론을 선도적으로 꾸준히 소개해왔다는 점에서 일정한 기여를 인정해야 할 것이다. 번역학 연구자라면 누구나 이 총서 가운데 최소한 한두 권 이상은 읽어보았을 정도로 번역학의 학문적 성과를 집대성하여 소개해오고 있기 때문이다. 『존 벤자민스 통번역 총서』 번역작업에 누구보다도 바쁘신 교수연구자들이 다수 자원하신 것은 바로 이 총서에 대한 지적 향수(知的 鄕愁) 같은 것이 작용한 때문은 아닐지.

국내 최초의 전문통번역학 연구단체인 한국통역번역학회(KSCI)가 이번에 『존 벤자민스 통번역 총서』 가운데 대표적인 업적들을 선별하여 번역 출간하게 된 것은 특별히 의미가 크다. 1998년 학회 창립 이래 국내 최초의 한국연구재단 등재지『통역과 번역』, 국제전문학술지 『FORUM: International Journal of Interpretation and Translation』을 발행해오면서 국내외 통번역학의 발전과 소통에 이바지해온 본 학회의 통번역총서 번역 발간이 우리말로 쓰인 번역학 자료에 목말라해온 연구자들에게 도움이 될 수 있기를 희망한다.

경기침체로 출판계 전망이 장밋빛이지만은 않은 상황에서 "뜻있는 기획출판일수록 대학 출판부에서 맡아야 한다."며 선뜻 『존 벤자민스 통번역 총서』 출판 추진에 합의해주신 한국외국어대학교, 특히 권원순 출판부장님과 안상덕 팀장님, 신선호 과장님께 고개 숙여 감사를 드린다. 학회를 대표하여 출간을 총괄해주신 김대진 서울과학기술대학교 교수님과 실무조정을 도와준 이주연 한국외대 통번역대학원 교수님께도 감사의 마음을 전한다.

2014년 4월 1일

한국외국어대학교 영어통번역학부 교수

한국통역번역학회 회장

정호정

서문

이 책은 2003년 9월 11~13일 프라하의 카를 대학교 번역학연구소가 '번역의 목표(Translation Targets)'라는 주제로 개최한 제10회 국제통번역학술대회에서 발표된 논문들을 엮은 것이다. 학술대회 기간 그리고 이후 번역학에서 핵심 분야로 떠오른 사회문화적 접근법들에 초점을 두어 논문을 선택했다.

이와 관련해 편집자들은 번역과 통역을 모두 포함하는 것이 중요하다고 인식했다. 특히 '지역사회 통역' 혹은 '공공서비스 통역' 영역에서 사회문화적 접근에 관한 놀라운 발전이 있었기 때문이다. 따라서 단순한 텍스트 통역보다 맥락에서의 권력관계가 더 중요한 의료기관, 이민자 구금소, 망명 심사 면접 등의 상황에서 통역사의 역할을 고찰한 논문들을 포함했다. 이러한 연구와 보다 전통적 연구 분야를 같이 살펴보면서 여러 영역에 걸쳐 같은 질문을 던지게 되기를 희망한다. 예를 들어 망명 심사에서 비대칭적 권력관계가 윤리적 문제를 일으킨다면 문학 번역에서도 이러한 요소가 영향을 미치지 않을까? 물론 반대 방향의 질문도 제기될 수 있다. 문학 번역에서 사회적 행위자들의 협력과 합의가 이루어질 수 있다면 공공서비스 통역에서도 이러한 개념들이 적용될 수 있지 않을까? 이러한 질문에 대한 답이 부정적일 지도 모른다. 하지만 최소한 이 같은 질문이 번역학 연구에서 허용되어야 한다.

이 책에 실린 논문들은 특정 학파나 이론을 지지하기 위해 선택된 것이 아니다. 사회문화적 요소들에 대한 근본적인 문제의식을 느끼고 매우 폭넓은 번역 및 통역 상황들을 모색하기 위한 연구들이다. 우리가 이 책에서 새롭게 제시하는 공간에서의 연구를 통해 앞으로 언젠가는 근본적인 문제들에 대한 답을 찾기를 희망한다.

편집 과정에서 스페인 타라고나에 있는 로비라 이 비르힐리 대학교의 '문화 간 연구그룹(Intercultural Studies Group)'의 지원을 많이 받았다. 특히 박사과정 학생들인 알렉산더 페레크레스텐코(Alexander Perekrestenko), 이사벨 첨보(Isabel Chumbo), 나타 하지두(Nata Hajdu), 나티비다드 헤레로 프라도(Natividad Herrero Prado), 그레타 호머(Greta Holmer), 아이세나즈 코즈(Aysenaz Kos), 카를로 마르조키(Carlo Marzocchi), 루이스 로돌포 모란 퀴로즈(Luis Rodolfo Morán Quiroz), 산드라 포퍼드(Sandra Poupaud), 블랑카 리세히 이 로이그(Blanca Rissech i Roig), 타티아나 살라에트(Tatiana Salaet), 카요코 다케다(Kayoko Takeda), 막달레나 탈라반(Magdalena Talaban), 실비아 빌라노바 수브라츠(Silvia Vilanova Subirats), 제니퍼 바니(Jennifer Varney), 마지 바그너-노로카(Maj Wagner-Nawrocka) 등의 도움에 감사를 표한다.

차례

제 4 장 역할과 가치의 인식

제 5 장 내부 맥락과 외부 맥락의 상호작용

제 6 장 드러난 권력 관계

제 7 장 권력 배분과 협력

제 8 장 체계 구축

제 9 장 통역학의 견해

John Benjamins Series

04 Sociocultural aspects of translating and interpreting

제 1 장

들어가며

들어가며

번역학의 사회문화적 측면에 관하여

안소니 핌 Anthony Pym

스페인 로비라 이 비르힐리 대학교 문화 간 연구그룹

번역학 내의 다양한 사회문화적 접근법은 마치 '연장통'과 같아서 어떤 모델이나 변수이든 사용할 수 있다. 따라서 무엇이 사회문화적 설명이며, 방법론적으로 어떤 관련 요인들을 찾을 수 있는지, 어떤 인과관계가 작용하는지, 문화적 측면과 사회적 측면이 실제로 같은 것인지 등에 대한 많은 의문이 있다. 이와 같은 문제들을 정리하고 답을 얻기 위해 이 글에서는 다음과 같은 다양한 모델을 살펴볼 것이다. 사회적 측면과 문화적 측면 간 방법론적 이동을 하는 모델, 거대한 사회체계의 경계를 정의하는 전문가 문화(혹은 '번역문화') 안팎에서 관련 요소들을 찾는 모델, 인과관계가 상대적으로 비대칭적 상관관계로 나타나는 모델, 사회적 측면을 일부 정량적(추상적 실증 데이터) 방식으로 살펴보고 문화적 측면을 정성적(상징화 관습)으로 파악하는 모델 등이다. 사회문화적 접근법은 대체로 시스템에 속한 개체로서의 텍스트 연구보다 중개자 역할을 하는 사람들을 연구하기에 더 적합하다. 그러므로 상당 부분 통역학의 연구 업적을 활용하며, 전체 사회를 대상으로 하는 일반적 사회학 연구에 종속되기를 거부한다.

* 본 논문에 대한 미카엘라 울프(Michaela Wolf), 산드라 푸포(Sandra Poupaud), 그라시엘라 칼데론(Graciela Calderon)의 의견에 감사를 표한다.

2003년 9월에 프라하에서 개최된 학술대회는 표면적으로 '번역의 목표(translation targets)'에 관한 것이었다. 그러나 이 책에 실린 논문들은 '사회문화적 접근법'이라는 기준으로 취합되었다. 몇 달 후 텔아비브에서 '제도, 습성, 개인: 문화 교류의 사회적 역사적 정치적 측면'을 주제로 한 워크숍에서 번역학자들과 사회학자들이 한자리에 모였다. 2005년 5월에는 오스트리아의 그라츠에서 '사회적 행위로서의 통역과 번역'이라는 주제로 국제회의가 개최되었다. 이 책의 논문에서 푀히하커(Pöchhacker)가 지적한 대로 최근 수년간 많은 통역연구는 '사회학적' 특성을 담고 있다(이전에는 주로 '심리학적' 접근법이었다). 즉 상당한 규모와 깊이를 지닌 어떤 사회적 흐름이 감지된다. 우리는 이 책에 실린 논문들을 의도적으로 선정된 연구 샘플로 활용하여 이러한 흐름이 무엇인지 살펴보고자 한다.

번역물이 아닌 중개자에 대한 초점

번역에 대한 사회적 문화적 접근은 과거에도 많이 있었다. 예를 들어 나이다(Nida)의 『언어간 소통의 사회언어학(The sociolinguistics of interlingual communication)』(1996)과 페르그니에르(Pergnier)의 『번역의 사회언어학적 기반(Les Fondements sociolinguistiques de la traduction)』(1980)과 같은 훌륭한 저작이 있다. 혹은 프랑스어권 캐나다 학자들이 문학 번역의 사회학적 접근법에 지대한 관심이 있었음을 주목할 수 있으며, 여기에서 형성된 소규모의 연구 전통을 보면 브리셋(Brisset)의 『번역의 사회비평(Sociocritique de la traduction)』(1990)과 구안비크(Gouanvic)의 『번역의 사회학(Sociologie de la traduction)』(1999)의 연결고리를 찾을 수 있다. 더 넓게 보면 1970년대부터 시작된 기술적 번역 연구에서 이미 포괄적인 문맥을 고려해 왔다고 볼 수 있다. 이렇게 볼 때 사회적 문화적 접근의 역사는 30년 정도이며, 넓게 보면 더 오래(나이다가 1940년대에 중요한 논문들을 발표)되었다고 볼 수 있다.

그러나 이러한 저서와 이론들은 근본적으로 텍스트 연구 방법론을 채택했다. 출발텍스트가 해당 사회문화적 맥락에서 어떤 기능을 하는지, 그리고 도착텍스트가 도착 사회에서 어떻게 기능하는지를 연구하기 위해 사회학, 사회언어학 또는 문화학적 분석이 이루어졌지만 모두 텍스트가 연구의 중심이었다. 충분히 이해가 간다. 성경 번역 이론가들은 기록된 말씀에 집중하며, 사회언어학자들은 언어 사용을 연구한다. 그리고 대부분의 기술적 번역 연구는 텍스트를 대상으로 하는 문학 연구에서 기인한 것이었다. 물론 푸코(Foucault)의 연구와 같은 비평적 담화 이론의 영향으로 번역 이론가들은 텍스트와 문맥을 담화 형성 측면에서 살펴봄으로써 텍스트성(textuality)을 사회적 영역으로 확장시켰다. 사회적 영역에서 텍스트는 매우 중요한 대상이 될 수 있으며 러시아 형식주의나 일반적인 기호학도 이러한 관점을 담고 있다. 번역의 텍스트성을 기반으로 한 사회문화적 접근법이 정말 다양하다는 것은 고무적이다. 그리고 이러한 경향은 잘 정립된 언어학이나 문학 연구 분야 발전과 궤를 같이 해 왔다. 더 넓은 맥락을 보기 위해 발전한 학문 분야는 사회언어학뿐만 아니라 텍스트 분석, 담화 분석, 화용론, 문화학 등이 있다.

그러나 번역이 아니라 '번역사'에 초점을 맞춘 접근법은 무언가 다를 것이라 예상할 수 있다. 번역사의 사회학 혹은 더 포괄적으로 중개자(mediator)의 사회학을 찾는다면 무엇을 발견할 수 있을까? 나이다의 연구는 번역사 개개인에 거의 초점을 두지 않으며, 지방적 사회언어학 연구도 마찬가지이다. 번역사를 익명으로 두고 이론을 발전시키는 연구자들은 사회적 정체성의 변화에 별로 관심을 두지 않을 것이다. 마찬가지로 기술적 번역 연구와 같은 전통적인 연구분야에서도 맥락 안에 존재하는 번역사에 대한 관심은 거의 없으며, 대부분 텍스트에 나타난 일련의 변화를 연구하거나 번역이 문화체계에 미치는 영향에 중점을 둔다. 어떻게 보면 초기 처방주의에 대한 반대의 연구(즉, 기술적 접근법)도 중개인에게 관심을 두지 않았다고 할 수 있다. 즉, 출발텍스트 사회학으로부터 도착어 사회학으로 이동했을 뿐, 번역사의 사회학에 대해서는 거의 논의하지 않았다.

그러면 어디에서 번역 하는 사람에 대한 초점을 찾을 수 있을까? 최근의 중요한 기술적 번역 연구 성과들을 들 수 있다. 투리(Toury, 1995)는 행위(단순한 언어구조가 아닌 인간 행위)의 규칙성으로 이해되는 대단히 사회학적 개념인 규범(norm)으로 사회적 주관성(social subjectivity)을 분석하였다. 또한, 투리는 사람들이 번역사가 되는 과정에 관심을 두었는데(1995, p. 241ff), 여기에 전문직업적 맥락에 대한 연구 질문이 포함되었다. 또한 번역사와 의뢰인의 권력관계에 관한 연구(르페브르(Lefevere), 1992), 특정 번역 규범이 문화 간 비대칭적 관계에 미치는 사회적 영향에 관한 연구(베누티(Venuti), 1995), 혹은 의사소통의 특징으로서의 사회적 중개의 역할에 대한 관심 및 이와 관련하여 번역사의 사회언어학적 정체성을 구성하는 일환으로서의 사회적 중개에 대한 관심(피터스(Peeters), 1999) 등이 있었다. 그러나 이러한 시도는 아직 번역사의 사회학이라 불릴 만큼의 정형화된 학문을 형성하지는 않았다.

'기능주의' 접근법의 근간이 되는 독일어로 쓰인 논문에서 보충적인 접근법을 발견할 수 있다. 베르미어(Vermeer)와 홀츠-맨테리(Holz-Mänttäri)는 방법은 서로 다르지만, 번역사가 특정한 사회적 정체성을 지니며 의사소통 과정에서 매우 적극적인 역할을 한다고 보았다(홀츠-맨테리의 전문성(expertise)에 대한 주장, 혹은 베르미어의 번역사의 역사적 지위와 번역사가 의뢰인과 협상하는 능력에 대한 관심). 이러한 접근들은 실증 연구의 관점으로 보면 명백하게 사회학적이라고 할 수는 없지만, 단순한 텍스트가 아니라 사회적 관계의 분석에 관심이 있었음은 분명하다(홀츠-맨테리는 말리노우스키(Malinowski)에서 실마리를 찾았다). 또한 피히하커는 스코포스(skopos) 이론을 초기 프레임으로 이용하여, 국제회의 통역사를 단순히 출발텍스트 화자와 도착텍스트 청자의 맥락에서 살펴보는 것이 아니라 전체 회의를 거시적 텍스트(macrotext)로 간주하고 그 안에 위치한 통역사를 고찰했다(푀히하커, 1994).

중개자, 그리고 이들의 사회적 맥락에 대한 관심은 번역학보다는 통역학에서 두드러졌다. 아마도 통역사가 처한 상황은 모두에게 눈에 보이는 상황이기 때문일 것이다. 통역사의 다양한 사회적 관계 네트워크를 간과하기는 쉽지 않다(물론 심리학적 연구를 선호했던 수십 년 동안 이 부분은 간과되었다). 지역사회 통역이나 대화 통역에 대한 관심이 높아지고 있다는 것이 근본적인 변화이다. 이 주제는 이 책에 실린 폴라바우어(Pöllabauer), 그르비치(Grbič), 나바로 몬테스데오카(Navarro Montesdeoca), 루드빈(Rudvin), 란노이(Lannoy), 반 구흐트(Van Gucht) 그리고 물론 푀히하커의 논문에서도 다루어지고 있다. 재판, 병원, 공식적 면담 등의 맥락에서 사회적 상황은 가시적일 뿐만 아니라 중요한 우선순위가 된다. 이러한 상황에서는 누가 중개자 역할을 수행하고 어떻게 다른 의사소통 파트너들과 관계를 맺는지에 관심을 가져야만 비로소 텍스트 자체의 사회언어학적 특징들을 살펴볼 수 있다.

따라서 일부 연구자들과 연구 분야의 관심이 텍스트에서 중개자로 옮겨갔다. 이제 출발텍스트와 도착텍스트의 사회문화적 측면에 머무르지 않고 누가 누구를 위해 중개를 하며 어떤 사회적 네트워크에서 어떤 사회적 영향을 미치면서 중개활동이 이루어지는지 등의 질문을 살펴보자는 것이다.

이와 같은 질문에 대해 어떤 성과가 있었는가? 이 책에 실린 논문에서 답을 찾고자 한다. 먼저 보다 전통적인 문학번역 분야를 살펴보고, 이어 상대적으로 최근에 발전한 통역학 분야를 살펴볼 것이다. 대부분의 논문이 앞에서 언급한 다양한 문헌에서 얻은 통찰을 반영하면서 '연장통' 접근법으로 번역을 설명하려 한다. 그러나 일부 논문에서는 더욱 구체적인 개념들을 찾고자 부르디외(Bourdieu)를 인용하거나, '번역문화'에 대한 프룬크(Prunč)의 분석을 활용하거나, 구성주의적 사회체계를 활용한다. 이러한 연구를 살펴보면서 우리는 몇 가지 방법론적 범주를 제안하여 미래의 연구자들에게 조금이나마 도움이 되기를 바란다.

관찰과 설명

이 책에 수록된 연구 대부분은 먼저 일련의 관찰을 수행한 후 그 결과를 설명할 수 있는 요소들을 살펴본다. 관찰 대상은 대부분 번역과 관련된 것이고, 다분히 사회문화적 요소로 현상을 설명하고자 하며, 이 둘을 연결하는 가설 혹은 암묵적 가설, 즉 번역을 사회문화적 측면에서 설명하려는 가설을 연구한다.

우리는 '설명(explanation)'을 대단한 개념으로 정의하지 않을 것이다. 번역학은 설명보다는 관찰을 중심으로 발전했지만, 우리가 이제 수행해야 하는 진정한 작업은 바로 만족할 만한 설명이 무엇인지 합의하는 것이라는 체스터만(Chesterman, 2004)의 주장에 동의한다. 그러한 합의에 도달하기 전에는, 우리가 제시하는 '설명'은 인과관계를 내세우는 이런저런 가설을 의미한다. 특정한 현상이 발생하려면 일련의 요소들이 필요하다는 식으로 가설을 수립하고 요소들이 변하면 해당 현상이 변한다고 가정한다. 이는 상당히 문제가 있는 개념이다. 단순히 '기술적' 혹은 '시스템적'(단순한 시스템에서는 특정 요소들이 다른 요소들에 약한 인과관계를 갖지만, 복합적인 시스템에서 대규모 시스템은 상호작용하는 소규모 시스템들보다 더 강력한 인과관계를 가진다.) 연구들은 수십 년 동안 이런 문제를 효과적으로 피해갔다. 투리가 번역의 '경향 법칙(laws of tendency)'을 수립하기 위해 수행한 연구에서 '설명'은 중요하게 다루어지지 않았다.

그는 문화의 상대적 우위(출발문화가 더 우세한 경우 번역사의 작업에 영향을 준다)와 같은 번역 외적 요소들에 인과관계를 부여했지만, 포괄적 설명이 가능한 단일 변수를 찾는 일은 꾸준히 회피했다. 그는 "다른 요인에 인해 항상, 축소, 혹은 상쇄되지 않는 단 하나의 요인은 존재하지 않는 것 같다"(2004, p. 15)고 말했다. 이것은 결정론적 추론으로는 번역(혹은 번역사)을 설명할 수 없다는 뜻이다. 결국, 설명은 없이 영향을 미치는 다양한 요인의 목록만 남으며, 이러한 요인의 영향을 확률로 표현할 뿐 단일하게 우세한 인과관계가 없는 상태가 된다. 그렇게 되면 번역은 결국 매우 다양한 요인들이 같은 역사적 장소에서 발생할 때 이루어지는 행위로 전락한다.

우리가 번역학에서 발견하는 것도 이러한 다원적 설명들이며, 위에 언급한 투리의 관찰이 대부분의 사회생활에 적용될 수 있다. 그러나 이러한 접근법은 복잡함을 더할 뿐이며 근본적으로 만족스럽지 못하다. 원칙적으로 연구자는 가능한 요인의 영향을 모두 고려해야 하지만 어떤 요인이 어떤 영향을 미칠지 모르기 때문에 생각할 수 있는 모든 요인을 모두 고려할 수는 없다. 투리는 이러한 딜레마를 해결하기 위해 확률(probability)적 접근을 제시했다. 이는 우리가 연구하는 가설들은 기계적인 원인과 결과 관계가 아니라 경향(tendency)임을 뜻한다. 즉 '더 X할수록 더 Y한다'는 형식(예컨대 출발문화가 더 우세할수록 번역은 더 이국화된다)으로 표시할 수 있다. 확률을 사용한다는 것은 설명적 요인이 변할 경우 어떤 결과가 나올 것인지 예측하는 것이 연구의 목적임을 뜻한다. 예를 들어 선행연구를 살펴보니 한 문화의 위상이 번역 전략 선택과 인과관계가 있으며 이 요인은 다른 요인들(예를 들어 번역사의 경험, 성별, 번역료 등)보다 더 강력한 원인이 될 확률이 높다고 주장할 수 있다. 이러한 확률론적 사고방식은 사회과학의 가장 중요한 방식이다. 이 방법에서는 상대적 확률을 구하기 위해 통계 모델링을 해야 한다. 그러나 확률을 계산하려면 먼저 알려진 인과 변수들의 데이터베이스를 구축

해야 하며, 이를 위해서 모든 가능한 요인을 살펴보아야 한다. 그렇다면 우리는 연구방법의 설계나 신진 연구자들에게 대한 조언을 할 때 결국 제자리로 돌아오게 된다. 만일 연구자들이 가능한 요인들을 모두 살펴보아야 한다면 결국 아무런 연구 성과도 내지 못할 것이다. 연구 결과에 여러 내용이 뒤섞이게 되고, 사례 연구에서 쉽게 일반적 원칙을 도출하지 못할 것이다. 게다가 고려해야 하는 요인들이 계속 늘어난다면 어떻게 연구자들이 현상에 대한 설명을 찾을 수 있겠는가!

이쯤에서 어떤 요인이 설명에 더 많은 도움이 되는지를 판단하기 위해 몇 가지 간단한 질문을 던지고자 한다. 첫째, 관찰한 요소와 설명하려는 대상 사이에 근본적 차이가 있는가? 둘째, 어떤 종류의 요인이 가장 강력한 설명력을 갖는가? 셋째, 사회적 요인과 문화적 요인이 적용 측면에서 차이가 있는가? 그리고 넷째, 가장 근본적인 질문으로 설명이 단지 관찰한 요소들을 인과관계적 혹은 확률적으로 설명하는 데 그치는가, 아니면 연구 문제의 해답을 어느 정도 제시하는가(핌, 2003).

이 책에 담긴 연구를 통해 우리는 위와 같은 질문의 답을 찾아보고자 하며 특히 관찰과 설명이 어떻게 관련되는지 살펴보려 한다.

스텔라 린(Stella Linn)은 네덜란드어와 스페인어 사이의 번역 흐름을 관찰하면서 어떤 시기에 어떤 종류의 텍스트가 얼마나 번역되었는지에 대해 상당히 정확한 통계를 제시한다. 또한, 이러한 현상을 설명하기 위해 개별 번역사, 출판사, 정부 정책, 도착시장의 틈새, 출판박람회 같은 문화 행사의 역할을 살펴보고, 네덜란드어로 기록된 신학 텍스트들의 번역 현상을 설명하기 위해 가톨릭의 이데올로기적 근대화가 미친 역할도 살펴본다. 이러한 요인들은 실제 번역 흐름에 영향을 미친다. 린의 논문에서는 가능한 여러 원인을 하나의 대표적 요인으로 압축하거나 모든 요소가 하나의 거대한 시스템에 속한다는 주장을 하지 않는다. 이 논문과 같은 유형의 연구는 다양한 이론을 접목하여 특정 현상을 설명하려 한다. 이러한 사회문화적 접근법은 근본적으로 다변수 적이다. 여기에서도 만병통치약을 적용하기보다는 방법론적인 연장통을 이용했다. 레비스트로스(Lévi-Strauss) 당시에 그랬던 것처럼 우리는 연장통을 이용하는 목수가 될 수 있다. 그러나 절충주의는 결코 지적인 만족을 주지 못한다. 앞서 말했듯이 모든 것을 기술할 수 없고, 특정 설명적 요인이 다른 요인들의 영향을 계속 받는다면 도대체 어디에서 멈춰야 하는가?

페카 쿠야매키(Pekka Kujamäki)는 다소 협소한 설명 방식을 채택한다. 1920년대와 1930년대 독일 내 핀란드 문학의 수용을 관찰하면서 요하네스와 리타 오퀴스트라는 중개자들의 역할에서 설명적 변수를 찾는다. 즉, 이들이 교환한 서신을 분석하여 개인이 한 문학의 다른 문학에 대한 상대적 개방성과 폐쇄성에 영향을 미칠 수 있음을 보여준다. 이 자체를 사회학적 기여(서신 교환은 문화적 경계를 넘어 편지를 주고받는 사람들이 속한 네트워크 내에서만 영향을 준다)로 볼 수 있다. 물론 이러한 접근법을 채택한다고 해서 번역 흐름에 분명한 영향을 주는 다른 요소들을 배제한다는 것은 아니다. 단일 변수에 집중하는 것도 지식에 이바지하는 바가 있기 때문에 이러한 연구도 상당한 타당성을 지닌다. 이 훌륭한 사례 연구는 또한 당시의 이데올로기적 맥락이 어떻게 두 중개자에게 영향을 주었는지 설명하였다. 예컨대 요하네스 오퀴스트는 독일어로 번역하는 과정에서 '전형적인 핀란드 방식'을 채택했으며, 리타 오퀴스트는 핀란드 문학을 번역하면서 퇴폐적 요소를 자체 검열하였다. 이는 두 중개자가 나치 독일의 이데올로기적 규범을 받아들이면서 그렇게 한 것이었다. 여기에서 앞의 첫 번째 질문을 대입해보자. 사회적 맥락으로 인해 개인의 기여가 달라졌는가? 혹은 개인이 서신 교환의 사회적 맥락에 영향을 주었는가? 물론 두 방향 모두 어느 정도 영향을 주었을 것이다. 따라서 관찰과 설명의 비중 할당은 어찌 보면 자의적이라고 할 수 있다.

개비 톰슨-홀게무트(Gaby Thomson-Wohlgemuth)는 동독 당국이 영어로 된 아동 문학의 번역을 어떻게 통제하려 했는지 보여주는 검열 문서를 분석하였다. 철저히 계획된 출판 산업의 이면을 들여다본 이 훌륭한 연구는 검열을 위한 평가 내용이 담긴 실제 문서들뿐만 아니라 문학 교류와 관련된 경제적 측면을 상세하게 보여준다. 이 연구에서 관찰 데이터는 동독에서 출판 혹은 판매된 텍스트들이며, 설명적 요인은 정책의 복잡한 시스템, 검열 관행, 출판업체들과의 관계 등이다. 또한, 다른 요인들을 생각해볼 수 있다. 예를 들면 번역사나 개별 검열관의 역할(어떤 시스템도 개인 없이 기능하지 않는다), 다른 소련 연방국들과 공유하는 네트워크(언급되지만 결정적인 요소로 간주하지 않았다) 등이 있다. 쿠야매키는 개별 중개자를 강조하는 반면, 톰슨은 공식적 체계를 우선시한다. 이는 분석 대상인 문화적 상황의 중대한 차이점 때문에 연유할 것이다. 그렇지만 방법론적 가정들 때문이 이러한 차이가 발생할 수도 있다. 연구자들은 분명 자신들이 보기에 가장 확률이 높은, 또는 가장 쉬운 설명을 모색하고 찾는 경향이 있다. 이는 사회 상황이 달라지면 그것에 따라 새로운 사회학을 개발해야 한다는 뜻이 된다. 과연 우리는 공통의 확률 집단을 구축할 수 있을까?

마리아 고레치 몬테리우(Maria Goreti Monteiro)는 18세기에 포르투갈어로 번역된 『로빈슨 크루소』의 상당 부분이 생략되었으며, 특히 로빈슨이 프라이데이에게 가톨릭의 문제점을 설명하는 부분이 생략되어 있음을 관찰한다. 이 경우 번역가인 엔히키 레이탕(Henrique Leitão) 의 일대기에서 원인을 찾는데, 종교 재판을 받은 경험이 있는 그가 민감한 내용을 자체적으로 검열하여 문제가 되는 부분들을 생략하고 위기를 넘겼다는 것이다. 몬테리우의 연구 방법론은 명확히 정의된 세 단계로 구성되는데, 번역에서 발견되는 생략, 자체 검열을 적용한 번역사의 일생, 유럽의 개신교와 가톨릭의 갈등을 세 개의 동심원으로 표현하고

원이 더 클수록 설명력이 높다고 가정한다. 누가 이러한 강력한 모델을 반박할 수 있겠는가? 동심원으로 표현되는 요인들은 오랫동안 사회적 인과관계의 모델로 사용되었고 사회체계 이론에서 많이 사용되었다(체계의 규모가 클수록 설명력이 강하다). 이때 요소(혹은 '원')의 상대적 크기에 대해 상당히 멋진 정의를 부여한다. 그것은 그 요인과 인과 관계가 있는 다른 요인의 개수를 의미한다. 번역사가 텍스트 일부를 생략하면 어떤 결과를 초래하겠지만, 생략이 세계에 미치는 영향은 종교 재판이 미치는 영향보다 훨씬 보잘것없다. 그럴 수 있다. 하지만 이 사례에서는 동심원들이 출발문화 혹은 도착문화의 사회적 특징을 잘 담아내지 못한다. 번역사가 과거 프랑스에서 모험 했던 점, 이전의 프랑스어 번역(암스테르담에서 출판되기는 했지만)을 보았던 점, 유럽 전역에서 국내외적으로 이데올로기의 갈등이 있었던 점을 함께 고려해야 한다. 고전주의 사회학에서 발전한 동심원들(한 국가사회를 설명함)은 번역이라는 상황에 적합하지 않다고 판단된다.

로디카 디미트리우(Rodica Dimitriu)는 루마니아어로 아주 다양하게 번역되고 다시 쓰여진 『로빈슨 크루소』를 다룬다. 디미트리우는 이 현상을 설명하기 위해 다양한 번역본이 등장하게 된 명백한 사회적 원인을 지적한다. 처음에는 교육 목적의 번역이 있었고, 그다음에는 오락용으로, 그리고 모험 소설 장르를 소개하고자 번역되었으며, 복잡한 소설 그 자체로 번역되기도 하고, 공산주의를 지지하는 경제적 우화로도 번역되었다. 마지막으로 『로빈슨 크루소』를 모방한 소설이 소개되는데, 여기에서 주인공은 무인도가 아니라 루마니아 알리키아 두메산골에 살고 있으며 도착문화권의 시골 풍습들을 반영한다. 이렇게 여러 번역이 이루어진 특수한 원인이 있으며, 역사적으로 도착문화의 복잡한 이미지를 구성한다. 하지만 유럽의 다른 문화권에서도 비슷하게 로빈슨 크루소 부류의 이야기들이 만들어졌는데 왜 특정 문화만 살펴본 것일까? 아마도 연구자는 하나의 문화만 살펴보았기 때문에 방법론적으로 왈라키아로 제한한 것으로 생각한다. 이것이 전통적인 설명적 대칭주의의 아름다움일 것이며, 디미트리우는 도착어 측면의 인과관계를 먼저 가정하고 이를 확인하는 방식으로 연구했다.

가브리엘 루이 모얄(Gabriel Louis Moyal)은 19세기 초 영어에서 프랑스어로의 번역을 일으킨 여러 요인을 살펴본다. 여기에서 관찰 대상은 번역에 대한 태도이며 특히 당시 언론에 나타난 내용을 대상으로 했다. 이문화 간 논쟁(테커리는 파리에 거주하는 언론인으로 이 난투극에 끼어들었다)에 참여한 번역사, 작가, 비평가와 언론인이 표출한 의견들을 근거로 설명을 모색한다. 그리고 복잡한 논쟁의 상위에는 거대한 정치의 흐름이 존재하는데, 번역을 정권을 지지하는 번역과 반대하는 번역으로 구분했다. 그렇다면 동독의 출판검열, 포르투갈의 종교재판 때문에 내용이 축소된 『로빈슨 크루소』, 혹은 루마니아의 작은 마을로 배경이 옮겨진 다른 버전의 『로빈슨 크루소』의 경우처럼 모든 원이 동심원일까? 이 질문에 대한 답은 그리 간단하지 않다. 정치권력은 가장 상위의 설명으로서 그려지는 원(군주국 혹은 공화국으로서의 프랑스)을 규정한다. 물론 프랑스와 영국을 가로지르는 다른 많은 요소이 있었다(아니면 영국이 완전히 수동적이었다고 생각해야 하는가?). 그러나 이 논문의 저자가 원하는 것은 단순한 설명이 아니라 비판이기 때문에 연구 주제가 더욱 복잡해진다. 저자는 번역이 대표성이라는 최소한의 기준을 지켜야 한다고 생각한다. 기준을 세우고 지키지 않는다면, 이는 타자를 도용하는 것이며 이익을 위해 외국 문화를 잘못 대표하는 것을 의미한다. 궁극적으로 저자는 부끄러운 번역을 상업성과 연계하여 설명하고 번역에 대한 논쟁을 궁극적으로 정치와 연계하여 설명한다. 이는 단순한 세상이 아니다.

아그네스 휫필드(Agnès Whitfield)는 휴 매클라렌의 『고독한 두 사람(Two Solitudes)』을 캐나다의 이중 언어적 정체성의 두 측면을 모두 표현한 작품이라는 관점이 아니라 퀘벡에서의 매우 다른 수용과 반응을 얻은 작품이라는 측면에서 접근한다. 1945년 이 작품이 영어로 출판되었을 때 긍정적 반응을 얻었지만, 1963년 프랑스어로 번역되었을 때에는 훨씬 더 비판적인 반응을 일으켰다. 영어본과 프랑스어본의 반응이 다른 이유는 이 기간(1945~1963)에 일어난 퀘벡 사회의 변화와 관련된 것으로 보인다. 퀘벡은 1940년대에는 개방성을 중시하다가 1960년대에는 독립을 추구했다. 이런 설명은 동심원을 이용하는 사회학적 기준으로는 충분하다. 그러나 저자는 단순히 두 가지 측면만 있는 것은 아니라고 주장한다. 원작 소설 자체가 이미 번역적 텍스트이며 프랑스어를 사용하는 퀘벡 사회를 영어로 표현하여 뉴욕에서 출간되어 캐나다뿐만 아니라 미국 독자들을 목표로 한 출판물이었다. 그렇다면 프랑스어 번역은 퀘벡 중심의 '원작'을 보여주어야 했지만, 실상 유럽식 프랑스 언어 규범에 따라 번역되고 프랑스에서 출판되었다. 당시 퀘벡에서는 유럽식 프랑스어와 영어를 문화적 지배 도구로 간주했다. 그러므로 저자가 주장하는 인과관계 논리에 따르면, 단순히 '새로운 사회, 새로운 수용'의 단순한 공식에서 그치지 않는다. 실제로 이러한 복잡성은 저자가 속한 캐나다 학계의 특징에서도 찾아볼 수 있다. 비교문학은 이중적인 틀(하나의 작품을 다른 작품과 비교)로 접근하는 반면, 번역학은 본 연구에서 고찰한 것처럼 방법론적으로 문화간 측면들을 밝힐 수 있다. 인과관계를 밝히다 보면 사회적 측면을 보게 되며, 우리도 사회의 일부분임을 알 수 있다.

이 그룹에서의 마지막 연구는 휫필드의 접근법인 이문화 간 수입과 잘 연결된다.

다니엘 갸농(Daniel Gagnon)은 캐나다/퀘벡의 이문화 간 맥락에서 작가이자 자가번역사로서 자신의 경험을 일인칭 시점으로 서술한다. 국외거주자, 망명자, 다언어 텍스트 저자라는 사회적 맥락에서 자신의 위치를 정의하고, 비슷하게 영어와 프랑스어로 자가번역을 하는 캐나다 작가 휴스턴(Huston)의 작품과 자신의 작품을 비교한다. 갸농은 타인의 작품을 번역할 때보다 자가번역에 더 많은 자유가 있음을 관찰한다. 실제로 두 경우 모두 프랑스어 번역본이 원작으로 인정되어 상을 받았다. 그러므로 자가번역을 논하면서 번역을 수동적 재표현으로 여기는 보편적 개념에 문제를 제기한다. 또한, 모얄이 비판적으로 주장하는 '최소한의 규범' 필요성에 대해서도 의문을 제기할지도 모른다. 그렇지만 여기에서도 작가/자가번역사가 식민주의 표준 언어에 대해 취할 수 있는 복잡한 파괴적 입장에서 사회적 맥락에 대한 인식을 발견할 수 있다. 휴스턴은 북미의 영어 중심 문화에 대한 비판의 목적으로 '제국'식 프랑스어로 번역한 반면, 갸농은 장난기 있는 외국인의 관점으로 영어 원작을 저술하는 방식으로 프랑스어 헤게모니로부터 자유로워지고자 한다. 두 작가 모두 한 문화를 다른 문화와 구별하는 전통 사회학에서는 보기 힘든 공간인 포스트식민주의 공간에서 작업했다.

작가나 번역사의 개인 행위를 설명하려다 보면 사회적 설명에 한계가 있음을 깨닫게 될지도 모른다. 하지만 여전히 사회적 측면에서 작가의 의식을 표현하고 구체적 맥락 안에서 상호작용을 기술한다. 따라서 이러한 연구는 순진한 '자기보고 데이터'라고 할 수 없다. 사회학의 한계에 거의 다 도달했으니, 이제 현장의 번역사와 통역사들이 어떤 이야기를 하는지 들어보도록 하자. 하나 이상의 사회(언어, 문화)가 관련될 때 중개자의 위치가 그렇게 간단하지 않다는 것을 알게 될 것이다.

대칭적 상관관계와 비대칭적 상관관계

여기서 잠시 설명의 문제를 다시 생각해 보아야 한다. 앞서 관찰과 설명의 역할 분배가 자의적으로 이루어지는지 질문해 보았다. 예컨대 단순히 지금까지의 전통이 그랬기 때문에 연구자가 텍스트를 출발점(관찰 대상)으로 삼는 것일까? 그리고 설명적 요인이 관찰 대상의 결과가 아니라 원인인지 질문해 보았다. 또한 여러 동심원을 그리고 바깥쪽 원이 안쪽에 위치한 원을 설명한다는 접근법을 살펴보고 이러한 접근법에 문제를 제기했다. 동심원들이 과연 인과관계를 나타내는가? 어떻게 인과관계의 방향성을 확신할 수 있는가? 여러 사회가 개입되는 연구에서도 동심원 개념을 적용할 수 있는가? 이와 같은 문제를 공식화해보자.

앞서 언급한 대로 기본적인 관찰-설명 관계는 '더 X할수록 더 Y하다'로 표현할 수 있다. 앞서 사용한 예를 다시 들자면 어떤 문화의 위상이 높을수록 그 문화의 작품을 번역할 때 더 많은 이국화가 이루어지는 경향이 있다(투리, 1995). 사실 이 명제는 조환 적이어서 다음과 같이 주장할 수도 있다. '어떤 문화의 작품이 직역되는 경향이 많다면 그 문화에 더 높은 위상이 부여된다'(코타리(Kothari)). 번역 경향에 인해 위상이 달라질 수 있으며, 위상이 어떤가에 따라 번역 경향이 달라질 수도 있다. 따라서 이 명제는 상대적으로 대칭적이며 어떤 요소를 관찰하고 어떤 요소로 설명하던지 별 차이가 없을 정도(따라서 수학에서 3+2 = 2+3인 것과 같이 교환 가능)이다. 쿠야매키 논문에서 이러한 대칭적 관계(영향력 있는 중개자가 문학 교류를 개시하며, 문학적 교류에 인해 중개자의 영향력이 강화됨)를 찾을 수 있다. 이런 종류의 모델은 그 변증법 자체가 거짓이어서가 아니라 어떤 다른 요인들도 개입될 수 있다는 측면에서 사실 설명력이 거의 없다고 봐야 한다.

그렇다면 논테리우의 기본 전제였던 '번역사가 종교적 내용을 생략한 것은 종교재판의 영향 때문'이라는 주장은 어떠한가? 자가검열이 종교재판의 원인인가 아니면 종교재판이 자가검열을 일으켰는가? 두 가지 관점 모두 흥미로운 연구 주제가 될 수 있다(어떤 사람들은 명백한 인과관계를 뒤집기 위해 평생 애를 쓴다). 자가검열(번역과 기타 영역)이 있었기에 종교재판 당국이 이베리아(Iberia) 사회에서 오랜 제도로 유지될 수 있었다는 점을 보면, 실제로 번역 관행이 어떤 사회 제도의 원인으로 작용할 수 있을지도 모른다. 번역학에서 이러한 인과관계를 고려하지 않는다면 비생산적일 것이다. 즉, 번역이 언제나 원인이 아니라 결과여야만 한다면 번역은 이 세상에 어떠한 영향도 미치지 못한다는 뜻이다. 그렇다면 학문적 연구의 가치도 없을 것이다. 물론 종교재판이 엔히키 레이탕이라는 개인 번역사에 미친 영향은 번역사의 텍스트 생략이 종교재판에 미친 영향보다 분명히 더 클 것이다. 한 요인은 다른 요인보다 더 크거나 중요하며 더 많은 요소와 관계가 있고 더 체계적이다. 이제까지 이러한 관계를 동심원으로 기술했는데, 이제 조금 더 나은 기술 방법을 제안할 수 있다. 이 논문의 연구에서 관찰-설명 관계가 양방향으로 성립될 수도 있겠지만 한 방향이 다른 방향보다 훨씬 더 의미가 있다. 이것을 '비대칭적 상관관계'라고 부르자. 여기에 인과관계가 개입되는가? 분명 그럴 것이다. 하지만 워낙 다양한 요소들이 서로 복잡하게 관련되어 있기 때문에 이 가설을 하나의 간단한 행위 처방으로 옮길 수는 없을 것이다. 아니면 엔히키 레이탕에게 종교재판을 제거하려는 목적으로 상세한 모든 내용을 번역하라고 충고해야 하는가? 영리한 방법으로 체제를 전복하려면 좀 더 교묘한 기법들이 필요하다.

마지막으로 예를 하나 더 들겠다. '페미니스트 텍스트는 여성에 의해 번역되는 경향이 있다'(이 책의 울프(Wolf) 논문에 등장하는 명제)는 명제를 고려해보자. 이 명제는 위의 예시보다 더 비대칭적이다. 텍스트의 성격 때문에 여성 번역사가 번역하게 되지만, 텍스트의 성격 때문에 번역사의 성별이 여성으로 바뀌지는 않는다. 즉, 하나의 요인은 사회학적이고 고정된 요소(번역사의 성별)이며, 다른 요인은 문화적이고 문맥적 요소

(텍스트의 성격)이다. 그러므로 이 경우 사회학적 요인이 문화적 요소의 원인이 된다고 볼 수 있는데 과연 그러한가?

이와 같은 완전한 일방향(one-way)적 설명은 환상에 불과하다. 생물학적으로 여성으로 태어났기 때문에 페미니스트 텍스트를 번역하는가? 예컨대 가부장적 사회에서 여성은 특정한 정해진 인생의 경험을 하게 되며 이러한 경험은 페미니스트 텍스트에서 더 많이 다루어지게 되고 이러한 텍스트가 여성의 경험에 대한 의식을 높일 수 있다는 점에서 그렇다고 주장할 수 있다. 이 경우 인과관계는 사회적 결정인자 및 문화적 관습 '모두'에서 발생한다. 게다가 앞 문단에서 언급한 명제에는 분리된 것으로 보이지만 이 두 가지 요소는 기타 다양한 요소들의 연결고리로 연관되어 있고, 이 복잡한 연결관계는 상술하기에 시간이 부족할 정도로 복잡하다.

일방적 인과관계는 분명 인기가 없다. 페미니스트 텍스트의 여성 번역에 대해 마르크스주의자들은 경제적 요인(한 사회의 생산관계)이 결정적 요인이라고 주장한다. 누가 무엇에 비용을 지급하는가를 파헤치면 일종의 막다른 골목에 도달하고 더는 갈 곳이 없어진다. 지금까지 살펴본 연구 중에서 경제적 요소를 언급한 경우는 거의 없다(톰슨의 동독 검열 체계 분석에서만 경제적 요소를 고려했으며, 모얄은 언급은 하지만 바로 제외한다. 그러나 뒤에서 울프와 코타리의 연구에서 다시 다룰 것이다)는 것이 놀랍다. 생산관계의 필연적 사회현상으로 나타나는 계급이나 계급의식과 같은 요인은 거의 등장하지 않는다. 아마도 비즈니스 측면에 대한 이해가 부족하기 때문일지도 모른다(문화적 담론은 금전적 영향을 감추는 경향이 있다). 하지만 우리는 이러한 일방적 결정론을 신뢰하지 않고, 우리의 이해관계를 그런 측면으로 분석하기를 꺼린다. 대신 계급 관계를 더 작고 복잡한 용어들로 쪼개는 모델과 사회학을 선호한다. 인과관계가 약하고 사회적 복잡성이 더 클수록 연구자로서 우리의 책임을 연장통 접근법에 더 많이 녹일 수 있기 때문이다.

어떤 연구자들은 인과관계보다는 '조건화(conditioning)'를 지속해서 주장한다. 여러 요인이 인과관계를 맺는 경우(이들이 하나의 체계를 구성하기도 한다), 하나의 요소를 제거한다고 해서 다른 모든 요소가 제거되는 것은 아니다. 한 요소가 다른 요소의 성질을 바꾸기도 하지만 매우 작거나 미미할 수 있다. 만일 프랑크푸르트에서 도서박람회가 열리지 않았다면 네덜란드와 스페인 간의 번역이 같은 양상으로 전개되었을까? 그렇지는 않겠지만 그 영향이 아주 크지는 않았을 것이다. 이런 약한 인과관계는 관찰 대상을 조건화(condition)한다고 볼 수 있으며 이는 불완전한 형태의 설명이다. 물론 상관관계가 전혀 없다면 한 요소의 변화가 다른 요소의 관찰 가능한 변화를 일으키지 않을 것이며, 그렇다면 인과관계 자체를 논할 수 없다. 여기에서 아주 넓은 의미에서의 '관계'를 정의하며 관찰자가 함께 보기로(예를 들어 통역에 대한 하나의 사실로서 적합성(relevance) 이론) 결정하여 묶어놓은 것들의 관계를 의미한다. 하지만 실증적 공통주체성(intersubjectivity)을 다루는 것은 아니다.

강력한 비대칭적 인과관계(사회적 결정주의)를 찾고자 하는 전통적 연구와 상대적으로 약한 다자간 인과관계(조건화) 접근법 사이에서 어떻게 조화를 이룰 수 있을까? 인도에서 답을 찾을 수 있을지도 모른다.

리타 코타리(Rita Kothari)는 인도 구자라트(Gujarat) 지역에서 영어 번역에 대한 태도가 최근 호의적으로 변했다고 서술한다. 과거에는 번역이 문화적 불평등의 상징으로 여겨졌지만 이제 달라진 사회적 주체들이 번역을 긍정적으로 바라본다. 정부는 구자라트 문화를 해외에 알리기 위해 영어 번역을 이용하며 많은 재외 동포들이 번역을 통해서 '고향'의 소식을 접한다. 또한, 교육기관은 문학 연구의 주제 영역을 넓히기 위한 수단으로 번역을 이용하고 출판사들은 새로운 출판시장 진출을 위해 번역을 활용한다.

여기에 사용된 설명 모델은 번역이 모든 이들에게 이득이 되기 때문에 다양한 이해당사자들이 합의에 도달(이것을 '협력'이라 한다)한다는 모델이다. 이 사례에서 경제적 이득이 중요하게 언급되며 부정적으로 기술되지 않는다. 출판사들은 새로운 시장을 찾고 정부는 부유한 재외동포의 투자를 원하며 학계는 새로운 일자리를 찾는다. 한 집단이 모든 것을 통제하는 식의 일방적 결정주의를 사용하지 않는다. 실제로 코타리는 서로 상충할 수 있는 집단 사이의 합의에 근거한 사회적 인과관계를 모델로 사용하므로 더 많은 사회 집단을 고려할수록 더 강력한 설명 모델이 된다. 저자는 각자 번역을 지지하는 많은 이유가 있음을 지적한다. 이해당사자들이 모두 같은 사회에 속하는 것도 아니다. 번역과 관련된 구자라트의 상황은 다른 인도 지방의 상황(인도 전역에서 나타나는 영어에 대한 긍정적 태도)과 어느 정도 연관되어 있을 뿐만 아니라, 구자라트 재외 동포 집단, 그리고 더 나아가 포스트식민주의 시대에 영문학의 본질에 대한 국제적 시각의 변화까지 고려할 수 있다. 이 설명 모델이 합의와 조건화를 기초로 한다면 굳이 동심원 개념을 끌어올 필요가 없다. 하나의 사회 집단을 살펴본 후 다른 사회 집단을 살펴보는 등으로 확장하다 보면 여러 개의 원이 생겨나고 자연스럽게 서로 맞물리게 된다.

그러나 이와 같은 접근법에는 아주 실질적인 어려움이 있다. 수없이 많은 변수가 존재한다면 어디에서 시작하고 어디에서 멈춰야 하는가? 한 사람이 모든 것을 다 할 수는 없다. 모든 연구자는 번역학에서 전통적으로 인정받는 출발점에서 시작하며 논문을 끝내기 위해서 어딘가에서 멈추기로 한다. 이것이 의미하는 바는 첫째, 각 연구에서 관찰 요소와 설명 요소의 선택은 연구 설계의 일부분일 뿐이며 이 세상이 한 곳에서 시작해서 다른 곳에서 끝나는 것과 같은 종말론적인 의미는 아니라는 점이다. 둘째, 대부분 한 방향의 인과관계가 더 분명해 보이는 비대칭적 상관관계를 기반으로 일종의 설명을 도출하려 했으며, 더 폭넓은 동심원들이 우선시되었다는 것을 의미한다. 셋째, 제시된 설명은 다양성에 한계가 있지만, 모든 설명은 번역사의 행동 방식에 대한 지식을 넓히는데 이바지한다는 점이다. 한 사람이 모든 것을 다 할 수는 없지만 어쨌든 무언가를 계속 발견한다는 것이 중요하다.

문화적이거나 사회적인 연구?

이제 조용히 덮어두었던 딜레마를 고민해 볼 차례이다. 우리는 '사회문화적' 혹은 '사회적 그리고 문화적' 접근법, 맥락, 요소 등에 대해 너무 쉽게 말한다. 이것은 교과서적 마르크스주의자들이(일부는 체제전복 희망자들이며 다른 이들은 별다른 대안이 없어서이다) 일반화된 상대주의로서 '역사적 경제적 사회적 문화적 정치적 조건들'을 주문처럼 외우며 모든 현상을 이러한 조건들로 설명하던 시절의 싸구려 유산임이 틀림없다. 이 많은 형용사에 담긴 특징들은 무엇인가? '사회적'과 '역사적'이 모두 '영속적' 혹은 '존재론적' 개념과 반대라는 점에서는 '사회적'인 것이 '문화적'이기도 하다. 그렇다면 왜 두 개념을 따로 사용하는가?

학문적 전통으로 본다면 '사회적' 요인은 사회학의 핵심이며, '문화적' 요인은 다른 학문 영역(인류학, 민족학, 기호학, 언론학, 및 오늘날 문화연구로 대변되는 다양한 학문적 접근법)에 속한다. 일리가 있다. 하지만 사회적 요인이나 데이터 중에서 문화적이지 않은 요인들이 있는가? 그 반대 방향은 어떠한가?

두 가지 답을 제시할 수 있다. 첫째, 앞에서 요약한 여러 논문에 사용된 다양한 요인을 생각해 보면 어떤 요인은 사회학적 연구 방법으로 다룰 수 있으므로 명확히 사회적 요인으로 분류할 수 있다. 예를 들면 하나의 사회 네트워크 안에서의 서신 교환, 번역 흐름에 대한 통계, 검열 자료, 출판의 경제적 비용 등이다. 다른 요소들은 문화적이라 할 수 있다. 예를 들어 번역사의 전략, 문학의 기능, 타 문화의 이미지, 학문의 역할, 탈식민주의 담론 등이다. 그러면 어디에도 해당하지 않는 두 요소, 즉 종교재판의 영향과 정치 세력에 대한 지원이 남는다. 두 요소 모두 정치적 성격을 가지기 때문에 다른 이름으로 부르기 망설여진다.

이 작은 샘플에서 보면 사회적 요소들은 다분히 정량적이며 사람들의 관계와 연관된다. 반대로 문화적 요소들은 상당히 정성적이며 상징화 관습(텍스트, 담화)과 연관된다. 실제로 일부에서는 '문화'를 모든 상징화 관습을 포괄하는 개념으로 정의한다(홀(Hall), 1997). 또한, 관습에 참여하는 정체성('주체성(subjectivities)')을 구성하는 행위로 간주한다. 사람들이 대화하거나 먹는 방식을 분석한다면 이는 문화적 측면을 보는 것이다. 그러나 사람들을 나이, 고향, 교육수준이나 소득수준으로 분석한다면 이는 문화적 주체성이 아니라 사회적 요인을 고찰하는 것이다. 권력관계를 묘사한다면 이는 정치의 영역이다. 그러나 하나의 정보가 여러 방식으로 맥락화될 수 있음을 기억해야 한다. 예를 들어 종교재판의 정치적 영향력은 반개혁적 담론을 강요하는 행위(문화적 사실)로 보거나 계층적 사회구조의 경제적 이해관계를 지지하는 것(사회적 사실)으로 이해하거나, 혹은 두 가지 모두라고 할 수도 있다. 이러한 물에서 더 오래 수영할수록 물은 더 탁해진다. 그리고 사회를 '의사소통'으로만 보는 루흐만(Luhmann)의 견해와 같은 방향으로 생각하면, 사회적인 것과 문화적인 것을 구분하는 그 토대 자체가 사라지게 된다. 그래도 순전히 방법론적인 혹은 연구에 적용을 위한 몇 가지 임시적인 구분을 하고자 한다.

우리가 살펴본 바로는 연구에서 관찰 대상이 되는 것은 주로 '문화적' 요소들(예: 언어 사용이나 번역사의 전략)이며, '사회적' 요소들(예: 번역사들이 속한 집단)은 주로 문화적 요소들을 '설명'하는데 사용이 된다. 이러한 구조는 전부는 아니지만(린도 번역 흐름에 대한 실증 데이터에서 출발하기는 한다) 앞에서 살펴본 논문에 거의 다 적용된다. 샘플이 작지만 양방향 움직임이 가능함을 알 수 있다. 휫필드의 논문은 문화적인 것(소설의 사회적 수용)에서 사회적인 것(퀘벡 사회의 변화)으로 움직이지만, 예상하듯이 다시 문화적인 것(새로운 학문분야가 소설만이 아니라 사회를 읽는 새로운 방법을 제시함)으로 돌아온다. 그렇다면 사회적인 것의 관찰에서 연구를 시작할 수 있을까? 안 될 것도 없다. 이와 같은 사례를 찾기 위해 논문을 계속 요약해보자.

미카엘라 울프(Michaela Wolf)는 독일어권 국가에서 여성출판사나 여성 도서 시리즈에 관여하는 여성들을 살펴본다. 번역사와 출판사에 대한 설문 조사를 통해 다양한 편집 정책에 따라 번역사의 가시성 및 포용적 언어 사용의 허용 정도가 달라짐을 보여주었다. 상당한 가시성(텍스트에 번역사 이름을 기재함)을 확보하고 자유로운 전략을 사용하는 여성 번역사들은 상대적으로 폐쇄적인 사회적 네트워크를 구성하며 페미니스트 목적의식 때문에 낮은 번역료를 수용하는 것으로 나타났다.

울프의 연구가 특별한 이유는 프랑스 사회학자 부르디외의 개념을 이용해 거의 온전한 사회학적 접근을 꾀하기 때문이다. 지식의 대상(여성, 출판사)을 사회적 요소로 정의하며, 실증적 사회학 연구에서 데이터 수집 절차(질문지, 면접)를 차용했다. 우리가 앞에서 제시한 기본 모델처럼 이 연구에서 사회적 요소들을 설명적('조건화') 요소로 취하여 문화적 관습을 설명하려 한다. 여기에 부르디외의 개념은 문화적 요소들에 사회적 측면의 깊이를 더해 준다. 여성 중심 번역 생산을 언어 사용이나 상징화 관습으로만 보는 것이 아니라, 다양한 행위자들이 권력관계를 형성하며 자신이 가진 '자산(capital)'을 효율적으로 이용하는 장(field)으로 해석한다. 또한, 이 공간에서 사람들은 각자 오랜 시간에 걸쳐 습득하고 내면화된 기질과 성향인 '아비투스(habitus)'에 따라 행동한다. 그러므로 문화적 관습은 사회적 관계(장)와 행위적 성향(아비투스)로 구분되며, 문화적인 것은 완전히는 아니지만, 부분적으로 사회적인 것이 된다. 또한, 부르디외의 사상을 적용하면 사람들이 활용하는 자산을 경제자산(돈), 사회자산(인맥), 상징자산(지위, 명성), 혹은 문화자산(교육, 상징화 역량)으로 구분할 수 있다. 실제로 저자는 이러한 개념들을 이용하여 왜 여성 번역사들이 낮은 번역료를 감수하는지 설명한다. 여성 번역사들은 문화자산을 경제자산보다 우선시하며 돈보다 대의를 위해 일한다. 즉, 특정한 문화적 관습의 중요성을 이용하여 장(field)의 사회적 구성을 설명하려 한다(그리고 이를 통해 울프는 번역 장(field)의 존재 자체에 질문을 던지는데, 이 문제는 이후 다시 다루기로 한다). 울프의 연구방법을 요약하자면 사회적인 것(장의 정의)에서 출발하여 문화적인 것(문화적 관습)을 파악하고 사회학적 분석(부르디외에 근거한 세상)을 하며 마지막으로 문화자산의 대체효과를 이용해 설명을 마무리한다. 휫필드와 마찬가지로 양방향적 움직임이 있지만 하나가 다른 하나를 배제하지는 않는다.

지금껏 살펴본 논문들은 문화적인 것에서 사회적인 것으로 그리고/혹은 사회적인 것에서 문화적인 것으로 이동하면서 일종의 설명을 제시한다. 그러한 이동이 없다면(즉 단순히 한 사회적 요소가 다른 사회적 요소와 또는 한 문화적 요소가 다른 문화적 요소와 상관관계가 있는 경우), 우리의 설명을 향한 열망이 채워지지 못하며 그저 단순한 기술(simple description)에 머무르게 된다. 그래서 어쩌면 유럽 대륙에서는 학문으로서의 문화학이 발견(discovery) 절차가 부족하다는 등의 이런저런 비판이 있는지도 모른다. 하지만 만일 번역사를 담화적이고 관찰적 구성요소('텍스트 안에 존재하는 번역사')로만 정의하고 번역사의 사회제도 역시 이런 식으로 분석(푸코 혹은 기호학)한다면, 사회학적인 것은 설명할 힘을 갖지 못한다. 사회문화적 연구의 목적은 설명적 지식을 생산하는 것이 아니라 특정한 세계관을 확인하는 것 이상의 이바지 하는 것이다. 어쩌면 이런 녹석의식 때문에 일반적인 문화학(Cultural Studies)과 더 실증적인 '문화연구(cultural research)'(현재 텔아비브 대학교에서 사용하는 용어)를 구분하려는 것일지도 모른다.

그렇지만 더 광범위하고 잘 정립된 학문인 사회학을 통해서만 제대로 된 설명을 할 수 있다는 환상에 빠지는 것을 경계해야 한다. 이러한 환상은 울프의 논문(주로 사용되는 개념들은 부르디외가 정의한 내용으로만 국한되어 사용됨)만이 아니라, 부르디외와 루흐만을 혼합하여 번역에 대한 체계적 연구 접근법을 정립하고자 했던 헤르만스(Hermans, 1999)의 연구에서도 나타난다. 사회적 요인과 문화적 요인 간 양 방향적 움직임은 문화적인 것이 일련의 전통적 사회학 변수로 온전히 귀결될 수 없음을 뜻한다. 계량할 수 있는 사실들(예를 들어 생산의 경제적 관계)이 문화적 관습을 만족스럽게 설명하지 못한다는 것을 잘 알고 있다. 특정한 사실을 고립시켜 계량화하는 것 자체가 하나의 문화적 관습이라는 것도 알고 있다. 문화의 사회학은 사회학의 문화 안에서 이루어진다. 부르디외의 개념(1980, pp. 19-36)을 빌자면 우리는 객관적인 것을 주관화(누가 어떤 이유로 연구대상을 선택하고 분석하는지 질문)하고 주관적인 것을 객관화(연구 수행자들의 사회학 연구)해야 한다. 호주 사람처럼 말하자면 우리가 타인에게 던진 부메랑은 다시 우리에게 돌아올 것이다. 이 책에도 그러한 예가 있다. 앞에서 살펴본 휫필드의 논문이 분명한 예시이며, 갸농은 직관에 의지하였고, 코타리와 울프는 자신의 견해를 숨기지 않는다. 여기에서 한 발 더 나아가 실증주의 연구자들은 실천연구의 타당성을 더 자세히 살펴볼 수 있다.

이러한 관점을 취하면 우리가 차용했던 전통적 사회학을 더 비판적으로 바라볼 수 있으며 워낙 다양한 형태의 사회학이 존재하므로 이 작업이 의미가 있다. 예컨대 코타리의 설명 모델은 여러 사회집단의 합의를 기반으로 하며, 울프는 부르디외의 사상을 차용하여 행위자들의 투쟁을 통해 장(field)이 형성된다고 믿는다. 그러나 앞에서 언급한 대로 사실 울프가 보여준 것은 출판사들과 번역사들 간 경제자산과 문화자산의 맞교환(trade-off)이 있다(번역사는 중요한 대의를 위해 낮은 번역료를 수용한다)는 점이다. 이는 협력의 기본적 형태이므로 부르디외가 주장하는 장

(field)의 자격을 충족하지 못할 수 있다. 대부분 문화 간 관습처럼 참여자들이 변방성(marginality)[1]을 공유하는 경우 협력이 잘 이루어지는 것을 볼 수 있다. 프랑스 사회학자 부르디외가 사회에서 봤던 끊임없는 투쟁에 비하면 이러한 협력은 윤리적으로 칭찬할 만한 것일지도 모른다.

문화적이면서 사회적인 연구?

사회적 요소와 문화적 요소에 대한 우리의 조용한 딜레마를 해결하는 또 다른 방법이 있다. 사회적 요인들은 사회와 관련되고 문화적 요인들은 문화와 관련된다. 다시 말해 사회와 문화는 공외연적(co-extensive)이지 않다. 같은 문화적 관습(유일신 사상, 채식주의, 출생지주의, 축구 등)이 여러 사회에서 발견되며, 한 사회에 많은 문화가 존재한다('다문화 사회'라는 말을 자주 사용한다). 여기에 살짝 속임수가 있음을 인정한다. 사회적 요인들은 동료집단이나 과학계와 같이 국가 단위 사회보다 훨씬 작은 단위에도 같게 적용될 수 있기 때문이다. 하지만 사회적인 것과 문화적인 것의 비대응성(non-correspondence)은 우리가 사용하는 개념의 출처가 어디인지를 알게 해 주기 때문에 유용하다.

19세기에 사회학은 유럽의 민족국가들을 기술하기 위해 발전하였고, 정통 사회학은 국가마다 고유한 일련의 문화적 관습이 있다는 이상적인 가정을 한다(발러슈타인(Wallerstein), 1997). 양질의 통계(예를 들어 출판 관련 통계)를 제공하는 정부기관이나 국제기관에서 나오는 데이터는 주로 국가를 단위로 분석된다. 이러한 기관들은 정책 수립을 담당하므로 우리의 연구가 대규모 문화적 관습에 직접적 영향을 끼칠 수 있도록 도와주는 유일한 독자이기도 하다. 물론 20세기 들어 사회학은 점차 소규모 사회집단에 관심을 두었지만, 사회학에서는 국가 단위의 기술과 예측에서 탈피하려는 정치적 동기가 거의 없다.

번역의 사회학을 연구하다 보면 국가 차원에서 머무르는 사회학에 문제를 제기하게 된다. 마르크스주의 번역이론가 카데(Kade)는 거의 본능적으로 국가 프레임(national frame)을 견지하며, 번역의 문제를 '역사적으로 발전한 두 사회'(콜러(Koller), 1979, p. 156)의 비대응성으로 귀결한다. 즉, 카데는 두 사회 전체를 연구함으로써 왜 이들 사이의 번역이 어려운지 설명할 수 있다고 주장한다. 그러나 오늘날 연구자들은 전통적인 사회적 결정론에서 동심원으로 표현되는 국가사회를 연구할 필요를 느끼지 못한다. 우리가 관심을 두는 문화적 관습은 대부분 다른(더 작거나 넓은) 측면들이며 국경을 초월하기 때문에 국가 단위의 동심원적 설명은 거의 사용되지 않는다. 카데의 개념을 뒤집어 본다면 번역의 문화생산 관계는 단순히 역사적으로 발전한 한 사회에 국한되지 않는다. 프랑스나 스페인과 같은 역사적 장소들이 특정 문화적 성격의 이데올로기적 축적(공통의 언어와 문화적 관습을 가정함)을 통해 유지된다 할지라도, 번역사와 통역사의 행위는 이러한 역사적 장소를 가로지르고 넘나든다. 따라서 우리가 다루는 번역과 통역이라는 주제 자체가 사회학의 국가 프레임에 도전하는 것임을 알 수 있다.

이와 관련하여 이 책에 실린 논문을 한 편 더 살펴보자.

이에바 자우베르가(Ieva Zauberga)는 라트비아어의 외국 고유명사 표기 전략의 최근 변화를 관찰한다. 예를 들어 전통적으로 자끄 쉬락(Jacques Chirac)을 Žaks Širaks으로 표기했지만, 최근에는 프랑스어 철자를 허용하고 있다. 이를 언어 순수주의 및 안정된 국가 정체성을 추구하는 라트비아 문화 정통성에 대한 도전으로 해석한다. 고유명사 표기의 변화는 라트비아 사회 전반에 걸쳐 일어나므로 국가 차원의 변화로 설명하고자 한다. 경제의 세계화에 인한 무역, 여행, 정보 접근의 증가를 인과관계로 간주한다. 라트비아 사람들이 해외에서 고유명사를 알아보거나 인터넷 검색 엔진을 사용할 수 있도록 돕기 위해 새로운 번역 전략이 필요했다. 그러나 이러한 설명 자체는 근본적으로 문화적 성격을 가진다. 새로운 번역 접근이 필요한 이유는 새로운 문화적 관습들이 국경을 초월하기 때문이다. 그렇다면 주체(agency)가 명확하게 드러나는 번역사과 출판사의 행위에 사회학적 인과관계를 부여할 수 있다. 즉, 국가 단위와 상응하지 않는 문화적 요인들 '때문에' 특정한 변화가 일어난 것이며, 이는 이문화 커뮤니케이션에 직접 관여하는 사회집단들에 '의해' 이루어진 변화이다.

자우베르그가의 연구에서 문화적 관습(예: 세계화)은 국가보다 더 광범위한 차원이며 사회적 측면(예: 번역사와 출판사)은 국가보다 작은 차원이다. 그렇기에 번역학, 혹은 더 나아가 문화 간 연구(Intercultural Studies)는 포스트 식민주의 접근과 유사한 관점들, 그리고 자아 속에서 타인을 보는 세계화 이론 등과 쉽게 연계될 수 있는 중요한 잠재력을 가진다. 많은 경우 국가적 틀은 더는 적절한 설명을 제시하지 못한다. 번역학도 이러한 흐름을 타고 문화간 커뮤니케이션을 새롭게 등장하는 세계의 체계들과 연결해 볼 수 있다. 이와 동시에 번역사와 통역사가 실제 일하는 작은 규모의 사회 상황과 같은 실제 접촉 상황에 관심을 돌릴 수 있다. 우리의 틀은 더 넓거나 더 좁거나 둘 다(자우베르그가의 연구)일 수도 있다.

통역연구에서 배울 점

우리가 '번역'이라는 용어를 사용할 때 구어 및 문자 번역을 아우르는 의미에서 통역을 포함하지만 통역연구를 별도의 범주로 보아야 하는 분명한 사회적 이유가 존재한다. 통역 연구 분야는 번역학과 다르게 신경학이나 심리언어학과 같은 학문분야와 관계된다. 우리는 거의 본능적으로 통역을 개인의 능력 혹은 면접이나 국제회의와 같은 작은 규모의 사회 상황과 연결하는 경향이 있다. 이 책의 마지막에 실린 논문은 이러한 가정에 대해 문제를 제기한다.

프란츠 푀히하커(Franz Pöchhacker)는 오랫동안 유지된 몇몇 패러다임과 더불어 통역연구의 주요 개념들이 최근 수십 년간 어떻게 발전했는지 포괄적으로 고찰하며 통역이 단순한 국제회의 통역 이상의 범주라는 인식이 증가하고 있다고 지적한다. 이는 통역사가 일하는 다양한 사회적 맥락에 대한 관심이 늘어났다는 것을 의미할 뿐만 아니라 전문직종 기준과 관련된 많은 선입관에 문제를 제기하는 것이다. 왜 새로운 프레임이 발전했는가? 푀히하커는 신진 연구자들의 등장과 관련이 있다고 넌지시 암시할 뿐이다. 또한, 세계화된 시대에 이민의 증가로 인해 사회적으로 이민국 공공서비스 관련 통역 수요가 증가한 것도 요인이다. 따라서 '지역사회 기반 통역'(다른 이름으로는 '지역사회 통역'이나 '사회 통역') 연구와 같은 이데올로기적 역할이 등장했다. 해결해야 할 시급한 사회문제가 있을 때 연구자들의 사회적 책임이 증가하기 마련이다.

이러한 초국가성(supra-national)이 통역연구의 새로운 대상을 규정하는 것처럼 보이지만 분석의 틀은 여전히 미시적 층위에 머물러 담화분석이나 화용론적 분석을 수행하곤 한다. 저자가 지적하듯이 통역학에서는 1970년대부터 언어학적 패러다임이 강세였다. 그러나 이제 새로운 패러다임이 세력을 얻고 있다. 아래의 논문들은 지역사회(혹은 '사회') 통역의 다양한 측면들을 고찰했다.

소냐 폴라바우어(Sonja Pöllabauer)는 오스트리아의 망명 심사 통역에 대해 연구하였는데, 체면유지(facework)와 입지확보(footing) 등 기본적인 화용론적 특징들을 자세히 분석하면서 통역사들이 망명 신청인이 아니라 면접관들과 협력하는 경향이 있음을 보여준다. 즉, 통역사가 '보조 경찰관' 역할을 하는 것이다. 이러한 담화적 특징은 망명심사 상황에서 비대칭적 권력 분배 및 이에 상응하는 '번역문화'(이 개념은 아래에서 다시 다루기로 한다)와 관련이 있다. 이 맥락에서의 번역문화는 의사소통의 절대적 투명성보다는 한쪽으로 치우친 충성과 자기보호가 중요한 문화이다.

나쟈 그르비치(Nadja Grbič)는 오스트리아 슈타이어 지역 수화통역사들에 대한 종합적 실증연구를 수행하여, 학문 교육, 자격 및 협회 발전이라는 측면에서 수화통역 분야를 집중적으로 다룬다. 체계적 교육의 제공은 전문직을 수행하는 사회적 매트릭스에 상당한 영향을 미치는 것으로 나타났다. 그런데 그 결과로 조직된 네트워크가 과연 하나의 사회체계를 구성하는지, 즉 구성원 간의 조율된 상호작용을 통해 '공동의 현실을 구성'(즉 '구성주의' 체계의 개념)할 수 있는지 질문한다. 이 질문은 답을 하기 어렵다. 실증적 사회학 연구를 기준으로 보면, 통역사들이 다양한 사회체계에서 수화통역사 자격(credential)을 획득하기 때문에 이 체계의 규범들은 불안정하고 조건적이다.

기르예모 R. 나바로 몬테스데오카(Guillermo R. Navarro Montesdeoca)는 스페인 라스팔마스 데 그란카나리아에 위치한 이민자 구금소에서 통역사로 일했던 경험을 서술했다. 폴라바우어의 연구에서처럼 이 논문에서 기술하는 상황도 권력관계에 따라 의사소통이 이루어지는 매우 계층적 환경이다. 통역사는 정규직원도 아니고 통역사로서의 전문성이 인정되지 않기 때문에 계층구조의 가장 아래쪽에 위치한다.

메테 루드빈(Mette Rudvin)은 통역이 중개하는 의사소통에서 정체성을 어떻게 구축하고 협상하는지를 많은 생각을 제시한다. '문화적/민족적 정체성이 언어를 통해 표현된다'는 입장을 채택하게 되면 문화, 언어, 담화, 텍스트 분석 등 수많은 가능성의 문이 열리게 된다. 의료서비스를 사회적 제도로 보는 것이 아니라 통역을 포함한 일련의 상징 행위로 구성된 하나의 문화체계로 간주한다. 저자는 이러한 담화적 구성에서 비인간화(dehumanization) 과정을 포착하며, 특정한 형태의 프레임 전환을 통해 이 과정에 대항하려는 시도를 발견한다. 통역사는 환자에 대한 제도적 비인간화를 재생산할 수밖에 없는 입장인가? 해답은 여러 실증 연구에서 주장하는 것만큼 명확하지 않으며, 문화연구 이론들은 저항할 수 있는 풍부한 공간을 허용한다.

카트리엔 란노이(Katrien Lannoy)와 **얀 반 구흐트(Jan Van Gucht)**는 플랑드르 지역 사회복지 기관에 제공되는 통번역 서비스에 대한 연구를 의뢰받아 수행한 결과를 보고한다. 서비스 제공자들과 사용자들을 면접, 설문조사 등 전형적인 사회학적 방법을 이용하여 관찰하고 계량화하였다. 통역 이외의 의사소통 전략들이 중요하며 비전문가 통역이 상당한 역할을 한다는 것을 알게 되었다. 많은 상황에서 '공통의 접촉 언어 사용, 단순한 네덜란드어와 몸짓 이용, 친구나 친척 활용, 훈련받지 않은 동료를 즉석에서 통역에 투입'하는 등의 방법이 사용되었다. 놀랄 정도로 많은 사용자가 비전문가의 통역 서비스에 상당히 만족하지만, 핵심 요인 중 하나는 바로 통번역 서비스의 비용 문제였다. 저자는 사회복지 기관들이 무료 전화 통역 서비스를 제공하고, 행정관리 차원에서 전화통역서비스와 일반 지역사회 통역을 혼동하지 말아야 하며, 이 분야의 전문성 강화를 위한 교육 프로그램이 필요하다는 제안을 한다.

이 논문 간의 차이는 극단적이며 교훈적이다. 란노이와 구흐트는 명시적으로 국가 프레임을 사용(정부 제출 연구보고)하며 순수한 사회학적 실증연구를 수행했다. 사람들이 말하고 행동하는 내용을 분류하고, 계량적 결과를 보고하여 적절한 행정 조치를 취할 수 있도록 권고한다. 이 책에서 유일하게 사회적 행위자 집단을 대표하여 목소리를 내는 사회학의 힘을 확인할 수 있는 연구논문이다. 반면 루드빈은 문화연구 방법론을 채택하며 어떠한 양적 데이터도 제시하지 않는다. 그렇지만 란노이와 구흐트의 연구를 보면 실증 데이터에서 권고사항으로 이어지는 과정에서 불안정한 개념적 도약이 존재한다. 이 연구의 결론이 전문직 정체성의 형성과 관련이 있지만, 이 문제를 다루기 위한 방법론적 도구를 제시하지 않는다. 사회적 관습으로서의 통역은 훨씬 더 복잡한 현상이므로 루드빈의 문화적 접근방법이 보완적일 뿐만 아니라 필요한 접근법이다. 다시 말해 문화적 현상을 실증적 사회연구를 통해 설명하려는 것처럼 사회적 요인들도 문화적 측면으로 바라볼 필요가 있다.

전적으로 사회학적 연구방법과 온전히 문화적 연구방법이라는 두 극단의 중간에 위치한 여러 논문은 각자 다양한 비율로 사회와 문화를 고찰한다. 폴라바우어는 언어적 현상을 관찰하고 이를 사회적 행위자와 관련된 가정들과 연결하지만, 행위자들의 사회적 정체성에 대한 특별한 관심은 없다. 통역사의 고용조건, 자격, 재정자원의 분배, 출신 민족 등 그르비치나 몬테스데오카의 연구에서 핵심 요인들로 다루어질 만한 변수들에 대한 정보는 제공하지 않는다. 따라서 폴라바우어의 연구에서 관찰과 인과관계는 거의 같은 선상에 위치한다. 담화의 특정 현상(통역사가 면접관 편을 들음)을 발견하지만 왜 그러한 현상이 나타나는지 알 수 없다. 그럼에도 이 연구의 분석 방법이 흥미로운 것은 '번역 문화'라는 개념(바로 아래에서 추가로 논의할 것이다)을 이용했기 때문이다.

모든 논문은 전통적 사회학과 상세한 문화 분석 사이에서 사회 전체와 언어적 상황 사이 어디엔가 존재하는 개념적 프레임을 찾기 위해 암묵적으로나 명시적으로 노력한다. 위에서 살펴본 논문들로부터 추출하려는 일반적 결론을 바로 이 개념적 프레임에서 찾고자 한다.

문화사회학(cultural sociologies)을 위한 새로운 측면?

우리가 비대칭적 인과관계 원칙을 세운 데에는 아주 간단한 이유가 있다. 만일 번역과 번역사를 사회문화적 요소들로 온전하게 설명할 수 있다면 번역이 세상을 바꿀 능력이 전혀 없다는 논리적 결론에 도달한다. 즉, 연구 대상이 어떠한 영향력, 효과, 힘도 가지지 않는다는 의미이다. 그러면 번역은 출발텍스트의 단순한 재생산으로 치부되고 번역이 어떠한 영향력도 없다고 여겨지던 과거로 회귀하는 셈이다. 번역이 단순한 재생산 이상의 생산력을 지닌다는 점을 비대칭적 인과관계를 통해 주장하고자 한다. 번역의 영향력이 다른 더 포괄적인 요인들보다 미미할 수는 있지만 번역현상은 분명히 다른 현상들의 원인으로 작용할 수 있다.

전통적 접근법의 문제점 중 하나는 설명의 대상이 되는 번역을 수동적 객체로 접근할 뿐만 아니라 설명적 변수들보다 본질에서 더 작은 요소로서 접근한다는 점이다. 번역 현상은 상대적으로 축소된 요인이며 사회적 관계는 이보다 크고 사회와 문화는 훨씬 더 크다(즉 더 많은 인과적 관계들이 존재한다). 과거 많은 연구자는 특정한 관찰에 초점을 두어 번역, 중개자, 텍스트와 번역, 기간, 국가, 한 문화의 다른 문화 수용 등을 집중적으로 조명했다. 하지만 반드시 그래야 할 이유는 없다. 번역현상을 문화사의 주요 동인으로 가정하고 수세기에 걸쳐 여러 대륙에 걸쳐 관찰할 수도 있다. 번역을 그렇게 거대한 요인으로 정의하게 되면 일방적 인과관계를 유지하기 어려울 것이다. 번역에 대한 적극적 시각이 가능해진다.

번역을 더 넓은 차원에서 바라보는 연구를 철저하고 엄격하게 설계하기는 어렵지만 충분히 가능하다. 우리가 수행할 수 있는 연구는 첫째, 인간 행위자(human agent)는 반드시 많은 문화적, 사회적 장(field)을 동반하므로, 번역사 개개인이 아니라 번역사 집단에 대해 연구를 할 수 있다. 둘째, '번역'을 단순히 텍스트나 행위로 보지 말고 상당한 역사적 시간과 지리적 공간에 걸쳐 텍스트와 행위 근간에 작용하는 원칙으로 볼 수 있다. 이러한 관점에서 번역규범에 관한 연구는 중대한 발전이었다. 이 책의 논문들은 번역을 더 폭넓고 풍성한 지식의 대상으로 보려는 많은 시도를 반영한다.

앞에서 살펴본 것처럼 폴라바우어는 모든 것을 사회학으로 축소하는 대신 특정한 '번역문화'(독일어 *Translationskultur*의 번역어)를 기술하려 한다. 프룬크(Prunč, 1997)가 발전시킨 이 용어는 "번역의 영역에서 모든 상호작용 주체들의 행동을 규정하는 규범, 관습, 기대의 가변적 묶음"으로 정의된다(폴라바우어, 프룬크, 2000, p. 59 재인용; 피히하커, 2001 및 이 책의 논문 참조). 이 개념이 매우 흥미롭다. 이것은 특정 사회가 음식을 먹는 방식을 묘사하는 에스쿨투르(Esskultur) 모델을 기반으로 하여 도착 사회에서 번역을 지배하는 문화적 규범들을 기술하기 위하여 괴팅엔 그룹(Göttingen group)(프랑크(Frank), 1989) 이 사용한 개념인 '번역 문화'(*Ubersetzungskultur*의 번역어)보다 더 역동적이다. 프룬크(Prunč)가 말하는 번역문화는 끊임없이 진화하는 것이며 번역사 교육과 번역 연구가 적극적으로 개입하는 것이다. 물론 프룬크가 번역문화를 정의한 또 다른 프레임에서는 이 개념을 "한 문화에서 역사적으로 발전한 하위체계"(프룬크, 1997, p. 107)로 설명하지만, 이 포괄적인 '문화'가 무엇인지 명확하게 설명하지 않기 때문에 프룬크가 제시하는 번역문화 개념이 정확히 무엇인지에 대해 의문점이 있다. 하지만 내포된 요소들을 고려할 때 번역문화 개념은 국가적 프레임으로 확장될 필요가 없이 번역 과정에 개입하는 행위자들로만 국한될 수 있다. 그러므로 국가 간 경계에 걸쳐지지만 다소 축소된 영역이며, 이것이 우리가 주장하는 영역이다.

이렇게 간단한 설명으로도 벌써 번역문화 개념은 새로운 흥미로운 공간을 제안한다. 개인이 번역문화를 어떻게 얼마나 내면화하는지 능의 비판적 질문을 던질 경우 번역문화는 부르디외의 아비투스 개념과 유사한 영역(공간 및 시간)을 차지할 수도 있다. 또한 어떻게 번역문화의 원칙들이 상호작용을 통해 진화되며 어떻게 이러한 원칙들이 번역문화 외부의 요인들과 연계되는가를 설명할 수 있다면, 번역문화의 개념은 부르디외의 기준에 완전히 부합하는 사회적 장(field)이 아닌 다른 공간을 찾는 울프의 연구에 활용될 수도 있다. 심지어 사회학에서 요구하는 것보다 훨씬 약한 구성주의적 사회체계를 선호하는 그르비치의 연구에 이 개념을 대입할 수도 있다(번역문화는 자기재생산, 경계 유지, 혹은 장기화한 규범의 안정과 같은 메커니즘을 갖고 있지 않다). 이 책에 수록된 연구자들은 번역을 사소한 작은 현상으로 보는 것에 불편함을 느꼈다. 그래서 사회학자가 집단이나 사회를 연구하는 것처럼 연구자들은 번역 현상의 기저에 작동하는 원칙들을 찾아내어 번역을 무언가 더 큰 것으로 만들었다. 하지만 주의할 것은 연구자들이 번역을 사회학적 대상 자체로 만들지는 않는다는 점이다. 이들은 문화적 요인들을 떠올리게 하는 용어들을 사용하였다(그리고 번역 '문화'를 논한다).

우리는 '번역 문화'와 '번역 체제(translation regime)'가 거의 동의어라고 보며 행위자들의 기대가 수렴되는 일련의 "암묵적 혹은 명시적 원칙들, 규범들, 규칙들 및 의사결정 과정들"로 이해할 수 있다(핌, 1998; 크라스너(Krasner), 1983, p. 2의 변형). 협상 이론에서 이 개념을 차용했는데, 협상은 주요 사회체계의 최전방에서 이루어지는 문화적 관습이다. 다른 학자들도 다른 모델과 데이터를 바탕으로 하지만 같은 방향으로 움직이고 있다. 이러한 모든 시도를 통해 문화간 커뮤니케이션에 관여하는 이들에 의해 형성되고 적용되는 "전문적 사이 문화(professional interculture)"(핌, 2000, 2004)라는 개념적 영역을 향해 이동한다. 이 개념적 영역은 사이 문화 이론을 위한 장소가 아니다. 단지 우리가 사용하는 용어('사이문화', '번역문화')에 포함된 '문화'라는 단어를 고집하고자 한다. 대부분의 사이 문화 연구가 소속, 유래, 권력관계 등 상당히 사회학적 개념에 대한 것이므로, 사이 문화 연구는 일련의 질적 요인들('체제'의 내용)과 긴밀한 관련을 맺어 왔다. 우리는 단순히 경계에 걸쳐 있는 사회그룹이나 공동체에 관해 이야기하는 것이 아니며 완전한 계량 주의 사회학을 하자는 것도 아니다. 어쩌면 프룬크처럼 이 책에 실린 저자들과 우리는 문화적인 것을 사회적인 것으로 축소하기를 거부해 왔는지 모른다.

그렇다면 어떤 종류의 사회학이 번역 현상 설명에 가장 많은 도움을 줄 수 있을까? 결론을 맺는 대신 이 책에 실린 연구 결과와 앞으로 희망하는 연구를 중심으로 아래와 같은 바람을 열거하고자 한다.

- 통번역의 사회학은 단순히 출발텍스트와 도착텍스트의 사회적 측면에서 그치는 것이 아니라 중개자들에게 초점을 맞추어야 한다.
- 한 사회(언어, 문화)와 다른 사회를 대치되는 것으로 두고 중개자를 어느 한 쪽에 위치하는 단순한 이항 대립주의를 지양한다. 복잡하고 겹치는 여러 위치를 파악할 수 있어야 한다.
- 통번역의 사회학은 문화적 요소들(주로 정성적 요소)과 사회학적 요소들(대부분 상당히 정량적 요소)을 모두 포함해야 한다.
- 기술할 뿐만 아니라 설명할 수 있어야 한다.
- 어느 한 쪽에 절대적인 설명적 지위를 부여하는 대신 문화적 측면과 사회적 측면 사이를 움직이면서 설명을 모색해야 한다.
- 통번역의 사회학은 인과관계나 다변수적 조건화를 세우는 가설들을 통해 관련 요인들을 비대칭적 상관관계 혹은 상대적인 대칭적 상관관계로 연결할 수 있어야 한다.
- 사회학(혹은 다른 학문분야도 마찬가지)에서 차용한 유명한 개념들에 지나치게 충성하지 말아야 한다.
- 중개자가 위치하는 사회적 공간에 적합한 다수의 개념들(번역문화, 사회체계, 제세, 사이 문화)을 이용하여 연구해야 한다.

우리의 학문분야는 창조적 연구의 여지가 많다. 문화 간 커뮤니케이션의 일반적 설명을 제시하려면 더 많은 연구가 진행되어야 한다. 그러나 과제는 항상 같다. 오늘날 세계에서 가장 문제가 되는 관계는 문화 간 관계이다. 이를 모델화 하는 것이 이문화간 관계를 해결하는 노력의 첫걸음이 된다.

미주

1. 울프(이 책)와 시모니(Simeoni, 1998) 모두 번역이 부르디외가 말하는 '장(field)'을 구성할 수 있는지에 대해 심각한 질문을 던진다. 이들이 제시하는 증거를 보면 번역사들의 활동이 너무 비체계적이고 다른 장에 지나치게 종속적이며 자체적인 재생산과 영역 유지를 하기에 역부족이다. 그렇다면 번역은 타당한 사회학적 지위를 가질 자격이 없을 것이다. 그러나 어떤 자료를 보는가에 따라 달라질 수 있다. 예를 들어 번역사 교육 기관의 성장과 계층화는 장의 발전으로 해석할 수 있다. 또한(2004년 9월 프라하의 박사과정 세미나에서 체코 학생들이 주장한 대로) 소규모 사회에서 번역의 역할은 비율적으로 더 커 보여서 장을 구성하는 많은 특징을 충족할 수 있다. '번역은 장이 아니다'라는 결론은 굴복적 질문(왜 꼭 사회학자의 줄자를 대입해야 하는가?)에 대한 답이며, 어쩌면 소규모 문화가 아니라 대규모 문화만 보았기 때문에 얻은 결론일 수도 있다.

John Benjamins Series

04 Sociocultural aspects of translating and interpreting

제 2 장

번역 이면의 행위자들

소수언어의 번역 동향

네덜란드어 사례연구

스텔라 린 Stella Linn
네덜란드 흐로닝언대학교

기술번역연구 중심의 역사적 연구는 20세기 후반기 네덜란드어 텍스트의 스페인어 번역을 분석하는 것과 같이 번역 흐름에 관여하는 다양한 요소를 설명하는데 한계가 있나. 1960년대 네덜란드 신학 시적이나 이후 어린이 문학에 대한 국제적인 관심은 사회학적 맥락과 이데올로기적 맥락으로 설명할 수 있다. 하지만 1993년 프랑크푸르트 도서박람회나 1995년 열린 스페인의 국립 도서박람회 리베르(Liber) 등 대규모 행사에도 불구하고 네덜란드어의 스페인어 번역은 드물게 이루어졌다. 본 논문에서는 번역 도서 선정 과정에서 출판사들의 역할과 네덜란드 문학을 스페인어 독자들에게 알리기 위해 많은 작품을 번역한 스페인 번역사 카라스케르의 노력을 주요한 요인으로 살펴보았다. 즉, 네덜란드어 작품의 스페인어 번역은 사회적, 상업적, 개인적 요소들이 복잡하게 얽힌 구조로 바라볼 수 있다.

서론

언어 간 번역 흐름을 보면 다양한 문화와 언어가 어떻게 영향을 주는지 알 수 있지만, 사실상 이에 대해 알려진 바는 거의 없다. 대체로 출판 규모(특히 번역서)와 인쇄 부수에 대한 정확한 정보를 입수하기 어렵기 때문이다. 신간 출판물과 재판 인쇄 기록 체계가 부족하거나 흩어져 있고 국가마다 기준이 다르며 출판사들은 베스트셀러를 제외하고는 인쇄 부수와 매출 자료 공개를 꺼린다.

2차 대전 후 네덜란드어 서적의 번역 및 해외 서적의 네덜란드어 번역에 대해 상당히 신뢰할 수 있는 많은 자료가 있다.[1] 이 자료를 보면 네덜란드는 전통적으로 번역의 수출보다 수입이 훨씬 더 많았다. 최근 몇 년간 네덜란드어로 번역된 해외 서적은 네덜란드어 작품의 타 언어 번역보다 거의 6배 정도 많다. 1990년대 초 이후 번역서는 네덜란드 출판물의 4분의 1을 차지해 왔다.

사회학자들이 문화 재화 생산에 적용했던 '중심–주변부 모델(core-periphery model)'을 이용하여 이러한 번역 흐름을 볼 수 있다(하일브론(Heilbron), 1995, 1999).[2] 이 모델에 따르면 언어의 중심부(또는 중심위치)는 모국어 화자 인구보다는 그 언어를 제2언어로 사용하는 인구 및 그 언어가 번역되는 정도에 따라 결정된다. 다시 말해 세계 번역 시장에서 중앙에 위치할수록 더 많은 번역물이 생산되는데, 이 기준에 따르면 중국어는 주변어이다. 유네스코 통계로는 중국어가 출발텍스트인 번역은 전 세계의 1%도 되지 않는다. 미국과 영국처럼 중심언어 그룹에 속한 경제 대국은 경제, 문화 상품을 수출하며, 상대적으로 소수 언어 그룹에 속하는 국가들은 수입에 크게 의존한다. 네덜란드어는 후자에 속한다. 네덜란드와 벨기에에 2천1백만 명의 모국어 화자를 둔 네덜란드어는 전 세계 번역 흐름으로 볼 때 소수언어이며 주변부 언어이다. 최근 몇 년간 네덜란드어로 번역된 서적의 3분의 2 정도는 영어가 출발어이고 다음으로 독일어와 프랑스어이다. 다음으로 비율은 크게 적지만 스칸디나비아와 남부 유럽 언어들이 아래 순위에 있다. 번역 시장에서 영어의 독점적 지위는 네덜란드만이 아니라 전 세계적인 현상이다(베누티(Venuti), 1995a, p. 12). 그러나 영어가 항상 우세했던 것이 아니라 중세부터 1800년까지는 프랑스어가 국제적인 핵심 언어였다. 19세기에는 독일어 서적이 특히 과학 분야에서 유럽에서 대량 번역되었다(하일브론, 1995, pp. 216-7).

그러나 전통적으로 네덜란드의 외서 번역이 많이 이루어지는 현상을 단순히 사회-경제적 요인만으로 설명하는 것이 아니라, 아마도 네덜란드가 자국 문화와 언어에 대해 겸손하다는 점을 꼽을 수 있다. 네덜란드는 괴테인스티튜트, 영국문화원 혹은 알리앙스 프랑세와 같은 자국어 홍보 기관도 없다. 하지만 상황이 변하기 시작하여 최근 다양한 문화 및 언어에 대한 정부 지원 연구 프로젝트가 시작되었다. 네덜란드의 국제적 영향에 대한 일련의 학문 연구('유럽에서의 네덜란드 문화')가 진행되었으며, 네덜란드어 협회(Dutch Language Union) 주관으로 네덜란드어 문학번역 연구를 위한 가상문서센터(http://www.ncd.univic.ac.at/) 설립 및 네덜란드어 번역사 전문성 강화를 위해 문학번역사 교육 지원 네트워크가 만들어졌다. 또한, 반세기 전에 설립된 네덜란드 문학 저술 및 번역 재단(Foundation for the Production and Translation of Dutch Literature, NLPVF)이 1993년 프랑크푸르트 도서박람회 후원기관으로 네덜란드와 플랑드르 문학을 주제로 다양한 행사를 개최했다.

이 모든 활동이 어떤 영향을 미쳤으며 네덜란드어 작품의 해외 홍보에 성공적이었을까? 어떤 장르와 작가가 번역되었고, 여기에 어떤 요인들이 작용하였는가? 이러한 질문에 답을 해 보고자 한다. 지면이 제한되어 있으므로 본 논문에서는 20세기 중 후반 스페인에서 번역된 네덜란드어(네덜란드와 플랑드르) 작품에 초점을 두었다.

1950년~2000년 사이 네덜란드어 작품의 스페인어로의 번역

이 기간에 해당하는 번역물을 찾기 위해 번역된 네덜란드어 작품의 주요 문헌 목록에서 출발하여[3] 신간을 중심으로 살펴보았고 간혹 재판 인쇄본들 찾기도 했다. 1950년을 출발점으로 삼은 것은 그 이전에는 네덜란드어 서적의 스페인어 번역을 거의 찾아볼 수 없었기 때문이다. 표본 년도(5년 간격) 별로 어떤 작품들이 스페인어로 번역되었는지 확인할 수 있는데, 1960년대 후반에 흥미로운 데이터가 있기 때문에 국제적인 관심을 받았던 1968년을 추가로 선택하였다. 프랑크푸르트 도서박람회(1993년) 또한 표본에 포함되었다. <표 1>은 각 표본 년도에 어떤 종류의 작품이 번역되었는지 보여주며, <그림 1>은 같은 데이터를 막대그래프로 보여준다.

이 자료를 보면 1960년 이전에는 번역된 서적이 거의 없다. 1950년과 1955년에 역사상 가장 많이 번역된 네덜란드어 서적인 『안네의 일기』 스페인어 초판을 포함하여 여섯 권만 번역되었다. 번역물은 1960년대 증가하기 시작하여 1968년 최고점에 도달한다. 그러나 1970년부터 연간 20권도 채 되지 못하는 수준으로 신간 번역서 규모가 정체되었다. 국내 출판시장 규모가 매년 꾸준히 증가하였으므로 번역서의 상대적

표1. 스페인어로 번역된 네덜란드어 서적의 수와 종류 (1950년 ~ 2000년)

연도＼종류	종교	철학	사회과학	문학	아동문학	예술	취미	기타	전체
1950						2			2
1955	2			2					4
1960	3			2					6
1965	5	3		1		1	2	1	13
1968	17	6	4	5		3	1	2	38
1970	12		2	1	6		1	1	23
1980		2		1	5	4	3	3	18
1985	4			1	5	1	2	1	14
1990		1		3	10	1		2	17
1993	1	1	1	5	5	1	1	1	16
1995		1	1	9	8		3		22
2000				8	7	1			16

(5년마다 출판된 초판을 기준으로 하며, 1968년과 1993년이 추가로 포함되었다. 분류 범주는 종교, 철학, 사회과학, 문학, 아동문학, 예술, 취미 및 기타이다.)

그림 1. 스페인어로 번역된 네덜란드어 서적의 수와 종류 (1950년 ~ 2000년)

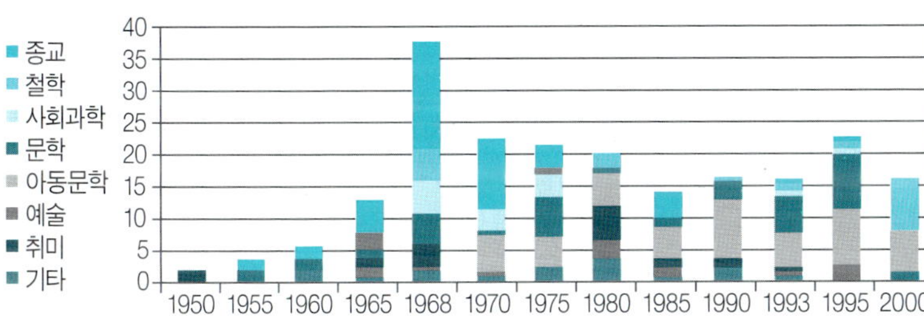

비중은 감소한 셈이다. 예를 들어 1968년 스페인에서 총 2만 권(자국어 서적과 번역서 포함) 정도가 출판되었는데, 25년 후에는 2.5배 증가하였다(1993년 5만 권 출판). 따라서 1968년 네덜란드어의 스페인어 번역서가 40권이라면 이는 1993년으로 환산하면 100권 수준이다.

이어서 번역에서 두드러지는 두 가지 경향을 사회학 및 이데올로기적 관점에서 자세히 다루겠다.

신학 서적의 증가

1960년대 자료 중에서 1968년 통계가 상당히 파격적이었다. 문헌 목록을 보면 그 해에 총 38권이 처음으로 스페인어로 번역되어 출간되었다.[4] 윤리 서적을 비롯한 사회과학과 철학 분야가 상당한 비중(각각 다섯 권)을 차지했지만, 특히 신학 서적이 17권으로 압도적으로 많았다. 신학자 쉴레벡스(Schillebeeckx)의 책 다섯 권이 그 해에 스페인어로 번역되었고 많은 신학 관련 서적이 재판되었다.

1960년대부터 1970년대 말까지 네덜란드(벨기에는 해당하지 않음) 신학 서적의 인기를 어떻게 설명할 수 있을까? 여기에서 당시 세계의 사회 및 종교적 맥락을 고려해야 한다. 이 인기는 진공 상태에서 생긴 것이 아니라 로마 가톨릭의 사회적 역할 변화와 연관되어 있다. 급진적 성향의 교황 요한 23세의 요청으로 소집되어 1962년부터 1965년까지 열린 제2차 바티칸 공의회는 가톨릭의 급격한 근대화의 계기가 되었다. 예컨대 전례(liturgy)를 라틴어가 아닌 자국어로 드리고 교회의 평신도 지위를 강화하며 타 교회들과의 관계를 강화하자는 결정이 이루어졌다. 네덜란드는 이러한 근대화에 앞장섰으며 유럽 남부를 비롯한 다른 국가에 선구적 역할을 했다. 바티칸도 제2차 공의회 직후 네덜란드 가톨릭계의 변화에 주목했다. 윤리학과 심리학 저서들이 인기를 끌었고 출간되자마자 이탈리아어 등 다른 언어로 번역되었다. 잠시 1968년 당시를 생각해보면 프랑스어, 독일어, 영어로 번역된 네덜란드어 서적 중에서 '종교의식의 개혁'을 주제로 한 책들이 특히 많았다. 몇몇 서적들은 변화를 선언했다: 『신세계의 교회(the church in a new world)』, 『하느님의 무덤(God's grave)』, 『새로운 양심(A new conscience)』 등이 있다. 제2차 공의회에서 네덜란드 주교들의 자문을 담당했던 비판적 신학자 쉴레벡스의 저서가 특히 주목을 받았다. 예를 들어 『Het ambtscelibaat in de branding』은 한 해에 네 언어로 번역되었다(스페인어,

이탈리아어, 영어, 독일어). 그리고 1968년 그가 쓴 『L'Esglesia i l'home segons el Vaticá II』은 스페인 제2 언어인 카탈란(Catalan)어로 번역된 유일한 책이었다. 1960년대 많은 종교 서적이 네덜란드어로 번역되었다는 점을 보면 당시 번역은 양방향 모두 이루어졌음을 알 수 있다. 주로 독일어 서적들이 번역되었으며 다음으로 영어와 프랑스어 순서였지만 스페인어 서적이 네덜란드어로 번역된 경우는 거의 없었다(반 부르스트(van Voorst), 1997, pp. 33-35).

네덜란드 가톨릭에 대한 국제적 관심은 1968년 이후 시들기 시작했다. 유럽의 다른 지역과 마찬가지로 스페인의 종교서적 시장은 1970년 말 완전히 무너졌다. 유럽에 퍼진 세속주의에 인해 네덜란드의 종교적 리더십이 무의미해졌기 때문이다. 무겁지 않은 장르를 원하는 시대가 된 것이다.

아동 문학의 인기

1970년 무렵부터 스페인에서는 신학 서적에 대한 관심이 줄어든 대신 신학서적의 인기에는 못 미치지만, 네덜란드의 아동 문학이 관심을 끌기 시작했다. 1970년과 1975년 스페인어로 번역된 유일한 책들은 작가이자 삽화작가인 딕 브루나의 작품들로 글이 거의 없이 미피와 다른 동물들이 등장한다. 이 표본 년도들에 번역된 12권 모두 이 작가의 작품이다. 1980년에는 더 다양해지기 시작하여 1985년에는 네 명의 작가의 작품이 번역되고 저자 다섯 명의 번역서들이 재판 인쇄되었다. 스페인에서 가장 유명한 네덜란드어 작가는 폴 비겔, 애니 슈미트, 잔 털로우 였다. 이들의 작품이 스페인의 종교 언어인 카탈란어, 갈리시아어, 바스크어 등으로 번역되었다는 것은 그 인기를 실감하게 해 준다(두에스와 린(Duez & Linn), 1995, pp. 51-52).

네덜란드 아동문학은 스페인에서만 인기를 얻은 것이 아니라 다른 유럽 국가들, 특히 독일에서도 인기가 많았다. 이는 1960년대부터 유럽에서 선풍적인 인기를 끌었던 스칸디나비아 어린이 문학의 돌풍에 뒤이은 것이었다. 2년마다 시상하는(가장 권위 있는 국제 아동문학상인) 한스 크리스챤 안데르센 상이 1958년부터 1978년 사이 11번 수여되었는데, 이 중에서 스칸디나비아 작가들이 6번 수상하였다. 그 시작은 『엉뚱한 소녀 말괄량이 삐삐』의 작가인 아스트리드 린드그랜이다. 2002년 사망하기 전까지 그녀의 책들은 80여 개 언어로 번역되어 수억 부 이상 판매되었다. 또한, 영국의 곰돌이 푸 작가인 밀른, 로알드 달, 에니드 블라이튼 등 다른 많은 아동문학 작가들의 작품이 대량 번역되었다.

네덜란드 아동문학의 성공은 젊은 독자들을 대상으로 한 번역서들이 도착문화권의 일시적인 공백을 채운다는 것으로 설명할 수 있다. 복합체계(Polysystem) 이론에 의하면 약한 위치나 주변부에 위치한 문학에서 어떤 문학 유형이 결핍된 경우 수입으로 이를 메꾸게 된다(에반-조하르(Even-Zohar), 1978, 2000, p. 194). 독일의 한 출판사는 1980년 이후 네덜란드 아동 및 청소년 문학을 높이 평가하면서 "(독일 아동문학과 달리) 혁신적, 실험적이고 용기가 넘치며 명확한 교훈이나 도덕적 관점을 지나치게 강조하지 않는다"고 말했다(마스(Maas), 1994, p. 19). 스페인에서 전통적 교육관이 변했기 때문에 네덜란드어 어린이 도서가 성공했다고 설명할 수 있다. 1990년대 초 베크만(Beckman)이 쓴 『크루사다 엔 진스(Cruzada en jeans)』는 스페인 출판사 에디시오네스 SM의 베스트셀러 목록에 올랐다. 에디시오네스 SM의 마리아 헤수스 힐은 네덜란드의 많은 청소년 소설들과 역사소설들이 베스트셀러였다고 말했다(마스, 1994, p. 22). 그러나 그녀는 이 현상이 지속되지 않을 것으로 전망했다. "과거에 서적의 80퍼센트 정도가 번역서였지만 지금(1994년)은 거의 50대 50이다. 아동문학 전통이 있는 네덜란드 등의 국가가 스페인에 큰 영향을 미쳤다. 베크만과 같은 작가의 작품들이 우리나라 작가들에게 영감을 주고 동기를 부여했다고 확신한다"(같은 책, 저자 번역). 스페인 작가들이 어떻게 해야 하는지 이제 다 배웠기 때문에 스페인 독자들은 더는 네덜란드를 비롯한 다른 나라의 모델을 필요로 하지 않는가? 그럴 지도 모른다. 최근 스페인 문화부의 보고서에 따르면 "많은 아동문학 전집들이 외국작품 번역으로 구성되었던 몇 년 전과 비교해 보면 지금은 아동문학과 청소년문학의 상당 부분이 스페인 작가들의 작품들이다"(문화부, 2004, p. 1). 최근 몇 년간 스페인 아동문학에서 번역서 비중은 절반도 되지 않고 나머지는 스페인 국내 작가들의 작품들이다. 이제는 네덜란드 작품의 스페인어 번역서 중 아동문학과 성인문학의 비율이 거의 비슷해진 상황이다.

물론 번역시장에서 특정 장르의 인기는 '자연스러운' 사회적 프로세스의 결과라고 단정 지을 수 없다. 상당한 경제적 이익이 개입되므로 다양한 기관은 여러 마케팅 전략을 활용해 이러한 프로세스에 영향을 끼치려 한다. 이 중 공공기관과 출판사의 역할을 논의하고자 한다.

공공기관의 활동

정부 기관들은 네덜란드 문학의 해외 홍보를 위해 다양한 프로그램과 사업을 진행한다. 네덜란드어 번역 작품의 일부를 보여주는 게시판 등을 통해 정보를 지속해서 제공하고 홍보 행사를 진행한다. 예를 들어 1993년과 1995년에 네덜란드 문학 저술 및 번역 재단(NLPVF)은 독일(프랑크푸르트 도서박람회)과 스페인(리베르 '95 박람회)에서 네덜란드 문학 홍보를 위해 많은 자금과 시간을 투자했다. 국제적 영향력을 지닌 프랑크푸르트 도서박람회는 그 해 독일에서 큰 성공을 거두었다(반 위페렌(van Uffelen), 1994). 반면 스페인 최대 도서 박람회인 리베르는 주로 국내 시장을 대상으로 한다. 이러한 대형 행사의 준비기간에 다국적 출판사, 비평가, 언론인들은 계약 가능성이 높은 작가들에 대한 자료, 인터뷰, 번역 발췌본 등 엄청난 양의 자료를 받는다(폰티네(Fontijne), 1994, p. 83). 박람회 동안 작가들은 인터뷰 하고, 출판사, 비평가 및 언론과 집중적으로 접촉한다. 그렇다면 두 행사가 스페인에서 어떤 영향을 미쳤는가?

번역 서적 권수로만 본다면 프랑크푸르트 도서박람회가 열렸던 1993년과 리베르가 열린 1995년 사이 총 50권의 네덜란드어 서적(각각 16권, 12권, 22권)이 번역되어 스페인에서 출간되었다. 이를 1968년과 비교해 보자. 그 한 해에만 38권이 스페인어로 번역되어[6] 시장에 출판되었다. 앞서 언급한 대로 스페인의 출판시장 규모는 동 기간 2.5배 증가하였다. 이렇게 볼 때 비율적으로 1968년 번역물 규모는 1993년에 비해 거의 6배 많았음을 의미한다.

이것이 타 언어의 스페인어 번역과 어떻게 비교되는가? 프랑크푸르트 도서박람회가 개최된 1993년 영어에서 스페인어로 번역된 책들은 5,855권으로 스페인 전체 출판서적의 12퍼센트 정도를 차지한다. 비슷한 다른 언어인 스웨덴어를 보면 유럽의 소수언어로 모국어화자 인구가 네덜란드어보다 훨씬 적은데(2천1백만 명 대비 9백만 명) 총 29권이 스페인어로 번역되었고 이는 스페인 출판물의 0.05퍼센트 이상이다. 즉, 스페인어로 번역된 엘 파이스(El País) 10대 언어 목록에 스웨덴어는 포함되고 네덜란드어는 포함되지 않았다.

이번에는 같은 언어 쌍으로 네덜란드어의 스페인어 번역과 스페인어의 네덜란드어 번역 기록을 살펴보자. 후자의 경우 수십 년간 네덜란드에서 '중요하고 견고한' 위치를 차지하고 있다(스틴메이어(Steen-meijer), 1995, p. 53). 그러나 저자 대부분이 이사벨 아옌데, 가브리엘 가르시아 마르케스 등 남미 작가들이다. 1993년 62권의 스페인어 서적이 네덜란드어로 번역되었고 이 중 삼 분의 이는 초판 출간, 나머지는 재판 인쇄였다(Titelproduktie 1993). 두 권을 제외하고 나머지는 문학 작품(산문,

시, 아동 및 청소년 문학)이었다. 스페인어-네덜란드어 번역 신간은 그 해 네덜란드 전체 출판물의(16,510권) 0.25퍼센트를 차지했다. 이것이 미미한 수치일 지는 몰라도 네덜란드어-스페인어 번역서보다 8배 이상 많은 비율이다.

리베르 개최에 인해 22권이 번역되어 어느 정도 성공을 거둔 이후 네덜란드어 작품의 번역시장은 꾸준히 감소하여, 1996년에서 2000년 사이 번역된 서적이 연간 15권을 넘지 못했다. 따라서 일회성 홍보 행사는 장기적 효과가 없다는 결론을 내릴 수 있다. 스페인에서 이러한 행사에 뒤이은 지원이 없었다. 그럼에도 스페인 출판사들은 NLPVF이 해외 출판사들과 계속 연락을 하고 지속해서 정보와 재정지원을 제공한다는 점에 높은 관심이 있다(오스텐브링크(Oostenbrink), 1995). 이러한 지원이 없었다면 네덜란드어 작품이 번역될 기회조차 없었을지도 모른다.

출판사들의 정책

스페인에서 네덜란드어 번역서들이 미미한 비중을 차지하는 원인은 소수언어가 주요언어로 번역되는 경향을 논할 때에 주로 언급되는 이유와 비슷할 것이다. '번역 비용이 너무 많이 든다, 출판 비용이 너무 비싸다. 번역 소설은 2천 부 이상 판매 불가능하다, 작가 이름을 발음하기 어렵다'는 등의 이유이다(스웨덴의 사례, 마르카스(Markås), 1993, p. 75). 그렇다면 성공률이 낮음에도 불구하고 스페인 출판사들이 네덜란드어 작품(대부분 소설) 번역을 진행한 이유는 무엇이었을까?

이 질문에 대한 답을 찾기 위해 10년 이상 네덜란드어 작품을 번역한 경험이 있는 에메세, 페닌술라, 에다사, 아나그라마, 그리고 투스켓스 등 스페인 출판사 다섯 곳을 상대로 1995년 설문조사를 실시하였다(오스텐브링크, 1995). 작품의 수준과 같은 당연한 기준 외에도 다음과 같은 경제적 기준이 제시되었다[7].

1. 자금 지원이 있는가? 네덜란드의 번역 지원기관은 NLPVF이며 플랑드르에서는 플랑드르 지자체 문화부가 담당한다. 두 기관이 네덜란드어 문학의 해외 번역을 전체 비용의 약 70%까지 지원한다. 조사한 출판사 모두 1985년과 1995년 사이에 NLPVF의 재정지원을 받았다.
2. 이미 다른 유럽 언어로 번역되어 성공을 거둔 외국 작품은 스페인 시장에서 성공할 확률이 훨씬 높다. 이런 현상은 중심-주변부 모델에서 주변부 언어가 중심 언어권의 경향을 따르는 것과 같은 것이다. 스페인어 작가들의 작품 번역에 대한 네덜란드 출판사들의 결정에도 같은 원칙이 작용한다(스틴메이여, 1989). 출판사들은 다른 언어로의 번역 사실을 홍보에 활용한다. 예를 들어 콘니 팔멘이 쓴 『The Laws(법)』의 스페인어 번역서 띠지에 '작가의 본국에서 베스트셀러이며 이미 프랑스어, 영어, 이탈리아어로 번역되었다'고 쓰여 있다.
3. 작품에 뭔가 '신선한 것'이 있어야 하며 지나치게 네덜란드에 관한 내용이어서는 안 된다. 예를 들어 에메세 출판사의 시그리드 크라우스는 마르그리에트 데 무어르의 소설 『Gris, blanco, azul』(처음에 회색, 다음엔 흰색, 그리고 푸른색)에 대해 이렇게 말했다. "네덜란드 문학은 상당히 도시적이다. [···] 네덜란드에 가 본 적이 없더라도 『Gris, blanco, azul』을 충분히 이해할 수 있다."
4. 출판사들은 성격이 흥미롭고 스페인에서 인터뷰와 같은 홍보활동을 할 수 있는 작가를 선호한다. 1995년 10월 리베르 행사를 위해 열여덟 명의 네덜란드 및 플랑드르 작가들이 바르셀로나에 가서 언론사 행사에 참석하고 출판사 및 비평가들과 친분을 쌓았다. 이런 노력은 무위로 끝나지 않았다. 번역사 프란시스코 카라스케르는 네덜란드에서 가장 많이 번역되는 작가인 세스 노테봄이 스페인에서 인기를 끈 이유가 바로 이 때문이라고 설명한다. 그의 작품 중 번역서 두 권이 성공을 거둔 데 대하여 "노테봄이 당시 스페인

에서 출판사들과 문학계 전문가들과 만났는데, 이렇게 작가가 적극성을 보이는 것이 중요하다"고 말했다(린, 1995, p. 19).

5. 작가의 인터뷰와 책 소개 외에도 언론의 평가가 홍보에 중요한 역할을 한다. 체계적인 연구가 있었던 것은 아니지만, 스페인 평론가들은 두 종류의 작가에 집중하는 것으로 보인다. 한편으로는 헬라 하서, 세스 노테봄, 휴고 클라우스 등 이미 스페인에서 어느 정도 알려진 작가들이며, 다른 한 편으로는 무어르와 콘니 팔멘과 같이 젊고 매력적이어서 신문과 잡지 표지에 멋진 사진을 실을 수 있는 작가들이다.
6. 스페인 출판사들은 작품이 네덜란드에서 상을 받았는지는 별로 중요하지 않다고 한다. 한 문화권에서 인정받았다고 해서 다른 문화권에서도 인정을 받는 것은 아니다. 그러나 실제로는 영향이 있다. 따라서 초기 복합체계 이론과 같이 도착어 중심 접근법만을 취하는 것이 아니라 출발텍스트가 출발문화에서 가지는 지위를 고려할 필요가 있다. 예를 들어 무어르의 소설 『Gris, blanco, azul』 표지에는 작가가 1992년 "el más importante de Holanda"(네덜란드 최고 권위의) AKO 수상자임을 강조한다. 물론 국제적인 상을 받은 경우 가치가 올라간다. 클라우스와 물리쉬의 작품에는 노벨상 후보로 거론되고 있음을 꼭 언급한다.
7. 마지막으로 어떤 책이 이미 출판사에서 출간하고 있는 특정 시리즈에 잘 맞는 경우 유리하다. 예를 들어 헬라 하서의 역사소설들이 에다사의 『나라티바스 이스토리카스(Narrativas históricas)』 시리즈의 일환으로 출판되었으며, 페닌슐라의 수필 시리즈 『Ideas』에는 노테봄의 『La desaparición del muro』(베를린 노트)가 실렸다.

위에 나열된 거의 모든 요소가 세스 노테봄에 해당한다. 그는 문단의 호평을 받고 국내 및 국제적인 상을 여러 번 수상하는 등 문학적 인정을 받았다. 그의 작품들은 스페인어로 번역되기 전에 이미 다른 언어들로 번역된 바 있다. 그의 코스모폴리탄적인 관점이 잘 알려졌으며 스페인에서 일정 기간 거주하면서 다양한 홍보 활동에 적극적으로 참여했다. 그가 대중적으로 인정을 받을 수 있었던 또 다른 이유는 여러 작품에 친근한 스페인 인물들을 등장시키기 때문이기도 하다. 게다가 NLPVF는 거의 모든 작품에 대해 출판사들을 지원했다.

출판사들은 원작을 바탕으로 작품을 평가하고자 하지만 실제로 '이국적 언어'나 소수어인 경우 거의 불가능하다. 따라서 외부인(출판 에이전시, 원고 판정인, 혹은 번역사들)의 판단에 의존할 수밖에 없다. 이런 상황에서는 출발문화와 도착문화를 잘 알고 있는 진취적 성향의 번역사들이 자신이 애착을 갖는 언어를 위해 특별한 역할을 할 수 있다. 다음 장에서는 네덜란드어 작품을 스페인 독자들에게 알리는 데 기여한 한 번역사에 대해 살펴보겠다.

문화 중개인으로서 번역사의 역할

네덜란드어의 스페인어 번역사 중에서 특히 한 사람이 눈에 띄는데, 바로 네덜란드어 문학, 특히 시문학을 스페인에 소개한 프란시스코 카라스케르이다.[8] 스페인에서 1915년에 태어난 그는 프랑코 독재정권을 피해 1950년대 초 난민 신분으로 네덜란드로 이주하였다. 매형인 펠립 로르다 이 알라이스는 그보다 먼저 네덜란드로 이주하였다. 둘은 곧 네덜란드어를 배우고 재능 있는 번역사로 인정받게 되었다. 이들은 1950년대에 네덜란드어 분야에서 최고의 번역상인 니요프 상을 받았다. 카라스케르와 로르다는 1980년대까지 네덜란드 대학에서 강의도 하고 신학 서적부터 관광 안내 책자에 이르기까지 수십 권의 책을 번역했다. '이국적인' 네덜란드어를 다른 언어를 거쳐 중역하던 시절[9] 이들은 네덜란드어에서 스페인어로 직접 번역하는 거의 최초의 번역사들이었다.

의뢰를 받아 돈을 받고 번역을 하는 한편, 카라스케르는 네덜란드 문학, 특히 시문학 장르를 번역했고 로르다는 소설과 희곡을 번역했다. 카라스케르의 시문학 사랑은 초창기에 네덜란드에 큰 열광을 불러일으킨 『50년대 세대(Generation of the Fifties)』라는 실험적 작품에 영감을 받아 시작되었다. 지금까지 스페인어로 출간된 13권의 시집 중에서 10권(표본 년도 이외의 시기에 출간된 것들도 포함함)을 카라스케르가 번역하거나 번역과 편집에 참여했다. 그 결과 스페인에서 1,250편 이상의 시를 출판했다(린, 1998, p. 186). 예를 들어 800페이지에 달하는 문집 『근대 네덜란스 시 문집(Antología de la poesía neerlandesa moderna)』(1971)에 스페인 독자들을 위해 다양한 네덜란드 및 플랑드르 시가 실려있는데, 이 중 약 500여 편의 시는 대부분 19세기와 20세기 작품들이다. 또한, 카라스케르는 많은 스페인 정기간행물을 통해 수백 편의 시를 번역, 출판하였다. 스페인 독자들은 중세부터 이어진 고전 시인들의 작품뿐만 아니라 가장 젊은 세대 시인들(상당히 많은 여류 시인 포함)의 작품도 접하게 되었다. 그러나 시문학 장르가 그러하듯이 번역된 시들은 독자층이 적었으므로 재판 인쇄로 이어지지는 못했다.

카라스케르는 수십 년간 단순한 번역사 이상의 역할을 했다. 출판사들을 접촉하고 홍보 활동(기사, 서평 및 책 저술 등)[10]을 하며 번역물이 출판되도록 자금 지원처를 찾았다. 그는 단순히 두 언어와 문화의 중개인뿐만 아니라 번역 주도자이자 옹호자 역할까지 수행한 번역사의 전형적인 예이다. 비슷한 예로 유디트 게라는 네덜란드어 문학을 헝가리에 소개했으며 필립 노블은 프랑스에서 유사한 활동을 했다. 물론 카라스케르의 노력이 상업적으로 큰 성공을 거둔 것은 아니지만, 그의 노력이 없었다면 스페인 독자들은 네덜란드어 시 문학의 존재조차 알지 못했을 것이다.

결론

본 논문에서 네덜란드어와 같은 소수언어에서 스페인어와 같은 주요 언어로 번역된 작품의 수용성 변화를 사회문화적 요인과 이데올로기적 맥락 등 언어 외적인 요인들을 통해 설명했다. 1960년대 신학 서적의 인기는 상당 부분 세계 종교의 맥락 변화, 특히 가톨릭의 근대화로 설명할 수 있다. 이어 네덜란드 아동문학의 성공은 스페인 시장의 특정한 공백을 채우는 역할을 했으므로 사회적, 경제적 요인으로 설명된다. 네덜란드어 작품들의 스페인에서의 번역과 수용에 영향을 미친 또 다른 요인은 정부 기관과 출판사들의 홍보 활동이다. 정부기관인 네덜란드 NLPVF의 노력이 스페인에서의 번역물 출간에 거의 영향을 미치지 못한 것으로 드러났다. 반면 스페인 출판사들은 경제적 측면들, 즉 네덜란드 정부의 번역비용 보조, 해외에서의 성공사례, 국제적인 수상, 작가의 홍보 능력 등이 네덜란드어 서적의 번역 고려 시 영향을 미친다고 언급하였다. 마지막으로 개별 번역사들의 역할인데, 특히 본 논문에서는 특정 번역사의 역할 덕분에 상당히 폭넓은 네덜란드 시문학이 번역되고 출판될 수 있었음을 보여주었다.

본 사례연구에서 볼 수 있듯이 사회적 맥락이라는 거시적 차원(도착문화에서 어떤 장르와 주제에 대한 수요가 있는가), 문학계에서 출판사들과 에이전시들이 차지하는 중간적 차원(이들이 흥미롭고 수익성이 있다고 보는 작품은 무엇인가), 그리고 번역의 미시적 차원(도착텍스트가 어떻게 사회적 규범들을 반영하는가)은 서로 연관되어 있다. 미시적 차원을 살펴보려면 출발텍스트를 세밀히 선정하고 어떤 번역 전략이 적용되었는지 살펴보아야 할 것이다.

미주

1. 예컨대 네덜란드어 작품의 번역 기록이 있는 네덜란드 국립도서관의 경우 출판사에게 모든 번역서를 제출하라고 요구하지 않는다. 번역서 제출이 의무화된 벨기에와 같은 국가의 자료는 더 신뢰성이 높다.

2. 다른 대안으로는 1970년대 개발되어 이후 투리(Toury), 르페브르(Lefevere) 및 기타 저명한 번역학자들이 발전시킨 에벤-조하르(Even-Zohar)의 복합체계 이론(최근 버전)을 이용할 수 있다. 실제로 하일브론(Heilbron)의 모델은 에반-조하르의 모델과 상당히 유사하지만, 에반-조하르 모델이 지닌 형식주의 특징(예를 들어 문학의 일차적 형태와 이차적 형태간의 경쟁)이 없으므로 더 중립적인 접근법이라고 할 수 있다. 하일브론의 모델은 아브람 데 스완(Abram de Swaan)의 『세상의 단어들. 전 세계 언어 체계』(2001)의 초기 버전에 기초한 것이다.

3. 자료와 기준은 린(1998, pp. 164-5)에 나와 있다. 두 가지 기준이 변경되었는데, 다른 서지정보와의 일관성을 위해 서적만 집계했고 네덜란드에서 편집한 책들(주로 지역 관광 관련)은 제외되었다. 주해는 개정된 서지정보를 바탕으로 한 것이며, 도움을 준 스탑스(Staps)에 감사를 표한다.

4. 이 중에서 열 권은 아르헨티나 출판사인 카를로스 롤레에서 출간하였다. 이러한 '체제 전복적' 작품들을 1975년까지의 통계에 포함한 이유는 비록 이 책들이 프랑코 독재정권 하에서 출판될 수 없었지만 이러한 경로를 통해 스페인 독자들에게 닿았다는 정황이 있기 때문이다(센단 파소스(Cendán Pazos), 1972, pp. 150-153).

5. 중심-주변부 모델에서 주변부로 분류되는 국가의 문학계에서 특별히 널리 알려지고 번역된 하위 장르를 '틈새(niche)'라 부른다(하일브론, 1995, p. 242).

6. 정확한 비교를 위해서는 남미에서 출판된 12권의 번역서를 제외하겠지만 이들이 간접적으로 스페인 시장에 유입되었을 것이므로 통계에 포함했다.

7. 흥미로운 것은 프랑스 출판사들을 대상으로 한 조사에서도 순서는 다르지만 동일한 기준이 언급되었다는 점이다(테세마케르와 베스테르비크(Tessemaker & Westerbeek), 2001, p. 28).

8. 처음 다섯 표본 년도에 이루어진 번역의 11%(63권 중 7권)를 차지하여, 카라스

케르는 당시 가장 왕성히 활동한 번역사였다.

9. 1968년 등장한 38권의 번역서 중 10권(즉 ¼ 이상)은 다른 언어를 통해 번역되었다: 다섯 권은 프랑스어, 네 권은 독일어, 한 권은 영어를 통한 중역이었다.

10. 이들은 카르몬다 데 하름센(Carmona de Harmsen) 외 편집, 1980. 카라스케르. Antología de sus artículos 1963-1980, Universidad de Leiden으로 출판되었다. 1995년 네덜란드어 문학 홍보를 위해 그가 쓴 지침서인 『Holanda al español』, Madrid, Libertarias/Prodhufi가 출판되었다.

“물론 독일인들이 핀란드에 관심이 있습니다만…”

1920-30년대 독일의 핀란드 문학에 대한 개방성

페카 쿠야매키 Pekka Kujamäki
핀란드 요핸수 대학교, 사보린나 번역학과

요하네스와 리타 오퀴스트는 20세기 상반기 핀란드와 독일을 이어주는 중요한 중개인들이다. 요하네스 오퀴스트의 독일 출판사들과 교환한 서신 등 미공개 자료를 보면 양국 문학 교류에 영향을 준 이데올로기, 미학 및 경제적 기준들이 나타난다. 양국의 문학적 교류는 개방성과 폐쇄성의 개념으로 분석할 수 있다. 번역 대상 작품에 대해 오퀴스트의 자문을 자주 구했던 점과 북유럽 문화를 지향하는 이데올로기적 측면으로 볼 때 독일은 핀란드 문학에 개방적이었다. 그러나 ‘북유럽의 좋은 이미지’를 위협하는 주제와 내용, 그리고 이미 독일문학에 충분히 존재하는 주제와 내용에 대해서는 같은 이데올로기적 맥락이 폐쇄성을 초래했다. 서신을 살펴보면 출판사의 원고 판정인들과 여타 문지기(gatekeeper)들이 독일 독자들의 핀란드 문학에 대한 관심을 정의하는 데 사용한 여러 규범을 파악할 수 있으며, 이러한 규범이 오퀴스트 부부의 번역 방식에 어떤 영향을 주었는지 살펴볼 수 있다.

서론

핀란드는 문학계 규모가 상대적으로 작고 역사가 짧으므로 독일어 문학처럼 전통과 규모가 큰 문학 시장에 진입하기 쉽지 않다. 대규모 문화는 생산적이고 문학적 전통이 풍부하여 자체적으로 모든 수요를 맞출 수 있기 때문에 다른 언어권의 문학에 개방적일 필요가 없다. 반면 소규모 문학계는 역사가 짧고 도착문화권에서 인지도가 없으므로 도착언어 시장에서 틈새를 차지한다. 반대 방향은 거의 문제가 없어서 역사가 짧은 소규모 문학계는 대규모 문학계의 작품을 번역이나 원서 그대로 받아들여 자극을 받고 발전한다(그레이버(Graeber), 1992, p. 83; 르페브르(Lefevere), 1992, p. 88; 바르피오(Varpio), 1994, p. 16; 쿠야매키(Kujamäki), 1998, p. 67; 베누티(Venuti), 1998; 팔로포스키(Paloposki), 2000, p. 22).

그렇지만 문학과 번역 역사를 보면 규모가 크고 폐쇄적인 문학계도 새로운 문학 방식과 자극이나 필요하다고 인식하기도 한다. 이러한 인식은 주로 문학 외적인 요소에 기인하며, 한 나라의 문화 및 문화 정책에 영향을 주는 정치적 혹은 역사적 사건이 계기가 되기도 한다. 그런 경우 도착문화는 특정 국가의 문학에 문을 열지만, 그 문학을 충분히 알지 못하므로 출발문화의 소개자 역할을 할 중개인과 문지기(gatekeeper)를 필요로 한다.

독일과 핀란드 사이를 중개했던 요하네스와 리타 오퀴스트가 좋은 사례가 된다. 본 논문은 독일 출판계가 핀란드 문학에 어느 정도 관심을 보였던 1920-30년대에 초점을 둔다. 당시 핀란드 문학이 널리 알려지지 않았으므로 독일 출판사들은 문학 중개인들에 상당히 의지했다. 1932년에서야 처음으로 핀란드 문학 역사를 한스 그렐만(Hans Grellmann)이 독일어로 정리하여 출판했다.

요하네스 오퀴스트와 리타 오퀴스트의 서신

본 논문에 사용된 자료는 헬싱키대학교 도서관에 보관된 요하네스 빌헬름 오퀴스트(1861-1949)의 미공개 자료이다. 특히 관심을 끄는 것은 1920년대에서 1940년대까지 베를린 주재 핀란드 공사의 공보관(1918-1927), 헬싱키대학교 독어과 교수(1895-1919), 그리고 시인이자 번역사로서 그가 독일 출판사들과 교환한 서신이다. 사실 오퀴스트는 독일과 핀란드 출판사에 스칸디나비아 문학의 전반에 관해 알려주었을 뿐만 아니라 스웨덴 출판사들에 독일 작품에 대한 정보를 제공하는 등 다양한 언어권에서 활약했다. 그러나 여기에서는 독일과 핀란드 사이의 중개인 역할에 초점을 맞추기로 한다. 오퀴스트의 글에는 핀란드 문학을 독일어로 활발히 번역했던 번역사 중 하나이며 아내인 리타(1884-1968)와 주고받은 수많은 편지가 포함된다.

자료의 양이 79개의 파일 폴더를 채우는 방대한 분량이다. 여기에는 취합 및 디지로 된 오퀴스트의 문학작품 원고들, 정치, 지리, 역사, 문화 관련 출판 프로젝트, 문학, 세계정치와 문화 등에 대한 비평과 연구 원고들, 신문 스크랩, 강의자료, 핀란드 시, 소설, 과학 서적 번역, 서지 정보 메모, 일기, 그리고 130곳이 넘는 독일 출판사들과 부부가 교환한 수천 통의 편지가 포함된다(붙임 참고). 이를 보면 오퀴스트 부부가 문화적, 정치적으로 상당히 적극적인 활동을 했음을 알 수 있다(멩거(Menger), 1994 참조). 또한, 이렇게 방대한 깊이의 자료를 보면 이들의 중개인으로서의 역할이 충분히 연구되고 알려지지 않았음을 알 수 있다. 즉, 아래에서 우리가 참고하는 사례가 얼마나 대표성을 갖는지 확실히 판단하기 어렵다는 뜻이다. 그렇지만 서신을 대략 살펴보면 1920년대와 1930년대에 오퀴스트 부부가 독일과 핀란드의 문학 교류의 중요한 릴레이 지점이 되었음을 확실히 보여준다. 독일 출판사들이 요하네스 오퀴스트의 도움을 받아 독일 문학이 핀란드에 진출할 길을 찾았을 뿐만 아니라 독일 독자들이 관심을 가질 만한 핀란드와 스칸디나비아 작가들을 찾을 수 있었다. 예를 들어 뮌헨 출판사인 랑겐 & 뮬러(Langen & Müller)와 주고받은 서신에서 확인할 수 있다.

> 당신이 에밀 슈트라우스를 핀란드 독자들에게 소개할 생각이 있다니 매우 기쁩니다. 당신이 여기 오실 때 더 많은 좋은 독일 서적을 원서 그대로 또는 번역해서 핀란드에 소개할 방법을 함께 상의하면 좋을 것 같습니다.(랑겐&뮬러의 구스타브 페졸드가 1934년 10월 10일 요하네스 오퀴스트에게 보낸 서신. 본 논문 인용구는 모두 저자 번역임. 밑줄 저자 삽입.)

> 덴마크에 관한 소식 정말 감사합니다. 안타깝게도 요하네스 젠센의 소설은 이미 베를린의 피셰르 베르라그 사과 전속계약을 맺었기 때문에 진행하기 어렵습니다. 그러나 젊은 작가인 단 아게 돈스의 작품이나, 아니면 신간소설 『솔다테르브뢴덴(Soldaterbrönden)』이라도 읽고 의견을 주시면 감사하겠습니다. 이 소설이 빼어난 작품이라면 우리가 관심을 가질 수 있을 것입니다. 아니라도 앞으로 2년간 진행할 수 있는 많은 분량의 노르딕 언어권 서적들이 있습니다. (랑겐&뮬러의 홀름이 1937년 1월 18일 요하네스 오퀴스트에게 보낸 서신. 밑줄 저자 삽입.)

이 서신을 보면 요하네스 오퀴스트가 출판사 원고 판정인들의 요청으로 혹은 자신이 자원하여 신간이나 현대 작품들에 대한 전문적 의견을 제시하는 내용이 많은 것을 볼 수 있다. 그의 의견은 이후 독일이나 핀란드 신문의 서평으로 실리기도 했으며 유럽, 러시아, 미국 문학에 관해 작성한 글이 학술지에 실리기도 했다.

따라서 오퀴스트가 독일 출판사들과 교환한 서신은 핀란드와 독일의 문화간 교류에 대한 담론으로 볼 수 있다. 이러한 편지는 당시 문화교류를 둘러싼 이데올로기, 미학, 그리고 경제적 상황('규범들')을 잘 보여준다. 본 연구에서 '개방성'과 '폐쇄성' 개념은 양 극단에 위치한다. 한편으로는 번역할 만한 현대 핀란드 작품들에 대해 오퀴스트의 의견을 묻는 등 독일 문화가 핀란드 문학에 개방적인 측면을 볼 수 있다. 그러나 이러한 개방성 이면에 독일 이데올로기와 미학적 관점에 상응하지 않는 주제에 대해 매우 폐쇄적인 입장이 존재했다.

문이 열렸다.

1917년과 1918년 독일의 문화적 개방성은 핀란드의 독립 선언과 독일군이 참전했던 핀란드 내전 등 핀란드 정치 상황과 관련이 있다. 그리하여 독일 출판사들이 핀란드 문학에 많은 관심을 보이는 시기가 도래하였다. '핀란드와 독일의 친밀함'과 '독일에 대한 핀란드의 우정'에 관한 이야기가 1920년대까지 지속되었다(쿠야매키, 1998, p. 109, 134, 153, 2001 참조). 핀란드는 1920년대 초반 핀란드 지리와 문화에 관한 저술, 핀란드 소설의 외국어 번역 지원 등을 통해 양국 관계 증진을 위해 노력했다(쿤체(Kunze), 1990, p. 33; 하인(Hein), 1984, p. 69). 반면 독일 출판사들은 신중하고 조심스러웠고 이들의 개방성은 경제적 제약을 받았다. 독일에서 핀란드 문학이 인쇄되었지만 널리 읽히지 않았으므로 해외에서 핀란드 문학의 인지도가 상대적으로 떨어지는 결과를 낳았다.

일례로 독일 드레스덴에 위치한 헤인리히 민덴 베르라그(Heinrich Minden Verlag) 출판사가 알렉시스 키비(Aleksis Kivi)의 핀란드 고전인 『Seitsemän veljestä(일곱 형제들)』(1870)와 『Nummisuutarit(황야의 코블러)』(1864) 출판을 진행했던 경험이 오퀴스트의 서신에 잘 기록되어 있다. 1920년대부터 헤인리히 민덴은 핀란드 문학을 독일에 알리는 것을 사명으로 여기고 짧은 기간에 여러 작품을 출판했다. 특히 알렉시스 키비의 작품이 성공을 거둘 것으로 기대했다. 하지만 핀란드의 지원 없이 자체적으로 진행했기 때문에 민덴은 충분한 홍보를 할 수 없었다. 그는 출판시장에서 새로운 영역을 만드는 것이 '죽도록 힘들다'고 했다(민덴이 오퀴스트에 보낸 서신, 1927년 6월 15일). 1927년 2월 11일에 오퀴스트에게 보낸 편지에서 민덴은 자신이 착각했음을 다음과 같이 서술했다.

> 분명 『일곱 형제들』이 나머지 책들보다 뛰어납니다. 하지만 이것은 특별한 경우라고 봐야 하겠습니다. 초판은(지금 정확한 숫자는 모르지만) 약 3천 부 정도였을 겁니다. 여기에서 서평과 홍보용으로 무료로 배포한 부수는 제해야겠지요. 이후 추가 인쇄의 경우 1천 부씩 세 번으로 나누어 인쇄 하면서 비슷한 수준의 홍보비용과 제작비용, 로열티 등이 발생합니다. 각종 신문과 잡지에 실었던 모든 광고와 전단 등을 통해 서점과 독자들에게 알렉시스 키비를 알리고 홍보하려고 정말 많은 노력을 했습니다. 하지만 오랜 제 경험으로 볼 때 투자한 모든 돈과 시간과 수고가 결국 헛수고였다는 생각이 듭니다. 그래도 저는 초판이 금세 다 팔릴 것이라 믿었습니다. 그러면 대량으로 추가 인쇄를 하고 점차 꾸준히 결실을 거둘 것으로 생각했습니다. 하지만 두 달이 지난 지금 예상하건대 초판이 다 소진되려면 6년 정도가 걸릴 것 같습니다. 아직 비용도 다 회수하지 못했습니다. 알다시피 더는 값비싼 홍보를 감당할 수 없습니다.

민덴의 입장은 1929년『일곱 형제들』의 신판 출간에 대해 다음과 같은 평을 한 구스타브 만즈(Gustav Manz)의 의견과 매우 유사하다.

> 언론과 평론가들의 인정을 받았음에도 불구하고『일곱 형제들』의 신판이 나오기까지 수년이 걸렸으며 판매량이 이제 겨우 4천 부에서 7천 부로 증가했다는 점은 현재의 지적 흐름을 관찰한 사람들에게 다소 우울한 현실이며, 특히 용감한 출판사에게 참으로 우울한 현실이 아니겠는가(만즈, 1929, p. 160).

위의 사례는 좋은 의도와 준비작업이 있었다고 할지라도 출발문화에서 고전으로 칭송받는 고전 작품이 이에 상응하는 도착문화에서의 출판과 수용 과정으로 반드시 이어지는 것은 아님을 보여준다. 도착문화가 출발문화의 사상과 작품에 개방적인 것처럼 보이는 경우에도 이러한 현상이 나타날 수 있다.

독일 대중을 위한 흥미 위주의 소설

서신의 추가 분석 결과 독일 출판계가 핀란드 문학이 장황하고 지나치게 상세하며 편협하여 액션과 재미가 부족하다고 느낀다는 점을 알 수 있다. 독일에서 이런 책들을 출간하기를 꺼릴 수 있다. 그래도 액션과 재미가 있는 책들은 출판하기를 희망했다. 많은 출판사는 현대 독일 문학과는 대조되는 '일반 독자들이 재미있게 읽을 수' 있으며 '등장인물들의 인간적인 대화'가 '지서인 내용 때문에 축소'되지 않는 핀란드어 작품을 원했다.

> 현재 출판계 관행과 일반 독자들의 취향을 볼 때, 안타깝지만 뛰어난 액션과 흥미가 있는 소설에만 관심을 가질 수밖에 없는 현실입니다. 특히 신문 편집자

들이 소설적 기삿거리들을 워낙 많이 제공하다 보니 우리로서는 시리즈 물로 출판할 수 있는 소설만 수용할 수 있는 상황입니다. (알프레드 베크홀드(Alfred Bechthold)가 1928년 2월 16일 리타 오퀴스트에게 보낸 서신, 핀란드 헬싱키 국립기록보관소 마일라 미콜라 『탈비오』 아카이브, 폴더 42번)

『출판사의 북유럽 시리즈』의 첫 번째 작품은 문학적 소양이 있는 독자들뿐만 아니라 일반 독자들이 재미있게 읽을 수 있는 책이어야 합니다. 단편 소설은 인기가 없으므로 모두 장편소설이어야 합니다. 그리고 일반 독자들이 읽기 어려운 문체로 쓰인 작품들은 안 됩니다. (헤르만 샤프스테인 출판사의 랑그펠데 박사가 1929년 1월 14일 리타 오퀴스트에게 보낸 서신)

오늘날 우리에게 필요한 것은 사람과 사람의 대화, 마음의 언어입니다. 그런데 지나치게 지적인 내용에 인해 이런 부분이 묻히고 있습니다. 현재 독일 작가들은 사명의식 가지고 지적인 내용에 집중합니다. 하지만 이들의 작품은 대중이 이해할 수 있는 수준이 아닙니다. 공공도서관 사서들에게서 들은 내용으로 보건대 독일의 새로운 '고급 문학' 작품 대부분 많이 읽지 않는 것은 우연이 아닙니다. (헤르만 샤프스테인 출판사의 에인리히가 1930년 10월 29일 리타 오퀴스트에게 보낸 서신)

따라서 핀란드 문학에서 기대하는 역할은 일반 독자들이 손쉽게 사서 읽을 수 있는 작품을 독일 시장에 제공하는 것이었다. 핀란드적인 작품을 원하기는 했지만, 독일 독자들이 받아들일 수 있는 '핀란드적 특징'이 어디까지인지 정확히 말하기는 어려울 것이다. 예를 들어 칼레 카르훈코스키의 소설 『크리스탈 타워(Kristallitorni)』의 성공 가능성에 대해 다음과 같은 평가가 있다.

독일 독자들이(아무리 수준이 높은 독자들이라도) 두 권으로 나누어 출판해

> 야 하는 방대한 분량의 이 훌륭한 책을 읽어 내려가기는 어려울 것입니다. 물론 독일인들이 핀란드 및 핀란드 역사에 관심이 있기는 하지만, 핀란드 국가 운동 및 20년 전의 사회주의 운동의 매우 상세히 묘사되는 부분은 독일 독자들의 관심을 끌지 못할 것입니다. (뮌헨 쿠르트 울프 베르라그(Kurt Wolff Verlag) 출판사가 1929년 7월 19일에 요하네스 오퀴스트에게 보낸 서신, 밑줄 저자 삽입)

그럼에도 불구하고 요하네스 오퀴스트는 『크리스탈 타워』 홍보를 위해 애를 썼다. 1926년과 1927년 최소한 20곳의 출판사에 이 소설을 제안했으며 종종 다음과 같은 조건을 제시했다.

> 추가로 핀란드 시인 칼레 키르훈코스키가 현재 집필중인 소설 『데르 크리스탈렌테 투름(Der kristallene Turm)』 원고를 보내드립니다. 시인이 현재 북유럽 언어로 집필 중이지만 원고가 진행되는 대로 독일어 원고도 제공할 예정입니다. 이 프로젝트에 관해 결정을 내릴 수 있도록 지금까지 진행된 내용을 보내드리는 것입니다. 결정을 도와드리기 위해 참고로 시인이 암시한 대략적인 소설의 전개와 결말을 함께 보내드립니다. (요하네스 오퀴스트가 레입지그(Leipzig)의 에이전트 하셀(Haessel)에게 보낸 서신. 밑줄 저자 삽입)

이 내용을 보면 오퀴스트가 아직 집필 중인 원고를 검토해달라고 보낸 것을 보면 이 핀란드 시인과 매우 가까운 사이라고 추측할 수 있다. 사실 이 시인은 오퀴스트가 자신의 작품을 독일 독자들에게 소개하기 위해 사용한 필명이었다. 따라서 이는 번역처럼 보이게 쓰인 유사번역(pseudotranslation) 텍스트이다. 방법론적으로 볼 때 번역이 일반적으로 수행하는 문화적 기능을 재구성하고 제시하기 위해 유사번역 분석을 수행할 수 있다(투리, 1995, p. 45). 실제로 오퀴스트 자신도 소설이 '저자의 모국어가 독일어이므로 번역이 아니라 독일어로 쓰인 것'임을 여러 차례 (같은 서신에서는 아니지만) 고백한 바 있다. 그러나 그가 자신이 소설에 핀란드어 필명을 사용한 것은 우연이 아니라 당시 독일이 핀란드 문학에 관심이 있었기 때문이다. 나중에 이 소설을 출간한 출판사 칼레이스너 베르라그는 이러한 관심을 활용하려 했다. 오퀴스트가 요청한 대로 표지에는 '핀란드에서 온 소설'이라고 표시했지만, 출판사는 홍보자료에 이 소설을 '핀란드에 관한 최초의 대작'이라고 소개했다.

홍미로운 것은 오퀴스트가 1930년대에 신간 소설 『Das Medaillon』을 필명 '홀름그렌'을 사용해 같은 방식으로 홍보했지만, 성공을 거두지는 못했다.

'새로운 독일'을 위한 문학

1930년대에 '핀란드와 독일의 우호 관계'가 강력한 인종적, 정치적 색채를 띠게 되면서 독일이 문을 열고 핀란드 문학을 받아들이는 또 다른 계기가 생겼다. 이데올로기적으로 '노르딕으로 방향 전환'에서부터 '노르딕 사상'(*Nordischer Gedanke*, 러츠호프트(Lutzhöft), 1971) 및 문화적(문학 포함) 교류의 유행으로 이어졌다(이러한 맥락과 문학 교류의 관계에 대한 사례연구는 하인, 1984; 켈라타(Kellata), 1981; 쿠야매키, 1998 참조). 이후 1933년 뤼벡의 노르딕협회(Nordische Gesellschaft)가 나치당으로 알려진 민족사회주의독일노동자당에 통합되면서 이러한 흐름이 더욱 강해졌다(히에다니에미(Hiedanniemi), 1980). 이전에 중립적이었던 이 조직이 새로운 임무를 맡게 된 것이며, 이 조직을 이끄는 팀(Timm)의 말을 빌자면 "북유럽이 새로운 독일에 대해 객관적 이해를 하도록 상황을 개선하는 것"이 그 임무이다(팀, 1935, p. 3). 노르딕협회는 독일 출판업자들이 연락하고 만나는 중요한 장소가 되었으며, 오퀴스트 부부는 협회에 정보원으로 참여했다. 이 협회는 어떤 작품이 독일 시장에 적합한지 판단하는 명확한 기준을 갖고 있었다. 협회 문화부장인 헤인리치 제센은 핀란드 서적에 관한 정보를 구하는 서신을 리타 오퀴스트에게 보냈다.

> 우리는 그런 작품을 추천해 달라는 문의를 자주 받습니다. 그러므로 우리 관점에서 간과해서는 안 되는 내용에 대해 계속 정보를 받을 수 있다면 많은 도움이 될 것입니다. 이 일이 당신의 이해에도 부합하며 최근 핀란드 문학의 발전 양상을 숙지하고 있을 것으로 생각하여, 우리가 무엇을 원하는지 잘 알고 있으리라 믿습니다. 그러므로 그런 정보를 제공해주시길 바랍니다. 우리는 노르딕 국가들과 국민에 대해 좋은 이미지를 심어주는 작품들, 우리의 세계관과 정확히 부합하는 작품들만 홍보하기를 원합니다.(노르딕협회 헤인리치 제센이 1936년 4월 6일 리타 오퀴스트에게 보낸 서신. 밑줄 저자 삽입)

노르딕협회는 특별히 노르딕 또는 스칸디나비아 작가들의 '인종 편중된' 작품들과 노르딕 인종의 전형적인 특징들을 전면에 내세운 작품들을 찾았다. 이를 통해 '부자연'스럽고 '타락한' 독일 근대주의 작품들을 시장에서 몰아내고 젊은 독일 작가들이 새로운 예술 모델로 이동하도록 유도하는 것이 목적이었다(러츠호프트, 1971, p. 221).

오퀴스트 부부는 출판사들과 직접 일하기도 했다. 리타 오퀴스트가 동시에 여러 독일 출판사들과 연락하면서 개별 작업들에 대한 보고서와 평가를 제공했고 어떤 핀란드어 작품을 번역할 것인지에 대해 제안을 하기도 했다. 이는 헤인리치 제센에게 보낸 서신의 내용으로 유추할 수 있다.

> 저는 최근 몇 주에 걸쳐 뮌헨에 있는 랑겐&뮬러 출판사와 연락을 했으며 제가 적당하다고 생각하는 마일라 타르비오의 다른 작품들에 대해서도 알리기 위해 노력했습니다. (여러 대형 독일 업체들이 저에게 어떤 작품을 번역해야 하는지 문의한 것으로 볼 때 핀란드 문학에 대한 관심이 어느 정도인지 짐작할

> 수 있습니다.) […] 만일 노르딕협회에서 코스켄니에미(Koskenniemi)의 서정적 창의성을 독일에 소개하기를 원한다면 제 남편이 필요한 때에 필요한 도움을 드릴 수 있을 것입니다. (리타 오퀴스트가 노르딕협회 헤인리치 제센에게 1936년 1월 21일 보낸 서신)

출판사들의 기대사항에 관해서는 노르딕협회 대표자들이 전파하는 규범을 대부분 받아들였다는 것을 서신에서 확인할 수 있다. 독일은 이데올로기적 맥락에서 '노르딕 기질의 좋은 이미지'를 위협하는 주제와 내용에 대해서, 혹은 독일 문학계에 이미 충분히 존재하는 주제에 대해서는 명확하게 폐쇄적이었다. 이러한 입장 때문에 프란스 에밀 실란프의 『Miehen tie(남자의 길)』(1932)과 같은 작품의 출판 가능성이 복잡해졌다.

> 반면 저는 제3장이 가장 문제가 많다고 솔직히 말씀 드려야겠습니다. 현재 독일어 번역은 독일에서 성공하지 못할 뿐만 아니라 『실야(Silja)』(실란파스의 1931년 소설, 가정부 실야 / 젊을 때 잠들다)의 추가 판매에 심각한 영향을 미칠 것입니다. 물론 영웅 파보가 도시에서 방탕하게 지내는 부분이 작품 구성에 필수적이고 알마와 파보의 관계 발전에 중요하기는 합니다. 하지만 이 부분이 전체 구성에서 너무 튈 뿐만 아니라 독일 독자들이 용인할 수 없는 많은 내용을 담고 있습니다. 핀란드에는 도시의 삶의 이면들에 대한 이러한 묘사에서 어떤 새로운 점을 발견하는지 모르겠습니다만 독일 문학에는 이미 유사한 작품들이 넘쳐납니다. (라이프치히 인젤 베르라그의 안톤 키펜베르그가 1933년 7월 21일 리타 오퀴스트에게 보낸 서신. 밑줄 저자 삽입)

핀란드 문학의 결점으로 지적된 부분은 1930년대 서신에 상당히 명확하게 언급되어 있다. 특히 술 취한 모습이나 난잡한 성관계를 묘사한 장면 등 선한 노르딕 가치관 및 북유럽인에게 기대되는 자연과의 특별한 관계와 선한 북유럽 가치관을 저해하는 모든 내용이 거센 비판을 받았다. 번역물 출판 기회를 놓치지 않기 위해서 번역사로서 리타 오퀴스트가 출판사들의 요청을 받아들였다는 점이 흥미롭다.

> 저와 같이 3장에 대해 반대하는 의견을 주시니 솔직히 저도 안심하게 됩니다. 사실 비속어 수위도 낮추었고 마음이 정말 힘든 상태로 겨우 그 장의 번역을 마칠 수 있었습니다. (리타 오퀴스트가 1933년 7월 30일 인젠 베르라그의 안톤 키펜베르그에게 보낸 서신)

키펜베르그의 불만에 대해 번역사 자신이 일부 삭제와 변경을 한 후에 그에게 자율권을 주었다.

> 저는 일부 내용을 변경했으며 삭제될 수 있는 부분에 모두 빨간색으로 꺾쇠를 사용하여 표시해 두었습니다. 초록색으로 표시해 주신 부분은 다 삭제해도 좋다고 봅니다. 살려야 할 필요가 있다고 생각되는 일부분은 밑줄 표시를 했습니다. 원하시는 대로 추가로 변경과 삭제를 하십시오. 그리고 원하는 모습으로 인쇄가 들어가기를 바랍니다. (리타 오퀴스트가 1933년 8월 2일 안톤 키펜베르그에 보낸 서신)

이러한 작업의 결과 최종 번역본이 1933년 출판되었는데, 이 번역에 대해 타르카(Tarkka, 1981, p. 102)는 다음과 같이 평가한다.

> 번역본에서는 영웅이 도시를 방문하는 내용의 상당 부분이 삭제되었다. 이는 직설적인 자연주의적 솔직함을 제거하려는 번역사의 의도를 반영한다. 독자는 더이상 실란프가 그려내는 억제할 수 없는 농부 파보를 만날 수 없고 예레미아스 고트헬프의 용감한 청년 울리와 같은 인물만을 보게 된다.

리타 오퀴스트의 편지에 나타나듯이 삭제된 부분이 모두 번역사만의 결정은 아니었을 것이다. 어찌 되었든 결과적으로 번역의 접근방식 때문에 원작의 예술적 정서가 거의 다 사라졌다. 이 경우 작가가 미래의 노벨 문학상 수상자인 프란스 에밀 실란프라는 점은 거의 중요하지 않았다.

서신 자료를 통해 어떻게 이런 일이 일어났는지 알 수 있으며 리타 오퀴스트가 어떻게 독일 도착문화권에서 이데올로기적으로 기대하는 바를 알고 대처했는지 이해할 수 있다. 그녀는 핀란드어 작품의 결점에 대해 미리 출판사 원고 판정인들에게 알려고 몇 가지 해결 방안을 제안할 준비가 되어 있었다.

글을 마치며

요하네스와 리타 오퀴스트의 서신을 통해 독일 출판계의 핀란드 문학에 대한 관심을 짐작할 수 있다. 기본적 동기는 정치적, 인종적으로 북유럽을 지향하는 움직임이었다. 처음에는 핀란드 문학에 개방성을 갖다가 나중에는 도착문화의 이데올로기적 맥락에서 규범에 맞지 않는 작품, 주제, 세부적 내용에 대해서는 철저한 폐쇄성을 보였다. 어찌 보면 핀란드 문학에 관심이 있었던 것은 사실이지만 핀란드 작가들이 쓸 수 있는 내용은 결국 독일이 결정한 셈이었다.

정확히 어떤 이데올로기적 규범과 예술적 규범이 관련되었는지 확인하기 위해서는 추가적인 분석이 필요할 것이다. 또한, 이러한 규범이 문학 전이 과정에 미친 영향의 규모와 정도를 연구할 수 있다. 하지만 분명한 것은 적어도 1930년대에는 오퀴스트 부부가 번역 흐름에 어느 정도 영향력을 행사할 수 있는 위치에 올랐다는 점이다. 예를 들어 자신이 맡을 수 없는 번역을 맡아줄 번역사를 물색하기도 했다. 대부분의 번역을 부부가 직접 했다는 사실은 리타 오퀴스트가 핀란드 작가 마일라 타르비오에게 남긴 다음과 같은 내용을 통해 확인할 수 있다.

베스테르만이 『키흐라소르무스(Kihlasormus)』를 맡아서 정말 기쁩니다! 『외린투(Yölintu)』가 곧 출판될 예정인데 원고의 승인을 받는 대로 일간지 디 글로케(Die Glocke) 때와 같은 조건으로 진행될 것입니다.
남편의 책 『Kolmas valtakunta(독재자의 제국)』이 곧 신판으로 나오게 될 것입니다. 『Löwenbanner』도 마찬가지이고요. 저는 만니넨의 『툰투리 우카(Tunturi uhkaa)』를 번역 중입니다. 그러고 나서 『세이트세묀 벨리에스트(Seitsemän veljestä)』 번역을 시작해야 하는데 예술적으로 어려운 번역이고 아주 재미있을 것 같습니다. 그 후에 하를라의 『쿠르키 사가(Kurki Saga)』 번역이 기다리고 있고, 핀란드를 위해 해야 하는 많은 소규모 문학 관련 일들이 있지요. 하루에 20시간씩 일할 수 있었으면 좋겠어요. (리타 오퀴스트가 1941년 7월 24일 마일라 타르비오에게 보낸 서신. 핀란드 헬싱키 국립기록보관소 마일라 미콜라 『타르비오』 아카이브, 폴더 42번)

앞의 목록에서 언급한 요하네스 오퀴스트의 독재자의 제국에 관한 책은 새로운 독일을 열정적으로 묘사한 책이었다. 이를 통해 오퀴스트 부부의 새로운 독일 문화와 정신에 대한 헌신을 엿볼 수 있다. 이 책의 독일어판은 그로부터 몇 년 후 출판되었다.

독일어 원고를 핌(Pym)이 번역함

부록

헬싱키대학교 도서관 기록보관소에 보관된 요하네스 오퀴스트가 주고(→) 받은(←) 편지 목록

← Adolf schustermann-Verlag
←→ Akademische Verlagsgesellschaft
→ Albert Bonnier V.
←→ Albert Langen & Georg Müller
←→ Amalthea V.
← Axel Juncker V.
←→ Bernhard Sporn V.
←→ Bruno Cassirer Verlagsbuchhandlung
←→ C. H. Beck'sche Verlag
← Carl Curtius Verlagsbunchhandlung
← Carl Duncker V.
← Carl Henschel V.
←→ Carl Reissner V.
← Delphin-Verlag
← Deutsche Buch-Gemeinschaft
←→ Deutsche Verlags-Anstalt
←→ Deutsche Verlagsgesellschaft für Politik und Geschichte
→ Deutscher Schriftenverglag
← Drei Masken V.
←→ E. Laubsche Verlagsbuchhandlung
←→ Elite Verlagsgesellschaft
←→ Ensslin & Leiblings V.
← Ernst Hofmann & Co.
← Ernst Oldenburg V.
← Ernst Wasmuth Architekturv.
← Esche V.
← Eugen Diederichs V.
← F.A. Brockhaus
←→ F. Bruckmann
←→ J.G. Gotta'sche Buchhandlung
← J.M. Spaeth V.
←→ Joseph Singer V.
← Karl Hoeger Korresponzendv.
← Koehler & Amelang
←→ Kurt Vowinckel V.
←→ Kurt Wolff V.
← Leuchtfeuer-V.
→ Literarische Welt V.
←→ Lugwig Röhrscheid V.
←→ Malik-V.
← Meyer & Jessen V.
←→ Moritz Diesterweg
→ Mosaik V.
← Neuer Deutscher V.
←→ Nibelungen V.
→ Niels Kampmann V.
→ Oesterheld & Co. V.
→ Olga Diakow & Co.
← Ostdeutsche Verlagsanstalt
←→ Otto Elsner
←→ Paul List V.
← Paul Neff V.
←→ Paul Zsolnay V.
←→ Philipp Reclam jun.
← Presse-Verlag
←→ Promotheus V.
←→ Propyläen V.

←→ Quelle & Meyer
← Rotapfel-V.
←→ Rowohlt-V.
← Rütten & Loening
←→ S. Fischer V.
S. Gerstmamm's V.
← Schriftleitung von Velhagen & Klasing
← F.U. Herbig Verlagsbuchhandlung
←→ Ferdinand Hirt & Sohn
←→ Fr. Wilh. Grunow
← Franck'sche Verlagsh. W. Keller & Co.
←→ Frankfurter Societätsdruckerei
←→ Franz Schneider V.
→ Gefion V.
←→ Georg Bondi V.
←→ Georg Müller V.
← Georg Westermann
← Georg Wigand Verlagsbuchhandlung
←→ Grethlein & Co.
→ Grad-Kitew V.
← Gustav Fischer Verlagsbuchhandlung
← H. Haessel V.
← Hans Bondy V.
←→ Hanseatische Verlagsanstalt
←→ Heinrich Minden V.
→ Herbert Reichner V.
← Hermann Schaffstein V.
←→ Hesse & Becker V.
← Hoffmann und Campe V.
←→ Holle & Co. V.
←→ Horen-V/
← Industrieverlag Spaeth & Linde
← Insel-Verlag
→ Jokob Hegner V.
←→ J. Engelhorns Nachf. V
←→ J.B. Metzlersche Verlagsbuchh.
← J.C.B. Mohr
←→ Schwarzhaupter-V.
←→ Slowo Verlagsgesellschaft
←→ Spiegel-V.
←→ Ullstein V.
← Union Deutsche Verlagsgesellschaft
←→ V.D.I. Verlag
← V. Anton Pustet
←→ V. Broschek & Co.
← V. Bruckmann
←→ V. Der Bund
→ V. B. Kagan
→ V.Erwin Runge
→ V..Felix Lehmann
→ V.Franz Schneider
→ V.Friedrich Brandstetter
→ V.Georg Thieme
← V.Josef Kösel
→ V. Literatur und Politik
→ V.Neue Generation
← V.Nordland
→ V.Oskar Wöhrle
←→ V.Otto Beyer
← V. Th. Knaur Nachf.
← Verlagsbuchhandlung J.J. Weber
← Verlagsbuch. Julius Springer

← V. Schönheit

← → Volk und Reich V.

← → Walter de Gruyter & Co.

← Weisse Ritter V.

← Welt am Montag V.

← Wolkenwanderer-V.

← → Zentralverlag Franz Eher Nachf. (NSDAP)

리타 오퀴스트가 주고(→) 받은(←) 편지 목록

← → Albert Langen V.

→ Anton Puster V.

← C.H.Bech'sche Verlagsbuchh.

← → Deutsche Verlag-Anstalt

← Ernst Reinhard Verlagsbuchh.

← Ferdinand Hirt & Sohn

← Franz Schneider V.

→ Gundert-V.

← → Hermann Schaffstein V.

← Meidinger's Jugendschriften V.

→ Propylaen V.

← Rupert-V.

← → Schmidt & Spring Verlagsbuchh.

→ V. Ernst Wasmuth

← → V. Georg Westermann

동독의 검열 자료로 살펴본 번역

개비 톰슨-홀게무트 Gaby Thomson-Wohlgemuth

영국 길드포드 서레이대학교

동독의 검열 자료는 문학 창작을 비롯해 모든 사람과 모든 것을 통제하려는 국가 이데올로기를 보여주는 놀라운 증거이다. 본 논문은 출판업계의 이면에서 벌어진 일들, 특히 영어 어린이 청소년 문학의 선정 및 번역 과정에 대한 내용을 보여주기 위해 검열 파일 표지에 기록된 내용과 번역서 출판이 지닌 사회적 중요성의 관계를 살펴보았다. 검열 파일에 담긴 내용의 사회적, 문화적, 정치적 연관성을 중심으로 추가 분석을 수행하였다. 이러한 정보를 통해 국가의 제약에 대해 출판사들이 어떻게 대응하였으며 이들의 역할과 책임이 무엇이었는지 유추할 수 있다. *

* 이 논문의 일부분이 "동독 검열문서에서 본 아동 번역서의 출판 및 편집 정책", New Review of Children's Literature and Librarianship 10/1(2004), 41-54에 실렸다.

1968년 프라하의 봄을 맞아 체코슬로바키아에서 검열 철폐를 요구하던 시기에 발터 울브리히트 동독 수상은 카를로브 바리에서 기자회견을 열었다. 그는 독일민주공화국에는 더는 검열이 없어서 형제 국가인 체코에 아직 검열정책이 있다는 사실에 놀랐다고 말했다(예거(Jäger), 1991, p. 13). 그러나 이는 사실이 아니다. 동독은 언론매체와 출판업계를 검열했으며 '사회주의 교리와 프러시안 관료주의의 혼합'을 통한 매우 엄격한 동독의 검열체계에 비하면 소련이 자유주의 국가처럼 느껴질 정도였다(달튼(Darton), 1990, p. 9, 본 논문의 모든 인용문은 저자 번역).

독일민주공화국(동독)의 출판산업은 일반적인 출판 과정과 매우 다른 특징을 지녔다. 비사회주의 국가에서는 개별 출판사가 어떤 책을 출판할 것인지 결정하지만, 동독에서는 국가가 모든 출판 과정을 결정하고 통제했다. 계획적으로 문학작품을 생산하고 저술 방향을 국가가 결정했으며 모든 과정을 감시했다. 출판사가 국가로부터 책의 인쇄 허가를 받아야 했다는 증거 자료가 있다. 이러한 자료를 검열 파일이라 부르며, 이를 통해 책의 기획에서부터 번역(외국 서적의 경우), 편집, 및 최종 제작(인쇄 부수, 종이 종류, 인쇄 날짜 등)에 이르기까지 책이 출판되는 모든 과정을 추적할 수 있다.

독일의 출판 검열 상황을 종합적으로 이해하려면 위와 같은 측면뿐만 아니라 경제, 출판 정책, 문화 환경, 국가의 이데올로기 등의 요인을 분석해야 한다. 본 논문의 목적은 표본 검열 파일(DR1/2257)의 상세한 내용을 분석하여 동독에서 번역과 출판의 사회적 맥락을 조명하는 것이다.

논문의 전반부에서는 검열 문서 내용과 이것이 번역서 출판 과정에 미치는 사회적 중요성을 살펴볼 것이다. 후반부에서는 일반적 검열 파일(인쇄허가 신청서)에 담긴 정보, 즉 번역과 서적 전반에 관한 외부 평가인(들)의 의견, 서문과 후기에 대한 평가, 검열 당국에 대한 출판사의 의견 진술 내용 등을 살펴본다.

인쇄허가 신청서 — 표지

인쇄허가 신청서는 A3 용지를 반으로 접은 크기였다. <그림 1>이 신청서 표지이다. ① ~ ⑤ 항목은 ① 출판사, ② 저자, ③ 제목, ④ 출발어, ⑤ 번역사 등 책에 대한 내용이다.

6번 칸에 원고가 검열 당국에 접수된 날짜를 기록하였다. 7번은(인쇄허가 승인을 한 경우) 검열자의 서명과 날짜를 적는 곳이다. 따라서 6번과 7번의 차이는 검열 당국이 심사를 진행한 기간을 의미한다. 보통 기간이 길어질 수록 검열 과정에서 문제가 많았음을 암시한다.

8번과 9번 항목은 출판계획서와 책의 고유번호를 표시한다. 다른 모든 분야와 마찬가지로 출판산업도 중앙 계획경제의 통제를 받았고, 출판사들은 단기 및 장기 출판계획서를 작성해야 했다. 출판사의 모든 업무를 상세하게 기록한 출판계획서는 출판산업에 대한 이데올로기적 통제가 어떻게 이루어졌는지 보여주다. 독재국가의 비효율적 관료제를 고려하여 이듬해 출판에 대한 계획서는 매년 미리 작성하여 제출했다.

출판계획서에 따라 모든 책에 고유번호가 부여되었다. 예를 들어 얼스킨 콜드웰의 책 『산꼬리토끼 몰리(Molly Cottontail)』는 1968년도 출판계획서에 고유번호 43으로 되어 있다. 일단 검열관의 승인을 받으면 고유번호와 출판연도를 인쇄허가 번호에 포함하여 이를 인쇄번호 항

그림 1. 인쇄허가 신청서

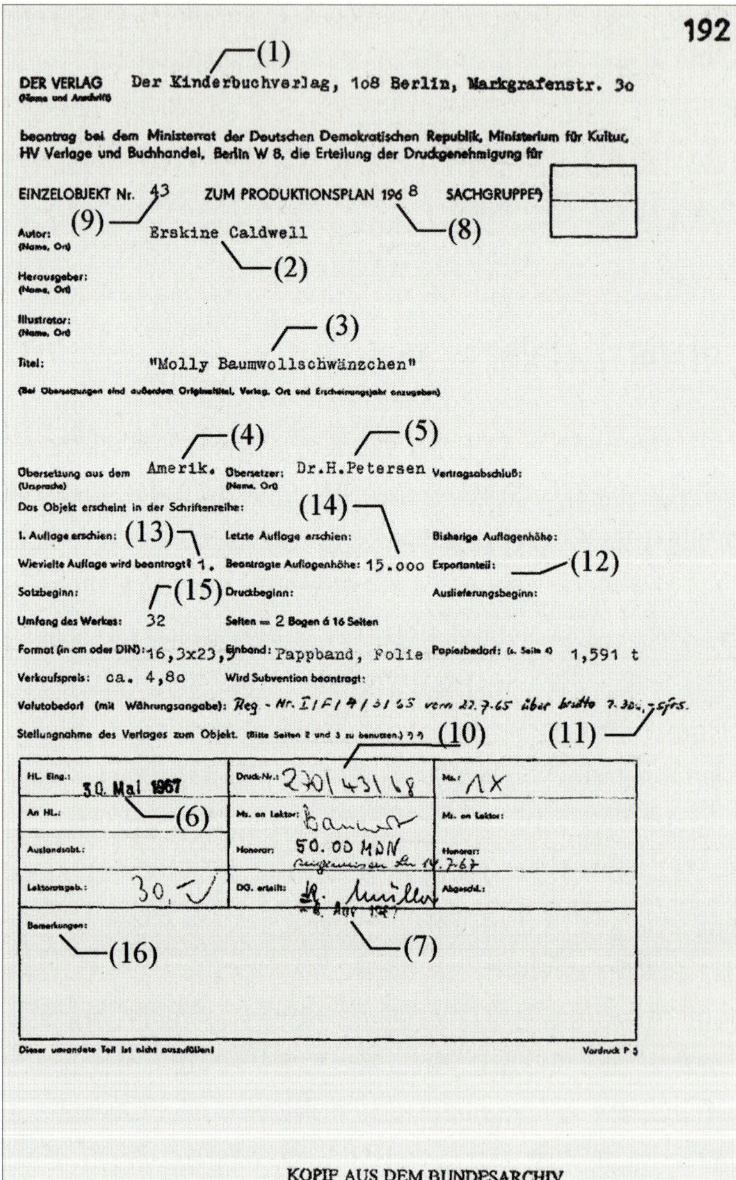

192

(1)

DER VERLAG (Name und Anschrift) Der Kinderbuchverlag, 108 Berlin, Markgrafenstr. 3o

beantrag bei dem Ministerrat der Deutschen Demokratischen Republik, Ministerium für Kultur, HV Verlage und Buchhandel, Berlin W 8, die Erteilung der Druckgenehmigung für

EINZELOBJEKT Nr. 43 ZUM PRODUKTIONSPLAN 196 8 SACHGRUPPE*)

(9) (8)

Autor: (Name, Ort) Erskine Caldwell

(2)

Herausgeber: (Name, Ort)

Illustrator: (Name, Ort)

(3)

Titel: "Molly Baumwollschwänzchen"

(Bei Übersetzungen sind außerdem Originaltitel, Verlag, Ort und Erscheinungsjahr anzugeben)

(4) (5)

Übersetzung aus dem (Ursprache) Amerik. Übersetzer: (Name, Ort) Dr.H.Petersen Vertragsabschluß:

Das Objekt erscheint in der Schriftenreihe: (14)

1. Auflage erschien: (13) Letzte Auflage erschien: Bisherige Auflagenhöhe:

Wievielte Auflage wird beantragt? 1. Beantragte Auflagenhöhe: 15.000 Exportanteil: (12)

Satzbeginn: (15) Druckbeginn: Auslieferungsbeginn:

Umfang des Werkes: 32 Seiten = 2 Bogen á 16 Seiten

Format (in cm oder DIN): 16,3x23,5 Einband: Pappband, Folie Papierbedarf: (s. Seite 4) 1,591 t

Verkaufspreis: ca. 4,8o Wird Subvention beantragt:

Valutabedarf (mit Währungsangabe): Reg.-Nr. I/F/4/3/65 vom 27.7.65 über brutto 7.300,-sfrs.

Stellungnahme des Verlages zum Objekt. (Bitte Seiten 2 und 3 zu benutzen.) (10) (11)

HL. Eing.: 30. Mai 1967 (6)	Druck-Nr.: 270/43/68	Ms.: 1X
An HL.:	Ms. an Lektor: Baumert	Ms. an Lektor:
Auslandsabt.:	Honorar: 50.00 MDN angewiesen am 14.7.67	Honorar:
Lektoratsgeb.: 30. ✓	DG. erteilt: Müller 8. Aug 1967 (7)	Abgeschl.:
Bemerkungen: (16)		

Dieser umrandete Teil ist nicht auszufüllen! Vordruck P 5

KOPIE AUS DEM BUNDESARCHIV

목(10번)에 기록한다. 인쇄허가 번호는 세 부분으로 구성되는데, 마지막 부분은 출판연도, 가운데 부분은 책의 고유번호, 첫 번째 부분은 출판사 식별번호이다. 이후 원고가 인쇄소로 넘겨지며 인쇄소는 인쇄허가 번호를 책의 앞부분 서지정보에 넣어야 한다. 인쇄소는 검열 당국의 인쇄허가 번호를 받은 책만 인쇄할 수 있다.

11번 항목을 살펴보자. 번역서의 경우 종종 출판사가 판권을 취득해야 한다. 판권이 해외 출판사에 있어서 동독 출판사가 판권을 얻어야 하는 경우 11번 항목에 금액과 통화가 기록된다(예를 들어 『산꼬리토끼 몰리』 출판을 위해 출판사가 2,300스위스프랑을 지급했다). 이 정보와 등록번호가 계약 정보를 확인하고 출판사의 외환 예산을 통제하는 동독 중앙 저작권사무소에 전달된다. 저작권사무소가 거래 승인을 해야만 판권 지급이 이루어질 수 있다.

이렇게 추가적인 감시 절차가 있기 때문에 해외 서적의 출판이 지체되기도 했다. 동독 통화는 동구권 이외 지역에서는 통용되지 않았으므로 동독은 외화 부족에 시달렸다. 그래서 국가가 해외 서적에 외환을 지출하는 것을 꺼렸기 때문에 이데올로기적인 이유가 아니라 재정적인 이유로 출판 허가가 나지 않는 경우도 많았다. 물론 책의 이데올로기가 실제 이유인데 이를 감추기 위해 재정적인 이유를 내세우는 경우도 있었다.

동독 출판사들은 외환 벌이를 위해 가능한 많은 서적이나 판권을 해외 출판사에 판매하라는 압력을 받았다. <그림 1>과 같이 돈을 해외에 지급해야 하는 경우, 경제의 더 중요한 분야에 투자될 수 있는 외환을 사용한다는 이유로 당국은 이를 그렇게 달가워하지 않았다. 특히 동독 수립 초기에는 번역서가 사치품으로 간주되었다. 당시 동독에서의 지배적인 분위기는 자국 문학이 국내 시장의 필요에 맞게 제작되었으므로 해외 문학보다 교육적으로(사회주의 의식 고양을 위해) 더 효과적이라는 생각이었다. 국내에서 쓰인 책들은 사회주의 의식 개발을 위해 계획된 것이며 해외 번역문학은 이러한 목적에 별로 이바지를 하지 않는다는 주장이었다. 그래서 검열 자료를 보면 외부 심사자들이 종종 해당 번역서에 외환을 지출할 만한 가치가 있는지 살펴보았음을 알 수 있다.

국가가 매년 배당하는 예산을 지출하지 않을 경우 예산이 삭감되기 때문에 출판사들은 예산을 잘 계획해서 지출해야 했다. 이를 위해 출판사들은 해외 거래처들과 협상할 뿐만 아니라 동독 관계 당국과 협상을 해야 했다. 많은 경우 전적으로 사업적인 이유로 의사결정이 내려졌다. 예를 들어 크리스 코너의 그림책 『생쥐왕의 딸(Rat King's Daughter)』(1972)의 경우 출판사는 다음과 같이 기록했다(DR1/2265).

> 경제적 측면을 고려하여 이 책을 출판하기로 했다. 출판사 올리버&보이드는 성실한 사업 파트너이며, 1966년부터 좋은 협력관계를 유지하고 있다. 이 출판사는 다음과 같은 [···] 우리 서적을 출판했다. 앞으로 올리버&보이드는 계속 우리 책들을 출판하기를 원하지만, 한 번쯤은 이들의 책을 우리가 출판해 주기를 희망한다.

경제적인 논리를 펼치면서 부르주아 세계관이 동독 어린이들에게 부정적인 영향을 끼치지 않을 것이라는 점을 강조하기도 한다. 예를 들어 어린이 동화 『플럽과 레밍(Plupp and the Lemmings)』(1968, DP1/2257)에 관해 출판사는 아래와 같이 썼다.

> 스웨덴에서 평판이 좋은 이 스웨덴 출판사는 우리 출판사 책 한 권을 출판하고자 한다. 우리에게 이 사업관계가 중요하며, 이미 두 권의 그림책 관련 계약을 맺었다. 또한, 이 출판사에서는 매년 두 권 이상의 그림책을 취급할 계획이다 [···]. 이제 이들은 우리가 이쪽 서적을 작은 규모로 출판하기를 희망한다 [···]. 이런 모든 상황을 고려할 때 우리가 이 책을 출판하기를 희망한다 [···]. 이데올로기적 문제는 없다. 순진하고 사소한 이야기이다.

경제적 어려움 때문에 출판 비용을 줄이기 위해 판권이 소멸된 오래된 고전 작품들이 시장에 나오기도 했으며 번역사 저작권이 만료된 책들도 있었다. 다른 비용 절감 방안으로는 더 중요한 동독 작가들의 작품을 출판할 종이를 아끼기 위해 인쇄 부수를 줄이기도 하였다.

12번 항목은 수출용 서적 번호를 표시한다. 책을 수출할 경우 외환이 유입되기 때문에 당국은 수출 증가를 희망했다. 그래서 국내 시장 수요를 위해서가 아니라 해외 공동제작을 위해 책을 번역하고 출판하는 경우도 빈번했다. 즉 인쇄본 일부분은 공동 제작자에게 현금을 받고 판매하여 동독 경제에 도움이 되도록 했다. 공동 제작의 수익성이 좋았기 때문에 때로는 인쇄본 전체가 서구로 수출되기도 하였다. 그러나 수출용 서적이라도 마찬가지로 인쇄 허가를 받아야만 했다. 물론 기준이 느슨했으며 허가를 하지 않는 경우도 거의 없었다. 『산꼬리토끼 몰리』의 경우 내수용이었으므로 12번 항목은 비어있다.

13번 항목은 인쇄 횟수를 의미한다. 서구 문학의 번역서의 경우 추가 인쇄 비용이 비싸고 불필요하므로 대부분 1쇄에 그쳤지만, 고전 작품들은 15쇄 이상이 되기도 했다. 두 가지 측면에서 이는 매우 예외적이라 볼 수 있다. 첫째, 고전작품들은 '고전 유산' 및 '세계 문학'으로 간주하여 민중 교육에 중요한 역할을 했다. 독일과 해외의 문화유산을 담은 가장 중요한 서적들은 항상 살 수 있어야 했다(바르크(Barck), 1998, p. 167). 둘째, 고전은 로열티를 지급하지 않아도 된다는 경제적 요인이 작용했다.

마지막으로 14번 항목은 인쇄 부수를 표시한다. 출판산업의 재정계획처럼 원자재 공급도 철저히 계획되었다. 종이가 귀했으므로 출판물의 중요도와 우선순위에 따라 종이가 배급되었다. 여기서 소위 말하는 '비율'이 중요한 역할을 했다. 즉 자본주의 서구 문학 대비 동독, 소련 및 기타 사회주의 국가의 문학의 비율을 의미한다. 서적 출판의 '적정 비율'과 관련된 또 다른 중요한 기준은 라이선스 비용을 지급해야 하는 작품들(현대문학)과 '기타' 문학(문화유산)의 구분이다. 문화부 검열 당국은 정치상황을 예의주시하고 이에 맞추어 개별 출판사 출판계획을 조율하며 특정 기간마다 적정 비율을 계산한다.

이러한 상황에서 서구의 번역서는 후원을 받기 어려우며 대부분 소규모 인쇄만 허용되었다. 동독 문학작품의 평균 인쇄 부수가 2만 5천 부에서 3만 부였던 것을 고려하면 『산꼬리토끼 몰리』의 1만 5천 부(14번 항목)는 상당한 규모이다. 이것은 아마도 이 책이 그림책이며 총 32페이지(15번 항목)밖에 되지 않았기 때문일 것이다. 또한, 작가인 콜드웰이 자본주의에 비판적이며 이전 작품들이 이미 동독에서 출판된 적이 있기 때문이다.

인쇄허가 신청서 — 내용

이제 검열문서에 담긴 실제 내용을 살펴보고 왜 특정 서적이 번역 대상으로 선정되었는지 알아보자. 동독에서 문학은 대중의 교화, 계몽, 교육 목적으로 활발히 사용되었다. 따라서 출판사들은 사업체일 뿐만 아니라 교육기관이기도 했다(부로 퍼 우르헤베레흐티(Büro für Urheberrechte), 1981, p. 54). 출판사들은 교육에 적합하다고 판단되는 주제와 저자들을 선정해야 했고, 외부 평가자들은 검열 당국에 보내는 자료에 왜 특정 서적이 선정되었는지 근거를 제공해야 했다. 요구사항은 서적의 교육 효과, 독자들이 얻을 혜택, 사회주의 사회 구현을 위한 기여도 등이었다. 이러한 조건은 "모든 책은 전면적인 사회주의 건설에 이바지하며 […] 국민의 사회주의적 의식을 공고히 하고 나치당 프로그램의 이행을 위한 도구로 사용된다"는 확신에서 유래한 것이었다(바이어(Baier), 1963, p. 91).

저자가 진보주의자이거나 사회주의에 부합하는 의식을 가졌다고 알려진 경우(앞서 『산꼬리토끼 몰리』의 저자와 관련하여 언급한 것처럼) 인쇄허가를 받을 확률이 매우 높았다. 이는 출판사가 『마지막 일 인치(The Last Inch)』(1962)의 저자 알드리지를 '진보주의의 대표적 인물'이라고 소개한 사례에 잘 드러난다(DR1/3939). 또는 사설 아동문학 출판업자인 홀츠가 인도 작가 물크 라지 아난드를 '진보주의 작가이며 세계평화위원회 회원이자 세계평화상 수상자'라고 칭송한 사례가 있다(DR1/3940). 홀츠는 작가와 책을 설명하면서 '진보'와 같은 핵심적 단어들을 잘 활용했으며 인쇄허가를 즉시 얻어낼 수 있는 또 다른 신비로운 단어인 '평화'를 포함했다. 평화와 인류애가 사회주의 이데올로기의 핵심 사상이므로 이런 단어들을 사용하면 훨씬 쉽게 인쇄허가를 받을 수 있었다.

그러나 작가가 진보주의적이라 볼 수 없는 경우 책의 내용 및 검열 당국에 제출한 정보가 결정적인 역할을 했다. 출판사는 특정 등장인물들을 강조하는 여러 내용을 추가하여 검열 당국에 해당 서적을 홍보하고 알리기 위해 애썼다. 따라서 출판사들은 책의 내용을 평가할 때 서구사회의 비인간적인 측면을 강조하면서 높은 실업률, 인종차별, 계급 이데올로기, 착취, 억압과 식민지화 등을 강조하곤 했다. 즉 사회주의와 달리 그런 서구사회는 멸망할 것이라는 점을 증명해야만 했다. 이러한 특징이 제프 필드의 『천사의 울음(A Cry of Angels)』(1983, DR1/5435)에 대한 평가에 잘 드러난다.

> 이 책에서 저자는 모든 문제의 근본 원인은 자본주의 계급사회에 있음을 지적한다. 이것이 이 책의 가장 큰 장점이다 [···] 그 사회가 폭력, 기만, 착취에 기반을 두고 있기에 잔혹하고 비인간적 사회 시스템이 분명하게 드러난다.

검열자료에 미국은 자본주의 사회의 주범이라고 묘사된다. 예를 들어 "이 책은 미국이 주장하는 소위 '인종 평등'을 잘 보여준다"(조니가 학교에 가요(Johnny Goes to School), 1961, DR1/3997). 하지만 영국도 제국주의 세력으로 비판을 받았다. 예를 들어 『도랑의 무지개(Rainbows of the Gutter)』(1989, DR1/3561a)에 대해 다음과 같은 설명이 있다

> 이 책은 민주적 전통을 자랑스럽게 여기는 서구 유럽의 자본주의 국가(런던)에서 매일 벌어지는 인종차별을 상세하게 묘사하여 독자들을 실망하게 한다 [···] 런던 유색인들의 삶은 하층 사회계급, 직장과 사적인 생활에서의 끊임없는 모욕과 차별, 그리고 심지어 공개적인 폭력으로 점철되어 있다.

드물게 해외 서적이 부정적인 부르주아적 모습이 아니라 독자가 동일시할 수 있는 모범적 행동을 예시하기도 했다. 알랜 마셜의 『바람속의 속삭임(Whispering in the Wind)』(1973, DR1/2269)은 '쉽게 얻어지는 것이 아니라 애써 성취해야 하는 선하고 단순한 가치덕목'을 잘 묘사했다는 칭송을 받았으며 다음과 같은 평을 받았다.

> 힘과 용기, 인내에 대한 현대판 동화이며 [···] 귀족주의가 아니라 진정한 프롤레타리아적 결론을 제시한다. 이 책은 공주와 왕국 전체를 손에 넣어 기쁜 영웅(심지어 기사도 아님)의 이야기가 아니라 이 젊은이를 따라 오두막에서 살게 되어 행복한 공주의 이야기이다.

이러한 선정 과정에서 출판사들의 역할이 매우 중요했다. 이들은(다른 나라의 출판사들과 마찬가지로) 책의 품질을 고려할 뿐만 아니라 어떤 책이 '높게' 평가될 것인지 고려해야 했다(샤르봉(Charbon), 1998, p. 175). 고려사항 중 하나는 각각의 책에 대한 외부 평가자를 선정하는 일이었다. 특히 문제의 소지가 있는 서적의 경우 외부 평가자 선정이 매우 중요한 과정이었다. 호의적인 평가를 제공해 줄 평판이 좋은 평가자가 주로 선정되었다. 하지만 이들의 평가내용은 문학평론이라기보다 출판사의 정치적 움직임의 일부분으로 보아야 할 것이다. 외부 평가자들은 텍

스트의 특정 부분을 강조하거나 축소하기 위해 여러 전략과 전술을 사용했다.

예를 들어 10여 년 전 출판 과정이 매우 복잡했던 책 『닥터 두리틀(Doctor Dolittle)』(DR1/2287a)의 경우 신판에 대한 인쇄허가를 받기 위해 동독에서 가장 유명한 평론가이자 아동문학자 중 하나인 군터 에버트(Günter Ebert)의 도움을 받았다.

책에 사회 비판적 내용이 충분히 들어있지 않아서 검열당국과 문제가 생길 가능성이 있는 서적의 경우 접근방법은 평가자가 그러한 결함을 인정하고 다른 건설적인 요소들을 강조하여 해당 서적이 긍정적으로 평가되도록 하는 것이다. 예를 들어 『단자(Danza)』(DR1/5435)라는 책에 대해 평가자가 다음과 같은 결론을 작성했다.

> 저자는 정치적인 야망이 없고 오직 개와 말에만 관심이 있다. 나는 조건부로 이 책을 추천한다. 『단자(Danza)』는 분명 동독에서 출판되는 다른 서적들과는 다르지만, 우리가 책을 수출하려면 양보할 준비가 되어야 하며 이 책은 우리가 수용할 수 있는 범주 내에 있다.

이와 깊은 관련이 있는 것이 바로 서문과 후기이다. 특정 내용이나 사상을 독자가 어떻게 해석해야 하는지 알려주는 부분이기 때문에 매우 민감했다. 서문과 후기도 외부 평가인의 평가를 받아야 했는데, 책을 맡은 외부 평가인이 한꺼번에 평가하거나 별도의 평가자가 맡기도 했다. 실제 원고를 평가할 때와 마찬가지로 후기도 '올바른' 이데올로기적 사상을 강조하였다. 예를 들어 제임스 알드리지의 책 『마지막 일 인치(The Last Inch)』는 "플롯의 이데올로기적 대의를 또렷하면서 지적으로 설명했다"고 평가되었다(DR1/3939). C.L.R. 제임스의 『검은 자코뱅당인들(The Black Jacobins)』(1984)의 경우 서문에서 "20세기 초 30년간 미국의 강압적 정책과 이후 이어진 카리브 해 인들에 대한 미국의 제국주의적 태도를 강렬하게 비판했다"며 평가자가 이 작품을 높게 평가했다(DR1/5439). 이데올로기적으로 미심쩍은 책의 경우 명확하게 잘 쓰인 후기가 인쇄허가를 받는 데 큰 역할을 했다.

일반 대중의 교육에 큰 역할을 하는 고전문학의 경우 현대문학만큼 엄격한 심사 과정을 거치지는 않았다. 그렇지만 검열 당국이 후기에 신경을 많이 썼는데, 이는 "후기가 해당 서적을 사회주의 유산으로 정당화하는 역할을 했기 때문"(바르크, 1998, p. 32)이다. 예를 들어 찰스 디킨스의 『크리스마스 캐롤과 이야기』(1970)의 후기는 두 번 수정을 거쳐 비로소 출판사가 검열 당국에 제출할 수 있게 되었는데, 다음과 같이 보고했다(DR1/2261).

> 이제 시그리드 뷜즈버거(Sigrid Wirzberger)가 세 번째로 수정한 후기가 완성되었으며, (이 버전에서는) 평가자의 의견들을 반영하였다 [⋯] 뷜즈버거와 회의를 하여 디킨스의 문학적 독창성을 더욱 강조하고 이 작품이 현재에 갖는 연관성을 설명하였다.

후기는 사회주의 시장에서 해당 서적이 지니는 가치를 설명하고 정당화하는 공간으로서 검열 당국으로부터 출판사를 보호하는 기능을 하였다. 또한, 후기는 상위에 위치한 당과 문화 관련 정부 기관들로부터 검열담당자들을 보호하는 기능도 했다. 따라서 검열담당자들은 후기가 계획되지 않은 경우 후기를 요구하기도 하고 기존의 후기를 수정할 것을 요구하기도 했다. 이런 경우 그 내용을 인쇄허가 신청서 16번 항목에 명시한 후에 필요한 수정을 하기 위해서 전체 검열 신청서를 출판사에 돌려보냈다.

외부 평가자를 쓰는 관행에서 동독 출판산업의 두 가지 특징을 찾을 수 있다. 첫째, 동독의 도서 출판 과정이 길고 번거롭다는 점이다(평균적으로 평가서가 작성된 후 2년이 걸려 책이 나오며 길게는 4년이 걸리기도 한다).

둘째, 동독 출판업계의 의견을 제대로 인정하지 않았음을 보여준다. 즉 출판사들이 자체적으로 결정을 내릴 능력이 없어서 선정한 도서의 장단점을 지적할 외부 전문가들이 필요하다는 인식이 있었다.

실제 텍스트 번역에 대해 인쇄허가 서류에 기록된 내용을 한두 가지로 정리할 수 있다. 가장 두드러진 점은 종교와 관련된 것이다. 고전이나 현대문학 모두에서 종교적 내용은 전파하려는 이데올로기와 양립하지 않는 것처럼 보인다. 다만 아주 드물게 출판사가 종교적 내용이 방해되지 않고 쉽게 넘길 수 있거나 독자들에게 영향을 미치지 않는다는 것을 근거로 종교적 내용을 옹호하는 경우가 있었다. 앤 무디의 『다가오는 세기의 미시시피』(1971)에 대한 평가에서 미국 내 흑인들의 종교적 태도는 '현실 도피를 위한 처절한 몸부림'으로 설명했다(DR1/3544a). 그러나 대부분의 경우 무신론을 가르치려는 목적을 위해 종교적 내용을 삭제했다. 또한 '부르주아 문화의 기본 특징'인 감정적이고 훈계적이며 장황하고 저속한 묘사도 삭제되었다. 검둥이(Negro), 북미토인(Red Indian), 유대인 관련 용어들, 그리고 차별적인 뉘앙스로 사용된 표현을 순화했다. 라이선스 계약을 통해 들여온 번역의 경우에도 자동으로 품질을 인정하지 않고 동독에서 번역된 원고와 비슷하게 스타일과 실수 여부를 확인했다. 출판사의 진술(DR1/2264a)을 따르면 서독에서 들여온 『호빗』(1971)의 번역에 '수정할 부분이 상당히 많았다'고 기록되어 있다.

전진적 자유화?

점차, 특히 1980년대 자료들은 달라진 모습을 드러낸다. 출판사들이 여전히 자본주의의 사악함을 증명해야 했지만, 출판사의 서적 평가는 점차 짧아지고 간단해졌다. 또한, 외부 평가 없이 인쇄허가를 신청하는 일이 급격히 증가했으며, 흥미롭게도 검열 당국의 심사 기간도 줄어들었다. 출판검열의 자유화를 공식적으로 승인한 문서가 없었다는 점을 고려할 때 이는 놀라운 변화라 할 수 있으며 다음과 같이 설명해 볼 수 있다.

1970년대 초 공식적으로 사회주의 건설이 막을 내렸다. 이것이 문학이 엄격한 교육적 기능을 버리고 더 개방되고 자유화되는 계기가 되었을 지도 모른다(프랑크(Franke), 1985, 쾰러(Köhler), 1991, p. 2415에서 재인용). 또한, 1970년대부터 동독은 개방적 외교정책을 추진했으며 다른 나라에 더 자유화된 모습을 보여주기를 원했다. 반대로 단튼(Darnton)은 다음과 같은 내용을 주장한다(1990, p. 6). 그가 진행한 면접에서 두 명의 전직 동독 검열 담당관들은 검열 당국의 많은 동료가 동독 사회주의가 점차 소련 스탈린주의로 이동하고 있다는 것을 깨달은 후 진보적 연합정당(Unity Party)에 가입하기 시작했다고 주장했다. 1970년대와 1980년대 사회주의의 정체에 불만을 느끼고 개혁을 요구하는 목소리가 높아졌다는 점을 볼 때 이러한 설명이 설득력이 있다.

이 시기에 공개적으로 혹은 은연중에 비판적 관점을 담은 사회 비판적 책들이 많이 출판되기 시작했다. 이는 일부 검열관들이 이러한 서적을 눈감아주었다는 것을 의미한다.

검열과 성공

결론으로 동독에서 출판 여부를 결정하는 요인이 무엇이었는지 생각해보자. 출판사가 빈틈없이 잘 작성된 책 소개와 평가를 검열 당국에 제출할 경우 좋은 결과를 얻는 데 도움이 되었다. 예를 들어 출판사는 그 저자의 다른 책이 이미 출판된 적이 있음을 언급할 수 있다. 이는 저자의 텍스트가 사회주의에 적합하다는 것을 증명하는 셈이다. 또한 그 책이 소련이나 다른 사회주의 국가에서 이미 출판되었다고 강조할 수 있다. 이렇게 되면 인쇄허가를 받을 확률이 크게 올라간다. 출판사는 이러한 점을 단순히 언급하기도 하고 때로는 추가적인 설명을 곁들이기도 한다. 예를 들어 제롬 K. 제롬의 『배 위의 세 명의 남자(Three Men in a Boat)』(DR1/3540, 1967)의 경우 '소련에서도 출판되었으며 교과서에 실리기까지 했다'고 설명했다. 또는 메인 리드의 『혼혈아(The Quadroon)』가 '소련에서 필독서로 지정되었다'고 한다(DR1/2255, 1967). 키플링의 『신 정글북(The New Jungle Book)』은 '이미 『정글북』이 소련에서 먼저 출판되고 큰 인기를 얻었으며 다른 사회주의 국가에서도 계속 재판 인쇄되고 있으므로 이 책의 인본주의적 내용'을 강조한다(DR1/5013).

번역서가 인쇄허가를 받지 못한 사례는 거의 없었다. 그러나 검열 결과 후기를 수정하거나 새로운 후기를 작성하거나 인쇄 부수를 제한하는 등의 요구는 있었다. 이는 출판사들이 어떤 서적이 받아들여지는지 잘 알고 있었으며 극심한 검열 하에서도 효과적으로 출판업무를 할 수 있었음을 보여준다.

부록

베를린 분데스아카이브(Bundesarchiv)에 보관된 검열자료

DR1/2255
DR1/2257
DR1/2261
DR1/2264a
DR1/2265
DR1/2269
DR1/2287a
DR1/3540
DR1/3544a
DR1/3561a
DR1/3939
DR1/3940
DR1/3997
DR1/5013
DR1/5435
DR1/5439

John Benjamins Series

04 Sociocultural aspects of translating and interpreting

John Benjamins Series

04 Sociocultural aspects of translating and interpreting

제 3 장

사회적 역사

번역하지 않음

『로빈슨 크루소』의 최초 포르투갈어 번역에서의 무(無)번역(Zero-translation)

마리아 고레치 몬테리우 Maria Goreti Monterio
에스콜라 수페리오르 지 테크놀로지아 이 제스탕, 포르투갈 레이리아

번역사는 번역 과정에서 끊임없이 결정을 내려야 하며, 특히 독자, 편집자, 종교 지도자 및 정치권력의 수용성 관점에서 결정을 내려야 하기에 모든 종류의 위험을 동반한다. 이러한 측면은 『로빈슨 크루소』가 처음 포르투갈어로 번역될 때 디포(Defoe)의 가톨릭에 대한 많은 비판을 생략하여 상당한 '무(無)번역(Zero-translation)'이 발생한 사례에서 잘 드러난다. 번역사인 엔히키 레이탕의 생애를 보면 그가 과거에 포르투갈 종교재판 당국과 갈등을 경험했기 때문에 스스로 위험한 내용을 생략했음을 알 수 있다.

난파선에서 단신으로 살아남아 표류 끝에 아메리카 대륙 연안 오루노크 하구 근처 무인도에서 28년을 홀로 산 요크 출신 뱃사람 로빈슨 크루소의 생애와 놀랍고도 기묘한 모험, 그리고 그가 어떻게 결국에는 기묘하게도 해적들에게 구조되었는가에 관한 이야기

이것이 1719년 대니얼 디포가 출판한 『로빈슨 크루소』의 원래 제목이며, 지난 283년간 거의 모든 언어(라틴어와 에스페란토어 포함)로 번역되어 성경 다음으로 가장 많이 번역되었다. 1720년 처음으로 프랑스어, 네덜란드어, 독일어로 번역된 이후, 19세기 말까지 이탈리아어(1730년), 덴마크어(1744년), 스웨덴어(1745년), 포르투갈어(1785년) 및 세르보크로아트어(1799년)로 번역되어 다양한 언어권에서 로빈슨의 모험에 대해 모국어로 읽을 수 있게 되었다.

포르투갈어 번역은 당시 왕립 검열기관이었던 헤아우 메사 센소리아(Real Mesa Censória)의 승인을 받아 1785년 리스본에서 출간되었다. 초판 발행 당시 또는 그 이후 18세기와 19세기 세 번의 재판 인쇄 과정에서 당국의 허가를 받는 데 문제가 있었다는 기록은 없다. 이 버전이 1975년 이전에 유일하게 포르투갈어로 소설 전체가 번역되어 남아있는 유일한 번역이다.

이 소설이 포르투갈 검열 당국의 허가를 받았다는 점이 의문을 자아낸다. 『로빈슨 크루소』는 무인도에 홀로 남겨져 오랜 세월 혼자 살다가 프라이데이를 만나서 그를 노예, 친구와 제자로 삼았던 한 남자의 이야기이다. 로빈슨은 프라이데이에게 백인 남자의 인생, 사고방식, 그리고 예배하는 방법까지 가르친다. 로빈슨이 프라이데이에게 수없이 가르친 교리는 바로 디포 자신이 가진 반체제적 신념이었다. 여기까지는 별 탈이 없어 보이겠지만, 로빈슨이 포르투갈 역사상 매우 중요한 종교인 로마 가톨릭의 문제점을 상세하게 지적하는 부분은 분명히 문제가 될 수 있다.

1143년 로마 교황의 특사가 포르투갈을 레온(현재 스페인의 일부)에서 독립한 국가로 선포하면서 로마 가톨릭은 포르투갈의 공식 종교가 되었다. 16세기 종교재판이 시작되면서 가톨릭은 포르투갈의 유일한 종교가 되었다. 종교재판이 시작된 이유 중 하나는 영국과 유럽 다른 나라에서 시작된 다른 종교 교리가 포르투갈에 퍼질 가능성을 차단하기 위해서였다. 따라서 종교재판 당국은 로마 가톨릭을 유일한 종교로 강제하고, 이에 대해서 행동이나 말(구어 또는 문자)로 대항하거나 반대할 수 없도록 했다. 당연히 많은 분야에 통제가 시작되었는데 인쇄소의 경우 인쇄사업 허가를 별도로 받아야 했으며 종교재판 당국이 먼저 내용을 확인하고 승인하지 않은 어떤 문건도 인쇄가 허용되지 않았다. 포르투갈 왕국에서 출판되는 모든 책의 표지에 당국의 승인 표시를 넣도록 했으며, 18세기에는 남아메리카, 아프리카 및 아시아 식민지도 같은 통제를 받았다. 합법적인 절차를 거쳤다는 뜻의 Impressor da Real Meza Censoria 및 Com licença da mesma Real Meza Censoria는 『로빈슨 크루소』 포르투갈어판의 표지에 뚜렷하게 표시되어 있다(그림 1).

이러한 통제가 있었지만, 일부 포르투갈 출판사들은 투옥이나 더 심한 처벌을 받을 수 있는 텍스트에 대해서도 어느 정도 선택권이 있다고 믿었다. 가장 위험한 행위 중 하나는 금서를 출판하여 일부에게만 유통하는 것이었다. 또는 금서의 인쇄 쪽들을 허가된 다른 서적 사이에 여기저기 끼워 넣은 후에 종교재판 당국이 도착지 화물 전체를 검사하거

그림 1. 포르투갈어 번역의 표지, 1785년

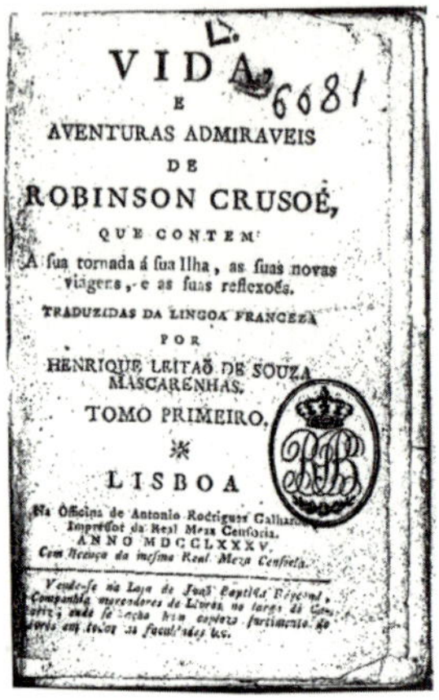

VIDA
E
AVENTURAS ADMIRAVEIS
DE
ROBINSON CRUSOÉ,
QUE CONTEM
A sua tornada á sua Ilha, as suas novas viagens, e as suas reflexoẽs.
TRADUZIDAS DA LINGOA FRANCEZA
POR
HENRIQUE LEITAÕ DE SOUZA MASCARENHAS.
TOMO PRIMEIRO.
LISBOA
Na Officina de Antonio Rodrigues Galhardo, Impressor da Real Meza Censoria.
ANNO MDCCLXXXV.
Com licença da mesma Real Meza Censoria.

나 어떤 서적이 유통되는지 확인하기 어려운 식민지로 보내기도 했다. 그곳에서 흩어져 있는 페이지들을 모아서 책으로 묶은 후에 제한된 사람들에게 유통했다. 그러나 이런 일이 흔하지는 않았다.

출판사의 가장 보편적인 관행은 허가된 책들을 출판하는 것이었다. 번역서인 경우 문제의 소지가 있는 부분은 번역사가 자체적으로 또는 출판사의 지시를 받아 내용을 변경하거나 삭제했다. 예를 들어 1733년 포르투갈 번역사인 페드루 지 아제베두 토자우는 어떤 이탈리아어 시의 일부 구절의 의미를 바꾸기를 거부하면서, 만일 제대로 번역한다면 삭제될 것이므로 아예 번역하지 않겠다고 고백했다(사비오 피닐라와 페르난데스 산체스(Sabio Pinilla & Fernández Sánchez), 1998, pp. 88-89). 누가 삭제를 하는지 밝히지 않았지만, 사람들은 종교재판만이 이런 권한이 있음을 알고 있었다.

문제는 『로빈슨 크루소』의 포르투갈어 번역사인 엔히키 레이탕이 어떤 결정을 했는가이다.

이 책의 포르투갈어 번역서의 표지에 프랑스어에서 중역되었다고 되어 있다. 많은 다른 경우처럼 이것이 사실이 아닐 수도 있다. 출발어를 틀리게 표기하는 이유 중 하나는 포르투갈 교회가 영국의 종교적 변화를 절대 받아들이지 않았기 때문에 영어본보다는 프랑스어본이 덜 문제시 될 수 있다는 점 때문이었다. 하지만 원작과 번역을 비교하면 엔히키 레이탕이 디포의 영어 원작을 출발텍스트로 사용하지 않았음을 바로 알 수 있다. 따라서 포르투갈어 번역이 프랑스어를 거친 중역임을 인정해야 한다.

이를 확인하려면 번역사가 어떤 언어를 습득했는지 알아보기 위해 그의 생애를 살펴보아야 한다. 엔히키 레이탕에 대한 짧은 소개 글을 보면 쿠앙브라에서 법학을 공부했다고 하니 프랑스어가 유창함을 알 수 있다. 놀랍게도 소개 글 바로 아래쯤 네 번째 줄에 "1778년 그는 25세의 나이에 기소되어 투옥되었다"는 내용이 나온다(실바(Silva) 1858-1923: vol. 10, 14).

엔히키 레이탕의 종교재판 기록(Processo 1778)에 보면 그가 프랑스어를 구사함이 확인된다. 군대에서 볼테르(금지된 저자)의 책을 읽었을 뿐만 아니라 다른 사람들 앞에서 볼테르 철학을 번역하고 동의하며 토론했던 것이 그가 저지른 불법행위였다. 성직자의 조카도 증인으로 나섰다. 바로 처벌이 이어졌다.

엔히키 레이탕은 포르투갈어 번역이 나오기 4년 전인 1781년, 즉 투옥된 지 삼 년 만에 풀려났다. 그는 이민 신청을 하고 허가를 받았다. 이민 대상국이 언급되지는 않지만 다른 문헌을 보면 그가 프랑스로 망명한 포르투갈 시인 한 명을 만났고 친분을 쌓았음을 알 수 있다. 따라서 엔히키 레이탕이 프랑스어를 구사하며 프랑스어 번역을 출발텍스트로 사용했을 뿐만 아니라 번역을 매우 조심스럽게 해야 했음을 알 수 있다. 실제로 성경책에 손을 올리고 모든 종류의 이단에서 떠날 것을 맹세하고 같은 죄를 반복할 경우 이에 따른 처벌을 달게 받겠다는 내용의 공식 문서에 그의 이름과 서명이 쓰여 있다(Processo 1778).

엔히키 레이탕이 실제로 어떤 출발텍스트를 사용했는지, 그리고 그 당시 포르투갈에 살고 있었는지 확인할 방법은 거의 없다. 그러나 1720년과 1768년으로 표시된 두 권의 『로빈슨 크루소』 프랑스어 번역이 포르투갈 도서관에서 발견되었으며, 두 권 모두 암스테르담에서 출판되었고 1785년 포르투갈어 번역이 나오기 이전이다. 두 권이 같은 텍스트이므로 본 논문에서 1768년도 판을 사용했다.

프랑스어판과 포르투갈어판의 비교연구를 통해 번역사가 디포의 소설 전체를 충실히 완역한 프랑스어판을 출발텍스트로 사용했음을 확인할 수 있다. 따라서 내용의 삭제는 프랑스어 번역 때문이 아니라 출판사의 지시나 번역사 자신의 선택이었다고 봐야 한다.

포르투갈어 텍스트는 맴버트(Mambert)와 반 고프(van Gorp)(1985)가 "출발텍스트 중심 번역"이라 부르는 방식으로 프랑스어 텍스트와 매우 가깝게 번역되었다. 그러나 종교적 문제를 묘사하는 부분에서 중대한 예외가 발생한다.

원작에서는 프라이데이가 영어를 어느 정도 익히자 로빈슨이 그에게 종교적 신념에 대해 가르치기 시작한다. 이들의 대화 중에 로빈슨은 하느님을 예배할 때 더는 중간자가 필요 없다고 설명한다. 즉 성직자의 정략(Priestcraft)이 로마 가톨릭을 포함한 전 세계 모든 종교에 존재하며, 인간은 성직자를 통하지 않고 신과 대화할 수 있다는 것이다.

> 내가 살펴보니 *성직자의 정략(Priestcraft)*이 전 세계 어디나 존재하고 심지어 가장 무지한 토속종교에도 있지. 종교를 비밀스럽게 만드는 정책은 사람들이 성직자를 계속 존경하고 숭배하도록 하기 위함인데, 로마 교회도 그럴 뿐만 아니라 전 세계 모든 종교, 심지어 가장 야만적이고 잔혹한 사회도 그렇다는 말이야(디포, 1983, p. 217).

포르투갈어 번역에서는 "*로마* 교회도 그럴 뿐만 아니라"가 아예 번역되지 않았다. 엔히키 레이탕은 르페브르(Lefevere, 1992)가 역사적으로 전 세계 모든 번역사가 흔하게 사용하는 전략이라고 부르는 방법인 침묵 혹은 "무(無)번역"을 사용하여 문제가 되는 텍스트를 완전히 생략했다. 가장 문제가 되는 이 부분이 프랑스어로 "ne se trouve pas seulement chez le Clergé du Papisme"(1768, p. 289)라고 번역되었는데, 만일 포르투갈 종교재판에서 읽었다면 바로 출판 금지가 될 만한 내용이므로 생략되었다.

두 번째로 엔히키 레이탕이 생략한 부분은 로빈슨이 프라이데이에게 인생에서 악마의 역할을 가르치는 부분이다. 프라이데이가 주인의 설명에 만족하지 못하자 로빈슨은 더 상세히 이 문제를 설명하기 시작한다. 원작의 약 한 페이지에 달하는 이 설명은 포르투갈어 번역본에 나타나지 않는다. 그것은 로빈슨이 성경에 나오는 신의 이름이 구원을 받는 유일한 길이라고 말하기 때문이다. 이 설명은 가톨릭 신자들이 하느님의 용서를 구하는 유일한 방법이라고 믿는 고해성사를 인정하지 않는 것이다. 이보다 몇 해 전에 엔히키 레이탕은 볼테르의 가톨릭에 대한 매우 유사한 비판에 동의한 결과 종교재판과 처벌을 받았다. 그는 이 부분을 삭제하지 않는다면 같은 죄로 다시 재판을 받게 되고 더 중한 처벌을 받을 것임을 알았다. 프라이데이가 로빈슨의 설명에 만족하지 못했다는 부분을 살리면서 번역을 이어가기 위해서 그는 삭제한 부분 바로 앞의 마지막 문장을 완전히 반대의 내용으로 바꾸었다. 디포는 "이것이 프라이데이를 만족시키지 못했다"(1983, p. 218)고 썼으며 프랑스어 번역은 원작을 따라 "Ma solution ne satisfit pas mon Sauvage"(1768, p. 219)라고 했다. 그러나 포르투갈어 버전에는 이 부분을 마무리하기 위해 "Ao que elle mostrou fiscar satisfeito"(그는 만족한 듯 보였다)로 바꾸었다(1785, p. 281).

레이탕은 문제가 없는 부분에서는 출발텍스트를 거의 그대로 번역했다. 그러나 몇 줄 아래에 로빈슨이 "이스라엘 집의 잃어버린 양과 무리들"(1983, p. 220)을 언급했을 때 프랑스어로는 "les brebis égarées de la

Maison d'Israel"(1768, p. 291)로 번역되었으나 포르투갈어에서는 양 대신 "genero humano"(사람들)이라는 표현으로 대체되었다(1785, p. 281). 문장 전체를 생략하는 대신 번역사가 의미를 합성하는 번역 전략을 취한 것이다. 이것은 예방적 장치로 이해할 수 있을 것이다. 17세기 초부터 유대인들이 종교재판의 목표 대상에 포함되었으므로 '이스라엘'이라는 말을 쓰는 것만으로도 이 텍스트가 주목을 받을 것이라는 실제적인 공포가 있었다.

같은 장에서 레이탕은 문장을 하나 더 생략한다. 로빈슨이 자신과 프라이데이가 영국에 있었을 때와 같은 크리스천이라고 생각하는 부분이다.

> 미개인이 이제 선한 크리스천이 되었고 나보다 훨씬 낫다. 나는 소망의 이유가 있으며 하나님의 축복이 있기를, 우리가 모두 회개하였으며 회개한 이들에게 평화가 회복되었다. 여기에 우리가 읽을 하나님의 말씀이 있으며, 영국에 있지 않다고 해서 우리를 가르치는 성령이 우리에게서 더 멀리 있는 것이 아니다(1983, p. 220).

포르투갈어 버전은 다음과 같다: "O meu escravo era já taõ bom Christaõ como eu, e talvezμ melhor; e podiamos gozar juntos da leitura da Palavra de Deos(1785, p. 282)(나의 노예가 이제 나만큼 선한 크리스천이고 어쩌면 나보다 더 나을 것이다. 그리고 우리는 하나님의 말씀을 같이 읽기를 즐긴다). 여기에서 '영국'을 생략했다는 것이 중요하다. 여행하는 과정에서 로빈슨이 포르투갈 선장에 의해 구조되고 브라질에서 부동산 소유주가 되는데, 이는 그가 가톨릭으로 개종해야 한다는 것을 의미한다. 로빈슨은 소설 거의 마지막 부분에서 이러한 내용을 확인시켜주는데, 브라질로 돌아가 설탕 농장에서 살려고 생각하다가 자신의 종교적 원칙들 때문에 금세 마음을 되돌린다. 그는 브라질로 가게 된다면 자신의 종교적 원칙을 포기하지 않으면 종교재판에서 사형을 당할 것이라 믿었다.

> And now I began to think of leaving my Effects with this Woman, and setting out for Lisbon, and so to the Brasils; but now another Scruple came my Way, and that was Religion; for as I entertain'd some Doubts about the Roman Religion, even while I was abroad, especially in my State of Solitude; so I knew there was no going to the Brasils for me, much less going to settle there, unless I resolv'd to embrace the Roman Catholick Religion, without any Reserve; unless on the other hand, I resolv'd to be a Sacrifice to my Principles, be a Martyr for Religion, and die in the Inquisition; so I resolv'd to stay at Home, and if I could find Means for it, to dispose of my Plantation. (1983, p. 303)
> 그리고 나는 이제 이 여인에게 재산을 맡기고 떠나 리스본을 향해 출발해 브라질로 가려는 생각을 하기 시작했지만 이제 또 다른 양심의 가책이 있었고, 그것은 종교였다. 나는 외국에 있을 때에도, 특히 고독하게 혼자 있을 때에 로마 종교에 대해 여러 의심하는 생각을 했다. 그래서 내가 로마 가톨릭을 받아들이지 않는다면 브라질에 정착하거나 심지어 브라질에 가는 것조차 불가능함을 알고 있었다. 아니면 반대로 나는 내 신념에 희생하여 종교의 순교자가 되고 종교재판에서 죽게 될 것이다. 그래서 나는 고국에 머무르기로 했고 방법을 찾을 수 있다면 농장을 처분하기로 결심했다(1983, p. 303).

프랑스어 번역에서 로빈슨이 마음을 바꾼 이유를 충실히 설명했으므로 포르투갈어 번역사가 원작의 내용을 이해하지 못했을 리가 없다.

> J'étois déjà résolu à lui laisser la direction de toutes mes affaires, & à partir pour Lisbonne pour fixer ma demeure dans le Brésil, quand une

délicatesse de conscience m'en vint détourner. J'avois réfléchi souvent, & sur-tout pendant ma vie solitaire, sur le peu de sûreté qu'il y a vivre dans la Religion Catholique-Romaine, & je sçavois qu'il m'étoit impossible de m'établit dans le Brésil sans en faire profession, & que d'y manquer, ne seroit autre chose que m'exposer à souffrir le martyre entre les cruelles mains de l'Inquision, Cette considération me fit changer de sentimens, & prendre le parti de rester dans ma patrie, sur-tout si j'étois assez heureux pour trouver le moyen de me défaire avantageusement de ma plantation.
나는 이제 그녀에게 내 모든 재산을 맡기고 리스본으로 떠나 브라질로 가서 살 결정을 하려고 했었다. 그 때 다른 고민이 나를 붙잡았다. 나는 특히 무인도에서 혼자 살던 시절에 로마 가톨릭에 몸담고 사는 것에 회의를 느끼곤 했다. 그리고 나는 브라질에서 로마 가톨릭을 믿지 않고 그곳에 정착하는 것은 전혀 불가능한 일이라고 깨달았고, 로마 가톨릭을 믿지 않는 것은 종교 재판의 잔인한 손에 의해 죽는 것과 마찬가지일 것이라고 생각했다. 이러한 생각으로 감정의 변화가 생겼고, 나는 조국에 남아있겠다고 결심했다. 그리고 나는 내 농장을 팔아버릴 좋은 방법을 찾을 생각에 기뻤다(1768, p. 393).

여기에서도 마찬가지로 번역사의 전략은 무(無)번역을 포함하지만, 이 경우 로빈슨의 "또 다른 걸림돌"에 대한 장황한 설명을 단 두 단어로 축소하였다: "alguns embaracos" – "몇몇 문제들". 문제가 무엇인지 설명하지 않음으로써 번역사는 이 부분을 성공적으로 회피했다.

결론

번역사가 도착텍스트에 관해 내려야 하는 결정들은 항상 본질적으로 그 문화와 관련되며 도착어 독자들, 그리고 번역사가 속한 사회의 지배적 규범들과 연결되어 있다.

이러한 규범에 일종의 정치적 혹은 종교적 검열이 전혀 포함되지 않는다고 말할 수 있는 세상은 아직 도래하지 않았다. 오늘날의 번역사들과 마찬가지로 1700년대 번역사들은 많은 문제를 극복해야만 했다. 현대의 엔히키 레이탕이라 할 수 있는 샤를 바토(Charles Batteuxs)는 다음과 같은 생각을 표현했다.

> 그러나 문제는 작품에 담긴 사물들, 생각들, 표현들, 문체적 특징들, 전체적인 어조를 표현하고 시인, 웅변가, 역사가들이 지닌 고유한 문제를 표현하며 있는 그대로를 표현하면서 어떠한 것도 더하거나 옮기거나 빼지 않는 것이다. (르페브르, 1992, p. 116)

엔히키 레이탕의 경우 번역사로서 극복해야 할 문제가 아니라 생존을 위해서 감수해야 할 문제가 또 하나 있었음을 깨달았는데, 바로 검열의 압력하에서 번역을 하려면 때로는 침묵할 수밖에 없다는 것이다.

『로빈슨 크루소』에서 『왈라키아의 로빈슨』까지

수용 과정의 복잡성

로디카 디미트리우 Rodica Dimitriu
알렉산드루 이오안 쿠자 대학교, 이아시, 루마니아

번역학을 통해 외국문화 수용 역사에 관한 귀중한 자료를 얻을 수 있다. 이와 같은 사례로 디포의 소설 『로빈슨 크루소』가 루마니아 문화에서 어떻게 번역, 번안, 모방하였는지 본 논문에서 소개한다. 먼저 150년 이상의 수용 기간에 루마니아 독자들에게 이 책과 주인공의 이미지가 어떻게 다양하게 제시되었는지 조사한다. 둘째, '번역의 본령'과 '번안'의 경계를 살펴본다. 셋째, 번역 및 번안과 '모방'을 구분하는 차이를 메워본다. 이러한 모든 종류의 텍스트는 정도의 차이는 있으나 같은 출발텍스트에 관련되어 있으며 특정 문학 작품이 해외에서 다양한 방식으로 존재를 유지할 수 있도록 도왔다.

서론

문화적 레퍼토리에 해외 작품들이 포함되어 있다는 것은 복잡한 수용 과정이 있었음을 증명하는 것이다. 이러한 수용 과정은 다양한 역사적 시기에 이루어지며 문화변용, 순응, 조정 및 굴절 작용이 이루어지는데 이 모든 작용은 외국 텍스트가 다른 도착문화에서 온전히 수용되는 데 필요하다. 고유한 수용 모드로서의 번역은 이 과정에서 중요한 역할을 하며, 번역학 연구는 외국 문학의 수용 역사에 관한 귀중한 자료를 제공할 수 있다.

여기서 우리는 디포의 『로빈슨 크루소』가 루마니아 문화에서 어떻게 번역, 번안, 모방하였는지 살펴보면서 번역학의 기여를 강조하고자 한다[1]. 첫째, 우리는 번역사들이 지난 150년의 수용 기간에 루마니아 독자들에게 제시하려 했던 이 책과 주인공의 서로 다른 이미지들을 살펴볼 것이다. 이러한 이미지들은 이데올로기, 시학, 문화 담론 및 번역사들이 따라야 하는 규범과 관련이 있지만, 이 요소들 사이에 엄격한 인과관계가 있는 것은 아니다. 둘째, 번역 연구가 번역 텍스트를 살펴보는 것에 국한되기는 하지만 '로빈슨 크루소 사례'의 역사를 보면 실제로 '번역의 본령'과 '번안'의 경계가 흔히 생각하는 것보다 훨씬 모호하며 유연하다는 것이 증명된다. 따라서 우리는 번역학 연구의 타당한 연구 대상으로 간주하는 이러한 두 가지 형태의 다시 쓰기의 연결고리를 찾고자 한다. 셋째, 번역을 기반으로 하는 수용과정 연구에서는 르페브르(Lefevere, 1975)의 정의에 따라 번역과 번안을 '모방'으로부터 매우 엄격하게 분리했지만 본 연구에서는 두 종류의 틈새를 좁혀보고자 한다. 이러한 모든 종류의 텍스트는 다양한 정도로 '원천 텍스트'에 연결되어 있으며, 다양한 방식으로 해외에서의 문학작품을 생존할 수 있게 했다.

로빈슨 크루소, 교육과 재미를 위한 책

다른 여러 유럽 국가와 마찬가지로 루마니아에서 『로빈슨 크루소』가 처음 소개된 이유는 교훈적 측면 때문이었다. 19세기 초에 비로소 이 책이 소개되었는데 아마도 루소가 『에밀』(1762)에서 이 책을 추천했던 것과 관련이 있을 것이다: "내 생각에 이 책은 자연을 따르는 최고의 교육이론을 담은 최고의 책이다"(제임스(James), 1996, p. 2에서 재인용). 루마니아 번역사들은 루소의 저서를 잘 알고 있었으며 직접 또는 간접적으로 서문에 이를 언급했다. 예를 들어 로빈슨의 루마니아어 최초의 공식 번역서(1835)의 서간체 서문에서 기병대 사령관 바실레 드라기치(Vasile Drăghici)는 루소의 생각을 언급하면서 자신의 후원자인 내무부장관에게 젊은이들이 디포의 책에 담긴 도덕적 교훈을 통해 많은 것을 배울 것이라고 말한다. 루소의 영향뿐만 아니라 루마니아 문화에는 투리(Toury)의 표현을 빌자면 "채워야 할 공백"(1998, p. 18)이 있었다. 이러한 공백은 드라기치의 서문에도 언급된다: 아동문학의 상대적 부족, 그리고 그리스어와 라틴어 문법 공부에 치우친 보수적 교육 제도 등이 그것이다.

드라기치의 텍스트는 『로빈슨 크루소』의 최초의 번역본으로 간주하지만 사실 젊은 세대 교육이라는 특정한 목적을 위하여 조아킴 캄페(Joachim Campe)가 독일어로 번안(1799)했던 것을 번역한 것이다. 따라서 루마니아 독자들은 처음에 디포의 소설을 책 속의 이야기로 접하였으며, 이 책에서 아버지와 아들이 로빈슨의 이야기에 담긴 도덕적 교훈에 대해 대화를 나눈다. 1835년 이후 대략 번역, 번안, 모방 혹은 '개작(retelling)'의 형태로 다양하게 다시 쓰기가 이루어지면서 루마니아 문화에서 이 책의 인기가 상승하였다. 영어가 널리 쓰이지 않던 시대였으므로 여러 다시 쓰기 텍스트가 프랑스어나 독일어로 된 부차적 출발텍스트와 다양한 관계를 맺었다. 더욱이 이러한 관계는 종종 작가들이나 출판사에 의해 흐려지며 텍스트에 붙여진 제목이 오해를 불러일으키기도 한다. 일부 각색 본은 부차적 원천 텍스트의 일부만을 번역한 것이다. 요약하기도 하고, 속편인 『로빈슨 크루소 그 후의 모험』 내용을 합치기도 했다. 많은 경우 이미 원작이나 부차적 텍스트를 각자의 문화에 맞게 소성한 외국 각색 본을 루마니아이로 옮긴 것이었다. 그리고 '자체적으로' 번역했다고 주장하는 텍스트도 생략을(때로는 지속해서) 했으며 같은 번역본에 속편 내용을 섞기도 했다. 그렇기에 최종본은 문화적, 언어적으로 혼합된 텍스트인 경우가 대부분이었으며 근대화 과정에서 루마니아가 기꺼이 수용하기를 원하는 권위 있는 매개문화의 요소들을 반영한 것이었다.

따라서 실제로 '번안'이라 표시된 텍스트들이 번역의 '본령(proper)'으로 여겨지는 텍스트와 매우 유사하며, 반대의 경우도 마찬가지라 할 수 있다. 텍스트로서 번안은 비네이와 다벨넷(Vinay & Darbelnet, 1958)이 '간접 번역'이라 부르는 방식 및 생략, 추가, 요약 등 텍스트 차원에서의 기타 개입 기법을 *더욱 폭넓게* 활용한 것이다. 그렇지만 이 작가들은 번역과 유사한 언어 간 전략과 문화 간 전략들을 사용했다. 더 중요한 것은 번안이 도착문화에서 번역과 유사한 기능을 수행했다는 점이다. 이런 관점에서 보면 언어 간 개서본(rewritings)들은 도착문화 규범에 수렴하는 정도가 서로 다른 연속체를 형성한다. 따라서 이들은 번역학 연구와 연관성이 있다[2]. 번안도 번역처럼 "도착문화의 일부분"이다(투리, 1995, p. 23 & 각처 모두 동일). 그러나 루마니아 비평가들처럼 엄격한 미적 기준을 추구하는 자들은 번안작품들을 경멸하고 이들의 문화적 기능을 무시하는 경향이 있다. 19세기와 20세기 중반까지 루마니아 문화의 "용인도(tolerance) 한계치"(투리, 1999, p. 21)가 상당히 관대하여 주로 프랑스어와 독일어 출발텍스트를 이용한 간접번역뿐만 아니라 모든 종류의 번안이 허용되었다.

『Aventurile lui Robinson Crusoe(로빈슨 크루소의 모험)』(1899)은 19세기 말과 20세기 초 출판된 많은 로빈슨 크루소 개서본 중 하나이다. 출판사는 번역 정책에 대해서 독자들에게 교훈과 재미를 주기 위해 '세심하게 번역한' 프랑스, 독일, 영국 명작 문학작품을 준비했다고 설명한다. 국가의 나열 순서는 당시 문화적 권위와 영향력의 순위를 반영한다. 루마니아어판 로빈슨 크루소의 출발텍스트나 번역사 이름은 언급되지 않는다. 그러나 어휘나 문장 구조로 볼 때, 그리고 로빈슨의 앵무새 이름이 자코(Jacquot)인 것을 볼 때 출발텍스트는 틀림없이 프랑스어본이었을 것이다. 비록 출판사가 이 책의 성격을 따로 분류하지는 않았지만 주로 사용된 전략으로 볼 때 번안에 더 가까운 텍스트라고 할 수 있다. 텍스트를 압축하기 위한 많은 생략, 더 간결한 문장으로 변환 및 『그 후의 모험』을 요약 형식으로 추가하기 등의 전략이 사용되었다. 그러나 영어 원작에서 크게 벗어나지 않은 출발텍스트를 상당히 충실하게 번역한 부분도 있었다. 무인도에서 로빈슨의 삶이 주요 내용이었으며 텍스트는 주로 실용적이며 수단이 좋은 크리스천의 이미지를 중점적으로 표현하였다.

원작의 번역 중 최초로 영향력 있는 번역은 1900년에 이루어졌다. 서문에서 번역사 라두 로세티(Radu Rosetti)는 자신의 번역이 최초의 원작 완역임을 명확히 밝혔다. 문학 비평가로도 활동했던 로세티는 처음으로 디포의 생애(틀린 부분도 있지만)와 그의 작품들을 간단히 열거하여 루마니아 독자들에게 처음으로 이 영국 소설가를 소개하였다. 이미

이 소설의 다양한 버전이 학교에서 교재로 사용되고 있었기 때문에 대상 독자는 주로 아동이었다. 게다가 주인공인 로빈슨이 "온순한 성격이고 하나님을 경배하며 매우 성실한 사람"이었기에 본받을 만한 인물이었다(1900, 저자 번역). 또한, 로세티는 처음으로 이 책을 성인 독자에게 소개할 것을 고려하였으며 어른들도 이 책의 "간결하고 아름다운 문체"(1900, 저자 번역)를 좋아할 것이라고 주장했다. 그렇게 하여 그는 이 소설의 독자층을 넓혔으며 수용 행위에 있어 심미적 측면을 명확히 도입하였다. 로세티의 텍스트는 프랑스어 출발텍스트를 매우 충실히 번역한 중역이다. 따라서 문자 그대로의 번역을 통해 번역사는 일부(인기 있는) 프랑스 문학이 쓰인 19세기 정서적 담론을 수입한 셈이었다. 당시 높은 권위를 지닌 프랑스 문학은 루마니아에서 "상충하는 문학 규범들"(투리, 1999, p. 27) 중 하나였다. 예를 들어 원작의 로빈슨은 여성을 대놓고 무시했지만[3] 루마니아어 번역본(프랑스어를 거친 중역)에서는 '가족과 함께하는 달콤함'을 언급하고 '사랑하는 아내이자 달콤한 동지'를 잃어버리는 아픔에 관해 이야기한다. 연민을 자아내는 많은 내용이 이야기의 감수성을 더한다. 또한, 이 버전은 로빈슨의 일기가 얽혀있는 원래의 텍스트 구성을 무시하고, 원작에서 하나였던 내용을 여러 장으로 구분하며 『로빈슨 크루소 그 후의 모험』의 자세한 버전을 포함했다.

교훈과 재미 외에도 『로빈슨 크루소』의 번역과 번안은 루마니아 문화에 모험소설이라는 문학 장르를 소개하였다. 이 장르는 영웅이 겪게 되는 예상치 못한 상황들을 통해 독자의 관심과 호기심을 유지하는 것이 목적이다. 20세기 초반에 이 소설의 많은 번안본들은 대부분 이런 측면을 강조하는 데 중점을 두었다. 1922년 출판된 48페이지 분량의 번안서는 이 소설과 속편을 논리로 설명될 수 없는 끝없는 모험의 연속으로 축소했다. 유치한 대화들이 추가된 지나치게 역동적인 3인칭 서술에서 로빈슨과 다른 등장인물들은 단순한 꼭두각시로 전락했다. 그럼에도 번안가는 "수용 가능성 규범"(투리, 1995, p. 57 & 각처 모두 동일)

을 선택했음이 분명하다. 로빈슨이 루마니아 문화 특징적 단어들이 포함된, 지리적인 특징을 띠는 루마니아어를 말하는 것으로 묘사된다. 책의 삽화들이 이러한 접근법의 증거가 되는데, 로빈슨이 무인도에 표류한 사람이라기보다는 루마니아 목동과 비슷한 모습으로 그려져 있다. 반대로 폴 르부가 프랑스어로 번안한 것을 레오나르드가 1937년에 번역한 텍스트는 루마니아 독자들이 자신의 문화적 배경을 바탕으로 다양한 문화적 공간의 갈림길에 서 있도록 하며, 이러한 공간들은 번역사와 이야기 자체에서 제공되는 것이다. 이 충실한 버전은 프랑스어의 감정적 색채를 반영하면서도 신사(gentleman)나 선생님(sir)과 같은 영어 호칭을 가미했다.

로빈슨 크루소, 복잡한 소설

20세기, 특히 두 차례의 세계대전 사이와 전후 시대에 미학적 측면이 (교육받은) 독자들의 기대 중 많은 부분을 차지하게 되었다. 문학비평가들은 문학작품 전반과 번역서에 대해 심미적 가치를 지속해서 추구했다. 19세기 초부터 루마니아어가 크게 발달하여 비평가들과 번역가들은 드디어 가장 정교하고 섬세하게 생각과 사상을 표현할 수 있는 자신감을 획득했다. 권위 있는 기관에 소속된 공산주의 이전 시대 비평가들이 제안하는 매우 처방적인 번역 규범은 대부분의 출판사가 적용했던 상업적 기준에 의해 무시되곤 했다. 비평가들의 규범에 따르면 번역이 원작과 같은 문학적 가치를 지녀야 하며 번역사는 자신의 창의력을 활용해야 하고 원작의 저자들과 영적 친밀감을 가져야 한다. 비평가들은 또한 번역에 사용되는 어휘가 등장인물들의 사회적, 역사적 혹은 지리적 특징들(즉 적절한 어역)을 반영할 것을 기대했다. 투리의 "번역환경규범(preliminary norms)"(1995, p. 58 & 각처모두동일)에 따르면 이들은 번역 정책에 대한 실질적 결정권을 갖기를 원했다. 비평가들의 이러한 견해는 당시 많은 문화 및 문학 정기간행물에 표현되어 있다.

1943년 세계대전 사이 기간에 뛰어난 문화적 인물이었던 페트루 코마르네스쿠(Petru Comarnescu)가 독자들의 필요를 충족한 『로빈슨 크루소』의 새로운 번역을 출판한다. 이 번역은 당시 성공적이라는 찬사를 받았고 특히 개정판들의 경우 경전에 포함되었다. 번역사는 원작을 사용해 번역했다는 점을 분명히 밝히고 더 긴 제목인 『Viata si nemaipomenitele aventuri ale lui Robinson Crusoe(로빈슨 크루소의 생애와 놀라운 모험)』을 사용하였다. 서문에서 코마르네스쿠는 출발텍스트의 문체와 기타 특징을 준수했으므로 '충분성(adequacy) 규범'을 준수했다고 주장하면서도 "도착문화 수용 가능성"(투리, 1995, p. 57) 측면에서 출발텍스트와 번역본에서 모두 부적절한 것으로 간주되는 반복을 자의적으로 삭제하였다. 또 다른 전체적인 번역 전략은 어린 독자층을 위해 번역사가 여러 가지 조정을 한 것이었다.

번역본과 출발텍스트를 나란히 비교하면 코마르네쿠스가 전반적인 번역 전략을 적용하기 위해 일관적으로 사용한 다양한 기법들을 발견할 수 있다. 두 가지 분명히 드러나는 기법은 텍스트 차원에서의 축약과 압축이다. 이런 방식으로 정보의 양은 크게 줄이지 않으면서 디포의 원작에 있는 불필요하게 장황한 부분, 추가부연설명, 반복 등을 제거하였다. 복잡한 문장을 나누고 불필요한 단어를 생략하며 세미콜론을 마침표로 대체하고 때로는 새로운 문단을 시작하면서 번역사는 대상 독자들에게 더 직접적인 영향을 미치는 명확한 텍스트를 생산했다. 문장 차원에서 사용된 또 다른 기법은 대부분이 독특한 문장들을 쉬운 문장으로 번역하는 평탄화(flattening)이다. 이렇게 하여 출발텍스트의 때로 지나친 수사학적 표현을 단순화하고 업데이트하여 현대 젊은 독자들의 기대수준에 맞추었다. 이 번역본에는 로빈슨의 일기에 나타나는 생략형 문장들(elliptical sentences)이 포함되어 있는데, 이는 출발텍스트에는 존재하지 않지만, 속에 담긴(embedded) 텍스트에 사용되는 도착어 규범을 따른 것이다. 로빈슨의 기도의 경우 직역하지 않고 도착문화 종교 규범에 맞게 번역되었으며, 프라이데이의 특유의 언어도 바꿔 번역되었다. 그러나 전체적으로 번역은 영어 원작보다 공식적 어역을 적용했다. 이것은 1943년 디포의 작품은 고전문학으로 인정받았기 때문에 루마니아의 고전문학 번역 규범을 따른 것이며 번역본에서는 작가와 독자의 거리도 늘어났다. 로빈슨이 독자와 대화를 하거나 독자를 언급하는 부분은 생략되거나 더 객관적인 대화로 대체되었는데, 이는 아마도 텍스트를 업데이트하고 수용자들에게 더 직접적인 인상을 남기기 위함이었을 것이다. 원작과 비교하여 유일하게 대량으로 생략된 부분은 소설의 마지막 부분에 로빈슨이 섬으로 돌아가는 장면이다.

번역자의 이데올로기와 관련되어 논란의 여지가 있는 여러 부분이 있다. 스페인 지배자들의 식민지 주민에 대한 잔혹함을 두 번 언급하는데 이 내용이 번역에는 생략되어 있으며, 프라이데이가 미개인의 목을 베는 기술을 독일 사행집행인의 기술과 비교하는 장면도 생략되었다. 이에 대한 장황한 미주에서 코마르네쿠스는 미 대륙의 모든 원주민이 식인종은 아니며 일부는 훌륭한 문명을 발전시켰다고 자세하게 설명했다. 또한, 인육을 먹는 행위는 적대적 부족에 대해서만 제한적으로 일부 이루어졌다고 설명했다. 두 가지 경우 모두 번역사가 디포의 일부 인종차별적 담론과 번역사 및 루마니아의 공산주의 이전 지도자들이 갖고 있었던 서방 국가들과 이국적 문명에 대한 생각들 사이에서 협상하려 애쓴 것이다. 번역사의 출발텍스트에 대한 주의 깊은 통제와 상대적 존재감은 또 다른 미주에서도 드러나는데, 여기에서는 원작자인 디포가 잘못된 지리 정보를 사용했다는 점을 독자들에게 알려준다. 기타 텍스트 외적인 주석들은 지리 용어, 생물학 용어, 기술적 용어를 설명하며 도량형 단위를 변환하는 등 통상적인 기능을 수행한다.

『로빈슨 크루소』의 1943년 완역이 루마니아 독자들이 디포 소설의 복잡성을 느낄 수 있는 유일한 번역본이다. 이 번역에서는 생존의 이야기, 종교적 풍자, 경제 관련 우화 등 다양한 접근을 할 수 있다. 로빈슨은 성실하고 자연을 지배하며 식민지로 삼고 이윤을 만드는 수단 좋은 서구 사람일 뿐만 아니라 점차 종교적인 사람이 되었는데, 자신의 연약함과 두려움, 절망을 경험하였고 수년간 하나님 외에는 의지할 곳이 없었다. 이러한 복합적인 로빈슨의 이미지가 이후에 나온 루마니아어 번안과 번역에는 많은 부분 사라지게 되는데, 이는 공산주의 이념에 적합하도록 디포의 텍스트를 변경했기 때문이다.

공산주의자 로빈슨

코마르네쿠스의 1943년 번역은 루마니아와 다른 동유럽 국가에 전혀 다른 정권이 들어서기 직전에 출판되었다. 이후 문화적 관점에서 소련 모델이 인위적으로 도입되었다. 1950년대 출판사들은 국가 소유가 되었고 정부 및 공산당 '기관들'의 엄격한 통제를 받았다. 또한, 국가가 번역 정책을 수립하고 소련의 경전을 바탕으로 번역에 대한 결정을 내렸다. 『로빈슨 크루소』가 경전에 포함된 이유는 이 소설의 소련 번안을 담당한 코르네이 치우코브스키(Cornei Ciucovski)가 서문에서 명확히 설명하고 있으며, 이 번안은 1954년 루마니아어로 번역되었다. 이 소련 작가는 『로빈슨 크루소』가 오랫동안 사랑받은 이유가 영웅 로빈슨의 근면, 인내, 강한 의지 등 많은 특징이 젊은 공산주의자들에게 귀감이 될 수 있기 때문이라고 설명한다. 이러한 특징들은 당시 번역을 포함한 많은 채널을 통해 당국이 홍보하고 추구하던 이상적 공산주의자의 중요한 요소들이었다.

이 텍스트는 번역사가 주류 이데올로기를 온전히 수용했을 때 어떤 전략이 사용되는지 잘 보여준다. 여기에서 사용된 전략이라면 번역사의 선전, 선동 목적에 부합하는 부분들은 충실히 번역하고 그렇지 않은 부분은 생략하는 것이다. 로빈슨의 크리스천으로서의 모습들은 모두 삭제되었으며(디포가 그려낸 영웅은 무신론자로 변해버림) 노예무역과 관련된 부분도 삭제되었다. 또한 로빈슨이 프라이데이를 묘사하면서 유럽인들에 비유하는데 이는 인종적 편견("…그렇지만 그는 얼굴에 유럽인의 상냥함과 부드러움도 가지고 있었다" 1994, p. 202)을 암시하기 때문에 삭제되었다. 로빈슨은 자신을 결코 섬의 왕, 군주 또는 총독이라 칭하지 않는다. 끝으로, 아무도 섬에 남아 식민지화되기를 원하지 않는 가운데 죄수들이 로빈슨에게 자신들을 배에 태워줄 것을 간청하는 장면인 소설의 마지막 부분에서 원작이 상당히 왜곡되었다. 주리와 프라이데이가 사용하는 서투른 언어는 디포의 텍스트에서 유머를 자아내는 부분인데, 이를 표준어로 대체하여 식민지인들에게 모욕적인 태도를 없애려 했다. 반대로 식민지 개척자들의 잔인함이 강조되었으며 본문에서뿐만 아니라 번역자의 미주에서 스페인 사람들이 "남아메리카의 피정복인들에게 짐승처럼 잔인했다"(1954, p. 179, 저자 번역)고 서술한다. 루마니아 번역사들은 소련 텍스트의 급진적 이데올로기를 충실하게 반영했다. 이들의 완전한 '불가시성(invisibility)'과 소련 출발텍스트에 대한 복종은 루마니아 공산정권이 스탈린 시대 채택했던 공식적인 노선과 닮은 것이었다.

1961년 Editura Tineretului(Youth Publishing Company)는 코마르네쿠스의 1943년 번역의 개정판을 출판했다. 이 버전은 번역사가 새로운 정치적 담론을 수용한 방식이 덜 급진적이었음을 보여준다. 서문을 보면 로빈슨은 '세상과 자신을 바꿀 수 있는 힘'을 상징하며 '인간의 창의력'을 상징한다. 로빈슨은 역동적인 인물로서 매우 열심히 일하고 꼼꼼하게 인생을 계획하기 때문에 그의 투쟁과 노력은 성공으로 마무리된다. 번역사는 다시 한 번 로빈슨의 모습을 협상할 준비가 되어 있으며, 로빈슨이 프라이데이나 다른 이교도들을 부당하게 다루지 않았다고 시인했다. 실제로 로빈슨은 '유럽의 문명과 프로테스탄트 종교를 설파하는 선교사였지만 […] 다른 유럽 사람들처럼 탐욕적이거나 교만하지 않았다.' 그렇지만 "소시민으로서 자신의 수고를 통해 이익을 얻기 위해 노력했다"(1961, p. 9, 저자 번역). 이 번역사가 새로운 정치체계를(적당히) 수용했다는 점은 이 개정판에서 선택한 특정 번역 전략에 영향을 끼쳤다. 텍스트 차원에서 코마르네쿠스는 종교행위와 관련된 구절들 대부분을 생략했지만, 일부는 남겨둠으로써 로빈슨이 선한 크리스천임을 알 수 있도록 하였다. 문장 차원에서 그는 직역에 가까운 번역을 택하여 긴 문장들을 사용하고 디포의 문체와 가깝게 번역을 하였다. 그는 또한 어휘를 업데이트하고, 1943년 판에 많이 나타난 산문역(paraphrase)이나 차용어 사용 대신 더 전문화된 어휘를 사용하였다. 형식의 차원에서 볼 때에는 전문가들만 번역하고 전문적 규범에 따라 번역이 이루어지던 시기의 심미적 측면을 반영하는 번역이 이루어졌다. 이 시기의 핵심적 규범은 번역이 원작과 같은 문학적 가치를 지녀야 하며 여기에서 '가치'는 도착문화의 규범에 따라 평가되었다.

이 루마니아 번역가의 세심한 개정은 계속되었다. 1964년 판은 다른 출판사인 '모두의 도서관(Biblioteca pentru Toti)'에서 출간되었는데, 이는 이 책이 아동뿐만 아니라 성인 독자층을 대상으로 한 것임을 공식적으로 인정했음을 보여준다. 역자 서문은 당시의 마르크스주의를 근간으로 쓰인 포괄적 서평이다. 많은 부분을 할애하여 영국 역사, 디포의 생애, 소설에 대한 마르크스의 해석과 루소의 해석 비교(자연인이 아니라 경제적 인간으로서의 로빈슨) 등 코마르네쿠스의 견해를 기술하였다. 이와 같은 서평은 책에 대한 독자의 해석을 유도하고 설명하고 명확히 하며 조정한다. 번역사가 더 표현적인 구절과 더 적절한 단어를 지속해서 고민했기 때문에 어휘 차원에서 변경이 있었음을 알 수 있다. 마찬가지의 특징이 1971년 출간된 5번째이자 마지막 번역본에서도 나타난다. 이런 경전적 번역의 이데올로기적 영향으로 50년이 지난 오늘날에도 루마니아인들은 로빈슨을 내적인 고통을 겪은 사람이 아니라 근면 성실하고 실용주의적인 사람으로 기억하며, 자식으로 해야 할 도리나 종교적 문제로 괴로워하는 사람이 아니라 어떠한 역경 속에서도 맞서 싸우는 영웅으로 생각한다. 이후 『로빈슨 크루소』의 새로운 번역 시도는 없었다.

왈라키아의 로빈슨

'로빈슨류(Robinsonade)'라는 문학 장르의 인기는 『로빈슨 크루소』의 영향을 명백히 증명한다. 로빈슨류 소설들은 르페브르의 정의에 따르면 '모방'이다. 출발텍스트는 단순히 '영감의 원천 역할을 하며' 작가는 '다른 작품으로 간주하는 텍스트를 생산'한다(르페브르, 1975, p. 103). 언어 간 번역은 이러한 텍스트 생산과 거의 관련이 없지만 같은 문화 간 측면이 관련된다. 번역의 의미론적 영역과 어원은 '가져오다', '건너가다' 그리고 '다른 곳으로 옮기다'와 같은 개념을 포함한다. 따라서 다양한 관점에서 문화 수입으로 일컬어지는 형태로서 로빈슨 신화, 개념, 원형, 혹은 밈(meme)은 반복적으로 루마니아의 국경을 넘나들었고 로빈슨 원작을 상기시키는 다양한 오리지널 창작품들로 이어졌다. 이러한 시도가 디포의 소설만큼 대중적인 인기를 얻지는 못했지만, 원작의 번역이 촉진한 도착문화의 단면으로서 흥미를 끌며, 이들 중 몇몇 작품은 출간될 당시 문화적 논쟁에 포함되기도 했다.

1904년 출간된 고룬(Gorun)이 쓴 『왈라키아의 로빈슨』은 이런 유형의 다시 쓰기 중 가장 성공적인 사례라고 할 수 있다. 제목의 왈라키아는 루마니아 남부 지방이다. 이 로빈슨류 소설을 쓰면서 작가는 『로빈슨 크루소』의 교육적 측면을 강조했으며, 이 책은 농촌지역 사람들이 삶을 개선하는 방법을 가르치기 위해 쓰였다. 원작의 로빈슨과 루마니아 버전의 주인공 Nechifor Pădureleanu는 같은 사회적 범주에 속한다. 이들은 "자신을 둘러싼 세계에서 위기를 맞고" 자신이 지닌 물질문명에 의지하며 새로운 환경을 구축하면서 "삶의 균형을 다시 찾으려고" 노력하고 마침내 "자연환경 및 자신의 내면과 화해"하게 된다(바치우(Baciu), 1999, p. 116). 그러나 이 루마니아 영웅에게 난파선은 없다. 주인공은 농촌 마을에서 살고 있으므로 무인도라는 모티브가 축소되는 대신 외딴 마을을 배경으로 하며 이곳 사람들이 '문화적 타자' 역할을 한다. 루마니아 작가가 영국 소설의 근간이 되는 패러다임에서 차용한 중요한 특징 중 하나는 로빈슨이 섬을 떠나기 전에 섬을 조직했던 측면으로서, 그는 자신의 소설에서 당시 루마니아가 직면한 사회 문제에 대한 해결책을 제시하려 했다.

문학적 측면에서 루마니아 작가의 모방작은 당시 루마니아 문학계에서 매우 활발했던 민족주의 문학 성향인 '씨뿌리기 운동(Semănătorism)'에서 수립된 규범의 결과라고 할 수 있다. 이 운동은 루마니아 문화의 특징이 가장 잘 나타나는 이상적인 전원생활에 영감을 받은 소설의 창작을 권장했다. 따라서 고룬이 로빈슨이라는 외국 인물을 문화적으로 번역한 의도가 루마니아의 가장 보수적 문학 성향의 가부장적 이데올로기를 위한 것이었다는 점이 역설적이다.

『왈라키아의 로빈슨』을 통해 로빈슨이라는 영웅이 루마니아에서 재탄생되었으며, 이는 번역 연구, 문학 연구 및 문화 연구의 겹치는 경계에 도달(혹은 벗어남)했다. 다양한 종류의 번역을 통한 『로빈슨 크루소』의 수용성 분석은 이 영웅이 도착문화에서 『그 후의 모험』으로 펼치는 모험을 보충해준다.

미주

1. 소린 바치우의 박사논문인 『로빈슨 크루소 – 루마니아에서의 메아리』(1999)는 번역과 번안을 포함하여 이 소설의 수용성 문제를 다룬다. 기본적으로 '전통적인' 비교문학 관점에서 연구를 수행하였다. 일부 번역 관련 분석이 포함되지만 대체로 단어와 구문 차원에서 언어적-수사학적 기술에 그친다. 그렇지만 그가 제공한 포괄적 참고문헌의 도움을 받아 분석에 일부 사용하였으므로 많은 도움이 되었다.

2. 이것이 헤르만(Herman)의 '구성요소 규범'의 타당성을 반박하는 것은 아니다. 구성요소 규범은 "해당 공동체가 번역이라고 여기는 것과 […] 표현 방식들이며 […] 다른 이름으로 불리기도 한다"(헤르만, 1997, p. 42). 실제로 나는 이 모든 텍스트에 대해 도착문화에서 사용하는 분파들을 그대로 보존하였다.

3. 결혼에 대하여 소설 끝 부분에 나오는데 로빈슨은(단지) 다음과 같이 말했다. "… 나는 결혼했고 그다지 불만족스럽지는 않았으며, 두 아들과 딸 이렇게 세 아이를 가졌다. 그러나 아내가 죽어가고…"(디포, 1994, p. 297). 그다음에 새로운 모험들이 시작된다

John Benjamins Series

04 Sociocultural aspects of translating and interpreting

John Benjamins Series

04 Sociocultural aspects of translating and interpreting

제 4 장

역할과 가치의 인식

19세기 프랑스에서 영국-프랑스 간의 번역

필라레트 샤즐, 테커리와 쥘 자넹

가브리엘 루이 모얄 Gabriel Louis Moyal
맥매스터 대학교, 캐나다 해밀턴

1815~1848년 사이 다양한 정치 신문의 담화분석을 통해 영국과 프랑스의 번역이 구체적인 문화 요소와 이데올로기 요소의 영향을 받았음을 알 수 있으며 수익을 우선시할 때 나타나는 부정적인 결과들을 확인할 수 있다. 이러한 요인들은 최근의 기술번역학과 연관성을 지닌다. 프랑스 작가인 필라레트 샤즐과 쥘 자넹 그리고 영국의 작가이자 언론인으로 당시 파리의 문화 관련 소식을 여러 영국 정기간행물에 보도했던 윌리엄 테커리를 중심으로 사례를 선정하였다.

서론

다른 문화적 관행과 마찬가지로 번역도 한 사회의 모든 종류의 교환을 지배하고 담화의 규범을 설정하는 상충적인 경제, 제도, 정치 세력의 영향 아래에 있다. 그러나 번역의 경우 서로 다른 문화간 흐름을 협상해야 하므로 추가적인 제약을 받게 되는데, 텍스트를 빌려온 출발문화의 정확성 규범을 준수해야 하는 한편 그 텍스트를 해석하고 표현하는 도착문화의 가독성 기준도 맞추어야 한다.

본 논문은 <채널 서핑(Channel Surfing): 1815-1848 프랑스-영국 문화번역의 정치학>이라는 제목의 장기 연구 프로젝트의 일부 내용을 보고한다. 이 연구는 낭만주의 시대 프랑스와 영국의 문학 교류의 이데올로기에 관한 것이다. 어떻게 양국의 정치적 사건들과 저술이 번역 텍스트 선정에 영향을 주었는지 보기 위해 영어에서 프랑스어로의 번역에 초점을 두어 분석하며 번역에 적용된 특정한 방법들을 살펴본다. 연구대상 기간은 이전에 프랑스 문학의 다양한 장르의 발전과 상대적 지위에 대해 램버트, 드헐스트와 브래흐트(Lambert, D'hulst & Bragt, 1985)가 수행했던 장기 연구에서 대상으로 한 기간과 같다. 그러나 우리 프로젝트의 초점은 사뭇 다르다. 우리는 문학의 역사 자체가 아니라 전통적 의미에서의 '역사', 즉 사회적, 경제적, 정치적 역사의 일부분으로서 문학 역사를 연구한다.

프로젝트의 주된 작동 가설 중 하나는 모든 번역이 이데올로기적으로 결정된 더 큰 규모의 움직임과 맞물린다는 것이다. 연구 대상 기간에 프랑스에서 이루어진 번역은 크게 두 종류로 분류될 수 있는데, 하나는 보수적인 의제와 더 전통적 군주제로의 회귀를 지지하는 것이고 다른 하나는 1789년 프랑스혁명으로 시작되어 나폴레옹 통치 기간에 명목적으로는 유지되었던 인권을 보호하려는 것이다. 이러한 구분이 특히 중요해진 것은 1830년 7월 혁명과 오를레앙 왕정의 득세에 인해 부르봉 왕정 복권에 가장 비판적이었던 이들이 권력에 접근할 수 있게 되면서였다.

번역 프로젝트들이 공개적으로 인권 옹호 혹은 반대의 목적을 가졌다는 가설은 이 시기 프랑스에서 번역되어 유포된 수많은 정치적 텍스트와 팜플렛 등을 통해 쉽게 확인할 수 있다. 그러나 비정치적 텍스트의 번역을 이데올로기적으로 사용했다는 것도 상대적으로 명확히 드러나지는 않지만 분명히 사실이었다. 특히 영국 문학 텍스트의 번역에는 원저자들의 정치적 편향성이 반영되었다. 이것이 워털루전쟁 패배 이후 프랑스에서 영국식 입헌군주제가 회복되는 등의 정치적 변화를 아주 잘 알고 있었던 프랑스 독자들에게 어떤 텍스트를 제공할 것인지 선정 과정에 영향을 미쳤다. 텍스트의 실제 내용뿐만 아니라 번역에 적용된 문체와 텍스트의 어조에 따라 독자층 안의 서로 다른 정치적 분파들이 텍스트를 수용하는 방식과 정도가 달랐다. 영어 텍스트, 특히 영국과의 관계를 암시하는 모든 텍스트의 내용을 프랑스인들은 민감하게 받아들였다. 프랑스에서 정치적 견해의 충돌은 영국에 대한 태도, 더 나아가 영국과 관련된 모든 것에 대한 태도에 반영되었다. 이런 측면에서 개인의 태도는 대체로 자신과 가족의 혁명 전과 후의 사회적, 경제적 지위에 따라 달라졌다. 왕정복고의 정치적 격동 속에서 각 정치분파 대표자들은 나라 전체의 이익을 추구해야 한다고 생각했다. 어찌 보면 이것은 혁명 이전 절대왕정체제의 마지막 시기와 혁명 초기 몇 달간 본격적으로 시작된 정치적 논쟁의 연장 선상이었던 것이다. 다시 말해 정치 지도자들이 알게 모르게 일종의 의회식 토론에 참여하고 있었던 것이며, 이 시기에 영국은 이미 이러한 의회 토론의 기술을 충분히 연마하였다.

따라서 영국에서 수입되어 번역된 다양한 텍스트와 당시 융성했던 영국 정기간행물들을 선정하고 출간하면서 은근한 비교 전략을 많이 활용하였다. 정치와 명백한 연관이 없는 텍스트라도 시민들의 일상을 효율적으로 관리하지 못하는 무능한 프랑스 정부와 역행하는 관료주의에 항의하는 조용한 메시지를 담고 있었다.

특히 이 시기에 발행을 시작해 상당히 넓은 독자층을 확보하고 영국 정기간행물 기사를 번역했던 두 종류의 월간 간행물을 예로 들 수 있다: 『라 르뷔 브리타니크(La Revue britannique)』와 『레코 브리타니크(L'Écho britannique)』. 두 잡지 모두 자유적 성향을 띠며 번역을 이용하여 은근한 비교와 정치적 비판을 제시했다.

자신의 출간물도 있었지만, 「라 르뷔 브리타니크」를 위해 번역을 했던 필라레트 샤즐와 당시 아마 가장 잘 알려진 언론인이었던 쥘 자냉의 사례를 통해 이 시기 다양한 번역 관행을 살펴보고자 한다.

필라레트 샤즐: 번역의(/과) 자유

19세기 상반기에 프랑스의 번역 규범은 사실상 찾아보기 어렵다. 정확성에 대한 규범도 거의 존재하지 않았다.

1864년판 *Dictionnaire de la Conversation*에서 발췌한 내용으로, 당시 잘 알려진 프랑스의 홍보자이자 번역자인 필라레트 샤즐에 대해 쓰인 글을 예로 들 수 있다.

영국의 사회적, 문학적 시류를 프랑스에 소개하는 문집인 『Revue britannique』의 성공에 있어 필라레트 샤즐의 협력이 이바지한 바가 있다. 그는 영국의 Reviews 나 Magazines에서 가장 흥미로운 기사들이 여태까지 한 번도 번역이 된 적이 없었기 때문에, 문집을 위하여 이런 기사들을 번역했다. 놀랄 만큼 재빠르고 정확한 통찰력으로 기사의 핵심내용을 이해하여, 그는 라블레(Rabelais)라면 '멋들어진' 문장들이라고 말했을 과장된 문장 더미 속에서 핵심 내용을 도출하곤 했다. Reviewer 지에서 대개 아무 이유도 없이 과장된 문장들로 핵심내용을 감추어 버리곤 했었는데도 말이다. 그리고 그는 자신만의 방법으로 핵심을 발전시켰고, 때로는 처음부터 끝까지 자신이 번역하는 기사의 주제를 대대적으로 탈바꿈시켰기 때문에, 상상의 나래를 펼쳐보자면 훗날 『Revue britannique』에서 원문과 번역문이 서로 마주 본다면, 서로를 알아보지 못함에 놀랄지도 모른다. 그러나 털어놓아 부자면, 문집의 '역자'가 관습을 거슬러 자신의 박학다식함, 깊이 있는 통찰력, 풍부한 상상력, 다채롭고 활력 있는 필력, 수려한 문체를 사용하며 원문을 배신하여, 그 '반역자'에게 외치는 권리와 욕망을 그에게서 없애버렸다. (듀케트(Duckett), 1864, 3:311)

샤즐의 번역 접근법이 기이했던 것은 프랑스 19세기 초 번역 관행에 있어 명확한 전문적 또는 문화적 기준이 없었기(램버트 외(Lambert et al), 1985, p. 149-163; D'hulst, 1990; 죤스(Jones), 1939, p. 115-138)때문이라고 해석하려는 마음이 들 수 있다. 혹은 이것이 프랑스 문화에서 지속되는 벨장피델(*belles infidels*)의 영향을 보여주는 사례라고 치부하고 싶을 수도 있다. 그러나 그것은 사즌이 일대기에서 연관된 부분과 수많은 역사서 성향을 간과하는 셈이 될 것이며, 번역사의 생애와 역사적 상황들을 고려한다면 그가 아주 의도적으로 자신의 지식을 바탕으로 원작의 내용을 보충하였다는 것을 알 수 있다. 이 일화와 매우 비슷한 사례가 샤즐에 관해 *Grand dictionnaire universel du 19e siècle*에 실려있으며, 동시대 전기들보다 더 정확성이 높을 수 있다. 또한, 자신의 저서

Études sur la littérature et les moeurs de l'Angleterre au XIXe siècle 에서 샤즐은 역사가 길지 않은 영국의 평론과 잡지 시스템에서 널리 권장하는 글쓰기 수준에 불만이 있음을 자세히 기술했다.

> 영국에서조차도 문집(Revues)의 존재와 인기로 심각한 위험이 생길 수 있다. 문집은 재능 있는 문인에게 글을 빨리 생산하고, 장광설을 유도하며 사상을 지나치게 많이 요약해버리고 [···] 각각의 기사의 필요를 위해 이론을 만들어 낼 것을 부추긴다. (샤즐, p. 300-301)

샤즐의 번역 텍스트에 대한 점잖은 왜곡은 단순히 번역 기준에 대한 무지나 태만으로 보아서는 안 된다. 샤즐은 프랑스에서의 번역 관행이 개혁될 필요가 있음을 잘 알고 있었고 정확성에 대한 최소한의 기준이 필요하다는 것도 인식하고 있었다. 이러한 개혁을 가장 강력하게 주장하는 사람(기조(Guizot), 샤토브리앙(Chateaubriand)) 중에는 그의 친구들과 정치적 동지들도 있었다. 샤즐의 번역 관행을 이해하려면 출발텍스트에 대한 충실성에서 눈을 돌려 도착문화에 대한 책임감이라는 포괄적 접근을 해야 한다. 동시대에 쓰인 그의 전기들은 모두 그의 해박한 지식을 높게 평가하는 동시에 그가 오랫동안 공화당 가치를 지지했다는 점을 확실하게 강조한다. 19세기 후반 공화당의 대의를 지지한 것으로 잘 알려진 백과사전인 라루스(Larousse)의 *Grand Dictionnaire universel du XIXe siècle*에서 그에 관한 긴 내용을 보면 다음과 같이 결론을 맺는다.

> 모든 주제를 망라하여 40여 권을 집필, 출판하면서도 그는 자신의 작품의 다른 문장에 모순되는 어떠한 문장도 남기지 않았으며, 독립적인 정신, 인간의 자유 및 도덕에 헌신한 어떠한 사상도 내놓지 않았다.

샤즐의 변칙적인 출발텍스트 변경은 자신의 견해로는 합당한 것이었다. 기본적으로 그가 보기에 자신이 대상으로 번역하고 있는 왕정복고 프랑스의 정치 문화가 당면한 선택사항보다 다른 대안들을 필요로 한다고 느꼈기 때문이며, 정기간행물 저자들의 정확한 문체를 살리는 것보다 대안을 제시하는 것이 더 중요하다고 판단했기 때문이다. 이것은 *Dictionnaire*의 결론에 실린 일화에서 확인할 수 있다.

혁명을 통해 획득한 인권을 지키기를 간절히 원하는 프랑스의 많은 일반 지식인들은 더 발전되고 효과적인 입헌민주주의 모델로 영국을 기꺼이 받아들였다. 이들이 보기에 프랑스는 여전히 절대왕정 시대의 특징인 묵인할 수 없는 불평등의 문제로 씨름하고 있지만, 영국은 산업과 경제가 번영하고 대영제국은 확장하고 있었다. 영국 문화의 어떤 측면을 자세히 다루던지, 이를 통해 같은 영역에서 프랑스의 상대적인 문제점이 드러날 것이 분명했다. 영국의 성공사례를 보도하는 것은 프랑스의 정치계급과 엘리트 계층이 자기만족에서 떨치고 일어나 변화되기를 바라는 의도가 있었다.

1830년 7월혁명 덕분에 부르봉 왕가의 복고에 가장 비판적이었던 이들이 권력에 접근할 수 있게 되었다. 그러나 이들이 공언했던 민주주의적 가치는 중요도에 있어 점차 물질적 가치에 밀려나게 되었다. 많은 이들은 산업계 인사들에게 완전한 자유를 주어 경제적 안정, 산업, 상업, 기술의 발전을 이루는 것이 지속적 민주주의의 발전을 위한 최선의 길이라 판단했다. 그러나 샤즐을 포함한 다른 이들은 부의 분배 격차가 좁혀지기보다는 더욱 넓어졌기 때문에 새로운 정부에 대해 비판적이었다. 새로운 입헌군주제하에서 사유주의자들이 득세하고 상업과 산업이 프랑스 사회에 거의 헤게모니적 영향력을 행사하게 되었다. 부르봉 왕가를 폐위시키는 데 언론이 중요한 역할을 하였으며, 언론을 이용해 자신들의 이해를 훨씬 더 잘 지지하는 새로운 군주제를 수립한 산업가들은 문체와 수사학적 표현들로 대중의 여론을 좌우할 수 있는 사람들의 영향력을 관리하는 것이 중요함을 깨달았다. 그 결과 문학 활동은 물론 이전에도 한 번도 경제적 제약에서 자유로운 적은 없지만 이제 경제적 이익에 거의 완전히 종속되게 되었다. 이와 맞물려 번역도 비슷한 상황이 되었다. 프랑스인들의 영국에 대한 관심은 기술적 발전, 경제 관리, 식민지 관리 등의 주제로 좁혀졌다. 반면 영국 문학과 철학 및 예술에 대한 반응은 다양하여 일부는 흠모하여 모방하기도 하고 일부는 격렬히 비판하기도 하였다. 그러나 전체적으로 높은 수준의 관심이 이어졌으며 영국의 프랑스에 대한 관심도 마찬가지였다. 양국 관계의 새로운 국면에서 번역의 역할은 다음의 일화에서 잘 드러난다.

자냉, 테커리 그리고 번역 사업

1843년 발자크가 신랄한 풍자로 언론부패를 비판한 『Monographie de la presse parisienne』를 출간했을 때, 쥘 자냉은 발자크가 직접 언급한 사람은 아니지만, 그의 글에 대응해야 할 의무감을 느꼈다. 당시 자냉은 프랑스의 가장 영향력 있는 언론인 중 하나였다. 그는 발자크의 주장을 반박하기보다 의문을 제기하기로 했다. 발자크가 언론인으로서 자신이 지금 비난하는 바로 그 언론 활동에 참여했었기 때문에, 그의 주장에 흠집을 내는 것은 비교적 쉬운 일이었다. 자냉은 그런 후 이 모든 문제를 자존심과 성격 문제로 치부하여 당시 발자크가 모든 악의 뿌리에 있다고 주장했던 돈이 아니라 그의 자부심과 자존심을 건드렸다.

> 현세기 문인과 예술가들의 불행한 몸에 기생하는 모든 질병 중 가장 슬프고 가장 치유 불가능한 병은 바로 자만이다. 자만심이 몸의 모든 모공에서 흘러나온다. 그들은 자만심에 살고, 특히나 자만심 속에서 죽는다. 그들의 '나'는 인간

의 피부가 펼쳐질 수 있는 한계만큼이나 멀리까지 펼쳐진다. '나, 이제 충분해!' 라고 내가 말한다. 내가 걷고 있으니 내게 자리를 내어주시오. 내가 말하고 있으니 당신들은 내 말을 들으시오! 내가 자고 있으니 자는 나를 지켜보시오! 나는 되고 다른 사람들은 안되지. 어제의 나, 오늘의 나, 내일의 나, 언제나 항상 나, 그리고 나 이후에는 또다시 나. 나는 뒤따라오는 사람이다. (자냉, 1895, p. 106)

비판의 중심을 물질적 조건에서 개인적 성향으로 옮기는 것은 신질서 비판자들을 깎아내리는 가장 손쉬운 방법이었다. 또한, 인신공격을 통해 집단의 문제에서 시선을 돌리게 하며 사람들의 반응이 분산되는 효과가 있다. 사실 발자크의 비판은 영합적 언론의 신뢰성을 저해할 수 있는 내용이었다. 따라서 그의 비판이 가져올 파장을 최소화하기 위해서 발자크 자신의 신뢰성을 깎아내릴 필요가 있었다.

물론 이러한 논쟁이 160년의 프랑스 문학사에서 그 자취가 흐려지기는 했지만, 당시에는 상당히 큰 영향을 미쳤다. 당시 수많은 영국 언론을 상대로 파리 취재원으로 활동했던 테커리가 「포린 쿼털리 리뷰(Foreign Quarterly Review)」 1843년 4월호에 이와 관련된 상세한 보도를 했다는 점에서 확인할 수 있다.

테커리는 처음에는 자냉의 개인주의적 입장을 채택했다. 그는 자냉의 글 서두의 질문을 "발자크는 누구에게 화가 났는가?"라고 번역하였지만 자냉의 결론 문단은 간단하게 마지막 미주에서 인용하면서 자냉의 매우 기이한 문제를 번역하기는 '거의 불가능'하다고 설명했다(1843, p. 187). 기본적으로는 자냉의 의견에 동의했지만 둘 사이의 논쟁을 취재하면서도 테커리의 관심은 다른 곳에 있는 듯 보였다. 해외특파원으로서 그는 물론 이 논쟁을 자세히 다루고 싶었을 것이며 "그(발자크)가 암시로 언급하는 사실을 보도하고 파리 대중들에게는 익숙하지만, 영국인들이 잘 알지 못하는 사람들의 이름을 언급"(1843, p. 182)하기를 원했을 것이다. 그는 발자크의 텍스트를 "교훈적이기보다는 특이하다"고 묘사했지만, 발자크가 『Monographie』에서 프랑스 언론인들의 윤리의식과 영국 언론인들을 비교한 결론 부분을 번역해서 상당 부분 인용했다.

> 영국 언론인은 언론인이기 이전에 영국인이다. 프랑스 언론인은 언론이 먼저다. 따라서 영국 언론인은 정부의 기밀이 누설될 경우 공공의 선을 해칠 경우 이를 출판하는 실수는 절대 저지르지 않을 것이다. 반면 프랑스 언론은 일부 독자들을 위해 그런 일을 서슴지 않을 것이다. 압드-엘-카데(Abd-el-Kader)는 자신의 최고의 스파이가 프랑스 언론이라고 했다. [⋯] 정권타도의 기회와 언론의 자유 사이에서 나폴레옹은 주저하지 않았다. (1843, p. 186).

여기에서 발자크가 사건을 과장했다는 테커리의 주장은 다소 순진한 주장일 것이다. 프랑스 언론의 비판적 전통을 간과하는 것은 역사를 축소하는 것이며, 1830년 혁명에서 정치적 신문들이 핵심적 역할을 했음을 부인하는 것이다. 그러나 테커리의 프랑스 문화에 대한 태도는 특파원 기간 계속(온전히 부정적이지는 않더라도) 업신여기는 태도였다. 모로(Moraud, 1933)는 테커리가 프랑스 소설가들에 대해 도덕주의자로서 혹독하게 비판한 내용이 그가 쓴 『파리 스케치북』(테커리, 1911)에 잘 나와 있는데, 이러한 비판 때문에 프랑스 소설들이 영국에서 번역되지 않는다고 연결 짓는 것은 부당하다고 주장하기도 했다. 그렇지만 테커리는 프랑스가 영국 문화 요소들을 이해하거나 받아들이려는 시도를 계속 무시했으며, 이는 자냉에 대한 다음과 같은 그의 평가에서 잘 드러난다: "그는 영어 단어를 하나도 모르면서도 스턴(Sterne) 작품을 번역했으며 이것을 보면 나는 『클라리사 할로(Clarissa Harlowe)』가 생각난다."(1849, p. 79).

여기에서 '번역했다'는 것이 단순히 영어로 쓰인 원작을 프랑스어로 바꾸었다는 뜻이 아니다. 테커리도 잘 알고 있듯이 프랑스 출판사들과 독자들에게 '번역(traduction)'이라는 용어는 다른 무엇보다도 초벌 번역의 문체 변경을 포함하는 것이었다. 여기에서 언급된 사례에서 자냉이 번역에 실제로 이바지한 바는 이보다도 훨씬 더 제한적이었을 것이다. 즉 당시 명성으로 볼 때 자냉의 '번역'에서의 역할은 아마도 자신의 이름을 빌려주고 서문을 작성하는 정도였을 것이다. 테커리의 빈정댐은 분명 '번역'의 기계적인 정의에 기초한 것임이 분명하다. 용어('translation'이던 'traduction이던)의 상충하는 의미의 충돌은 어쩌면 영국의 번역 규범이 상대적으로 더 발전되어 있었음을 반영하는 것이다. 따라서 앞선 샤즐의 사례에서 보듯 테커리의 독선적인 빈정댐은 프랑스의 번역 규범의 일관성이 부족하다는 것을 강조하기 위한 비판으로 이해해야 한다.

그러나 번역이 자냉에게 완전히 상관없는 분야는 아니었다. 1829년 출간한 일련의 타블로(tableaux)에서 그는 번역을 19세기 초 새롭게 대두한 주요 장르로 꼽았다. 그의 설명에 따르면 번역의 인기는 역사에 대한 새로운 관심 때문에 생겨난 우연한 부산물이었고, 역사에 대한 관심은 월터 스콧의 역사소설이 프랑스에서 이례적인 성공을 거두었기 때문에 시작되었다고 설명한다.

> 역사는 대대적인 변화를 겪으면서 결국 보쉬에가 주창한 일반 세계사의 틀에 편입하게 되었다. 그리고 월터 스콧 덕분에, 정신에 대항하기 위해서 우리는 역사가 소설보다 훨씬 강렬했다는 점을 추론했다. 결국, 문학의 한 장르로, 부차적이지만(맞는 말이다) 실용적이며 탁월한 번역은 대단한 우월성을 지니게 되었다. (자냉, 1829, p. 341)

그러나 자냉은 7월 왕정에 대해 샤즐이나 발자크처럼 비판적인 태도를 가지지는 않았다. 그는 인기 여부를 상업적 성공이라는 기준으로만 판단하였다. 따라서 프랑스 문학의 새로운 경향을 열거하면서 그는 예를 들어 역사나 역사소설이 인기를 얻는 원인에 대해서는 큰 관심이 없고 이러한 장르의 잠재적 수익성에 대해 더 관심이 있었다. 월터 스콧의 소설들이 프랑스에서 전례 없이 많이 판매되었기 때문에 자냉은 번역이 문화적 모호함에서 비롯되었다고 생각했다. 사실상 자냉이 되짚어간 것은 문학작품에 대한 수요와 공급에 기반을 둔 자유시장의 발전이었으며, 이 시장에서 자체적인 가격 책정이 이루어질 뿐만 아니라 시장에서의 인기 여부로 문학적 가치의 기준이 결정되었다. 이것이 바로 발자크와 다른 소수의 사람이 비난하듯이 7월 왕정 하의 프랑스의 어두운 단면이다. 왕정복고 시대 자유주의 이론가들이 영국 텍스트를 번역하면서 정권의 실제 혹은 잠재적 권력 남용에 물음표를 던졌다면, 자냉이 생각하는 번역의 사용에 대한 개념은 다른 종류였다. 서문에서 명확하게 밝히듯이 자냉은 이국적인 텍스트를 채택하여 독자들에게 새로운 가치관을 받아들이도록 하지 않았다. 오히려 그는 이러한 텍스트의 이국성을 중화하여 프랑스 문화에 적용하는 것, 즉 외국의 텍스트를 자국화하려는 의도를 가지고 있었다. 그는 『감상적인 여행(A Sentimental Journey)』의 번역서 서문에서 로렌스 스턴에 대해 아래와 같이 기술했다.

> 그에게는 약간의 라블레스러운, 매우 스위프트다운, 몽테뉴스러운 무언가가 있다. 그가 이와 같은 특성으로는 하찮은 생각을 집필할 수 없다는 점에 동의하는 이유가 바로 이것이다. 그는 라블레의 신랄한 익살, 스위프트의 확고하면서도 선의가 담긴 짖궂음, 몽테뉴의 조금 슬픈 관찰력을 지녔다. 분명한 것은 「관람객」의 작가와 「카토」의 시인, 영국 문학계에서는 절대로 출판되지 못했을 두 프랑스 작품을 고려해보아도 스턴은 가장 프랑스다운 사상가다. (1841, p.xxii)

스턴의 작품의 모든 핵심적인 내용은 프랑스적이며, 이것이 영국문학으로 분류되는 것은 우연일 뿐이다. 스턴이 영국 문학이라는 것을 암시적으로 이론화하거나 합리화하는 어떤 권위자가 있었더라면 우리는 민족주의와 주권의 문제에 대해 공공연한 토론이 가능한 시대에 국가적 정체성에 대해 의문을 제기해야만 할 것이다. 그러나 그렇지 않다. 스턴의 작품이 지리적 임의성 때문에 영국적이라고 하는 것보다 라블레나 몽테뉴의 작품이 더 근본적으로 프랑스적이라는 힌트는 없다. 결국, 어떤 작가나 문화적 산물도 자냉의 엉뚱한 전용(whimsical appropriation)의 대상이 될 수 있다. 자냉이 마케팅을 위해 스턴의 작품을 자국화하고 그의 '번역'이 잘 팔리도록 반영국적 정서를 중화시키려 했다고 해도, 그가 아무런 거리낌 없이 민족적 차이와 문화적 차이를 그렇게 무시했다는 것은 여전히 금전적 이해관계가 모든 경계를 초월했다는 것을 암시한다.

그 효과의 자의성(arbitrariness)은 『클라리사 할로(Clarrisa Harlowe)』의 '번역'에서 더 분명하게 드러난다. 이 책에서 자냉의 서문은 당시 유명한 법학자였던 자신의 학창시절 친구에게 보내는 편지 형식으로 되어 있다(1846, p. 4). 이번에는 작가가 아니라 텍스트 자체가 전용의 대상이 되었다. 그리고 텍스트 자체의 어떤 특징이 아니라 18세기 유명한 프랑스 작가들의 열광적인 반응을 이러한 전용을 정당화하는 데 사용하였다. 예를 들어 디드로는 "프로코프(Procope) 카페의 스툴 위에 앉아 이 작품의 우수성과 인간 정신의 경의를 부르짖었다."(1864, p. 4). 루소는 이 소설의 요약판 번역을 유명 출판사 Pancoucke로부터 의뢰받았는데 좌절하면서 포기하였고, 자냉이 그의 서신을 일종의 고백 글로 인용하였다.

여기서 다시금 우리는 무죄(innocence)의 죄책감에 깊게 몰두했던 개신교도 여주인공이 자냉이 다른 곳에서 음탕하다고 한마디로 정의한 프랑스 문화에 동화되는 것을 어떻게든 설명할 자격(권리)이 있다고 생각할 수 있다.

물론 이 모든 것은 디드로(및 루소)가 이 프랑스 소설을 소시민 가치의 존엄성을 옹호하고 타락한 귀족에 복종하는 것보다 계급을 선호하는 내용으로 새롭게 포장하는 데 있어 원작 『클라리사』가 큰 역할을 하지 않았다고 말하는 것은 아니다. 그러나 자냉의 방식에서 이것을 깨닫기는 쉽지 않다. 대신 우리는 이러한 텍스트를 번역하거나 각색하는 것이 자냉에게 체제전복적 행위를 위한 것이 아니었음을 느낄 수 있다. 자냉의 인상주의적이고 비합리적인 범주화의 결과로 텍스트의 정치적 영향력이 크게 감소하였다. 결국, 우리가 자냉의 담화에서 추출할 수 있는 프랑스적인 특징은 고작 라블레의 그리부아즈리(grivoiserie) 혹은 골루아즈리(gauloiserie)에 불과하며, 이것은 모두 음탕한 느낌을 전달한다. 18세기 철학이 방종을 무기로 채택하지는 않았지만, 이성적 이데올로기 논쟁의 틀에 방종의 매력을 통합시켰다. 이것은 자냉이 우리에게 제시하는 것이 아니다. 그에게 있어 라블레 식의 유머인 골루아즈리(gauloiserie)는 진부한 표현으로 전락하며 문화적 정체성의 이해를 대체할 가치가 없는 것이었다. 가장 중요한 가치는 상업적 가치뿐이었다.

이런 관점에서 볼 때 테커리가 자냉의 '번역'을 냉담하게 무시했던 것이 정당화될 수 있다고 보인다. 이는 '번역' 자체가 가치가 없거나 부정확하기 때문이 아니라 텍스트가 의도적으로 상투적인 시장성있는 오락상품으로 전락하였기 때문이다. 자냉에게 있어 스턴의 작품이나 『클라리사』를 번역하는 것은 주류 시장으로 진출하는 길이었다.

구자라트에서의 영어 번역

합의 도출

리타 코타리 Rita Kothari

성 자비에 대학교, 인도 구자라트 아마바다드

번역이 흔히 문화 통합에 이바지한다고 생각되지만, 번역은 별도의 문화적 정체성을 만드는 데 사용될 수도 있다. 이러한 기능적 복잡성을 인도 구자라트 주에서 영어로의 번역 사례에서 볼 수 있다. 과거에는 영이 번역이 문화적 불평등을 상징한다고 보았지만, 이제는 다양한 사회 주체들이 이를 긍정적으로 바라보고 있다. 정책적으로 영어로의 번역이 구자라트 문화를 다른 곳으로 전파하는 도구라고 생각하며, 많은 재외 동포들이 '고향'의 소식을 접하는 데 번역물을 사용하고, 교육기관에서는 문학 연구의 새로운 분야를 개척하기 위해 번역을 이용하며, 출판사들은 새로운 시장 개척을 위해 번역을 활용한다. 따라서 영어 번역은 다양한 사회 주체들에게 다양한 의미를 가지며, 번역을 지지하는 폭넓은 합의가 도출되고 있다.

"영어가 국제 무역과 상업의 언어이므로 나는 소수의 사람이 영어를 배워야 한다고 생각하며 [...] 이들이 높은 수준의 영어를 이용해서 영어로 된 훌륭한 작품들을 일상의 언어들로 번역하기를 바란다"
(마하트마 간디, 파텔에서, 1959, p. 255, 저자 번역)

인도와 같은 다언어 국가에서 번역은 독특한 역할을 수행한다. 문자학회(Sahitya Akademi)와 국립도서출판원(National Book Trust)와 같은 주 정부 기관들이 번역의 통합적 역할을 낭만적으로 묘사하지만, 실제로 민간 출판사들은 번역의 다양성 측면에 초점을 맞춘다. 번역사, 연구자 및 출판사들은 번역이 여러 인도 언어 간의 계층을 공고히 하거나 만들거나 없앤다는 것을 거의 인정하지 않는다. 특히 인도 언어들을 영어로 번역하는 것은 기존의 계층구조에 새롭고 복잡한 측면을 더하게 되며, 여러 언어공동체는 국가 및 국제적으로 대표성을 가지려고 영어 번역에 의존한다.

본 논문에서는 인도 언어들 간의 언어적/문학적 불평등과 영어로의 번역의 관계를 보고자 한다. 여기에서는 인도 구자라트(Gujarat) 주의 공식 언어인 구자라트어를 중심으로 살펴볼 것이다. 논문 후반부에는 구자라트어 문학의 영어 번역에 대한 합의가 이루어지는 과정을 다룰 것이다. 이러한 두 가지 주제를 통해 인도에서의 영어 번역 현상 및 그 과정에서 얻어진 영어 번역의 정당성을 조망하고자 한다.

구자라트어 번역

구자라트는 아주 오랜 번역 전통을 갖고 있다. 다른 언어의 작품들을 구자라트어로 번역한 규모는 인도에서 가장 크다고 할 수 있다. 이는 구자라트 사회의 외국어 텍스트에 대한 개방성을 의미하며 이러한 텍스트가 문학적 주체성과 독서 행태에 깊은 영향을 미쳤음을 보여주는 것이기도 하다. 구자라트어로 번역된 여러 버전의 성경은 기독교 현지화를 생각할 기회를 열어주었다. 입센(Ibsen), 쇼(Shaw), 베켓(Becket), 브레히트(Brecht) 등 극작가들의 작품이 번역, 번안, 그리고 어쩌면 전용에 이르기까지 여러 형태로 구자라트 극장에서 공연되었다. 『피그말리온(Pygmalion)』을 *Santu Rangili*로 각색하면서 계급과 언어를 이해하는 방식들이 즉시 생겨났다. 서구의 충실성 기준으로 본다면 이러한 많은 번역물이 너무 자유로운 번역이라고 평가될 위험이 있다. 그러나 본 연구에서 강조되어야 하는 것은 구자라트어의 '수용자(receptor)'로서의 지위이다. 20세기에 300권의 벵골어 저서, 150권이 넘는 산스크리트어 저서, 100권 이상의 마라티어 저서, 및 상당한 분량의 힌디어, 타밀어, 펀자브어, 말라얄람어 저서가 구자라트어로 번역되었다는 사실을 기억해야 한다. 또한, 프랑스어, 아랍어, 스웨덴어, 독일어 작품이 구자라트어로 번역되었고, 말할 필요도 없이 많은 양의 영어 저서가 구자라트어로 번역되었다(차드후리(Chaudhuri), 1994 참조).

홍미롭게도 많은 양의 번역이 이제는 구자라트 문학에 있어 자부심이 아니라 아쉬움이 되었다는 점이다. 구자라트어에서 다른 인도 언어 혹은 영어로 번역된 경우는 거의 없다는 것은 구자라트가 다른 언어들로부터 받는 무관심을 나타낸다. 구자라트 문학계의 공식적인 담론을 보면, 타 언어로의 번역에 대한 관심 부족에 대해 불만이 표현되는 것을 알 수 있다(코타리, 2003, p. 20 참조). 구자라트어에서 벵골어나 마라티어로 번역된 적이 없다. 벵골어는 한 세기 넘게 구자라트어에 기증 언어(donor language)였지만, 구자라트어 작품이 벵골어로 번역된 것은 다섯 편도 되지 않는다. 이러한 비교는 번역 관련 공공 담론, 대화 및 기사에 반복적으로 등장한다. 이러한 무관심의 원인은 여러 가지인데, 그중 하나는 구자라트 사회가 중상주의적이고 비즈니스 중심이기 때문에 구자라트 문학이 문학적 가치가 없다는 잘못된 인식이다. 구자라트 문학의 타언어 번역 결핍은 이러한 인식의 결과이기도 하고 이러한 인식의 원인이기도 할 것이다. 마찬가지로 벵갈어 문학의 '풍성함'은 벵갈어 작품들이 다른 인도 언어들로 많이 번역된 원인이기도 하고 그 결과이기도 하다.

따라서 구자라트 문학계에서는 번역이 불평등의 지표로 여겨지게 되었다. 이러한 인식의 자연스러운 결과는 구자라트어 텍스트를 다른 인도 언어들로 번역하기 위한 합동 노력일 것이다. 그러나 도시 중산층의 유일어로서 영어의 중요성을 고려하여(아흐마드(Ahmad), 1994, p. 78) 구자라트 사회는 구자라트어 텍스트의 영어 번역을 추구하였다. 여기서 기본 전제는 영어로 번역하면 구자라트를 '대표'하고 더 넓은 독자층에게 다가가서 과거의 문학/언어적 불균형을 해소할 수 있을 것이라는 가정이다. 구자라트 문학이 국가적으로 마땅한 인정을 받지 못했다는 생각에 주요 문학계 인사들은 이러한 역사적 오류를 바로잡기 위해 구자라트어 작품의 영어 번역을 적극 지지하였다(코타리, 2003, p. 76).

이것이 오늘날 민간부문과 정부가 영어 번역을 지지하게 된 배경이다. 영어에 대한 적극적인 지지는 과거 구자라트 지역의 영국에 대한 오랜 적대적 역사와 대조되는 것처럼 보인다.

구자라트에서의 영어

역사적으로 구자라트는 중상주의와 교역 문화가 자리 잡은 지역이었다. 해상 무역의 중심지로서 사업 가치와 '사업 감각'이 언제나 전통적 교육보다 더 중요시되었다. 19세기 구자라트는 영국식 교육의 문화적 잔재를 취하기는 했지만, 경제적 이득을 위해 영국에 의지하지는 않았다. 매콜리(Macualay)의 이상을 구현한, 매우 영국화된 '공무원' 혹은 '갈색 나리(brown sahib)'는(피부색은 갈색이나 취향은 영국식) 구자라트에 많지 않았다. 인도 내에서 사업을 주로 하고 디아스포라적 교육을 선호하였으므로 이 지역은 '갈색 나리'를 만들 필요가 없었다. 그래서 구자라트가 영어에 대한 열정이 부족했을지도 모르며, 이는 20세기 간디의 영어에 대한 의심으로 더욱 확고해졌다. 간디는 영어가 인도 학생들에게 지나친 구속이 되며 인도인들의 정서를 해친다고 생각했다. 간디가 태어나 생애 대부분을 보낸 구자라트에서는 간디의 모국어 교육에 대한 강조를 절대적으로 지지했다.

학교에서 영어를 조기에 가르치기를 꺼렸던 것이 1970년대 격렬한 논쟁으로 이어졌다. 현재 영어로 교육하는 학교가 많이 늘어나고 국제적 경쟁력을 갖추기 위해 구자라트 사람들이 영어를 사용하지만, 여전히 영어에 대한 의심은 남아있다. 영어 매체와 구자라트어 '캠프'로 양극화가 되어 있으며, 정부가 영어 매체가 '구자라트 정신에 불충실하다'고 선언한 것은 반 영어 정서가 계속된다는 것을 보여준다. 이와 동시에 구자라트에는 낮은 영어 수준을 끌어올리기 위한 아주 많은 영어 수업들이 진행되며 미국과 영국에 거주하는 인도 이민자들과 결혼하기를 희망하는 젊은 남녀가 이런 수업들을 듣고 있다. 결혼과 사업을 위한 이민을 선호하는 성향으로 볼 때 영어는 분명히 필요하다. 따라서 영어로의 번역에 대한 열정은 인도의 독립 후 구자라트 지역에서 영어 사용이 확대되었다는 맥락에서 이해해야 할 것이다.

공식 정책

영어 번역의 수용에 대한 지지는 다른 곳에서도 이루어졌다. 영어 번역에 대한 합의는 구자라트 정부에서도 형성되었는데, 특히 지난 5년

간 집권한 정권에서 지지했다. '순수한' 구자라트 주를 만들려는 의지와 앞선 자본주의를 실현하려는 의지를 갖추고 이 정권은 '구자라트성(Gujaratiness)'을 세계적 차원에서 접근한다. 이 '세계 속의 구자라트'의 목표 그룹은 세계에 흩어진 구자라트 동포들이며, 미국과 영국, 아프리카에 규모가 큰 공동체를 이룬다. 이들은 매우 부유하며 '고향'에 대한 변하지 않는 낭만적인 생각을 하고 있다. 수석장관 나렌드라 모디가 구자라트 댄스축제 홍보를 위해 영국을 방문한 것은 구자라트로 투자를 유치하기 위한 것뿐만 아니라 동포들의 마음에 양분을 주기 위한 것이었다. 고향에서는 새로운 정체성 형성의 징조로 새로운 문학과 문화가 등장하고 과거의 '자랑스러운 구자라트'의 영광을 재현하고 있다. 고국과 해외에서의 문화적 생동감은 2002년 폭동 이후 크게 타격을 받은 구자라트가 '정상'으로 돌아왔다는 메시지를 보낸다.

따라서 영어 번역은 오늘날 구자라트의 자각과 잘 부합한다. 이를 통해 구자라트의 이미지 쇄신을 위해 노력하는 시기에 꼭 필요한 구자라트 문학 홍보가 이루어지며, 구자라트 동포 2세대가 구자라트 문학을 접할 수 있게 된다. 미국에서 태어나 자란 구자라트 자녀들은 영어를 통해 고향의 문학과 문화적 뿌리를 접할 수 있으며, 경제적으로 문화적으로 이러한 방식이 타당하다. 구자라트 문자학회(Gujarati Sahitya Akademy)와 문자학회(Sahitya Akademi) 등 정부 출연 기관들이 출판물 목록을 다시 제작했으며, 번역작품이 상당 부분을 차지한다. 소설, 시, 아동문학 등 다양한 구자라트 작품들의 영어 번역서들이 서점에 진열되고 영국과 미국 구자라트 이민자들에게 판매되고 있다.

영어 번역에 대한 지식인들의 인식

인도의 상류층들과 마찬가지로 구자라트 지식인들, 특히 도시에 거주하는 작가들과 비평가들은 영어가 목소리를 내고 인정받는 데 필요한 언어라고 믿는다. 인도 대부분의 도시 중산층에게 영어는 공공의 필요와 개인적인 욕망을 채우는 데 필요한 언어이다. 구자라트 지식인들은 영어를 이용해 목소리를 내려고 하는 것뿐만 아니라 구자라트 주민들이 상업 위주이며 지적인 면이 부족하다는 편견을 없애기를 원한다. 작가들은 또한 수상자 선정 위원회에 영어로 제출해야 하는 문학 관련 상을 받기를 원한다. 영어를 반대하고 구자라트어를 지키려는 사람들조차 영어 번역을 받아들일 수밖에 없는데, 이는 영어가 지역 언어공동체와의 관계를 저해하지 않으면서 자신들의 텍스트를 더 많은 독자에게 제공하고 인정을 받을 수 있는 통로이기 때문이다. 지역사회가 영어 번역을 지지하는데 전제가 되는 것은 영어의 보급력을 활용하면서도 분열적 영향을 빋지 않을 수 있다는 가정이다. 구자라트어를 번역한 텍스트는 더 많은 독자층과 노출을 위해 지역사회의 테두리를 벗어나지만, 여전히 그 중심은 지역사회 내에 위치한다. 전통적인 인도의 상황에 비유하자면 바람직한 아들은 교육과 사업을 위해 해외로 가지만 결코 가족과의 관계를 단절하지 않는다.

교육기관들의 합의

교육기관의 교과과정은 다양한 이해당사자들의 필요가 집합하는 장소이며, 특히 교사, 학생, 연구가, 교과서 출판사 등의 이해가 담기게 된다. 최근 인도의 영문학 관련 교과과정은 놀라울 정도로 '인도화' 쪽으로 기울었다. 이러한 변화는 교육기관의 입장 변화 및 더 폭넓은 사회적 변화를 반영하는 것으로 볼 수 있다. 예를 들어 찰스 디킨스와 제인 오스틴 대신 살만 루슈디와 아니타 데사이를 공부하는 것이 단순히 구조적 변화가 아니라 탈식민지 정신을 반영하는 것이며 '영국 문학'에서

'영어로 쓰인 문학'으로 이행하는 흐름을 보여주는 것이다. 이러한 인도화는 영국화의 감소, 특히 영문학 분야에서 영국화의 감소와 함께 일어난다. 이러한 변화로 많은 인도 텍스트들이 영어 번역이 될 여지가 늘어났으며, 교육기관에서 번역에 대한 합의가 형성되었다.

학생, 교사, 연구자, 출판사 모두 인도화 된 교과과정으로 혜택을 누린다. 문학도의 경우, 특히 작은 마을과 시골 출신 학생들에게 인도 텍스트는 영어 문화권 텍스트, 즉 탈식민지 및 신식민지의 영어 사용 세계의 텍스트보다 접근이 더 쉽다. 교사들도 텍스트 이해를 위해 학생들의 상상력을 동원할 필요가 줄어들었다. 물론 모든 인도 텍스트가 모든 인도 학생들에게 동일하게 접근될 수 있다는 뜻은 아니다. 이렇게 가정한다면 지나친 일반화일 것이며 인도의 언어적, 민족적, 계급적, 카스트적 다양성을 무시하는 것이다. 그러나 대체로 인도 작품에 대한 최소한의 친근함은 가정할 수 있으며, 그래서 교실에서 인도 작품을 가르치는 것이 더 용이하고 어쩌면 더 의미가 있을 것이다. 번역된 텍스트는 석사 및 박사과정에서 "인도 문학" 및 "번역의 이론과 실제" 과목에 등장한다. 구자라트만 해도 다섯 개 대학의 대학원 과정에서 번역 이론과 실제를 가르친다. 강의계획서에 규정된 텍스트는 적어도 인도 내에서 상당한 출판 시장을 형성한다. 교과서로 지정될 경우 책 출판에 대한 경제적 비용을 더 효과적으로 정당화할 수 있으므로 출판사들이 매력적으로 여긴다. 인도 텍스트를 교육 기관에서 필요로 하게 되면서 번역 작품에 대한 고유하고 중요한 시장이 형성되었다. 교육 시장은 성장 잠재력이 가장 높으며, 출판 번역의 가장 경제적으로 타당한 수요처 역할을 한다.

영어로 번역된 인도 작품이 인도 학생들에게 더 친숙하지만, 학생들은 또한 미국이나 유럽 작품 번역도 선택한다(구자라트를 비롯한 인도 대학들은 계속 선택과목을 개설한다). 하지만 적어도 구자라트 주에서는 이 숫자가 계속 줄어들고 있다. 이와 동시에 인도문학 그리고 인도문학 영어작문 등의 과목 수강생이 점차 늘어나고 있다. 학생과 출판사들이 경제적 타당성을 제공하며, 교사와 학자들은 번역의 학문적 타당성을 제공하여 이러한 관계를 강화하고 있다. 다언어 혹은 이중언어를 구사하는 강사들이 번역을 연구논문으로 인정하기 때문에 번역이 학문적 활동으로 인정받게 되었다. 학문적 활동으로서의 번역은 또한 작은 지방 출신 학생들, 교사들, 연구자들에게 큰 힘이 되었다. 번역하면서 자신의 지방어에 대한 지식을 활용할 수 있게 되었다. 인도의 대도시에서 교육받은 영국화된 학생은 영어화 및 관련 문학 이론으로 무장하는 반면 지방 출신 학생들은 지방어를 학문적 연구에 활용한다.

새로운 과목에 대한 경쟁이 이루어지는 가운데 번역이 새로운 가능성을 열어주었다. 구자라트대학교 번역학 수업의 경우 1985년부터 1992년까지 수강생이 단 한 명이었다. 5~6년 동안 유명무실하다가 1997년 이 강의가 부활했고 번역 텍스트와 이론이 포함되었다. 그 이후로 상황이 크게 변하여 수강생이 15명까지 증가했다.

결론: 번역에 대한 합의 이후

합의 도출 과정에서 영어 번역이 중요한 관심영역으로 대두하였다. 모든 사람이 혜택을 받았다. 번역은 구자라트 지역이 언어적 경계를 넘어서는 바람직한 이미지를 구축하는 데 도움이 된다. 학생들이 공부할 수 있는 새로운 분야를 제공한다. 작가는 더 많은 독자에게 다가갈 수 있다. 출판사는 새로운 시장을 확보했다. 그러나 모든 번역이 주 정부와 지역사회에 도움이 되는 것은 아니며 주 정부가 모든 번역 텍스트를 통제하는 것도 아니다.

전반적으로 구자라트의 공식적인 문학 관련 담론은 중상위 계급에서 이루어지고 있으며 주 정부 기관의 번역 산출물이 이를 반영한다.

그러나 주 정부 출연 기관들만 번역을 생산하는 것은 아니다. 예를 들어 달리트 사바(힌두 카스트 제도에서 소외된 그룹들을 위한 기구)와 달리트 사히트야 아카데미(힌두 카스트 제도에서 소외된 그룹들을 위한 문학학회) 등의 기관은 힌두 카스트 제도에서 억압받는 작가들의 창작 활동을 지원하며 달리트 문학(불가촉천민의 문학)의 번역서를 출판한다. 이러한 소외계층의 텍스트는 주 정부의 공식적 지원을 충분히 받지는 못하지만, 이러한 텍스트의 영어 번역은 주 정부의 경계를 뛰어넘어 지역 내 다른 계층들과의 사회정치적 불평등을 드러내는 역할을 한다. 여성작가의 작품 번역 또한 전통주의자들이 만들고 선전하는 영광스러운 이미지에 대립하는 역할을 할 가능성이 있다. 이러한 상황에서 영어 번역은 다양한 버전의 '진실'과 '대표'의 경합의 장으로 떠오른다.

그렇지만 영어 번역물의 생산은 구자라트어로의 번역과 동시에 이루어진다. 그리고 모든 번역이 본 논문에서 논의한 이유로 이루어지는 것은 아니다. 개인의 필요에 따라 다양한 반응이 이루어지며, 이 모든 가능성을 다 파악하는 것은 불가능하며 때로는 바람직하지 않다. 아마다바드시에서 타고르의 작품을 구자라트어로 여섯 번째 번역한 사람들이나 보들레르의 작품을 번역하기 위해 프랑스어를 배우고 릴케를 읽기 위해 독일어를 배우는 사람들을 찾아볼 수 있다. 이러한 개별적인 언어 및 문화 번역 움직임들의 존재와 가치를 인정하지만, 영어 번역에 부여된 우월함은 사회적 합의의 관계 속에서 이해될 수 있다.

John Benjamins Series

04 Sociocultural aspects of translating and interpreting

John Benjamins Series

04 Sociocultural aspects of translating and interpreting

제 5 장

내부 맥락과 외부 맥락의 상호작용

번역(Translation)과 옮기기(Traduction) 사이에서

『고독한 두 사람(Deux Solitudes)』의 많은 역설

아그네스 휫필드 Agnès Whitfield
캐나다 토론토 요크대학교

캐나다 고전소설 『고독한 두 사람』의 제목 자체가 캐나다의 영어 사용자와 프랑스어 사용자들의 해소할 수 없는 간극을 상징하게 되었는데, 이 책의 저술과 번역에 많은 번역적 역설들이 내포되어 있다. 이러한 역설은 책이 다루는 주제들의 문화간 성격, 원작과 번역본의 상충하는 교차해석(이 책은 정반대의 이유로 두 문화권 독자들에게 잘 수용되었음), 초창기 영어와 퀘벡 문학 기관들의 식민지적 위치, 그리고 두 문화 모두에서 명확히 정의된 문학번역 기준의 부재 등을 잘 반영한다. 텍스트의 실제 번역 행위(혹은 *traduction*)과 도착문화의 수용과정(혹은 *translation*)을 구분한 앙투안 베르만(Berman)의 주장을 따르면 번역(translation) 과정을 더 포괄적으로 분석할 필요가 있음을 이해하게 되는데, 이러한 분석을 통해 시간을 거슬러 돌아가 원작(『고독한 두 사람』은 사실 퀘벡 소설 『Trente Arpents』의 *translation*이다.)에 숨겨진 번역 교차텍스트(intertext)를 발견하고, 번역 텍스트를 살펴봄으로써 일반적인 문화간 과정으로서 translation를 더 잘 이해할 수 있다는 것을 보여줄 것이다.

서론

휴 매클레넌(Hugh MacLenan)의 경전적 소설 『고독한 두 사람』에 있어 첫 번째 역설, 그리고 가장 놀라운 역설은 아마도 캐나다 문화사에서 이 책의 제목이 겪은 흥미로운 큰 변화일 것이다. 1945년 이 소설이 처음 등장한 후 얼마 있다가(정확히 언제였는지 파악하는 것도 흥미로운 연구가 될 것이다) "고독한 두 사람"이라는 표현이 영어와 프랑스어권 모두에서 그 자체로 의미가 있게 되었으며, 캐나다에서 영어권과 프랑스어권의 관계를 나타내는 은유적 표현이 되었다. 릴케에서 영감을 받은 이 표현은 원래 어쩔 수 없는 차이에도 불구하고 근본적으로 서로를 이해하고 알기를 원하는 두 사람이 공유할 수 있는 사랑과 존경을 의미하였다[1]. 그러나 50년이 지난 후 캐나다/퀘벡 맥락에서 이 표현은 서로에 대한 완전한 배척을 의미하며 문화적 소통이 부재한 무인도와 같은 의미가 있게 되었다.

2차 대전 직후 화해의 정신으로 쓰인 책의 제목이 어떻게 캐나다 내의 영어권과 프랑스어권 사회를 분리하는, 타협할 수 없는 격차를 상징하게 되었는지를 이해하는 것은 그렇게 어려운 일이 아니다. 당시 많은 영국계 캐나다 작가들과 마찬가지로 매클레넌도 캐나다 문학을 제국주의의 영향에서 탈출시키고 싶었기 때문에 캐나다 현실과 직결되는 주제들에서 영감을 추구했다. 캐나다 동부해안 케이프 브레튼 섬에서 태어났지만 1935년부터 몬트리올에서 거주한 그는 역사가 짧은 조국 캐나다의 특징 중 하나, 어쩌면 가장 근본적인 특징을 깨달았는데 바로 언어적, 문화적 이원성이었다. 『고독한 두 사람』은 이러한 복잡한 현실을 자세히 들여다보려는 그의 관심을 반영하며 약 30년 후 '긍정적'인 것으로 평가된 그의 신념, 즉 "캐나다에서 고독한 두 사람이 함께 모이게 될 것"이라는 신념을 반영했다(매클레넌, 1975, p. 118).

본 논문의 목적은 캐나다의 국가로서의 불가능성(또는 일부에서 도전과제로 불림)이라고 일부 관측자들이 부르는 사회적, 정치적 측면들로 돌아가려는 것이 아니다. 앙투안 베르만이 작품의 실제 번역(프랑스어로 *traduction*)과 도착문화에서의 수용과 반향(*translation*)을 구분했던 것을 이용하여 이 문제를 새로운, 번역적 시각으로 바라보고자 한다[2]. 베르만이 지적하듯 "문학작품을 다른 언어/문화로 바꾸는 번역(*translation*)은 단순히 다른 언어로 옮기는 작업(*traduction*)으로 끝나는 것이 아니라 많은 서평과 수많은 텍스트적(혹은 비텍스트적) 변형을 수반하는데, 이러한 변형은 번역 형태가 아닐 수도 있다. 이러한 모든 텍스트와 변형(transformation)을 다 합친 것이 그 작품의 translation인 것이다"(1995, p. 17). 혹자는 다시 쓰인 텍스트라 부르는 이 새로운 텍스트가 어떻게 받아들여지는가는 translation 과정의 중요한 부분이라고 주장한다. 베르만은 "도착어와 도착문화에서 제대로 받아들여지고 융화되려면 번역은 다양한 비평적 연구와 비번역적 다시 쓰기가 수반되고 지원을 받아야 한다"고 덧붙인다(1995, p. 18). 이런 관점에서 볼 때 『고독한 두 사람』의 운명을 이해하려면 그 책의 주제와 제목이 지니는 의미가 완전히 바뀌게 된 것이 다른 언어로 옮기는 텍스트 변환 작업(*traduction*) 과정에의 어떤 변경 때문인지, 아니면 이 소설이 프랑스어로 수용 및 번역(*translation*)되는 과정에서 제기된 문제들과 연관된 것인지 살펴볼 필요가 있다.

『고독한 두 사람』과 번역의 우여곡절

이 책의 역사와 관련된 두 번째 역설이자 놀라운 점은 이 중요한 캐나다 소설이 프랑스어로 번역되기까지 18년이 걸렸다는 사실이다. 더욱이 번역이 퀘벡이 아닌 프랑스에서 처음 출판되었다. 이런 지체가 있었던 것은 퀘벡과 캐나다 프랑스어 사용권, 프랑스어 번역자들이 이 책에 대해 흥미가 없었기 때문은 아니었다. 매클레넌의 전기 작가인 엘스페스 카메론(Cameron)은 원작이 출판되자마자 "프랑스어 원고 검토자들이 번역을 적극적으로 권장했으며 몇몇 번역사들이 개인적으로 매클레넌에게 연락하여 이 번역을 맡겠다는 제안을 했다"고 말했다(1981, p. 193). 카메론은 문제의 원인이 매클레넌의 뉴욕 에이전트인 블랑시 그레고리(Blanche Gregory)에게 있음을 간접적으로 시사했다. 퀘벡 번역사 루이즈 가로-데 부아가 이 소설을 어떻게 번역하게 되었는지 과정을 설명하면서 이 가설을 확인할 수 있었는데, 매클레넌의 미국 및 영국 에이전트들과의 어려움, 뉴욕/런던/파리 연결고리의 부정적 영향, 그리고 퀘벡 출판 환경에서 번역의 불안정한 지위 등을 지적했다.[3]

이 번역의 무용담에는 지속적인 장애물들과 행운의 우연들이 특이하게 섞여 있다. 1945년 그레고리를 통해 매클레넌은 몬트리올 출판사 루시앵 파리조와 번역 계약을 맺었는데, 아마 이 출판사가 전쟁 중 뉴욕으로 망명해 살고 있던 많은 프랑스 작가들과 관계가 있다는 점을 고려한 선택이었을 것이다. 그러나 프랑스 출판사들이 활동을 재개하려는 무렵 이 퀘벡 출판사가 재정적인 어려움을 겪게 된다. 파리조가 3년 후 파산 선고를 하자 매클레넌이 가로-데 부아에게 말한 것처럼 "프랑스어 번역을 하기에는 너무 늦은 것 같았다"(가로-데 부아, 1994, p. 114).[4]

캐나다/퀘벡 문화 관계의 또 다른 아이러니로, 나중에 퀘벡 독립을 주장하는 정당인 라상블르망 푸르 렝데팡당스 나시오날(Rassemblement pour l'indépendence nationale)을 창립한 앙드레 달르마뉴가 1952년 파리에서 매클레넌에게 편지를 보내어 이 책을 번역하고 싶다는 의사를 표현했다. 그러나 정치 상황의 변화 때문이었는지 프로젝트에 대한 그의 관심이 사그라들었다.[5] 이후 매클레넌은 그와 연락이 되지 않았고 프로젝트가 중단되었다. 런던/파리 거미줄에 걸린 저자는 출판사를 찾을 희망을 잃었으며 다음과 같이 말했다. "런던 에이전트는 『고독한 두 사람』에 대한 파리 출판사들의 관심을 유도하는 일을 오래전에 포기했다"(가로-데 부아, 1994, p. 114). 매클레넌이 표현했듯이 주로 경제적 측면이 어려움이 원인이었다. "프랑스 시장에 출간될 때쯤이면 원작이 나온 지 15년이 되는 시점이 되는데 그렇게 오래된 책을 출판하자고 프랑스 출판사를 설득하기는 쉽지 않다"(가로-데 부아, 1994, p. 114).

당시 몬트리올대학교에서 문학을 전공하고 갓 졸업한 가로-데 부아는 1958년 4월 우연히 이 소설을 발견했다. 그 주에 몬트리올 신문 『르 드부아르』에 실린 기사를 읽으면서 그녀는 이 소설이 네덜란드어, 스웨덴어, 스페인어, 체코어, 독일어, 일본어로 번역되었지만 정작 프랑스어로 번역되지 않았다는 것을 알고 깜짝 놀랐다. 즉시 매클레넌에게 연락했지만, 작가는 달르마뉴에게 먼저 연락해보지 않고는 번역을 승인하기를 꺼렸다. 다시금 우연한 상황이 발생했다. 가로-데 부아가 몬트리올의 한 버스정류장에서 달르마뉴과 마주친 것이다. 매클레넌은 달르마뉴가 번역 프로젝트에 더는 관심이 없음을 확인하고 가로-데 부아가 번역하도록 허락했다. 그러나 그녀가 출판사(매클레넌은 퀘벡 출판사를 찾아볼 것을 제안했다)를 찾아야 하고 출판사가 번역 비용을 감수해야 한다는 조건이었다(가로-데 부아, 1994, p. 114). 그 과정은 쉽지 않았다. 여러 출판사의 문을 두드렸으며 마침내 몬트리올 출판사 피에르 티세이르가 검토해보겠다고 하면서 번역의 절반인 약 3백 페이지를 검토할 수 있도록 제출할 것을 요구했다. 그러나 1959년 5월 프로젝트를 거절했는데, 그 이유는 표면적으로는 문체와 관련된 것이었으며 가로-데 부아의 가정법 사용이 "다소 부주의한 것으로 보인다"고 했다. 번역사가 보기에

이 출판사는 “그렇게 중요하고 방대한 일을 젊은 작가, 그것도 여성에게 맡기는 것”을 꺼렸던 것으로 보인다(1994, p. 116).

프랑스어 모험은 1960년 11월 시작되었다. 매클레넌의 제안으로 가로-데 부아가 파리에서 Éditions Spes의 마드모아젤 듀마를 만났으며 번역을 출판하기로 합의했다. 이후 1960년 12월 1일 매클레넌이 가로-데 부아에게 1년간 번역을 허용했으며, 1961년 7월 31일 번역사가 완역본을 프랑스 출판사에 넘겼다. 그리고 고달픈 일련의 협상이 이어졌다. 특히 문제가 되었던 것이 가로-데 부아의 캐나다식 프랑스어 표현이었다. Éditions Spes는 표준 프랑스어 사용을 강력하게 요구했지만 매클레넌은 번역사 편을 들어주었다. “저자, 그의 뉴욕 에이전트, 그레고리 여사, 그리고 무엇보다도 마드모아젤 듀마와의 길고 방대한 서신교환 끝에”(가로-데 부아, 1994, p. 118) 2년 후인 1963년 12월 번역서가 드디어 파리에서 출판되었다. 1964년 4월 출판사 주최로 프랑스 캐나다대사관에서 열린 출판기념회에 매클레넌이 참석하였다. 그러나 이 책이 프랑스에서 제대로 유통되지 못했고 몇 년 후 Éditions Spes이 파산하면서 상황이 더 악화되었다.

『Deux Solitudes』이 파리에서 출판되기 2달 전인 1963년 10월 번역 일부가 캐나다의 인기 월간지 샤뜰레앙(Châtelaine)에 실렸다. 1966년과 1967년 『Deux Solitudes』 출판에 고무되었는지 몬트리올 언론사 HMH가 매클레넌의 다른 두 작품의 프랑스어 번역을 출판하였다. 『상승하는 기압계(Le temps tournera au beau)』와 『밤을 끝내는 시계(Le matin d'une longue unit)』인데 두 권 모두 퀘벡 출신 작가 잔 시마르가 번역하였다. 그러나 HMH 투르투비스는 『Deux Solitudes』의 판권을 1978년에야 획득했는데, 이는 아마도 이 책이 리오넬 체트윈드(Lionel Chetwynd)감독, 해리 걸킨(H. Gulkin)과 제임스 샤빅(J. Shavik) 제작으로 1977년 영화로 만들어지면서 몬트리올에서 홍보가 되었기 때문일 것이다(카메론(Cameron), 1981, p. 193). 초판 번역서가 같은 해 재판 인쇄되었고, 이어 번역사의 수정을 거친 신판이 1992년 유명한 Bibliotheque quebecoise imprint at Editions Fides에서 문고판으로 출판되었다.

프랑스어권의 수용

베르만은 작품의 translation 구성하는 요소 중 서평과 비번역적 변형을 포함시켰으며, 이 관점에서 볼 때 프랑스어권에서의 이 책에 대한 수용은 세 단계로 나뉠 수 있다. 원작이 출판된 1945년 수많은 프랑스어권의 리뷰와 서평이 있었고 18년 후 프랑스 번역에 대한 평가가 이어졌다. 1980년대 초반 HMH의 신간 출판과 연관이 있겠지만, 이 책에 대한 프랑스어권의 새로운 관심이 생겼으며, 특히 학계 관심이 증가했다.

『고독한 두 사람』의 수용에 관한 포괄적인 연구에서 시루아(Sirois)는 "최소한 12건의 서평을 찾았으며, 이 중 여덟은 원작인 영어소설에 대한 서평"이었다고 했다(1982, p. 114).[6] 몬트리올 신문 라 프레세(*La* Presse)에서 장 브로(Jean Beraud)는 이 소설이 "우리 시대 가장 중요한 책"이라고 평가했다. Action nationale에 실린 서평에서 듀하멜(Duhamel)은 "영어로 쓰인 캐나다 문학 중에서 가장 풍부하며 감동적인 작품 중 하나"라고 평했다(시루아, 1982, p. 114에서 재인용). 시루아에 따르면 전체적으로 매우 긍정적인 평가가 대세였다. "비평가들은 소설의 예술적 측면에 관심을 보였고, 매클레넌이 실감 나는 인물들을 창조하는 빼어난 능력, 활기차고 감각적인 문체, 빨려 들어가는 줄거리를 높이 평가했으며, 무엇보다 고독한 두 사람을 수준 높게 묘사했음을 강조했다"(1982, p. 114, 저자 번역). 특히 이 책의 문화적 측면이 높이 평가되었다. 평론가들은 "두 사회에 대한 작가의 묘사가 지적이고 관대하다는 대체로 동의하였다"(시루아, 1982, p. 114). 반대의 의견은 한 사람뿐이었다. 르드부아(Le Devoir)에서 알버트 알랜(Alain)은 매클레넌이 캐나다와 미국의 영어를 사용하는 비가톨릭 독자들에게 프랑스어를 사용하는 캐나다 가톨릭들에 대한 잘못된 이미지를 심어주었다며 비판했다(시루아, 1982, p. 115에서 재인용). 그러나 전체적으로 비평가들은 프랑스계 캐나다가 드디어 합당한 인정을 받았으며 영어권 캐나다에서 합당한 이해를 받게 되었다는 데에 모두 공감"하였다(시루아, 1982, p. 115).

역설적으로 18년 후 번역서에 대한 수용은 훨씬 더 비판적이었다. 이 책에 대한 네 건의 프랑스어 서평 중 두 건은 상당히 혼합적이었다. 가장 길고 긍정적인 장 오닐(Jean O'Neil)의 서평은 몬트리올 신문 라프레스(*La Presse*)의 문화예술 섹션에 실렸다. 매클레넌이 오닐의 칭찬에 감동을 받았는데, 이는 이 평론가가 과거 "이 책을 회의와 적대심을 가지고 접근"했었기 때문에 더욱 감동을 받았는지도 모른다(가로-데 부아, 1994, p. 123). 그러나 르드부아에 서평을 쓴 냉 카탄(Naïn Kattan)은 이 책이 "문학작품"이 아니라 "문서"에 가깝다고 서술했다. 몬트리올스타(*Montreal Star*)에 실린 서평에서 장-에띠에 블레(Jean-Éthier Blais)는 "사회학적 관점에서 프랑스계 캐나다 독자들이 이 책의 결론을 받아들이지 않을 것이라고 생각한다"고 썼다(시루아, 1982, p. 115).

1978년 HMH가 이 책의 신판을 내놓으면서 소수의 학문적 연구가 진행되면서 매클레넌이 묘사한 프랑스계 캐나다 사회의 타당성이 더 강력한 도전을 받았다. 자크 브라조(Jacques Brazeau)는 매클레넌의 "퀘벡 사회에 대한 단순한 이해"에 대한 많은 문제점을 발견했다. 이 책에는 "지자체 관공서, 지역 학교, 마을 호텔, 지역 의사와 공증인" 등 "마을의 기관들"에 대한 언급이 없다. 마을은 "지역의 비즈니스"가 없는 "고립"된 모습으로 그려지며, "책의 끝에 타야르가 개신교로 개종하는 내용은 신빙성이 떨어진다"(브라조, 1982, p. 36-37, 저자 번역). 간단히 말해 그가 보기에 셍-마르크에 대한 묘사는 '대표성'이 없으며, 몬트리올에 대한 묘사는 더더욱 그러하다는 것이다. "프랑스어권 몬트리올에 대한 측면들이 많이 다루어지지 않았다"; "사회적, 경제적, 정치적 제도들을 갖춘 프랑스어권 사회에 대한 내용이 들어있지 않다"(1982, p. 37-38, 저자 번역). 마지막으로 브라조는 프랑스어권 캐나다 가족이 제대로 다루어지지 않았다고 저술했다. "여성들이 빠져있으며 등장인물들은 확대된 의미의 친척들에게 의지하지 않는다"(1982, p. 39, 저자 번역).

『Deux Solitudes』 수용이 이렇게 바뀐 데에는 여러 가지 요인이 있다. 시루아는 1945년과 1963년 사이 사회적, 문학적 배경의 변화를 꼽는다. La Nouvelle Relève(1941-1948)과 Cité Libre(1950-1966)과 같은 학술지들을 인용하면서 시루아는 세계2차 대전 이후부터 1950년대까지 퀘벡에 등장한 지식인 엘리트들은 "외부에 더 개방적"이었다고 주장한다(1982, p. 118). "그 이전이나 이후 어떤 시대보다도" 1945년에서 1960년 사이에 퀘벡 소설에서 영어권에 대한 이미지는 '가장 호의적'이었다(1982, p. 119). 당시 퀘벡 작가들은 매클레넌과 마찬가지로 제국주의 영향에서 벗어나 캐나다만의 현실을 소설에서 탐구하기를 원했다. 오닐(O'Neil)의 서평에 대해 매클레넌은 이러한 견해의 공유를 강조했다. "나는 작가가 고향에서 어떤 내용을 써야 하는지에 대해 완전히 동의하며 [···] 오닐은 내가 이 소설을 쓸 당시 캐나다가 아직 국가로 인정받지 못했다는 점을 기억해야 한다는 것을 잘 이해했다"(가로-데 부아, 1994, p. 123).

그러나 1960년대 중반부터 문화적 화해보다는 탈식민지화와 독립이 시대의 정신이 되었다. 매클레넌 자신도 신생 Front de libération du Québec(FLQ) 투쟁에 어느 정도 공감을 했지만, 이들의 대의를 받아들이지는 않았다. 이러한 더 양분화된 수용 환경이 이 책의 결말에 대한 다른 시각을 낳게 된다. 폴 타야르와 헤더 메투앙의 다문화결혼은 매클레넌이 양 문화권의 행복한 화해를 이루기 위한 의도였지만 이 부분이 더욱 문제시되었으며, 영어권으로의 동화(assimilation)의 예로 쉽게 해석될 수 있었다.

번역으로서의 원작

간단하게나마 『고독한 두 사람/Deux Solitudes』의 프랑스어권에서의 수용을 조사한다면 이 책의 주제와 퀘벡의 변하는 사회적 가치 사이에 격차가 커지고 있음을 알 수 있다. 구체적으로 원작과 번역에 대한 비평을 자세히 살펴보면 맥클레넌이 프랑스어권 문화에 대한 화해의 태도를 가졌던 것이 문제가 아니라, 즉 문화적 화해(rapprochement)라는 주제가 문제가 아니라 그의 퀘벡 사회에 대한 표현의 적절함이 문제가 되었다는 것이 드러난다. 즉 『고독한 두 사람』이 가장 많이 비판을 받은 것은 프랑스어권 캐나다의 환경에 대해 이 책이 번역된 방식, 아니 잘못 번역된 방식이었다. 베르만의 정의를 다시 적용하자면 이 소설이 그려내는 사회환경이 부실하게 번역(translation)된 것으로 볼 수 있다.

실제로 여기에서 『고독한 두 사람』의 또 다른 중요한 역설이 발견되는데, 원작의 등장인물들과 주제로 볼 때 원작 자체가 번역적 텍스트라는 것이다. 영어권 작가가 영어로 쓴 『고독한 두 사람』은 사실 몬트리올에서 멀지 않은 세인트 로렌스 강의 북쪽에 위치한 작은 마을인 셍-마르크-데-제라블의 영주인 아트나즈 타야르가 이끄는 프랑스어권 가족의 이야기이다. "1917-1918"과 "1919-1921"이라는 제목이 붙은 소설의 첫 두 장은 지역 성직자인 보비엥 신부의 감시하에 마을에서 주인공이 겪는 갈등이 증폭되는 장면들이 그려진다.

타야르는 그가 속한 사회의 전통적, 가톨릭 가치에 대한 존중과 기술적 발전을 향한 자신의 욕망 사이에서 갈등한다. 정치적, 경제적, 가족 및 종교적 차원에서 그의 인생은 실망의 연속이다. 오타와 연방의회 의원인 그는 영어권과 프랑스어권의 관계 회복을 위해 징병에 대한 의회 투표에서 영어권 의원들을 지지하는데, 이 때문에 프랑스어권 의원들의 분노를 산다. 자유로운 사상가인 그는 마을 성직자의 권위에 대항하며 개신교로 개종하기까지 하지만 죽기 직전 가톨릭으로 다시 돌아온다. 그의 가족도 분열되어 있다. 경건한 프랑스어권 여성과의 불행한 첫 번째 결혼에서 얻은 아들인 마리우스는 단호한 퀘벡 민족주의자이다. 아일랜드 여인과의 감정적으로 더 만족스러운 두 번째 결혼에서 낳은 아들 폴은 자신과 연방정부적 관점을 공유한다. 그러나 두 아들 모두 자신이 원하는 효와 애정을 보여주지 않는다. 경제적으로도 그의 노력이 결실을 보지 못한다. 그는 강가에 발전소를 세워 마을의 근대화를 꿈꾸지만, 교회의 완강한 반대 및 중요하지만 부도덕한 몬트리올 사업가인 동료 헌틀리 맥퀸의 배신으로 그의 계획이 수포로 돌아간다.

더 압축된 내용으로서 대부분 몬트리올을 배경으로 벌어지는 소설의 마지막 두 장은 1934년과 1939년 사이의 사건들로 구성된다. 이제 이야기는 아트나즈의 아들 폴 타야르에게 초점이 맞추어지는데, 그는 아버지와 비슷하지만 다른 차원에서 자신의 개인적 야망과 사회의 기대를 조율하기 위해 고군분투한다. 교육비를 조달하기 위해 아이스 하키를 하지만 정작 되고 싶은 것은 작가이다. 폴은 퇴역한 해군 장군이며 생-마르크에서 아버지의 예전 이웃이었던 존 야들리를 통해 헤더 메투앙을 만나게 되는데, 그녀의 가족은 몬트리올의 영어권 사회에 속했다. 문화적, 언어적 차이를 뛰어넘어, 그리고 메투앙 집안의 반대에도 불구하고 폴과 헤더는 결혼에 성공한다. 그렇지만 이 소설의 결론은 양면적이다. 세계 2차 대전이 발발하기 전날 성사된 이들의 결혼, 그리고 이 결혼이 상징하는 국가의 화합 가능성이 과연 다가올 대격변을 잘 견딜 수 있을지는 두고 보아야 한다.

많은 자료 연구를 바탕으로 쓰인 전기에서 카메론은 매클레넌이 자신이 외부인으로서밖에 볼 수 없었던 사회를 묘사하는 것이 얼마나 힘든 일인지 잘 알고 있었다고 지적한다. 그는 몬트리올에서 살았지만, 그가 자주 어울리는 사람들(로어 캐나다 칼리지의 동료들, 영어권 아이들을 위한 사립학교, 맥길대학교의 친구들과 지인들)은 거의 모두 영어권 사람들이었다. 카메론이 간결하게 서술하듯이 "그는 프랑스어권 캐나다인이 아니었다. 프랑스어를 잘 구사하지 못했으며 로마가톨릭도 아니었다. 그런 그가 어떻게 신뢰할 수 있는 수준으로 프랑스어권 캐나다인들을 묘사할 수 있었겠는가?"(1981, p. 168-169). 카메론은 그렇지만 세 명의 중요한 프랑스어권 지인을 꼽았는데, 첫째는 로어캐나다대학교에서 유일한 프랑스어를 구사하는 동료이며, 둘째는 S.E.H. 페론인데 개신교도인 그는 프랑스어권 캐나다인들의 주류 견해에 반드시 동의하지는 않았다. 그리고 1942년 11월 매클레넌은 프랑스어권 캐나다 작가인 에밀 바이양쿠르와 함께 방송에 출연하여 퀘벡 문제, 그리고 캐나다의 단합 문제에 대해 다루었다. 그는 프랑스어권 시민들이 왜 당시 나라를 분열케 한 징병에 반대하는지 바이양쿠르가 설명하는 것을 경청했다. 그리고 바이양쿠르을 통해 당시 퀘벡에서 벌어지는 중요한 변화들, 그리고 프랑스어권 엔지니어들과 사업가들로 구성된 새로운 계층이 생겨나고 있다는 것을 알게 되었다.

아트나즈 타야르의 기술에 대한 열정은 바이양쿠르의 생각의 영향을 일부 받은 것이지만, 『고독한 두 사람』의 프랑스어권 관련 내용에 가장 큰 영향을 미친 것은 바로 퀘벡 출신 작가인 필립 판통이 랭게(Ringuet)이라는 필명으로 저술한 소설 『Trente Arpents』이다. 1938년 프랑스어로 처음 출판된 랭게의 책은, 산업화와 도시화에 인해 전통적인 퀘벡 시골 사회에서 발생한 긴장과 갈등을 현실적으로 묘사한 최초의 프랑스어권 캐나다 소설이라고 오늘날 문학계와 학자들의 평을 받고 있다. 투아-리비에르와 졸리에트에서 의사로 일하면서 모든 계층의 지역 주민들을 만났기 때문에 판통은 시민들의 관습, 말투, 사고방식 등 모든 것을 직접 체험하고 알게 되었다. 프랑스어로 출판된 『Trente Arpents』를 먼저 읽고 2년 후 이 책의 영어 번역을 읽은 매클레넌은 랭게의 영향을 받았음을 서슴없이 밝혔다. "내가 『Trente Arpents』를 읽지 못했더라면 나는 『고독한 두 사람』을 쓸 수 없었을 것이다"(카메론, 1981, p. 169). 카메론에 따르면 실제로 "프랑스어권 캐나다인들의 일상의 세세한 묘사와 분위기"(1981, p. 170)를 위해 그 책에 전적으로 의존했으며, 그의 이야기의 배경도 랭게 나라의 중심부인 생-마르크-데-제라블로 설정했을 정도이다.

이야기의 구조, 등장인물, 주제(전통적 가치와 근대적 가치의 갈등, 가톨릭 교회의 역할, 부자간 세대갈등) 측면에서 정도의 차이는 있겠지만 『고독한 두 사람』은 베르만의 용어를 빌리면 『Trente Arpents』의 비번역적 translation의 범주에 들어간다고 할 수 있다. 이들이 『고독한 두 사람』 출판 이후 몬트리올에서 만났을 때 서로에게 감사를 표시했다. 물론 『Trente Arpents』도 영어로 번역되기는 했지만, 판통은 그의 캐나다 동료의 작품 속에서 자기 생각을 국제적인 영어권 독자들에게 알렸다는 점을 인정했다. "당신은 『고독한 두 사람』에 내가 절대로 가질 수 없는 국제적 시각을 더했다"고 매클레넌에게 말했으며, 매클레넌은 후에 "나는 나와 비슷한 이들에 둘러싸여 편협한 환경에 처해있다"고 말했다(카메론, 1981, p. 170).

『고독한 두 사람』: 프랑스어권 문화의 묘사에서의 문제점

그러나 흥미롭게도 원작 『고독한 두 사람』이 가지는 번역적 측면은 조심스러우며, 특히 언어적 차이를 표현하는 데에서 조심성을 보인다. 여기에서 매우 어려운 문제는 영어로 쓴 소설에서 영어권 화자들과 프랑스어권 화자들의 갈등과 대화를 표현하고, 더욱이 프랑스어로 대화하는 프랑스어권 등장인물들의 대화를 나타내는 것이다.

매클레넌은 이런 복잡성을 알고 있었으며 자신의 소설의 신빙성과 가독성에 미치는 영향을 알고 있었다. 그가 『Trente Arpents』를 직접 언급하지는 않았지만 간략한 "서문"을 통해 독자들에게 캐나다의 언어적 복잡함에 대해 설명했다.

> 이 책은 이야기책이므로 서문을 쓰기 싫었지만, 이 책이 캐나다 소설이라는 점에서 일종의 서문이 필요하다고 느꼈다. 즉 이 소설의 배경은 영어와 프랑스어 두 개의 공식 언어를 지닌 나라이다. 따라서 이 책에 등장하는 인물 중에는 영어만 사용하는 이들, 프랑스어만 사용하는 이들, 그리고 많은 이중언어 구사자들이 있다(매클레넌, 1992, 서문).

이 내용은 단순히 정보 제공 차원으로 볼 수도 있지만 독자들에게 단일언어로 표현되어 어쩔 수 없이 부족한 부분을 상상력을 이용해서 극복해주기를 바라는 당부의 내용이기도 하다. 『고독한 두 사람』이 1945년 뉴욕에서 처음 출판되었음을 잊지 말아야 한다. 실제로 매클레넌이 캐나다의 언어적 이중성의 역설적 특징을 이야기하면서 외부인의 시각을 취했다는 것으로 볼 때, 서문의 나머지 내용은 미국 독자들을 위해 쓰인 것으로 보인다.

> 캐나다에서 양측을 모두 만족시키며 지칭하는 하나의 단어는 존재하지 않는다. 프랑스어 사용자들이 Canadien이라는 단어를 사용할 때에는 자신들을 지칭하는 경우가 대부분이다. 그리고 영어를 사용하는 다른 동포들은 les Anglais라 칭한다. 영어권 국민들도 마찬가지의 원칙을 적용한다. 자신을 Canadian이라 부르며 상대방을 French-Canadian이라 칭한다(매클레넌, 1992, 서문)[7]

역설적으로, 이 짧지만 연관된 서문 외에도 『고독한 두 사람』에서 프랑스어를 명확하게 지칭하는 텍스트에서의 흔적은 거의 없다. 물론 프랑스어권 등장인물들은 프랑스식 이름(Blanchard, Dansereau, Drouin, Beaubien, Marchand, Frenette, Latulippe)을 가진다. 일부 등장인물들은

"P'pa"(51)이나 "Minou"(172)와 같이 흔한 프랑스식 약칭이나 별명으로 불린다. 그러나 예를 들어 Petit Gendron(21) 대신 "Pit Gendron"으로 불리는 이유가 발음의 영향이라는 사실은 영어권 독자들에게 명확히 설명하지 않았다. 가끔 프랑스어 표현이 사용되었다: 아트나즈 타야르가 많은 자신의 동포들이 "이미 whiskey blanc로 몸이 달아올랐다"(21)고 말하는 정도이다.

아주 간혹 프랑스어권 등장인물들이 약간 프랑스어화된 영어 문장 구조를 보인다. 아트나즈가 영어권 손님들에게 아내가 "독감에 걸려 침대에 누워있으니 가서 살펴야 하겠다. 이렇게 아프다니 정말 안타깝다"(11)고 말한다. 마리우스가 여자친구 엘릴리에게 이야기할 때 아마도 프랑스어였을 것인데, 그녀는 다소 정확한 영어로 답을 한다: "내 생각에 너는 다시 대학교로 돌아가야 할 것 같아, 아니"(227). 그러나 전체적으로 프랑스어권 등장인물들 사이의 대화에서조차 프랑스어 표현은 많이 사용되지 않는다.

매클레넌이 소설의 기저에 흐르는 암시적인 언어적 이중성을 독자들에게 상기시키기 위해 사용한 방법은 주로 화자 또는 등장인물이 언어에 대한 직접적인 언급을 하는 방식이다. 양 언어권 구사자들이 모두 있는 등장하는 장면에서 그런 언급이 자주 이루어지기 때문에, 단일언어 즉 프랑스어만 사용되는 상황이 아니라 오히려 이러한 이중 언어적 상황에서 프랑스어권의 "타자"성이 가장 뚜렷하게 드러난다. 다소 중립적 공간으로서 이 마을의 상점은 여러 사례를 제시한다. 화자는 상점의 물건들이 배열된 것이 "프랑스어와 영어가 이상하게 섞여 있다"고 묘사한다: *La Farine Robin Hood, Black Horse Ale, Magic Baking Powder, Fumez le tabac Old Chum*"(4). 이중언어 표시판에 대한 언급도 나온다. "얼마 전에 드루앤이 이 가게에서 어떤 상품을 파는지 손님들이 잘 알 수 있도록 표지판을 내걸었지요. 한쪽 창문에는 하얀 글씨로 볼록하게 Épiceries와 Groceries라고 적고 다른 창문에는 Magasin général과 General Store라고 썼더군요"(58). 때로는 특정 인물이 프랑스어로 말하고 있다고 독자들에게 알려준다: "'자끄, 의자를 가져와'라고 드루앵이 프랑스어로 말했다"(146).

이러한 방법은 갈등이 발생하는 장면에서도 사용되어 두 그룹의 문화적, 사회적 혹은 정치적 관점의 변화를 강조하는 역할을 한다. 언어적 차이에 따른 경제적 불평등에 대해 말하면서 마리우스 타야르는 "내가 만난 가난한 사람들은 모두 프랑스어를 사용하였다"(159)고 말한다. 징병제에 대한 상충하는 견해를 잘 보여주는 시각적인 환기장치로서, 그는 전쟁에 대한 두 개의 포스터가 대조적인 것에 놀란다: "키치너 경이 손짓을 하며 영어로 '우리는 당신을 원한다'고 말한다. 바로 옆에는 슬픈 얼굴을 한 남자가 이렇게 묻는다: AVEZ-VOUS AUSSI DE LA PEAU MORTE?"(53).

매클레넌은 이렇듯 극적인 효과를 위해 언어에 대한 언급을 거리낌없이 사용한다. 마리우스가 징병을 거부해서 체포될 때 서술자는 그를 체포하는 사람들의 언어적 정체성을 제공한다. "마리우스가 잠을 자고 있을 때 영어를 구사하는 경사와 프랑스어를 쓰는 사복형사가 그에게 손전등을 비췄다. [...] 영어로 말하는 소리가 들렸다. '바로 그자야, 됐다'"(181). 이와 비슷하게 매클레넌은 아트나즈가 최종적으로 가톨릭으로 돌아가는 것을 암시하기 위해 언어와 관련된 세부적 내용을 사용하여, 그가 독실한 가톨릭교도인 첫째 부인 마리-아델에게 돌아가기는 했지만 두 번째 부인에게 프랑스어로 말하는 것을 묘사한다: "그러고 한 1분 정도 있다가 그는 프랑스어로 '내 손을 잡아요!'라고 말했다"(237).

이러한 장면들은 특정한 문화적 혹은 극적 효과를 위해 이루어졌지만, 다른 장면들은 논리가 부족한 것으로 보인다. 예를 들어 듀마(Dumas)의 유명한 소설의 제목과 같이 프랑스어로 표시될 것으로 기대하는 장면에서 매클레넌은 놀랍게도 영어를 그대로 사용했다: "폴은 잠자리에 두 권의 책을 가지고 갔다. 한 권은 프랑스어로 쓰인 『삼

총사(The Three Musketeers)』였고 다른 한 권은 영어로 쓰인 『보물섬(Treasure Island)』이었다."(172) 이상하게도 프랑스어에 대한 언급이 가장 많았던 등장인물은 이 책의 영어를 사용하는 모든 등장인물 중에서 가장 프랑스 친화적인 사람이다. 아트나즈 타야르의 영어를 사용하는 친구인 야들리 대령은 항상 현금으로(물론 스코틀랜드 관습에 대한 캐나다인들의 고정관념의 은근한 암시임) 돈을 지급하며 "프랑스어를 말하지만, 문법이 엉망이고 영어 단어들이 많이 섞인 이상한 억양으로 말하는데… Indian Polycarpe Drouin이 말하는 것보다 안 좋다"(21)고 한다.

원작으로서의 번역

책의 주제에 대한 매클레넌의 접근법과 더불어 프랑스어권 타자에 대한 흔적들이 처음에는 보이는 듯하지만 대부분 사라지듯이, 제한적이고 모호한 프랑스어권에 대한 흔적들 때문에 『고독한 두 사람』이 『Trente Arpents』의 번역(translation)으로서 가질 수 있는 효과가 사라지며, 원작에 대한 프랑스어권 독자들의 부정적 인식에 일조하였다. 영어 원작을 읽는 독자들을 혼동시키는 이러한 언어적 식별자들을 프랑스어 번역에서 재현하는 것은 거의 극복하기 불가능한 도전이다. 프랑스어를 구사하는 등장인물들의 대화는 '원래'의 프랑스어로 재구성되어야 하며, 이들이 사용했을 어역을 조심스럽게 분별해서 재현해야 하고, 화자의 등장인물들의 언어에 대한 언급도 새로운 맥락에 맞게 재배치되어야 한다. 간단히 말해 번역자는 번역적 영어 텍스트의 이면을 파서 원래의 '오리지널'을 찾아야 하는 동시에 이 번역서가 퀘벡이 아니라 프랑스에서 출간될 것임을 기억해야만 한다.

이렇게 복잡한 언어 기호들 속에서 가로-데 부아는 프랑스어 독자들에게 현실적이고 신빙성 있는 텍스트를 만드는 것을 최우선을 생각하였다. 그녀는 프랑스어를 구사하는 등장인물들 간의 대화에서 퀘벡의 구어체 발화 패턴을 재도입했다. 사회적 지위와 어역의 차이를 존중하면서 국제적인 "m'sie le curé"(매클레넌, 1963, p. 36)[8] 프랑스어와 퀘벡 프랑스어의 표현들을 적절히 선택했다. 상점에서의 장면이나 마리우스가 엘릴리에게 이야기하는 장면에서는 일반적인 퀘벡인들의 문장구조와 표현을 사용했다: "그래, 폴 무슨 새로운 소식이 있어?"(100), "그들이 에티엔 라플람(Étienne Laflamme)의 집에 들러 나폴레옹을 데려갔어. 그들은 그를 침대에서 찾았어."(101), "Tabernacle"(101). 때로는 퀘벡 발음을 반영하기 위해 철자를 바꾸기도 했다: "C'est de ça qùalle revenait pas(그래서 그녀가 다시 오지 않는 군)"(101). 반대로 화자의 말은 당시 퀘벡의 출판 관행을 따라 표준 프랑스어로 남겨두었다.[9]

영어를 구사하는 등장인물 중에서 원작에서 표준 영어를 사용하는 사람들은 번역에서 표준 프랑스어로 옮겨졌다. 그러나 영어가 표준어가 아닌 이들의 경우 상황이 더 복잡했다. 야들리 대령의 상황이 특히 문제가 되었다. 그의 영어는 캐나다 해안지방의 지역 방언이다. 매클레넌이 보여주듯이 그의 프랑스어는 많이 부족하지만 다른 문화에 대한 열린 마음으로 진지하고 적극적으로 의사소통을 시도한다. 그의 영어가 표준어가 아니라는 사실을 표시하기 위해 가로-데 부아는 그가 세인트-로렌스강 어귀 퀘벡 지방에서 사용되는 프랑스어 방언을 구사하는 것으로 처리하여 그의 노바스코샤 지역 바닷사람들의 방언과 비슷한 효과를 주었다: "Mêts-toè pas tête gue j'ktrouve à me plaindre de guègue chose. Monsieur! Y faundrait êt'un fou du Bon Guieu Pour avoir eu ane vie comme moè et pas apprècier sa chance."(470). 예를 들어 그가 상점에서 프랑스어를 구사하는 다른 인물들과 대화하는 장면에서, 그리고 그가 불완전한 프랑스어를 구사했을 것으로 추정되는 장면에서 가로-데 부아는 퀘벡의 지역 방언과 영어 단어들을 섞어서 번역했다.

이런 전략의 장점은 원작에서 그가 영어 방언을 사용했던 것을 번역본에서 살리면서 대령의 말투와 다른 영어구사자들을 구분할 수 있다는 것이다. 그러나 프랑스어로 번역되면서 이 효과가 모순적이거나 모호해졌다. 언어적 관점으로만 보면 대령이 오히려 퀘벡 인물들보다 더 '프랑스어 구사자'처럼 느껴질 정도였다. 다른 등장인물인 클레이튼 헨리도 비슷한 문제가 있었다. 이 경우 원작에서 그가 사용한 미국식 어투를 살리기 위해서 번역사가 헨리의 대화에 회화체의 캐나다식 프랑스어 표현들을 가미했는데, 그러다 보니 그가 프랑스어 사용자처럼 비추어지고 프랑스어 독자들을 혼란스럽게 했다.

게다가 사회적, 지역적 사투리들은 거의 번역 불가능한 지경이었다. 번역사의 어떤 선택들은 도착어의 언어적, 문화적 체계를 기준으로 볼 때 모순되거나 모호한 효과를 낳았다. "사회적 방언을 표현하지 않는 프랑스의 전통"(샵델랑(Chapdelaine), 1994, p. 12, 저자 번역)으로 비추어 볼 때 가로-데 부아가 퀘벡 시골 사투리를 일부 사용하기로 한 것은 분명히 과감한 결정이었다.[10] 물론 출판사인 les éditions Spes는 이러한 결정에 상당히 반대했으며, 결국 출판사는 번역 앞부분에 '출판자의 주석'을 추가할 정도였다. 매클레넌의 텍스트는 "영어와 프랑스어 모두 공식 언어로 사용되는 국가"인 캐나다에서 사는 인물들에 대해 "영어로 쓰인" "소설"로 설명된다("Note de l'éditeur", 저자 번역). 물론 프랑스 독자들의 이해를 돕기 위해 텍스트 전반에 걸쳐 사용된 퀘벡식 표현들에 대하여 다음과 같은 설명도 덧붙였다.

> 일부 대화에서는 프랑스어권 캐나다인들의 독특한 말 습관들을 살리기 위하여, 번역사는 원작자가 영어 소설에서 그러했던 것과 같은 의도로 특정한 단어들과 표현들을 살려야 하는 의무감이 있었다. 그런 경우 페이지 하단에 미주를 두어 의미를 부연해 설명했다. ("Note de l'éditeur", 저자 번역)

그런 용어들이 널리 사용되고(대부분은 국제적 프랑스어에서 나온 것임) 특히 원작에서 프랑스어 표현들이 극히 드물게 나오는 점을 고려할 때 이러한 출판사 주석은 놀랄만한 것이다. 특히 미주가 있어야 하는 표현들이 실제로 원작에서는 영어로 적힌 단어들이거나 번역사가 추가한 퀘벡식 표현들이라는 점에서 더욱 놀랍다. 원작에서 프랑스어로 적힌 단어들에 주석이 달린 경우는 몇 군데 밖에 없는데 예를 들어 번역사가 "loafers(부랑자)"를 프랑스어로 번역하기 위해 사용한 퀘벡식 용어인 "robineux"에 대해 미주에서 다음과 같이 설명한다: "공원에서 흔히 찾아볼 수 있는 부랑자로서 "la 'robine'"을 마시는 사람들을 가리키는데, robine은 피부에 사용하는 알콜, 즉 "Rubbing Alcohol(문지르는 알콜)"의 일종이며, 여기에서 이 표현이 유래했다"(94, 저자 번역, 다만 "Rubbing Alcohol"은 프랑스어 번역에 영어로 쓰임). 다른 미주들은 번역에서 영어로 남겨진 표현을 설명하기 위한 것인데, 예를 들어 "Lee-Enfields(리엔필드총)"을 "군대 무기"(323)라고 설명했다. 정확성과는 거리가 멀지만 이렇게 번역 텍스트에서 사용된 캐나다식 프랑스어 표현을 설명하거나 정당화하기 위해 저자의 권위에 호소하는 것은 퀘벡식 표현에 익숙하지 않은 프랑스 독자들이 텍스트에 대해 비판하는 것을 미리 예방하려는 방편이었다고 이해할 수 있다.

번역사가 작업했던 프랑스의 제도적 환경에 인해 퀘벡에서 이 책의 수용도는 높지 않았다. 미주를 사용하는 전략이 아무리 효과적이거나 타당했다고 할지라도 퀘벡 독자들에게 이 전략은 부적절하게 보였고 짜증이 나기도 했다. 더욱이 부정적 영향은 시간이 갈수록 확대되었다. 1960년대 초 퀘벡 작가들은 퀘벡식 표현들이나 캐나다어법(canadianism)은 간간이 사용하였으며 대부분 대화에 사용되었다. 그러나 1980년대가 되자 모든 어역의 퀘벡 프랑스어가 퀘벡의 문학작품의 규범이 되었으며 퀘벡 독자들은 캐나다식 프랑스어 표현 혹은 주알(joual)로 텍스를 읽는 것에 익숙해졌다.

또한, 특정한 퀘벡식 프랑스어를 이용해서 원작에서 야들리나 헨리가 사용했던 독특한 영어 억양과 말투를 표현한 것이 물론 텍스트 충실성의 번역 규범을 따르는 것이었지만, 이것이 문제가 되었다. 물론 번역사의 의도는 충분히 칭찬할만하지만, 프랑스어를 구사하는 등장인물들과 영어를 구사하는 인물들간의 혼란을 가중하였기 때문에 이러한 번역 전략은 프랑스어 독자들의 소설에 대한 수용에 부정적 영향을 미쳤으며 『Deux Solitudes』가 프랑스어권 사회를 묘사한 부분에 대한 타당성을 저해하였다. 물론 이것은 가설에 근간한 설명이며 서평에서 직접 언급된 문제는 아니었다. 마지막으로, 인정을 받지는 못했지만 번역사가 프랑스어 '오리지널'을 재구성하는 것이 의무였다고 한다면, 독자들의 번역에 대한 기대가 지나치게 높았다는 점을 지적하여야 하겠다.

결론

프랑스어 번역이 어떻게 받아들여졌는지의 기준으로 본다면, 베르만의 정의를 다시 사용할 경우 『고독한 두 사람』의 번역(translation)은 크게 두 가지 과제에 직면했다고 할 수 있다. 첫 번째는 당시 영어와 프랑스어 모두에 있어 캐나다 출판업계의 구조적 취약성과 관련된 시스템적인 문제이다. 원작 소설이 처음 뉴욕에서 출판되었으며, 번역 판권의 협상은 매클레넌의 미국 및 영국 에이전트가 진행했다. 처음에 퀘벡 출판사인 에디시옹 루시엔 파리주(Editions Lucien Parizeau)와의 계약이 잘 진행되지 않자 이후 퀘벡보다는 프랑스 출판사들에 우선권이 주어지게 되었다. 실제로 미국 출판 환경의 영향력이 강력하여, 그의 세 번째 소설인 1948년 출간된 『The Precipice』에 이르러서야 비로소 매클레넌이 캐나다 시장의 판권을 놓고 캐나다 출판사인 콜린스(Collins)와 별도의 계약 협상을 진행할 수 있었다(카메론, 1981, p. 213-214).

『Deux Solitudes』의 경우 캐나다 출판계의 식민지적 지위에 따른 직접적인 결과는 원작 출판과 번역서 출판 사이의 불가피하게 늘어진 시간적 간격이었다. 1945년과 1963년 사이 퀘벡 사회에서 일어난 중요한 사회정치적 변화들을 고려할 때 이런 지체의 결과는 번역이 도착문화에서 받아들여지는 사회문화적 환경의 급격한 변화였다. 더욱이 프랑스 출판업계의 우월한 지위에 인해 편집, 특히 번역 전략이 크게 영향을 받았다. 번역이 수용되는 방식이 중립적이지 않았으며, 이러한 전략들에 인해 번역된 작품이 프랑스어권 캐나다 사회를 대표적으로 묘사했다는 신빙성을 잃게 되었다.

이러한 구조적 어려움에 더하여 퀘벡의 문학 및 비문학 번역이 지니는 사회문화적 지위와 관련된 문제가 있었다. 이런 관점으로 보아도 역시 원작 출판과 번역서 출판 사이의 18년의 시차가 있었고 그 사이에 급격한 변화들이 있었으므로 『Deux Solitudes』의 수용에 치명적 영향을 미쳤다. 베르만의 개념으로 돌아가 보자면 『고독한 두 사람』의 프랑스어 번역(translation)의 첫 단계는 일반적인 번역된 텍스트의 수용이 아니었으며, 오히려 프랑스어권 독자들의 원작 읽기였다. 1940년대 말 퀘벡 프랑스어권 엘리트들에게 번역은 영어로 쓰인 캐나다 문학작품을 접하는 주된 방식이 아니었지만, 번역 자체가 반드시 부정적으로 여겨진 것은 아니었다. 그러나 가로-데 부아가 『Deux Solitudes』를 출판할 당시 퀘벡의 반식민지 담론 하에서 번역이 영어권의 주도권 잡기의 도구라는 인식이 분명해졌다. 1957년에 벌써 퀘벡의 언어학자이자 투쟁가인 피에르 다비오는 한 문화가 매일 영어와 미국 문화에 노출되는 데 있어 "번역이 미치는 파괴적 영향"이 크다는 점을 지적했다(시몽, 1994, p. 43에서 재인용, 저자번역). 영어에서 프랑스어로의 번역에 대한 사회적, 정치적 관점의 변화는 당시 프랑스어로 번역된 문학 작품들의 독서 행태에 영향을 주었을 것이다.[11]

마지막으로 『고독한 두 사람』의 주제와 중요성을 고려할 때 놀라운 것이, 물론 "고독한 두 사람"과 "deux solitudes"라는 표현이 캐나다에서 널리 사용되기는 했지만, 이 소설의 다문화적 측면과 이 소설이 translation과 traduction으로 기능했다는 점이 학문적인 관심을 크게 받지는 못했다.[12] 번역학이 아직 상대적으로 새로운 학문분야이기 때문이기도 하지만 캐나다 비교문학이 처한 제도적 어려움 때문이라고 설명할 수 있을 것이다. 탈식민지 환경에서 캐나다와 퀘벡 문화에서는 문화간 교류를 추진하는 것보다 자체적인 독립적 체계와 제도를 갖추는 것이 더 중요한 우선순위였다. 따라서 영어권 제도와 프랑스어권 제도 모두에서 번역이 자리를 잡는데 시간이 더디게 걸렸다.[13] 캐나다에 문학 번역에 대한 특정한 기대사항이 없다는 점이 이를 증명한다. 이런 관점에서(어쩌면 가장 근본적인 역설일 것인데) 제목만으로도 그렇고 표현의 의미가 전도되기는 했어도『고독한 두 사람』은 그 자체로 문학 번역의 생산과 수용에 놀라운 자극이 되었으며, 그 좋은 예로 몬트리올 출판사인 피에르 티세이르의 Deux Solitudes 콜렉션이 출판된 것을 들 수 있다. 매클레넌 소설의 운명은, 50년이 넘는 세월이 걸리긴 했지만, 텍스트적 및 비텍스트적 번역의 변형을 통해 traduction과 translation의 기능들을 더 심도 있게 분석하고 이해하는 데 필요한 조건들을 만드는 것이었다고 볼 수 있다.

미주

1. "고독한 두 사람(two solidutes)"이라는 표현은 릴케가 1904년 5월 14일 친구 프란츠 자베 카푸스(Franz Xaver Kappus)에게 보낸 편지에서 결혼에 관해 쓴 생각에서 나온 것이다(카메론, 1981, p. 172).

2. 이 구분이 영어로는 명확히 표현될 수 없으므로 이 논문에서는 필요할 경우 두 프랑스어 단어를 그대로 쓰면서 이탤릭체로 표기할 것이다.

3. 이 같은 뉴욕/파리 연결이 또 다른 캐나다 소설인 갸브리엘 로이의 작품 Bonheur d'occasion에 대해 전후 기간에 중요한 역할을 했다. 이 경우 프랑스어로 쓰인 소설이 먼저 뉴욕에서 미국인인 해나 죠셉슨에의해 영어로 번역되었고, 이후에 저명한 프랑스 문학상인 Prix Fémina를 1947년 수상했다(고다드(Godard), 1999 참조).

4. 가로-데 부아는 파리조의 1948년 파산을 언급하면서 매클레넌을 인용한다. 실비 베르니에는 출판사 활동에 대한 상세한 분석을 통해 이 출판사의 파산 시기가 1946년이라 했는데, 이것이 파산 결과에 따른 번역 프로젝트의 중단과 더 잘 맞아떨어진다(1991, p. 58). 매클레넌이 파리조가 활동을 재개했다는 인상을 받았을 수도 있고, 아니면 프랑스어 번역에 대해 의구심이 들고 있었을 수도 있는데, 이것을 확인하려면 추가적인 자료 조사가 수행되어야 할 것이다. 확실한 것은 전후 프랑스 출판사들이 사업을 재개함에 따라 퀘벡 출판시장이 상당한 재정적 압박을 받았다(미숑(Michon), 1991 참조).

5. 안타깝게도 André d'Allemagne이 2001년 2월 1일 71세의 나이로 사망했기 때문에 번역사에게 직접 이 질문을 할 수 없다.

6. 별도의 표시가 없다면 시루아의 인용은 모두 저자 번역이다.

7. 이후의 모든 『고독한 두 사람』의 인용은 모두 이 판본에서 나온 것이다.

8. 이후의 모든 『Deux Solitudes』의 인용은 모두 이 판본에서 나온 것이다.

9. 흔히 사용되는 퀘벡식 프랑스어가 퀘벡 문학 텍스트에서 표시되고 표현된 방식에 대한 상세한 분석을 위해서는 휫필드와 레사드, 1991, 1992를 참고하라.

10. 언어학적으로 사회방언(sociolect)은 "사회의 특정 그룹에서만 사용되는 언어"

로 정의할 수 있다(샵델랑과 레인-메르시에, 1994, p. 7, 저자 번역).

11. 퀘벡 프랑스어 사용자들의 언어적 안전감각이 점차 늘어나고 번역에 대한 더 체계적인 접근으로 프랑스어 사용자들의 번역에 대한 태도가 바뀌게 되었다(샵델랑과 레인-메르시에, 1994, p. 7, 저자 번역).

12. 토론토대학교에서 1982년 개최된 매클레넌 학술회의 발표집에서 카메론은 사실 번역학적 접근이 얼마나 연관성이 있는지에 대해 주장했다. "근심스러운 번역의 영역에서의 더 비판적인 캐내기와 흥미로운 Rezeptionskritik 분야를 통해 새롭게 생긴 두 문화에 더 많은 관심을 유도할 수 있다"(1982, xvi).

13. 현대 영어권 및 프랑스어권 문학 번역사들에 대한 최근 두 권의 책은 캐나다 내에서 문학 번역의 역사와 관습에 대한 제도적 측면들을 잘 조명하였다(휫필드, 2005a, 2005b 참조).

문화간 소통으로서 이중언어 번역/글쓰기

다니엘 갸농 Daniel Gagnon
퀘벡 아 몬트리올 대학교, 몬트리올, 캐나다

본 논문은 다양한 국외거주 작가의 글쓰기 전통 중 캐나다/퀘벡 지역의 특징적인 이중언어 '글쓰기로서의 번역' 행위를 살펴보고, 현대 포스트모던 및 포스트 식민주의 다언어 텍스트 행위를 고찰한다. 분석 대상은 프랑스어로 『Cantique des Plaines』라는 제목으로 출판된 낸시 휴스턴(Huston)의 『평원의 성가(Plainsong)』와 필자가 저술하고 프랑스어로 『La Fille à marier』로 출판된 『혼기를 맞은 딸(The Marriageable Daughter)』 등 두 가지 사례이다. 특히 이중언어 글쓰기의 특징적 과정의 배경과 동기, 문화간 글쓰기의 창조적 측면, 문학적 관습의 이탈이라는 관점에서 원작과 번역의 차이 등을 다룬다. 두 식민지 문화 사이의 글쓰기/번역의 경험으로 볼 때 두 개의 텍스트는 모두 문학적 행위의 탈식민지화를 지향한다. 구체적으로는 캐나다/퀘벡 문화 간 맥락에서 문화 교류의 새로운 공간을 제시한다.

본 논문은 캐나다/퀘벡에서 이루어진 이중언어 '글쓰기로서의 번역' 경험의 두 사례를 고찰하고자 하는데, 하나는 프랑스어로 『Cantique des Plaines』라는 제목으로 출판된 낸시 휴스턴(Huston)의 『평원의 성가(Plainsong)』이며, 다른 하나는 필자가 저술하고 프랑스어로 『La Fille à marier』라는 제목으로 출판된 『혼기를 맞은 딸(The Marriageable Daughter)』이다. 두 식민지 문화 사이의 글쓰기/번역 경험을 살펴봄으로써 두 텍스트를 통해 글쓰기, 번역 및 문화의 관계에 대해 복합적으로 고찰할 수 있다.

본 논문에서 자세히 살펴볼 특정한 번역/글쓰기 형태의 구체적 특징들을 더 명확히 기술할 수 있는 틀을 세우기 위해 먼저 여러 언어가 수반되는 다양한 형태와 맥락의 글쓰기를 살펴보고자 한다.

국외거주 작가들 혹은 망명 작가들

국외거주 작가들과 망명 작가는 무수히 많다. 국외거주 작가들은 고국을 떠나기로 '결정'한 사람들이며 망명 작가들은 정치적 이유로 고국을 '떠나야만' 했다. 두 종류의 작가들 대부분 계속 모국어로 글을 쓴다. 파리에 이와 같은 작가들이 많다. 파리에 살면서 릴케는 대부분의 시를 독일어로 썼으며 엘사 트리올렛은 러시아어로 계속 창작했다. 파리에 거주하던 영국과 미국 작가들도 거투르드 스테인, 스콧 핏제랄드,

어니스트 헤밍웨이, 헨리 밀러, 로렌스 더렐 등으로 많다.

이탈리아에도 많은 작가가 모여들었다. 영국 작가 포스터와 노르웨이 극작가 입센 등으로 입센은 로마에 살면서 그의 가장 유명한 희곡 『페르귄트(Peer Gynt)』와 『브랜드(Brandes)』를 저술했다. 영국의 낭만주의 시인 바이런은 피사, 베니스, 로마, 페라라, 라벤나, 리미니 등에서 살면서 글을 썼다. 셸리의 유골은 로마에 묻혔다. 좀 더 최근의 예로 프랑스 작가 마르게리트 유르세나르는 작가로서의 생애 대부분을 미국에서 보냈으며, 트리니다드 작가 나피폴은 대부분의 책을 프랑스 몽펠리에에서 썼고, 영국계 캐나다 작가 메이비스 갤런트는 2차 대전 이후 파리에 살았으며, 모로코 작가 타르 벤 젤룬은 나폴리에 관한 아름다운 소설을 썼다. 여기에 망명한 아르헨티나 작가 훌리오 코르타사르와 루마니아 출생의 독일어 시인 폴 셀랑을 꼽을 수 있으며, 이들은 성인이 된 후 생애 대부분을 프랑스에서 보냈다.

국외거주 작가 또는 망명 작가 중 이주한 곳의 언어로 글을 쓰는 사람들은 소수이지만 번역의 관점에서 훨씬 더 흥미롭다. 스페인 출신 작가 호르헤 셈프룬과 미첼 델 카스티요는 프랑스어로 창작 활동을 했다.

국외거주 작가들과 망명 작가들 중 일부는 이중언어를 사용했으며 자신의 작품을 생산 또는 재생산하기 위해 번역을 이용하기도 했다. 새뮤얼 베케트의 경우 영어와 프랑스어로 창작하며 자신의 작품을 번역했다.[1] 영어, 러시아어, 프랑스어로 글을 쓴 나보코브는 종종 자신의 텍스트를 재창조하기 위해 번역 과정을 이용했으며, "독자가 읽는 것이 원작인지, 작가의 번역인지, 작가가 수정한 번역인지, 아니면 다른 사람이 번역한 것인지 결코 알 수 없는" 정도였다(크리스틴 라구에-보봐르(Christine Raguet-Bouvart), 1995, p. 119, 저자 번역).

다언어 텍스트

위에서 느슨하게 나눈 범주들이 작가의 이동과 관련된 것이라면, 다른 유형의 범주인 다언어 텍스트(plurilingual text)는 같은 텍스트에 둘 이상의 언어가 공존한다. 이런 유형의 글쓰기를 하는 이유 중 하나는 작가가 이주했거나 망명을 하여 언어 및 문화적 차이에 노출되었고 이러한 경험을 글쓰기에 반영하기 때문일 것이다.

그러나 다언어 텍스트는 단순히 그 지역의 특색을 살리기 위해 다른 언어를 추가하는 것 이상의 의미를 지닌다. 예를 들어 조이스는 아일랜드 출신으로 글을 쓰면서 다언어 텍스트를 활용하여 영어의 문화적 헤게모니에 대항했다. 다언어 텍스트는 식민지의 언어 문제에 대한 반응일 수도 있다. 카리브해 지역 작가인 파트릭 차모이소는 프랑스어 텍스트에 크리올어(Creole)를 포함시켰다. 『신의 화살(Arrow of God)』, 『모든 것이 산산이 부서지다(Things Fall Apart)』 등을 저작한 아체베나 오요노와 같은 아프리카 작가들은 언어전환(code-switching)이나 다른 언어들을 사용하여 아프리카에서의 삶의 다양한 측면들을 표현하고 전달하며 식민주의 문제를 다루었다. 모더니즘 및 포스트 모더니즘 작가들도 미학적 효과를 위해 다언어 텍스트를 시도하기도 했다. "다언어 텍스트의 안정을 깨는 힘이 프랑스 모더니즘 사상의 레이트모티브가 되었으며 다음과 같은 개념들이 사용되었는데 'la traverseé des langues'(솔러스(Sollers)), 'la langue infectée'(자끄 하순(Jacques Hassoun)), 'la bi-langue'(카티비(Khatibi)), 'l'interlangue'(레진 로빈(Regine Robin))등이다"(사이몬(Simon), 1994, p. 27). 혹은 글리상(Glissant)이 말하듯 그러한 "échos-monde(메아리 세상)"은 우리의 "chaos-monde(혼돈의 세상)"를 구성하는 '문화 간 격동적 만남'에 형태를 부여할 수 있도록 해 준다(글리상, 1990, p. 10, 저자 번역).

이중언어 번역/글쓰기

이제 필자가 '이중언어 번역/글쓰기'라 부르는 범주에 대해 더 상세하게 분석하고자 한다. 자가 번역과 타자의 언어로 글쓰기 경험이 퀘벡, 아카디아, 온타리오 주와 같은 캐나다 지역에서 영어 및 프랑스어 작가들 사이에 더 빈번해지고 있다. 이러한 현상은 캐나다와 퀘벡에서의 문화적 교류의 양적, 질적 증가의 결과라고도 볼 수 있다.

영어권에서는 파리에서 거주하고 프랑스어로 저술하며 최근에는 영어로도 글을 많이 쓰는 낸시 휴스턴, 온타리오의 프랑스어권 문학계의 중요한 부분을 차지하며 프랑스어로 시를 쓰는 로버트 딕슨, 자신의 첫 시집의 부제를 "traduction sans original(원작 없는 번역)"으로 정한 아그네스 휫필드(Agnès Whitfield)가 있다. 프랑스어권에서는 프랑스어를 구사하지만, 영어로 글쓰기를 선호하는 온타리오의 작가 롤라 토스테빈과 자신의 프랑스어 텍스트에 영어로만 쓴 연을 포함한 아카디아의 시인 제랄드 르블랑 등이 있다. 휴스턴이 국외거주 작가로 분류될 수 있다면 위에 열거한 다른 작가들은 캐나다와 퀘벡의 현실이라는 흔하고도 드문 환경에서 저술하고 있다. 필자는 캐나다의 독특한 이중언어 글쓰기/번역 상황이 문화간 저술의 독특한 형태를 낳았다고 생각한다.

본 논문의 목적을 위해 이와 같은 이중언어 '글쓰기로서의 번역' 경험의 사례를 구체적으로 살펴보고자 한다. 프랑스어로 『Cantique des Plaines』라는 제목으로 출판된 낸시 휴스턴의 『평원의 성가(Plainsong)』와 필자가 저술하고 프랑스어로 『La Fille à marier』로 출판된 『혼기를 맞은 딸(The Marriageable Daughter)』이다.

『평원의 성가』와 『혼기를 맞은 딸』의 배경

낸시 휴스턴의 『평원의 성가』는 1992년 토론토에서 출판된 후, 같은 해에 프랑스/퀘벡 공동판본으로 『Cantique des Plaines』이라는 제목으로 프랑스어로 출판되었다. 이 책의 배경과 과정으로 볼 때 두 버전이 동시에 출판되었다고 볼 수 있다. 1953년 알버타주 캘거리에서 태어난 휴스턴은 캐나다 서부와 뉴잉글랜드에서 성장했다. 파리 에콜 데조트 에튀드(École des Hautes Études)에서 유명한 문학 이론가 롤랑 바트르(Roland Barthes)에게서 공부한 후에 프랑스어로 처음 소설을 출판하기 시작했다. 이런 관점에서 볼 때 작가로서의 초반부는 국외거주 작가였다. 그녀는 모국어보다 프랑스어가 자신에게 '감정적 충전이 덜 하다'고 말했으며, 그래서 초기 작가 활동에서 '더 많은 표현의 자유'를 주었고 거의 '지나친 자유'라고 할 정도였다(휴스턴, 1999, p. 64, 저자 번역). 『평원의 성가』의 주제인 알버타의 역사는 그녀가 어릴 때 접한 언어로 돌아가는 계기가 되었다.[2] 이 책은 그녀가 처음으로 영어로 쓴 책이었다.

필자의 책은 캐나다와 퀘벡에서 이중언어 글쓰기/자가번역을 한 첫 번째 사례였다고 생각한다. 필자도 『혼기를 맞은 딸』을 처음에 영어로 썼지만, 휴스턴과 달리 영어는 필자의 모국어가 아니다. 필자는 어릴 때 아버지의 상점 고객들로부터 영어에 노출되기는 했지만, 몬트리올 근처 이스턴 타운 지역에서 프랑스어를 모국어로 성장했다. 『혼기를 맞은 딸』의 프랑스어 번역인 『La Fille à marier』이 1985년 몬트리올에서 출판되었다. 영어 원작은 토론토에서 1989년에서야 출간되었다.

본 논문에 인용된 구절들을 이해하려면 두 책에 대한 기본적인 정보가 필요하다. 두 권 다 이중언어 글쓰기/자가번역 경험이라는 다문화적 맥락에서 서간체 형식을 사용했다는 것이 중요한 특징이다. 언어 간 이동은 등장인물이 지칭하는 대상과 직접 연결되어 있다. 『혼기를 맞은 딸』에서 퀘벡 셔르브룩에 사는 12세 소녀 잔 데프레는 캐나다 서부

알버타 메디슨 햇 근처에 사는 필리스 달튼이라는 펜팔 친구를 상상한다. 이 책은 구조적으로 잔이 필리스에게 보낸 일련의 편지로 구성되어 있다.

『평원의 성가』는 몬트리올에 살고 영어를 사용하는 젊은 여성 폴라가 알버타에 살았던 돌아가신 아버지 파동을 대상으로 서술하는 형식이다. 텍스트가 편지로 구성되지는 않았지만 계속해서 아버지에게 직접 호소하는 내용이며, 연대기적이고 기입식 구성으로 볼 때 이 텍스트를 서간체로 간주할 수 있다.

어쩌면 더 중요한 특징은 문화간 의사소통 맥락으로 볼 때 필리스 달튼이나 파동이 답을 하지 않는다는 점이다. 그렇지만 상대방을 부르는 것이 내러티브식 텍스트를 생산하는 중요한 기법이다.『평원의 성가』에서 폴라가 아버지와 그의 인생을 이해하고 싶어서 회고하고 아버지에게 질문을 던지는 방식으로 텍스트를 진행한다. 이것은『혼기를 맞은 딸』에서도 비슷한데, 여기에서는 잔이 필리스에게 글을 쓰면서 계속 새로운 주제들을 발전시킨다.

텍스트 비교

이중언어 글쓰기/번역 경험에 대해 논하기 전에 먼저 실제 텍스트를 살펴보기로 하자.『평원의 성가』초반에 나오는 구절에서 폴라는 고향 알버타의 추억의 장소들을 떠올리고 어린시절 참가했던 여름 캠프에서 돌아오던 때를 추억하면서 캐나다 어린이들이 많이 부르는 캠프 노래를 인용한다. 또한, 이 책에서 전개되는 주제인 알버타의 캐나다 원주민 (The First Nations)들에 대한 은근한 암시가 있다. 곧 밝혀지지만 파동은 한 원주민 여성과 오래도록 행복한 관계를 맺었었다.

It went on and on. Some of the names set me dreaming. Peace River, Enchant. Peace River, Enchant. Oh… I remember too how much you despised that song *This Land Is Your Land*, how you refused to allow it to be sung within your earshot. The time I came home from summer camp with those words on my lips was the one and only time you aimed your ire at me — such beautiful words I thought — we'd been signing them in harmony night after night around the campfire then all the way back to Calgary on the bus — *As I was walking that ribbon of highway I saw above me that endless skyway I saw below me that golden valley This land was made for you and me* — and hearing me you harrumphed and muttered something like Cut the fucking crap, and Grandma pulled you away and shushed and fussed and said Paddon for Heaven's sake she can't be expected to understand, it's just a song she learned at camp, and meanwhile, filthy from a week of learning to follow trails through the woods and recognize stars and bird-class and sleep in a tent, a week of pretending to be an Indian in my group of rosy-cheeked blue-uniformed blonde-pigtailed Girl Guides called the Sarcrees, I had gone up to my room and thrown myself fully dressed on the sparkling white coverlet and cried myself to sleep. (Huston, 1993a, p. 8)

계속되었어요. 어떤 이름들은 나를 꿈꾸게 했어요. 피스 리버, 인챈트. 피스 리버, 인챈트. 아… 또 나는 아버지가 얼마나 '이 땅은 당신의 땅(This Land Is Your Land)'이라는 노래를 싫어했고 당신 근처에서는 이 노래를 부르지 못하게 했던 것을 기억합니다. 내가 이 노래의 가사를 입에 담고 여름 캠프에서 돌아왔을 때 아버지는 나에게 처음으로 화를 내셨어요. 나는 이 노래의 가사가 정말 아름답다고 생각했고, 우리는 캠프파이어에서 밤마다 화음을 맞추어 이 노래를 불렀고 버스를 타고 캘거리로 오는 내내 불렀어요. '나는 구불구불한 고속도로를 걸어오면서 머리 위에 끝없는 하늘을 보았고 아래에는 금빛 계곡을 보았어요. 이 땅은 나와 당신을 위한 땅입니다.' 내가 이 노래를 부르는 것을 듣고 아버지가 '당장 그 이상한 노래를 때려치우지 못하냐'며 중얼거리니까 할머니가 아버지를 데리고 가서 조용히 하라고 하면서 '파동, 이 아이가 뭘 이해하겠니, 그저 캠프에서 배운 노래일 뿐이야'라고 하셨는데, 나는 일주일간 숲 속을 걸어 다니고 별과 새들의 노랫소리를 구분하는 법을 배우고 텐트에서 자면서 지저분해지고 일주일 동안 부르는 뺨이 발그스레하고 금발 머리를 뒤로 묶고 푸른 단복을 입은 사크레(Sarcees)라는 걸스카우트로서 친구들과 함께 원주민인 것처럼 지내다 돌아와서는 내 방으로 올라가 눈부신 하얀 침대보 위에 옷을 입은 채로 누워서 울다가 잠이 들었어요. (휴스턴, 1993a, p. 8)

다음은 휴스턴이 직접 번역한 프랑스어 구절이다.

Il y en avait d'autres, bien d'autres encore. Ces noms me laissaient rêveuse. Peace River, Enchant. Peace River, Enchant. Ah! … je me souviens aussi comme tu détestais la chanson *Cette contrée est à toi*, comme tu refusais qu'on la chante en ta présence ; le jour où je suis rentrée de colonie avec ces paroles sur les lèvres a été le seul jour où tu as braqué ton courroux contre moi. De si belles paroles, pourtant, pensais-je : on les avait chantées à plusieurs voix, chaque soir autour du feu de camp et dans le car qui nous ramenait à Calgary – *Par-dessus ce ruban de route Je vois à l'infini la céleste voûte à mes pieds la vallée dorée Pour toi, pour moi, Dieu fît cette contrée* – mais à m'entendre tu t'es mis à grogner et à grommeler quelque chose comme Qu'est-ce que c'est cette merde et Mamie a dû t'entraîner dans la pièce à côté en disant Chut et flûte et pour l'amour de Dieu Paddon, comment veux-tu qu'elle comprenne, ce n'est qu'une chanson qu'elle a apprise au camp; pendant ce temps, noire de saleté après une semaine passée à suivre des pistes dans la forêt et à apprendre à reconnaître les étoiles et les chants d'oiseaux et à dormir sous une tente, une semaine passée à faire l'Indienne avec les autres scoutes de mon groupe nommé les Sarcis, des filles aux joues roses et à l'uniforme bleu et aux couettes blondes, j'étais montée dans ma chambre me jeter tout habillée sur la courtepointe d'un blanc éblouissant et pleurer toutes les larmes de mon corps. (Huston, 1993b, p. 16-17).

그리고 또 다른, 다른 이름들이 있어서 나는 꿈을 꿀 수 있었어요. 피스 리버, 인챈트, 피스 리버, 인챈트. 아! 아버지가 "이 땅은 너의 땅"이란 노래를 싫어했다는 것도 기억나요. 아버지 앞에서 그 노래를 부르지 말라고 했지요. 내가 그 노래를 흥얼거리면서 방학 캠프에서 돌아오던 날, 아버지는 분노에 차 내게 화를 냈어요. 그래도 나는 그 가사들이 아름답다고 생각했어요. 우리는 매일 밤마다 캠프 모닥불 가에서, 그리고 우리를 태우고 캘거리로 가는 버스 안에서 여럿이 입을 모아 그 노래를 불렀었어요. 이 구불구불한 길을 넘어, 나는 하늘 위로 끝없이 펼쳐진 밤하늘을 보아요, 내 발 아래에는 금빛 계곡이 펼쳐지고, 너를 위해, 나를 위해, 신께서 이 땅을 만드셨어요. 그런데 아버지가 투덜대면서 '이런 거지 같은 노래가 다 있어'라며 중얼거리는 소리가 들렸지요. 할머니께서 아버지에게 '쉿, 조용히 해'하시며 옆 방으로 데려가셨어야만 했어요. 파동, 신의 사랑을 위해, 어떻게 아이가 너를 이해하기를 바라니? 그건 그냥 캠프에서 배웠던 노래일 뿐이야. 그 일주일 동안 숲에서 길을 찾고, 새소리와 별자리를 알아보는 법을 배우느라, 텐트 아래서 자곤 했어요. 그 일주일 동안 사르시스(Sarcis)라는 이름이 걸스카웃 우리 팀의 다른 멤버들, 발그레한 볼에 파란색 유니폼을 입고 말총머리를 한 여자아이들과 인디언 놀이를 하며 보냈어요. 그리고 나서는 새카맣게 더러워졌지요. 나는 내 방에 올라가서, 옷을 입은 채로 빛날 정도로 뽀얗게 하얀 침대보 위로 몸을 던졌고, 온몸을 흐느끼며 울었어요. (휴스턴, 1993b, p. 16-17).

작가의 번역이 원문으로부터 상당히 자유롭다는 것을 바로 알 수 있다. 번역에서 자의적 선택들이 보이기도 한다. 예를 들어 캐나다 지도에 공식적인 프랑스어 이름들이 있기 때문에 번역 할 수 있었음에도 불구하고 일부 지명을 영어로 그대로 남겨두었다. 반대로 노래 가사의 경우 캐나다의 프랑스어권에서 불리는 노래가 아니기 때문에 공식적인 프랑스어 가사가 없음에도 불구하고 번역을 하였다. 사실 캐나다식 영어 가사가 있기는 하지만 이 노래는 원래 미국 노래이다. 더 중요한 점은 그녀가 퀘벡식 프랑스어가 아니라 대륙 프랑스 어휘를 종종 사용했다는 것이다. 이것은 프랑스 대륙식 표현인 'Mamie(할머니)', 'chut et flûte', 'scouts'(퀘벡에서는 여자 스카우트를 'guides'라고 한다), 그리고 퀘벡에서 사용되는 더 화려한 표현들이 있음에도 'Qu'est-ce que c'est que cette merde?(이런 거지 같은 게 다 있어)'와 같은 표현을 사용했다는 것에서 알 수 있다.

휴스턴은 두 텍스트 모두 표준문법을 사용하는데, 영어본에서는 폴라가 북미 영어를 사용하고 프랑스어본에서는 대륙 프랑스어(혹은 대서양 건너 사용되는 프랑스어)를 구사한다. 소설 자체의 배경으로 보면 주인공 폴라가 몬트리올에 살고 있고 퀘벡식 프랑스어를 구사할 것으로 독자들은 기대할 텐데 역설적으로 작가는 유럽식 프랑스를 사용했다. 영어 텍스트를 프랑스어로 재작업하는 데 있어 언어적 전위(linguistic transposition)를 표현하려는 시도는 없었다.

다음 구절에서 볼 수 있듯이 『혼기를 맞은 딸』의 문화간 문체는 사뭇 다르다.

Dear Phyllis,

I asked my humpbacked professeur d'anglais in Sherbrooke au Québec to give me the names of young girls like me living in Canada from time immemorial, analogous to me, do me the favour of telling me, I said, the name of the young girl to whom I will write as my sister, O Phyllis, you are my dear sister in Medicine Hat, Alberta, Canada, aren't you? Do you understand me well, Excuse my so bad English, mister Smith mon professeur d'anglais gave me your precious name, if it will cure your pernicious anemia, he said, and now I have my kindred soul, I am twelve and I believe it is immoral for a woman not to give herself completely to a man she loves unless she has had the poor judgment to fall in love with a man who is bad for her, then she should run a mile from him, do you, Phyllis, on the quiet, secretly read the blacklisted books in the library room of your parents, at night with a flash light, in your pyjamas, to have the shivers, to make you shudder, to be thrilled with delight, to have a tickle In your organism? (Gagnon, 1989, p. 9)

필리스에게,

나는 퀘벡 셔르브룩의 등이 굽은 professer d'anglais (영어선생님)에게 태곳적부터 캐나다에 사는 나와 같은 여자아이들의 이름을 달라고 부탁했고, 나랑 같은 사람으로, 제발 내가 친자매처럼 편지를 쓸 수 있는 소녀의 이름을 알려달라고 부탁을 했는데, 필리스, 너는 캐나다 알버타주 메디슨햇에 사는 내 소중한 의자매 맞지? 내 말이 무슨 말인지 알겠어? 내 영어가 이상해서 미안. 스미스 선생님, mon professeur d'anglais(내 영어선생님)이 나에게 소중한 네 이름을 주었고, 선생님은 '이게 너의 치명적인 빈혈을 치료할 수 있다면' 이라고 말했고, 나는 이제 동지가 생긴 거야. 난 12살이고, 여자가 사랑하는 남자에게 온진히 자신을 주지 않는 것은 부두덕하다고 생각해, 물론 나쁜 남자와 사랑에 빠질 정도로 판단력이 좋지 않다면 물리. 만일 그렇다면 그 남자로부터 1마일 도망가야 해. 필리스, 너는 밤에 잠옷을 입는 재로 몰래 부모님 시제에 들어가서 손전등을 켜고 금지된 책들을 몰래 조용히 읽고, 그러면 오한이 있고 몸이 부르르 떨리고 기뻐서 흥분 되고 네 생물(organism)에 간지럼을 느끼니? (갸농, 1989, p. 9)

영어가 상당히 이상하며 모국어 화자가 아닌 사람에게만 나타나는 이상함이 있다. 일부 표현들은 프랑스어로 두었다. 그러나 이러한 혼합은 일반적인 퀘벡 프랑스어 사용자들이 영어를 구사하는 방식은 아니다. '오한이 들다(to have the shivers)', '누군가로부터 1마일 도망가다(run a mile from someone)' 등 영어사전에서 바로 인용한 표현들을 사용하거나 틀리게 사용하여 장난스럽게 표현한 것이다. '생물체(organism)에 간지럼을 느끼다'와 같은 표현은 재미있는 효과를 위해 일부러 살짝 바꾼 것이다. 이 장난스러운 언어는 상상력이 풍부한 12살 소녀가 외국어로 쓴 글이라는 점을 고려한다면 어느 정도 설득력이 있거나 정당화될 수 있다. 아래는 프랑스어 구절이다.

Chère Phyllis,

J'ai demandé à mon professor d'anglais, genre pont en dos d'âne, in Sherbrooke au Québec where I live with my parents, de me donner des noms de jeunes filles comme moi vivant au Canada depuis des temps immeémoriaux, analogues à moi, et alors mister Smith m'a dit dans un discours pompeux, ma chère Jeanne Després mon anémone, si j'étais sûr que ta pernicieuse anémie s'évanouirait et s'anéantirait, je te donnerais des centaines d'adresses de jeunes filles au Canada, cher english professor, ai-je répondu, considérant toute la force de mon désir de me faire des amies, il serait amoral d'accumuler et de dépenser de vastes sommes de non et de refus dans l'espoir d'amollir mon coeur, faites-moi la faveur de me dire le nom d'une jeune fille à qui j'écrirai comme à une soeur. … ô Phyllis, tu es ma chère soeur à Medicine Hat, en Alberta au Canada, ne l'es-tu pas? aren't you? do you understand me well? excuse mon si mauvais anglais, mister Smith my english professor m'a promis de corriger mes fautes, il m'a donné ton précieux nom et maintenant j'ai une âme soeur, j'ai douze ans, et je crois qu'il est immoral de la part d'une femme de ne pas se donner complètement à un homme qu'elle aime, à moins qu'elle n'ait eu le mauvais jugement d'aimer un homme qui n'allait pas avec elle (papa et maman), alors elle devrait s'en fuir à toutes jambes, est-ce que, Phyllis, en silence et secrètement, tu lis des mauvais livres dans la bibliothèque de tes parents, la nuit avec une lampe de poche, dans ton pyjama, pour avoir des frissons, pour trembler, pour être divinement excitée, pour avoir des chatouillements dans ton organisme? (Gagnon, 1985, p. 13)

사랑하는 필리스,

난 아치 다리처럼 등이 굽은 영어선생님께, where I live with my parents(내가 부모님과 함께 살고 있는) 퀘벡의 셔르브룩에서 나처럼 아주 오래전부터 캐나다에 살고 있는 어린 여자아이들, 나와 비슷한 여자아이들의 이름을 달라고 물었어. 그랬더니 스미스씨는 내게 아주 장황한 대답을 주셨어. 친애하는 잔 데프레, 아네모네처럼 이쁜 사람. 너의 나쁜 빈혈이 심해졌다가 다시 사그라들 것이라고 확신하기에 네게 캐나다에 사는 여자아이들의 주소를 수백 개나 줄 수 있단다. 그래서 내가 대답했어. 친애하는 선생님, 친구를 만들고 싶은 제 욕망을 전적으로 고려한다 하더라도, 제 마음을 약하게 할 수도 있는, 수많은 '아니오'와 거절들을 수집하고 낭비하는 건 부당할 것 같아요. 제가 친자매에게 하는 것처럼 편지를 보낼 수 있는 여자아이의 이름을 하나만 주셨으면 좋겠어요… 오 필리스, 캐나다 알버타 주의 메디신 햇에 사는 나의 사랑하는 자매 맞지? Do you understand me well ?(내가 하는 말을 잘 이해할 수 있어?) 내 영어가 형편없어서 미안. my english professor(내 영어 선생님)인 스미스 씨는 내가 틀린 부분을 고쳐준다고 약속했어. 선생님은 내게 소중한 너의 이름을 주셨지. 그래서 이제 내가 너의 소울 메이트야. 난 12살이지. 그리고 나는 자신이 사랑하는 한 남자에게 자신을 온전히 바치는 여자는 부도덕하다고 생각해. 아빠와 엄마처럼 그녀가 어울리지 않았던 남자를 사랑하는 잘못된 선택을 하

> 지 않았다면 말이야. 그렇다면 그녀는 아주 빠르게 그로부터 도망쳐야 할 거야. 필리스, 조용히 그리고 비밀리에, 한밤중에 잠옷을 입은 채로 손전등을 켜고 너희 부모님의 서재에서 너도 나쁜 책들을 읽곤 하니? 전율과 떨림을 느끼기 위해서, 극도로 흥분하여 너의 온몸에서 쾌감을 느끼기 위해서 말이야? (가뇽, 1985, p. 13)

필자가 휴스턴보다 작가/번역사로서 훨씬 더 많은 자유를 누렸음을 알 수 있다. 프랑스어 버전에서는 앞부분의 대화가 확대되었다. 영어 텍스트의 일부 단어를 뺐으며, 프랑스어 텍스트에 있는 단어들과 영어 텍스트 단어들이 모두 일치하지는 않는다. 일부 영어 표현들("do you understand me well?")은 문법에 살짝 어긋나며, "excuse mon si mauvais anglais(내 영어가 형편없어서 미안)"를 구체적으로 언급한다. 사실 영어의 동일한 효과를 프랑스어로 정확히 재창조하기는 거의 불가능했을 것이다. 비슷한 효과를 내기 위해서는 잔의 편지에 대한 필리스의 답장을 재미있고 비문법적인 프랑스어로 제시해야만 한다. 그러나 그렇게 되면 아예 다른 책이 될 것이다(사실 필자는 '필리스 달튼의 없는 시들(Phyllis Dalton's No Poems)'이라는 제목으로 일련의 시를 쓰기 시작했지만, 필리스가 시를 프랑스어로 쓰도록 하는 시도는 하지 않았다)!

이 구절을 비롯해 다음에 제시되는 구절에서 잔이 필리스에게 글을 쓰면서 동지(kindred spirit), 즉 une âme soeur(소울메이트)과 소통하려는 열망을 잘 드러낸다는 것을 볼 수 있다. 사용되는 언어와 편지 형식이야말로 텍스트를 진행하는 힘이다. 필리스가 상상 속의 친구이기는 하지만 잔이 필리스와 나누는 대화가 텍스트를 생산한다. 지명인 메디슨 햇 자체도 일련의 환상적인 이미지를 자아낸다.

> I am hypnotized by the formidable hat, the holy hat coming down from heaven, lighting upon the Canadians, teaching them, leading them into

all truth, giving them the bold zeal to preach the Medicine Hat unto all provinces, whereby we have been brought out of darkness and error into the clear light and true knowledge of thee, where we are with angles, O Phyllis my pure angel, do not listen to my blasphemies, throw my letter out of the window, I hope I will never send you this string of absurdities, I write only for myself in the obscure hell of my dead love in the family vault. (Gagnon, 1989, p. 15)
난 어마어마한 모자의 체면에 걸렸는데, 하늘에서 내려온 이 경건한 모자가 캐나다인들에 빛을 비추고 모든 진실로 인도하고 모든 이들이 다른 모든 지역에 메디슨 햇(Medicine Hat)을 설파하는 대담한 열망을 주며, 이를 통해 우리는 어두움과 실수에서 벗어나 밝은 빛과 진실된 지식으로 나아오게 되었고, 우리가 천사들과 함께 있는데, 오 필리스, 나의 순전한 천사야, 나의 신성모독적 발언은 귀담아듣지 말고 내 편지를 창밖으로 던져 버려. 나는 너에게 이런 터무니없는 편지를 다시는 보내지 않게 되길 바라, 단지 가족 금고에 있는 내 죽은 사랑의 어두운 지옥에서 나 자신을 위해 글을 쓰는 거야. (갸농, 1989, p. 15)

프랑스어로는 다음과 같다.

Je peux te parler mon cher fantôme, mon double vivant dans un chapeau de magicien si loin dans le Far West, où il est bon pour moi d'entendre le diseur de bonne aventure fabriquer une nouvelle histoire d'amour, je suis hypnotisée par lui et son formidable chapeau, le saint chapeau descendant du ciel, éclairant les Canadiens, pour les guider sur le chemin de la vérité, leur donnant courage, ferveur et zèle pour qu'ils annoncent dans toutes les provinces le divin chapeau, par qui nous avons été tirés de la noirceur et de l'erreur et élevés dans la claire lumière de sa vraie connaissance, donc avec les anges, ô Phyllis, mon pur ange, n'écoute pas mes blasphèmes, jette ma lettre par la fenêtre, j'espère que je ne t'enverrais jamais ce tissu d'absurdités, j'écris seulement pour moi dans l'obscurité, dans l'enfer de mon amour mort dans le caveau de famille. (Gagnon, 1985, p. 24-25)

내가 너에게 내가 사랑하는 유령, 마법사 모자를 쓰고 저 멀리 파 웨스트에 살고 있는 사랑하는 나의 쌍둥이 유령에 대해 말해도 될까. 내게 있어 그곳은 새로운 사랑이야기를 지어내고 멋진 모험담을 듣기에는 정말 좋은 장소야. 나는 그와 그의 멋진 모자에 완전히 반해버렸어. 하늘에서 내려온 신성한 그의 모자는 캐나다인을 깨우쳐 그들을 진실의 길로 이끌고 그들에게 용기와 열정, 헌신을 가르쳐줘. 그들이 캐나다 전 지역에서 그 신성한 모자를 알릴 수 있도록 말이야. 그리고 그 모자 덕분에 우리는 암흑과 과오에서 벗어나 진정한 지식의 밝은 빛으로 천사들과 함께 들어갈 수 있는 거야. 오 필리스, 나의 순수한 천사야, 내 불경한 말들을 듣지 말고, 내 편지를 창밖으로 던져버리렴. 나는 이 부조리한 편지를 너에게 다시는 보내지 않길 바랄게. 나는 어둠 속에서, 가족 묘지에 죽어버린 내 사랑의 지옥에서 오로지 나를 위해 이 편지를 쓰는 거야. (갸농, 1985, p. 24-25)

필자는 어설픈 영어의 효과를 프랑스어에서 그대로 유지할 수는 없었지만, 맥락에 맞지 않은 관용적 표현을 사용하여 언어의 재미를 살렸다. 예를 들어 '편지를 창밖으로 던지다'에 "jette ma lettre par la fenêtre"를 쓰고, "하늘에서 내려오는 성스러운 모자"에 "le saint chapeau descendant du ciel"라는 표현을 썼다. 성경적 비유도 마찬가지의 역설적 효과를 유지할 수 있었으며 초자연적인 주술사가 캐나다를 둘러싸고 있는 코믹한 이미지를 살렸다. 그렇지만 이 모든 것에도 불구하고 프랑스어 텍스트가 영어 텍스트보다 언어적으로 더 평범하다는 것을 인정한다.

결론

필자는 이중언어 글쓰기/자가번역 경험에 대한 전체적인 평가를 하면서 결론을 맺고자 한다. 이러한 경험의 가장 놀라운 점은 무엇이 원작이고 무엇이 번역인가에 대한 캐나다와 퀘벡 출판사들의 기대를 뒤엎는 효과였다. 흔한 캐나다/퀘벡 아이러니로 두 소설 모두 원작 언어가 아니라 번역된 책이 저명한 상을 받았다. 『Cantique des plaines』는 1993년 캐나다 총독상을 받았으며, 『La Fille à marier』는 1986년 le prix Molson de l'Académie des Lettres du Québec 상을 받았다.

서로 다른 이유로 두 작품의 원작을 가려내는 것이 어려웠다. 『Cantique des plaines』은 프랑스어 소설 부문에서 총독상을 받았을 때 상당한 논란이 있었다. 가장 큰 문제는 퀘벡 지역에서 이 책이 원작 텍스트인지 번역인지에 관한 것이었으며, 번역이라고 주장하는 측은 이 소설이 번역 부문에서 경쟁했어야 한다고 주장했다. 『혼기를 맞은 딸』은 프랑스어판이 원작인 것처럼 먼저 출판되었다. 필자가 영어본을 원작 텍스트로 인정해 달라고 요청하고 노력했음에도 불구하고 4년 후에 이 영어책은 코치하우스(Coach House)의 '저자 번역'을 주제로 한 번역서 시리즈로 출간되었다.

두 번째로 중요한 점은 이중언어 글쓰기/자가번역의 모티브이다. 다른 언어로 창작을 결정함으로써 휴스턴과 필자는 새로운 시장을 대상으로 글을 쓸 수 있었지만, 단순히 상업적 이윤만을 생각한 것은 아니었다. 작가로서 필자는 프랑스어의 틀에서 벗어나 영어권 캐나다 독자들에게 다가가기를 원했다. 잔 데프레는 엄마의 검열을 피하고 필리스와 소통하기 위해서 영어로 글을 쓴다. 휴스턴의 경우 영어로 처음 글을 쓰면서 영어가 특정한 감정적 가치를 지녔던 어린 시절 기억으로 되돌아갈 수 있었다. 그러므로 책마다 정도와 방법의 차이는 있지만, 창자 언어의 선택은 줄거리 구조와 긴밀한 관계가 있다.

셋째, 이 경험은 포스트식민주의적 측면을 지닌다. 휴스턴과 필자는 포스트식민지 문화의 맥락에서 창작했지만 우리의 위치가 동일하지는 않다. 『평원의 성가』에서 영어로 되돌아가는 것은 작가에게 있어 더 약한 비문화(non-culture)로 돌아가는 것을 의미한다. 그녀가 알버타의 어린 시절 영어권 문화를 묘사하는 용어들을 보면 분명히 양립적 감정이 느껴진다. 『평원의 성가』의 줄거리 구조를 보면 작가는 영어를 사용하기는 하지만 서술자를 퀘벡에 두어 자신과 알버타 사이에 거리를 두는 장치로 사용한다. 또한, 식민지 문제들은 원주민의 현실을 환기하는 것으로 대체한다. 그러나 이러한 포스트식민주의적 비판 효과는 번역 과정에서 살아남지 못했다. 더 정확히 말해 이 효과는 부분적으로 대체되고 부분적으로는 축소되었다. 대륙 프랑스어를 사용하고 프랑스 문학 규범에 따라 더 전통적인 문학 구조를 사용했기 때문에 그녀의 책은 제국주의 프랑스 문학 규범에 더 적합하다고 볼 수 있다. 영어를 사용하는 알버타 출신 작가로서 느껴지는 그녀의 문제들(불안감)이 프랑스어로 옮겼을 때 거리가 생기고 묻힌다. 이와 동시에 원주민에 대한 언급과 알버타의 현실은 프랑스 독자들에게 이국적인 것으로 재식민지화된다. 따라서 그녀의 프랑스어 버전이 캐나다보다 프랑스에서 더 많이 판매된 것은 놀라운 일이 아니다.

필자의 경우 프랑스어/프랑스 문화 헤게모니로부터 거리를 유지하려고 애썼다. 영어의 사용은 필자가 언어 패턴을 깨고 새로운 창조적 공간을 찾기 위한 방법이었다. 그러나 퀘벡 사람이 지배적 언어인 영어로 글을 쓰는 것에 대한 정치적 이슈들이 있다. 필자는 절대진리를 추구하는 12살짜리 어린 등장인물을 통해 이 문제를 다루었다. 이 소녀가 영어를 잘 못 사용할 테니 필자는 제국주의 영어를 조롱하고 장난을 칠 수 있었으며 1759년 퀘벡을 정복했던 영국인들에 대해 일종의 문학적 복수를 한 셈이다. 잔의 영어는 현실적이지 않지만 창의적이며 파괴적이다. 이러한 파괴적 효과를 프랑스어로 옮기면서 그대로 살리기 무척 어려웠다. 앞서 언급했듯이 거울처럼 그대로 반대로 비춘다면 다른 책을 쓰는 셈이 될 것이다. 영어책은 좀 더 자유롭지만, 프랑스어책은 더 전통적이다. 하지만 『La Fille à marier』은 어린 필리스를 계속 불러내는 소통적 구조를 통해, 그리고 필자가 프랑스어에서 유지할 수 있었던 창의적이며 재미있는 언어적 요소들을 통해 여전히 프랑스어에서 궤도이탈적 특징을 유지했다.

캐나다-퀘벡의 포스트식민주의적 문화교류 맥락에서 보면 타인을 부르는 것이 문학적 관습의 탈식민지화 전략이라고 할 수 있으며, 적어도 휴스턴의 경우 식민지화의 장소를 옮겼다고 볼 수 있다. 저자의 자가번역이 아닌 일반적인 번역 관행에서는 전통적 문학 규범들을 선호하는 경우가 더 많아서 번역과정은 창작에 비해 제국주의적 규범의 영향을 더 많이 받는다는 결론은 논리적이며 역설적이다. 번역된 텍스트로서 『Cantique des plaines』와 『La Fille à marier』는 대응되는 원작보다 문체적으로 더 전통적이라고 느껴진다. 자신의 모국어(필자와 휴스턴 모두 프랑스어)로 돌아가면서 다른 언어를 통해 파괴하려 했던 모든 문학적, 언어적 규범들로 회귀하는 것처럼 보일 수 있다.

결론적으로 이와 같은 캐나다에서의 이중언어 창작/번역 경험은 동기 측면에서 타국 거주 작가 전통과 중요한 차이를 갖는다.[3] 언어의 이동은 실질적인 문화간 의사소통과 감정적 측면을 가지며 본 논문에서 살펴 본 경우를 비롯해 다른 캐나다의 이중언어 창작/번역 경험에도 적용된다. 언어를 바꾸는 것으로 국외거주 작가들이 새로운 창조의 통로를 찾기도 하지만, 『평원의 성가』와 『혼기를 맞은 딸』에서는 언어 변경이 수반하는 감정적, 심미적 모티브들이 모여서 텍스트의 언어와 줄거리와 서술적 구조를 생산했으며 문화적, 언어적으로 공유된 공간에서 이루어지는 문화간 소통을 강조했다. 아마도 이러한 점이 언어 변경이 그렇게 강력한 텍스트 생산자임을 설명할 수 있겠다.

복잡한 문화간 특징들을 지닌 네 종류의 텍스트 모두 탈식민수의 경험의 혁신적인 문화 간 공유의 가능성을 제시한다. 이 텍스트들은 새로운 관점에서 문화간 의사소통과 정밀한 연구를 장려한다. 바로 이러한 문화간 탐구로 새로운 창작 공간이 열린다는 것이 가장 중요한 결론이다.

미주

1. 베케트의 영어와 프랑스어 작품의 원작 또는 번역본으로서의 관계에 관한 많은 비평 문헌이 존재한다. 예를 들어 피치(Fitch, 1998)와 롱(Long, 1995)을 참조하자.

2. 그녀는 특정한 '이론적 소박함(naivete)'을 회복할 필요가 있어서 영어로 돌아갔다고 말하기도 했다(휴스턴, 1999, p. 50, 저자 번역).

3. 내용으로 볼 때 『평원의 성가』는 캐나다를 배경으로 한 휴스턴의 유일한 소설이다. 다른 작품들 대부분은 국외거주작가의 글쓰기 전통으로 보아야 할 것이다.

John Benjamins Series

04 Sociocultural aspects of translating and interpreting

제 6 장

드러난 권력 관계

여성 번역의 실태

'번역 분야'에서의 여성

미카엘라 울프 Michaela Wolf
오스트리아 그라즈대학교

독일어권 국가에서 페미니스트 번역이 점차 중요한 역할을 하고 있다. 이러한 변화에 대한 대규모 실증연구 프로젝트는 번역의 사회적 맥락의 변화를 보여준다. 참여하는 사회주체(대부분 여성)의 관계에 초점을 맞추어 맥락을 분석했고 부르디외(Bourdieu)가 발전시킨 상징형태이론(theory of symbolic forms)을 바탕으로 실증데이터를 살펴보았다. 사회적으로 규제되고 규제하는 요인들이 끊임없는 투쟁 속에서 번역의 여러 단계에서 작용한다는 것을 보았다. 대부분 여성으로 구성된 번역 분야를 재구성하려는 노력을 통해 번역이 참여 주체들에 의해 끊임없이 협상하여야 하는 문화적, 정치적, 경제적 가치와 기타 가치들에 의해 규정된다는 것을 알 수 있다.

서론

'문화적 전환'을 맞이하여 1990년대 번역학에 포스트식민주의적 번역, 민족지학적 접근, 페미니스트 번역 등의 분야들이 등장하였다. 이와 같은 새로운 접근법들은 기존의 개념들을 재정의하고 번역을 문화적 행위로 보는 관점을 형성하였다. 그러나 번역의 생산과 수용 조건에 대한 문제를 보면 이전에는 번역과 제도의 상호작용, 번역과정에서 사회적 주체들과 에이전시의 역할 등과 같은 사회적 측면에 관한 논의가 많지 않았음을 알 수 있다. 여러 학자가 번역의 사회적 맥락화의 수준이 매우 높다고 지적했지만, 사회적 행위로서의 번역을 분석하기 위한 일관된 틀을 제공하지는 못했다. 최근에 그러한 틀을 제시하려는 시도가 있었는데, 예를 들면 구앙빅(Gouanvic, 1999, 2002), 헤르만스(Hermans, 1999, 120 ff), 시모니(Simeoni, 1998), 울프(Wolf, 2002) 등이 부르디외와 루흐만(Luhmann)과 같은 사회학에서 발전한 접근법들을 빌렸다. 이러한 움직임이 번역의 사회학 토대를 마련하는데 기여하겠지만 한 가지 부족한 부분은 번역의 사회적 영향과 젠더 문제의 상관관계이다.

본 논문에서는 번역계의 젠더 문제를 들어 페미니스트 문학 및 여성문학 분야에서의 번역 행위와 편집 정책을 논의한다. 여기서 '여성문학'이란 여성에 의한 또는 여성을 위한 의식적인 젠더 관련 글쓰기를 의미하며, '페미니스트 문학'은 여성 운동과 정치적 의제들을 목적으로 한 저술활동을 의미한다(슈미트-보텐슐라거(Schmid-Bortenschlager), 1989, p. 50f 참조). 그러나 두 영역이 별개가 아니라 상호 영향의 결과로 간주해야 한다. 방대한 실증연구를 통해 여성번역 및 페미니스트 번역 생산에 영향을 미치는 요소들을 조사했다. 이 분야에 관여하는 주체들 간의 건설적 협력이 이루어지는가? 아니면 번역사의 성별에 따른 특정한 역할이 있는가? 본 논문은 부르디외의 상징형태이론을 활용하여 여성에 초점을 맞추고 이들의 관계를 규명하여 번역의 사회적 공간들을 열고자 한다.

페미니스트 번역의 이론과 실제

출판사들의 여성번역과 페미니스트 번역이라는 구체적인 주제를 상세히 다루기 전에 간단히 오늘날 페미니스트 번역의 이론과 실제를 고찰하고자 한다.

2000년에 독일어 사용 국가들의 연구와 교육에 있어 페미니스트 번역 현황을 조사하고 여성(주로 문학) 번역사들의 사회적 상황을 파악하기 위해 우리 학과[1]에서 연구 프로젝트를 시작하였다(메스너와 울프(Messner and Wolf), 2000). 첫 번째 단계로 53개 대학교와 기술전문대학에 설문지를 보냈고 회신율은 67.9 퍼센트(36개 대학/전문대학)였다. 데이터를 보면 체계적 학문 분야로서의 페미니스트 번역은 아직 초창기임을 알 수 있다. 그렇지만 이 기관들에서 역사적 주제에서부터 페미니스트 언어학과 성경 번역에 이르기까지 매우 다양한 연구 분야를 다룬다. 이러한 연구는 대부분 관련 학자들이 개인적으로 진행하고 있다.

교육과 연구기관들을 살펴보면 독일, 오스트리아, 스위스 21개 번역학과 중 10곳이 설문지를 보내왔다(회수율 47.6퍼센트). 특히 흥미로운 것이 학과의 교과과정 중에 젠더와 관련된 주제가 있는지에 대한 질문이었는데, 12.5퍼센트는 응답하지 않았고 87.5퍼센트는 아니라고 답했다. 젠더 문제는 통번역 학과에서 중요하게 다루어지지 않는 것으로 보인다. 그러나 응답자의 25퍼센트는 가끔 페미니스트 번역에 관한 강의나 세미나를 열 때가 있다고 답했고 12.5퍼센트는 번역의 이론과 실제에 관한 다양한 강의에서 젠더 문제를 다루려고 노력한다고 답했다. 전체 학과의 75퍼센트 정도는 페미니스트 주제를 다뤄본 적이 없으며, 페미니스트 문제를 다룬 경험이 있는 일부에서도 주로 페미니스트 언어학에 초점을 두었다. 페미니스트 번역에 대한 프로젝트를 진행한 학과는 없으며, 하나의 프로젝트만이 기획 단계에 있다.

본 연구 프로젝트의 두 번째 단계로 페미니스트 번역의 실제를 조사하였다. 설문조사를 위해서 전문가협회, 출판사, 인맥과 우편물 발송 리스트 등을 활용하여 페미니스트 번역사들을 접촉했다. 설문에 응한 46명의 번역사 가운데 85퍼센트는 출판사에서 문학과 과학 텍스트를 번역하며 15퍼센트만이 기업과 에이전시에서 번역 한다. 이들 대부분이 번역사에 대한 부정적인 인식으로 힘들어하며 인터넷과 통신의 발달로 번역사들이(주로 여성) 추가로 직면하는 사회적 고립과 눈에 보이지 않음(비가시성)이 상황을 악화시킨다.[2] 페미니스트 번역은 주로 문학 분야에서 이루어지며 대부분 여성탐정 소설과 레즈비언 소설로서 여성을 주요 독자로 삼는 일반 서적이다. 광고 번역사들은 최근 몇 년간 정치적으로 합당한 언어 사용이 늘어나면서 제한된 의미에서의 페미니스트 번역 전략을 취하게 되었다고 말한다. 많은(여성) 번역사들의 근무 상황이 불안정하기 때문에 종종 이들은 다른 일을 병행하는데, 이를 '생계를 위한 일'(실제로 '밥벌이(Brotberuf)')이라 부른다. 설문에 응답한 여성들의 40퍼센트 정도는 비서, 언론인, 고등학교 교사 등 직업을 갖고 있지만, 번역 활동에 감정적으로 전문적으로 온전히 몰입하고 있음을 강조했다.

프로젝트의 세 번째 단계에서는 세 영역에 대해 추가로 분석했다. 첫째, 설문지의 낮은 회수율이 보여주듯(85개 에이전시와 사무소 중 12퍼센트) 번역 에이전시나 사무소는 젠더 문제에 별로 관심이 없는 것으로 보인다. 둘째, 우리는 독일어권 국가들에 있는 번역사 협회에 간단한 설문지를 보냈고 회수율이 50퍼센트였다. 이 협회들은 언어 사용의 변화를 무시하려는 것은 아니지만 회원들에게 포용적 언어(inclusive language)를 사용하려면 아무도 눈치채지 못하게 하라고 다소 건성으로 제안한다. 셋째, 우리는 독일, 오스트리아, 스위스의 102개 국제기구와 정부부처를 접촉하였고(UN기구들과 NGO 등) 회수율이 다소 놀랍게도 32.4퍼센트였다. 많은 기구에서 번역사의 포용적 언어 사용을 위한 매뉴얼과 핸드북, 가이드라인을 사용하며 일부 기관은 심지어 페미니스트 번역 생산을 위해 페미니스트 사전과 백과사전도 사용한다.

편집정책에서의 젠더 문제

여성번역 혹은 페미니스트 번역에 있어 많은 것을 보여주는 것이 바로 출판사들이다. 조사 대상기간은 1998년부터 2000년이었다.[3] 자칭 '여성출판사'(Frauenverlage)인 56곳의 출판사에게 신간목록과 카탈로그를 보내달라고 요청했다. 여기에서 '여성출판사'는 소규모 출판사로서 여성이 소유 및/또는 경영하며 여성에 의한/을 위한 도서를 주로 출판한다.[4] 접촉한 출판사 중에서 41퍼센트가 응답했다. 이들이 출판하는 도서의 33.2퍼센트가 번역서이며 64.1퍼센트는 독일어 원작이고, 전체 도서의 2.7퍼센트는 이중언어판이었다.

여성 출판분야의 번역 관행에 대해 세 가지를 언급하고자 한다: 출판사 카탈로그에서 번역사 언급 여부, 출판사 관점과 번역사 관점에서 본 출판사와 번역사의 협력 상황이다.

첫째, 여성출판사 카탈로그에 담긴 출판물 중 거의 69퍼센트에 번역사의 이름이 기재되어 있다. 이 중 91퍼센트 가량이 여성번역사이고, 3퍼센트만 남성번역사이며 나머지는 혼성 번역팀들이었다.

두 번째로 대형 출판사에서 기획한 여성을 위한/에 의한 도서 시리즈인 '여성 시리즈' 카탈로그를 분석했다. 여기에는 일반 출판물 이외에도 특별 기획도서가 포함된다. 우리가 연락한 일곱 곳의 대형 출판사 모두 여성 시리즈 프로그램을 보내주었다. 뜻밖에도 이 중에서 두 개의 시리즈만 번역사 이름을 표기했다. 즉, 여성 시리즈에 속하는 모든 출판물 중 17퍼센트만이 번역사 이름을 표기했다. 여성출판사들과 비교했을 때 성별 분포에서도 큰 차이를 보였는데, 전체 번역사의 50퍼센트가 여성, 33퍼센트가 남성, 그리고 나머지는 혼성 번역팀들이었다.

출판사의 관점에서 출판사와 번역사의 협업에 대해 분석하기 위해 독일어권 국가에서 여성출판사들이 출판하는 여성 및 페미니스트 번역에 대해 우리 학과에서 석사논문을 쓴 논문지도 학생인 마티나 호퍼의 도움을 받았다. 그녀가 독일, 오스트리아, 스위스에 있는 234개 여성 출판사들에 연락하여 47퍼센트의 회수율을 얻었다.

여기에 사용된 질문지는 번역사 및 여성번역사에 대한 기대와 요건에 초점을 두어 권력관계를 파악하고자 했다. 대부분의 여성출판사들(약 60퍼센트)은 젠더 문제와 관련하여 번역사에게 요구하는 사항을 분명히 가지고 있었지만, 자세히 들여다보면 여성출판사들과 여성 시리즈 사이에 엄청난 격차를 발견할 수 있다. 전체 여성출판사의 60퍼센트 가량은 페미니스트 이론에 대한 지식 및 페미니스트와 젠더 관련 이슈에 대한 의식과 경험을 요구하는 반면, 여성 시리즈의 편집자들은 그러한 사항을 전혀 언급하지 않는다. 이들은 언어 간 중개인으로서 번역사의 실력과 조건만 따질 뿐이다. 포용적 언어 사용에 관해서 상당히 놀라운 결과를 얻었는데, 전체 여성출판사의 20퍼센트, 여성 시리즈의 4.5퍼센트만이 번역에서 여성을 배려한 언어를 명시적으로 선호했다.

또한 전체 여성출판사 중 3분의 2가량이, 그리고 여성 시리즈 중 절반(56퍼센트)가량만이 번역사와의 협업을 권장했다. 그러나 대부분의 경우 협업의 개념이 원저자와 번역자가 연락처를 교환하는 정도이며 도착어 독자, 특정한 번역 전략과 같은 논의는 거의 언급되지 않았다(호퍼, 2001, p. 89ff 참조. 호퍼, 2002, 158f).

여성출판사들과 여성 시리즈 편집자들로부터 수집한 내용은 여성 및 페미니스트 텍스트 번역사들에 의해서도 일부 확인되었다. 앞서 언급한 대로 본 연구 프로젝트에서 페미니스트 번역 행위도 조사했다. 응답한 46명의 번역사는 여성출판사들과의 협업 경험에 대한 상세한 정보를 제공했다. 이들은 출판사들이 여전히 번역이 '아름다우면서 눈에 띄지 않아야' 한다고 믿는 벨 장피델(*belles infidèle*) 패러다임을 갖고 있디고 불평했다. 번역사는 베누티(Venuti, 1995)가 상세히 기술한 대로 유창하고 투명해야 하며 텍스트에 번역사의 흔적이 없어야 한다는 뜻이다. 실제로 대부분 번역사가 텍스트의 편집자인 경우에만 역자서문, 역자후기, 주석이나 미주를 허용한다. 포용적 언어나 페미니스트 언어를 채택해도 '유창성이 떨어진다' 혹은 '미학적으로 어울리지 않는다'는 이유로 대부분 교열자에게 거부당한다. 그리고 페미니스트 언어를 사용할 경우 반대에 부딪히는 것은 신참 번역사에게만 해당되는 것은 아니라 유명한 번역사들도 텍스트가 너무 '튀는' 경우 거절되기도 한다. 이런 문제에도 불구하고 많은 번역사는 지난 몇 년간 여성출판사들이 번역에서 페미니스트 문제의식을 갖기 시작했으며 창의적 페미니스트 글쓰기가 세력을 확장하고 있는 것 같다고 강조한다. 일례로 함부르크에 위치한 출판사 아규먼트(Argument)는 번역 텍스트에서 여성과 페미니스트 담화를 드러내기 위해 번역사들에게 별도의 문체 가이드를 제공하고 있다.

여성 번역사들의 실제 경험에 대한 조사를 보면 만일 번역사가 아주 포괄적인 의미에서 페미니스트 번역 전략을 제안할 경우 여성출판사의

55퍼센트가 긍정적인 반응으로 보이고, 30퍼센트는 고객들이 원하지 않는다고 말하며, 15퍼센트는 무조건 그러한 제안을 거절한다(메스너와 울프, 2000, 46f).

부르디외의 발견적 접근

이제 여성출판사들의 여성 번역 및 페미니스트 번역에 영향을 끼치는 다양한 요소를 부르디외의 상징형태이론(theory of symbolic forms)을 이용하여 해석하고자 한다. 먼저 부르디외의 문화사회학의 주요 범주들을 살펴본 후 '여성번역 출판의 장(field)'에 대해 상세하게 고찰할 것이다.

프랑스 사회학자이자 철학자로 2002년 사망한 피에르 부르디외는 가장 생산적인 현대 사상가 중 하나였음이 틀림없다. 그의 사회학적 인식론에 따르면 사회적 현실은 실제적으로 구축된 관계들의 총합으로 볼 수 있다. 이러한 관계는 개인과 사회의 상호 역동성을 반영한다. 이들은 어떻게 사회적 행위자(개인 또는 조직)가 사회에 의해 구축되며 사회가 어떻게 행위자들에 의해 구축되는지 메커니즘을 드러낸다. 부르디외는 장(field), 아비투스(habitus), 그리고 자본(capital)의 범주로 이러한 인식론적 층위의 관계를 규정하며, 이 범주들은 행위자들과 이들의 에이전시(agency)를 통해 상호작용하게 되고 그 결과 부르디외가 '사회적 관습(social practice)'이라 부르는 것이 만들어진다.

장(field)은 문화자본, 주택, 교육, 고용, 사회계층 등 어떤 자원이 중요한가에 따라 규정된다. 장은 개인과 조직이 차지하는 사회적 지위의 구조화된 체계이며, 장의 성격에 따라 구성원들의 상황이 정의된다(부르디외, 1984, p. 113). 다른 범주들과 마찬가지로 이것은 사회적 구축물로서, 이를 통해 사회를 정체성과 다름(difference) 사이의 권력 관계로 이해할 수 있다. 사회적 장 안에서 행위자들은 자신의 아비투스 및 다양한 소유 자본을 기초로 권력 관계 유지 또는 변경을 위해 몸부림친다.

아비투스는 초기사회화와 경험을 통해 개인이 습득하는 것이다. 추상적 개념으로서 아비투스는 통합된 기질 체계를 조직하는데, "지각, 음미, 행동의 지속적이면서 교환 가능한 일련의 원칙들이며, 의도적인 적응의 노력 없이도 […] 상황에(대체로) 적절한 표상(representation)과 행위들을 만들어 낼 수 있는 능력을 지닌다"(부르디외, 1991, p. 29). 가치, 규범, 태도와 같은 기질들은 강력하게 통합되어 행위자의 성격으로부터 더 이상 분리될 수 없기 때문에 행위자의 개인적 라이프스타일을 구성한다. 그래서 아비투스는 최소한 두 가지 원칙으로 규정지어지는데, 하나는 관계적 원칙으로서 행위자와 다른 사회적 객체(예를 들어 문화상품) 및 다른 행위자들과의 관계를 규정하며, 다른 하나는 생성적(generative) 원칙으로서 행위자가 다른 행위자들 혹은 사회적 상품들과 맺는 관계를 통해 아비투스의 새로운 측면들이 생성된다(부르디외, 1994, p. 29). 마지막으로 행위자의 자본이 중요하다. 물질의 형태로, 그리고 '통합된' 형태로 존재하는 '축적된 노동'으로서의 자본(부르디외, 1997, p. 49)은 사회적 행위자의 결정들, 즉 행위자가 개발하고 통합하며 표현하는 고유한 특징들과 성질들의 합으로 설명할 수 있다. 행위자들의 자원을 구분하기 위해 부르디외는 자본을 네 유형으로 구분했다: 경제자본(물질적 소유), 사회자본(가족, 친구, 동료 등 관계), 문화자본(교육, 지식, 지위 등) 및 상징자본(위신과 사회적 영예). 다양한 자본 유형의 분배 양상은 사회적 세상 및 사회적 현실의 영구적 작동을 가능케 하는 세력에 내재된 구조와 상응한다.

아비투스와 자본을 바탕으로 사회적 행위자들은 장 안에서 끊임없이 경쟁하고 자신들이 내놓는 다양한 형태와 규모의 자산의 집중도에 따라 성공을 거둔다. 앞서 언급한 대로 아비투스, 자본 그리고 장의 관계는 추상적 구조이며, 이는 일상의 행위와 관습을 통해 확인되어야 비로소 '실제'가 된다. 장의 기능은 네 가지 원칙에 기반을 둔다. 첫째, 사회적 자치로 결정되는 장의 설립은 사회적 공간 내에 장이 존재할 수 있도록 한다. 자치(autonomy)는 특정한 이해를 위한 행위자들의 투쟁을 통해 얻어진다. 두 번째 원칙은 장의 구조인데, 부르디외는 이것이 관련 행위자들의 권력관계를 통해 구성된다고 보며, 장의 '안정성'은 제도를 통해 유지된다. 세 번째 원칙은 장 안에서의 영구적인 투쟁이며, 이는 기본적으로 행위자들을 대신한 자본의 축적과 변환에 달려있으며, 이것이 결국 행위자의 사회적 지위를 결정한다. 마지막 원칙은 장의 재생산이며, 이는 그 장의 행위자들과 제도의 영구적인, 그리고 계속 갱신되는 관심을 통해 가능해진다(파필루드(Papilloud), 2003, 60ff).

문학 '번역 장'에서의 여성

이러한 관점에서 우리는 출판 장(이것은 문학 장의 하위 장이다)의 일부로 '여성 출판 장'의 존재를 가정할 수 있다. 이 장에서 활동하는 행위자들은 편집자, 출판사, 작가, 교열자, 서점, 평론가, 독자, 언론, 번역사, 유통사 등이며, 이들 모두 여성 중심의 혹은 페미니스트 문학 출판과 관련되어 있다. '번역 장'은 '여성 출판 장'과 일부분만 겹치며 성격 또한 다르다. 번역 장은 제도화되어 있지 않고 일시적으로만 존재한다. 그 이유 중 하나는 많은 번역사가 프리랜서로 단기 계약을 중심으로 일을 하기 때문이다. 또 다른 이유는 존재의 구성요소인 번역의 명백한 중개적 성격에 있다.[5] 이 모든 요인을 고려할 때 다음과 같은 이유로 '번역 공간(translation space)'이라는 용어를 사용하는 것이 더 적절하다고 생각된다.

필자는 번역의 장 혹은 공간이 항상 문학적 장, 학술적 장, 정치적 장 등 다양한 장 '사이'에 위치한다고 주장한다. 그러나 번역의 장의 기능을 뒷받침하는 메커니즘은 다른 장들과 사뭇 다르다. 부르디외에 따르면 행위자들은 장 안에서 영속적 위치를 차지하기 위해 끊임없이 투쟁한다. 그런 위치를 제공할 수 있으려면 장이 견고한 구조를 갖추고 있어야 하고, 장기적 위치들이 있어야 하며, 행위자들 사이의 경쟁적 투쟁을 가능케 하는 계층화가 되어 있어야 한다. 이것은 번역의 특성상 번역 공간에서 요구되는 중재 프로세스 규범의 재형성과 재창조가 지속해서 이루어지는 상황과 많이 다르다(울프, 2005). 실제로 우리의 조사를 따르면 여성 번역사들 중에 번역학 학위가 있는 사람이 없으며, 이는 '번역의 장/공간'의 구조적 연약함에 일조한다.

다음으로 부르디외의 범주에 기초하여 두 그룹의 행위자인 여성출판사들과 여성 번역사들을 살펴보자. 여성출판사의 아비투스는 파악하기 까다롭다. 일반적으로 전통적(남성 중심) 출판 관습에 대한 저항과 여전히 결정적 요인이 되는 시장의 관습에 대한 순응 사이에서 계속 오간다고 묘사할 수 있겠다. 그럼에도 여성출판사들 및 행위자들의 헌신으로 오늘날 여성문학이 국제 출판시장의 중요한 부분이 되었다. 이러한 '성공 스토리'의 배경에는 무엇보다도[6] 여성 편집자들과 페미니스트 편집자들의 관습이 큰 역할을 했고, 이것은 이들의 아비투스의 결과로 이해할 수 있다.

부르디외는 아비투스에 시간적 측면을 더하여 두 종류로 구분했는데, 일차적 아비투스는 초기사회화의 결과물이며 이차적 아비투스는 일차적 아비투스를 기초로 할 뿐만 아니라 시간이 지나면서 자본이나 다른 행위자들의 위치와 같이 장 내의 다른 영향력들과 강렬하게 상호작용하는 경험들을 통해 사회적 관계를 발전시키는 것이다. 여기서 우리가 다루는 아비투스는 대부분 이차적 유형이며 이를 '젠더 중심 아비투스(gender specific habitus)'라 부르기도 한다(크라이스(Krais), 1993, p. 217).

번역사의 아비투스는 순종적이고 부차적이라고 표현된다. 시모니에 따르면 "자신의 전문 영역에서 번역사의 내재화된 위치(internalized position)"로 인해 번역사는 "효율적, 시간 엄수, 근면 성실, 조용하고 보이지 않는다"는 관점을 갖게 된 것이다. 시모니는 다음과 같이 주장한다.

> 오늘날 서구에서 번역사가 된다는 것은 거의 완전히 복종하는 사람이 되는 것을 의미한다: 고객, 대중, 저자, 텍스트, 언어 자체 등에 복종하며, 가까운 접촉이 이루어지는 상황에서는 이해를 잘할 수 있도록 도착문화 혹은 하위문화에 복종하는데 합의하는 것을 의미한다. (시모니, 1998, p. 12)

따라서 지난 2천 년 넘게 그랬던 것처럼 번역을 전통적인 '부차적 행위'로서 생각할 수 있다. 이러한 복종이 이루어지는 이유는, 특히 여성 번역사들의 경우 부르디외의 주장에 따르면 사회에서 남성은 지배하는 행위자로서, 그리고 여성은 지배받는 행위자로서 남성과 여성 모두 동등하게 남성우월주의에 기여한다는 것이다. 부르디외는 남성지배주의가 우리의 사회적 관습과 무의식에 깊게 자리 잡고 있기 때문에 우리는 거의 이를 의식조차 하지 못한다고 주장한다. 남성 중심 현상이 우리가 예상하는 바와 너무나 잘 맞아떨어지기 때문에 의문을 제기하는 것조차 어려운 것이다. 부르디외는 남성우월주의가 매일의 사회적 삶을 통해 이루어지는 부드럽고 보이지 않으며 만연하게 존재하는 폭력의 형태인 상징적 폭력의 적절한 예라고 분석하며, 이러한 우월주의를 이해하기 위해서는 역사를 본성(nature)으로 전환하고 자의성(arbitrary)을 영속화하는 가정, 학교, 교회, 국가 등의 사회적 메커니즘과 제도를 분석해야 한다고 말한다. 그래야 비로소 남성과 여성의 관계를 체화하고 탈역사화한 메커니즘들을 중성화시키고 역사를 다시금 움직이도록 하는 정치적 행동의 새로운 가능성을 열 수 있을 것이다(부르디외, 1998). 번역사의 복종성(subservience)이 성별과 관계된 것만은 아니고 남자 번역사에게도 적용된다고 주장할 수 있다. 물론 모든 시간과 장소에서는 아닐지라도 수 세기에 걸쳐 계속된 상황이며 분명히 지위(명성)

와 관련된 것이다. 그러나 본 논문의 초점은 여성/페미니스트 입장으로 국한되며, 이들의 복종적 '수치(reproach)'는 두 가지 측면에서 규정된다. 첫째, 모든 다양한 형태로 여전히 상징적(그리고 비상징적) 폭력이 존재하는 사회 전체가 이러한 복종을 규정한다. 둘째, 좁은 의미에서 번역사의 성별과 관련된 근무 조건들에 의해 규정되는데, 여성 번역사가 더 많음에도 불구하고 사회의 인식, 부르디외가 규정하는 모든 형태의 인정 및(인정과 긴밀히 연결된) 경제적 수익 측면에서 여성은 남성보다 훨씬 뒤처져 있다.

본 논문에서 제시한 실증 연구에서 보듯이 여성출판 분야의 여성 번역사들이 남성 위주의 게임에 실제로 참여하지 않는다는 점이 특히 흥미롭다. 물론 '고객의 기대'에 맞추어 행동한다는 번역사들도 많이 있다(그러나 그러한 기대가 정확히 무엇이며 누가 무엇을 규정하는지를 어떻게 알겠는가?). 경제적 측면에서도 대부분의 번역사가 어려운 처지에 놓여 있으며, 충분히 이해가 가는 상황이다(메스너와 울프, 2000, p. 47). 그러한 복종은 부르디외의 상징적 재화 이론을 강조하며 확인시켜 준다. 본 연구에서 일부 번역사들은 '원작에 충실해야 하기 때문에 혹은 '번역 의뢰자의 요구'를 맞춰야 하기 때문에 포용적 언어를 텍스트에 넣을 수 없다고 주장한다. 반대로 어떤 여성들은 '협상'을 제안하며 지나치게 성 차별적인 부분을 삭제하기 위한 창의적 전략들을 주장한다. 또 다른 이들의 경우 번역에서 페미니스트 전략을 택했을 때의 부정적 경험 때문에 여성출판사들과 아예 계약 하지 않기로 하기도 하는데, 이는 부르디외의 doxa(지배적 통념) 개념, 즉 정상적이며 당연한 것으로 여겨져 대항할 수 없는 사회적 관행이 항상 작용하는 것은 아님을 보여주는 드문 사례 중 하나이다.

본 연구에 따르면 대부분의 여성 출판인들은 출판사 규모가 영세하다(약 95퍼센트). 따라서 많은 남성 위주 대형 출판사들 보다 경제적 자본이 훨씬 부족하다. 많은 여성 출판사들이 경제적 파산의 위험을 줄이기 위해 소량의 여성 문학만 취급할 뿐이며 수많은 여성 출판인들이 지쳐 쓰러질 정도로 일 한다. 출판사의 재정적인 어려움은 번역료 지급에도 분명 영향을 미친다. 우리가 조사한 번역사들의 70퍼센트 정도는 번역료가 적은 것에 대해 불만이 있었다. 많은 여성 번역사들은 '페미니스트 문제'에 대한 의리 때문에 낮은 번역료도 감수하며, 상업적 출판사들을 대상으로 다른 종류의 문학 번역을 하여 소득을 올리려 했다. 반대로 어떤 번역사들은 낮은 번역료가 원인이 되어 더 이상 페미니스트 번역을 활발하게 하지 않게 되었다고 말한다. 전체적으로 많은 여성 번역사들은 여성 출판사들이 '공정한 게임'을 할 것이라 기대했기 때문에 실망을 느끼고 이용당했다고 느낀다. 금전적 보상은 여성번역장을 움직이는 동인이 아니므로 이 장에서는 문화자본이 경제자본으로 전환될 수 없다.

여성 출판의 장은 교육, 특별훈련, 지식, 예술작품, 도서, 학위, 자격증 등 높은 수준의 문화자본을 필요로 한다. 여성 편집인들의 기대사항은 분명하다. 페미니스트 이슈에 대한 경험, 페미니스트 이론에 대한 지식, 페미니스트 주제에서 비롯되는 문제들에 대한 친밀함, 논증에서 페미니스적 관점, 포용적 언어의 사용을 번역사로부터 기대하며, 특히 페미니스트 문제들에 대한 민감성과 의식을 원한다(호퍼, 2001, p. 90). 번역사의 문화적 자본은 페미니스트 이슈에 대한 실력과 훌륭한 번역 실력에 초점이 맞추어 있지만, 앞서 언급한 대로 본 연구에서 살펴본 페미니스트 번역사들 중에 번역 학위가 있거나 학교에서 번역 관련 수업을 들었던 사람이 없다.

여성 출판의 장에서는 사회적 자본, 즉 사회적 관계 네트워크들이 중요한 요소이며 관련 행위자들의 주요 자원으로 여겨진다. 설립 초기인 1970년대 여성이 운영하는 출판사들은 전통적 출판 행위의 한계를 뛰어넘었다(맥러드와 렉타누스(McLeod and Rectanus), 1980, p. 251 참고). 이들은 로비를 조직하고 워크샵을 주최했으며 여성 작가들과 독자들과 만나는 행사들을 준비했다. 이 장에서 사회자본이 문화자본보다 더 분명하고 효과적이지만 아직은 현실적으로 취약하며, 많은 번역사는 여성 번역 및 페미니스트 번역의 생산과 소비 촉진을 위해 더 많은 노력이 필요하다고 지적한다. 앞서 언급한 대로 전체 여성 출판사의 67퍼센트, 그리고 전체 여성 시리즈 편집자들의 56퍼센트는 출판사/편집자와 번역사의 '의견 교환'을 선호하지만, 대부분은 이러한 협업을 실제로 추진하지는 않는다(호프트너, 2001, p. 95). 한 가지 예외는 스위스 출판사 유니온베르라그(Unionsverlag)가 번역사의 가시성을 높이고 출판사, 편집자, 번역사, 독자와의 상호작용을 강조하기 위한 프로젝트를 진행하였다. 홈페이지와 카탈로그에 번역사들의 업적을 강조하고 이들의 기여를 인정했다(유니온베르라그, 2001). 또한, 홈페이지에 번역사들의 보고서, 관련 링크 및 게시판을 마련했다.

번역사의 사회자본[7]은 거의 위에서 설명한 측면들에 국한된다. 앞서 언급한 대로 많은 번역사는 집에서 혼자 작업하면서 사회적 고립을 경험하며 사회적 접촉을 축소하는 원인이 되는 인터넷 사용의 증가로 상황은 더욱 악화하였다. 본 연구에 따르면 많은 여성 번역사들이 여성 출판사들이 구축한 사회적 네트워크의 혜택을 항상 받는 것은 아니다. 다른 이들은 남성 중심의 체계에서 완전히 벗어나 이 장에 참여하는 다른 행위자들과의 연대를 강화할 것을 간절히 바란다.

결론

다른 분야도 그렇겠지만, 여성 출판의 장의 역동성은 행위자들의 아비투스, 자본 및 이해관계의 상호작용 결과이다. 여성 행위자들의 공동 이해는 '페미니스트 이슈'의 발전을 위한 방향으로 작용한다. 다른 견해도 있지만, 네트워크라는 사회 자본이 다른 출판사들보다 더 견고하며,

여성 소유 출판사들은 여성 시리즈보다 더 공고한 결속을 보인다. 번역가의 이름 언급 및 여성 번역사들의 상대적으로 높은 지위는 이 장에서 잘 운영되는 사회적 네트워크의 존재를 증명한다. 즉, 여성 출판사들의 경우 여성 시리즈에 비해 페미니스트 번역 전략을 택하고 창의적 글쓰기 전략을 택할 때 더 많은 자유를 보장받는다는 일부 번역사들의 설명이 있었다(메스너와 울프, 2000, p. 49). 부르디외는 행위자들의 강력한 참여를 특징으로 하는 소형 출판사들의 성격을 논리적으로 설명한다:

> 대개 지방에 있고, 문학적 소양이 두드러지는 여성 편집장이 운영하며, 작가나 책의 홍보에 필요한 사회적 네트워크의 장으로서 평가 및 선정 기관(선정 위원회)이 없는 소규모 출판사들은 거대한 출판계의 모든 시장중심의 판촉게임, 즉 문학상을 타기 위한 경쟁, 광고를 이용한 홍보, 사람들 간의 네트워킹과 저널리스트들의 협조를 구하는 기술(대부분의 소규모 출판사에는 언론 담당이 없다), 세계적인 유명 베스트셀러 계약 경쟁에서 빠지거나 배제된다. (부르디외, 1999, p. 14)

또한 부르디외는 현대 사회의 특징이 문화자본과 상징자본이 점점 더 경제자본과 연관성이 높아지면서 경제자본은 계층 구조를 구성하는 근본적인 역할을 한다고 주장한다(피터(Peter), 1998, p. 46 참조). 그러나 본 연구조사와 부르디외의 상징형태이론에 근거한 분석에 따르면 여성 출판계는 상황이 다른 것으로 드러났다. 행위자들은 상당한 양의 사회자본과 문화자본을 가지고 있지만 이것이 장에서 항상 중요하게 여겨지는 것은 아니다. 더욱이 이들은 경제적 자본이 부족하며 상징적 자본은 거의 없다. 부족한 부분은 젠더 관련 수상이나 젠더(여성 및 페미니스트) 출판의 재정 지원을 위한 강력한 로비 등으로 통해 보충할 수 있을 것이다. 또한, 여성과 페미니스트 출판계의 이미지 제고를 위해 더 강력한 홍보를 할 수도 있을 것이다.

여성출판 장이 역동적으로 유지되려면 관련 행위자들간의 더 건고한 협업을 통해 자본을 강화해야 한다. 이를 통해 행위자들의 사회적 지위를 공고히 하고 페미니스트 의식을 높일 수 있는 출판의 장을 추구해야 한다.

미주

1. 본 프로젝트는 번호 7396으로서 Oesterreichische Nationalbank의 지원을 받았다.

2. 이는 물론 남자 번역사들에게도 해당된다. 전통적으로 전문 번역은 여성이 주로 수행하며 많은 여성들이 집에서 일을 하는데 이 경우 육아를 병행할 수 있다. 안타깝게도 번역사들의 계약이나 재정 상태가 국가나 상황에 따라 다르기 때문에 프리랜서 번역사들의 성별 분포에 대한 공식적인 통계가 없다. 이러한 문제는 뒤의 내용에도 동일하게 적용된다.

3. 2002년 출판사 카탈로그를 살펴본 결과 이 부문에서 거의 변한 것이 없음을 알 수 있었다.

4. 여성의 번역 장이 가지는 특수성 때문에 이 장의 기능에서 남성의 참여는 고려하지 않았다. 대규모 설문조사를 통해 남성과 여성의 출판 및 번역 전략을 비교한다면 흥미로운 결과를 얻을 수 있을지도 모르지만, 이는 본 연구의 목적이 아니었다.

5. 작가와 독자 사이를 중개한다는 측면에서 모든 출판에 대해서도 같은 이야기를 할 수도 있을 것이다. 그러나 부르디외에 따르면 문학의 장에서 창작 활동은 자율성을 가진 캐릭터에 의해 대부분 결정된다. 이러한 독립성이 번역 활동에는 덜 중요하며, 번역에는 전이(transfer) 메커니즘이 항상 새롭게 창조되며 '원작 문학'과 전혀 다른 '예술 규율(regles de l'art)'을 따른다(부르디외, 1992). 더욱이 문화적으로 다른 행위자들과 조직들이 이러한 전이 과정에 개입한다. '문학의 장'과 '번역의 장'의 차이를 자세히 보려면 울프(2005)를 참조하라.

6. 물론 이러한 '성공 스토리'는 학계에서 여성학 연구가 증가하고 저명한 페미니스트들이 저술활동을 하기 때문이다.

7. 여성 출판의 장에서 상징자본은 그렇게 중요하지 않은 것으로 보인다. 일반적인 출판계에서 남성이 얻는 사회적 명성에 비해 여성 문학과 여성의 작품들이 사회에서 상당히 제한적인 인정을 받기 때문이다. 유명한 여성 작가들(번역과 원작)의 존재는 점차 이러한 이미지를 개선하는 데 도움이 될 것이다.

담화 수입으로서의 번역

라트비아어에서 고유명사 전이의 변화

이에바 자우베르가 Ieva Zauberga
라트비아대학교

소통의 세계화로 상품, 서비스, 자본, 사람의 이동이 전례 없이 증가하는 가운데 '공유 재산'이 된 문화적 정보의 이동도 증가하고 있다. 사람과 장소를 지칭하는 고유명사는 세계화된 시대에 가장 많이 공유되는 정보 중 하나이다. 전통적으로 라트비아어는 외국의 고유명사 표기의 기본 전략으로 음차 방식을 사용했다. 그러나 새로운 환경에서는 음차가 적절하지 않다. 출판사 돌링 킨더슬리(Dorling Kindersley)의 여행 안내 책자의 라트비아어 번역에서는 비번역, 음차, 모사, 준모사(semi-calque), 생략 및 이들의 혼합된 형태 등 다양한 전이 절차들이 사용되고 있다. 여기에서 번역사들은 언어적, 문화적 과정에서 상당한 영향력을 행사하는 적극적 행위자로 부상한다. 이와 동시에 이러한 번역은 탈국가주의적이고 세계화된 혼합과 혼성성의 흔적을 보여준다. 국가와 국제 사이의 경계를 정하기 더욱 어려워지면서 번역과 비번역(non-translation)의 구분도 더욱 어려워지고 있다.

서론

역사적, 지리적, 경제적 상황에 따라 각 문화는 타문화, 더 구체적으로는 외국의 문화 요소의 허용에 대한 어떤 입장을 취하게 된다. 오늘날 전 세계 커뮤니케이션이 쉽고 빨라지면서 전례 없는 속도로 상품, 서비스, 자본, 사람이 이동하고 있으며, 이와 함께 '공유 재산'이 된 문화적 정보도 이동하고 있다. 집중적인 담화 수입(램버트(Lambert), 1995)이 많은 영역에서 일어나고 있으며 자국 규범의 뚜렷한 변화를 일으키고 있다. 이러한 수입의 속도와 범위가 놀라울 따름이다.

이런 관점에서 번역을 국내 규범을 변화시키고 문학체계를 풍요롭게 하는 담화적 수입으로 볼 수 있다. 최근 번역사의 주체성을 강조하고 이들이 작업하는 언어적, 사회적 맥락을 변경할 힘이 있다는 동향에서 이러한 번역의 이해가 드러난다(베누티(Venuti), 1995; 로빈슨(Robinson), 1991, p. 199; 체스터만(Chesterman), 1997; 체스터만과 와그너(Chesterman & Wagner), 2002, p. 106). 본 논문에서는 오늘날 번역사들이 텍스트와 상황을 변형하는 강력한 위치에 있다는 주장을 검증하기 위하여 외국 고유명사가 라트비아어로 전이된 사례를 고찰했다. 과거 라트비아어는 다른 언어와 달리 원래 형태의 전이가 아니라 음차를 사용했었다.

언어적 처방주의

라트비아어의 특징은 보수적이고 순수성을 강조하며 어떠한 종류의 언어 변화도 의심하는 문화를 갖고 있다. 순수주의는 아이슬란드와 같이 외세와 외국문화에 끊임없이 제압당했던 국가들의 특징이다(라그나르도티에(Ragnarsdottir), 1996). 처음으로 라트비아어로 시집이 출판된 19세기 중반 이미 순수주의 경향이 나타났다. 라트비아의 정부 소속 언어학자들은 항상 처방적이었으며 타언어의 영향을 철저히 거부했다. 주변에 독일어와 러시아어 등 강력한 언어가 존재했기 때문에 라트비아어는 항상 위기언어(endangered language)로 인식되었다. 사실 규모로 보면 라트비아어는 전 세계 순위가 150위(모국어 화자 140만 명, 라트비아어를 외국어로 구사하는 인구 5십만 명)이다. 전 세계에 6,700개의 언어가 있고 한 언어의 존립에 필요한 최소한의 모국어 화자가 약 1만 명임을 고려하면 라트비아어는 공식적으로는 위기언어 범주에 해당하지 않는다. 그러나 라트비아 언어학자들은 다른 경쟁 언어들의 존재 때문에 라트비아어를 위기언어로 간주한다. 경제적 가치가 높은 영어와 러시아어가 "킬러 언어"라 불리기도 한다(드루비에테(Druviete), 2002, p. 35). 언어학자들은 많은 화자를 보유한 여러 언어가 동일한 영토에 공존할 경우 자연스럽게 언어 간 경쟁이 일어난다고 주장한다. 따라서 라트비아어의 입지를 강화하기 위한 조치를 취해야 하며 어떠한 종류의 변화도 공식적으로 거부하고 저항하고 있다. 고유명사 전이 시스템을 변경할 필요가 있음을 인정하지 않으려는 것도 이러한 현상의 일환이다.

전통적인 음차와 한계

라트비아어와 알바니아어는 라틴어 알파벳을 사용하는 언어 중 유일하게 고유명사를 지속해서 음차한다. 음차를 할 경우 많은 이름이 알아보기 힘들 정도로 바뀌며 현대 커뮤니케이션에서 사용하기 어렵다. 다음과 같은 문제가 발생한다.

- Bils Klintons, Žaks Siraks, Valeri Žiskars, d'Estens와 같은 유명인의 이름은 알아볼 수 있을지 모르지만, Ginters Ferhoigens(건터 베호이겐)과 같은 이름은 국제적 정보 공간에서 문제가 될 수 있다. 마찬가지로 Orhuza(오르후스), Ķelne(쾰른), Soltleiksitija(솔트레이크 시티), Horvatija(크로아티아)와 같은 장소명은 라트비아 정보 공간에서만 의미가 있다.
- 이름을 인터넷에서 검색하기 어렵다.
- 라트비아어 텍스트에 사용된 외국 이름을 다른 언어로 번역할 때(Oktavija Batlere – Octavia Butler; Dzoanna Rosa – Joanna Russ) 이중으로 수고해야 한다. 원래 음소와 라트비아어 철자가 완전히 일치하지는 않기 때문에 라트비아어로 표기된 외국 이름을 다시 원래 버전으로 바꾸어 번역하기는 불가능하다. 원래 철자로 재구성하려면 그 이름을 외국 자료에서 검색해서 찾아야 하는데, 이는 많은 시간과 노력이 필요하다.
- 음차는 법적 문제를 일으킨다. 예컨대 음차를 통한 이름 변경으로 야기되는 여러 가지 문제 때문에 법적 소송이 시작된 경우가 있다. 라트비아 국민과 결혼한 독일인 Juta Menzen이 여권에 성을 라트비아식으로 Mencena로 바꿀 경우 복잡한 법적 문제를 야기할 수 있으므로 변경하지 않도록 법정을 설득시키기 위해 복잡한 절차를 거쳐야만 한다. 라트비아를 제외하고는 다른 모든 곳에서 Menzen과 Mencena를 다른 이름으로 인식할 것이며 이 이름으로는 남편과의 법적 관계를 증명하기 어려워질 수 있다.
- 언어 간에 음소가 일치하지 않는 경우 서로 다른 이름이 라트비아어로 동일하게 표기되거나 동일한 고유명사가 서로 다르게 음차될 수 있다. 예를 들어 영어의 Miller와 독일어 Muller는 라트비아어로 Millers라고 표기될 수밖에 없다. 영어의 Antony는 Antonijs나 Entonijs로, Crosby는 Krosbijs나 Krozbijs

로, Homes는 Houmss나 Holms로, Monro는 Monro나 Manro로, Marlene은 Marlina나 Marlene으로, Abraham은 Ābrahams, Eibrahams, 혹은 Abrahams로 표기될 수 있다.

- 음차된 장소명은 해당 지역의 도로 표지판과 대응되지 않기 때문에 외국인들에게 방향을 알려주는 역할을 할 수 없다.

그럼에도 불구하고 라트비아 언어학자들은 이 시스템을 고집하고 있다. 이들의 주장은 크게 두 가지인데, 라트비아 사람들이 '이름을 발음할 수 있어야 한다'(스쿠쟈(Skujia), 2000)는 것이며, 다른 하나는 '라트비아의 복잡한 언어 상황'(드루비에테, 2000)을 고려할 때 역사적 전통을 지금 바꾸는 것은 옳지 않다는 것이다.

국가의 문화가 개방되고 단일한 정보 공간이 등장하면서 고유명사의 음차 방식이 적절하지 않게 되었다. 인적 교류와 아이디어의 교류가 심각하게 제한되는 폐쇄된 국가에서는 음차 방식이 나름대로 적합했다. 그러나 오늘날 세계가 개방되고 이동하고 있다. 따라서 음차 방식을 폐기하려는 시도들이 있었다. 한 출판사는 고유명사를 원래 형식대로 두어 이 문제를 해결하는 체계를 만들었다. 또한, 많은 신문 기사에서 국가 언어기관에서 이 문제를 건드려서는 안 되는 '성우(sacred cow)'로 다루는 것에 대해 거세게 비판했다. 그러나 당국의 공식적인 입장은 여전히 단호하다.

실제 번역 관행

이론적 측면에서 이데올로기적 전투가 벌어지는 가운데 많은 번역사가 자신들만의 해결방법을 내세워 전문가로서의 주체성을 보여준다. 그러한 사례를 출판사 돌링 킨더슬리(Dorling Kindersley)의 여행안내서의 라트비아어 번역에서 찾아볼 수 있다.

돌링 킨더슬리는 라트비아 문화에 전혀 새로운 형태의 여행안내서이다. 1990년까지 폐쇄된 국가였기에 라트비아에는 여행 안내서가 필요 없었다. 리가(Riga)에 대한 몇 권의 이데올로기가 가득한 책자가 있을 뿐이며, 지금도 소수의 안내서가 있기는 하지만 실용적이고 휴대하기 편한 책이 아니라 거의 백과사전과 같은 책이다. 돌링 킨더슬리 여행 책자의 라트비아어 번역이 이 장르의 국내 규범을 상당히 바꾸어 놓았다. 짧은 시간에 리가에 위치한 출판사 자이겐(Zvaigzne) ABC가 해외여행을 가려는 라트비아어 사용자들을 대상으로 프라하, 런던, 파리, 독일, 스페인, 이탈리아, 이스라엘, 부다페스트에 대한 여행 책자를 라트비아어로 내놓았다. 이런 유형의 여행 안내서에는 다양한 지도, 그림과 간단한 설명들이 들어있고 간단하게 알기 쉽게 정보를 제공한다.

이러한 텍스트에서 지명은 굉장히 중요하므로 출판사들은 책의 실용적 측면을 고려하여 고유명사 전이 시스템을 수정해야만 했다. 번역사들은 사용자가 원래의 용도에 맞게 번역서를 활용할 수 있도록 하는 것을 원칙으로 하는 번역 전략을 펴야 한다는 지시를 받았다. 여기서 번역의 용도는 사용자에게 편리한 방법으로 여행 정보를 제공하는 것이다. 따라서 번역사들은 고유명사에 대해 여섯 가지 방법을 도출했다: 직접 전이(direct transfer), 음차(transcription), 모사(calque), 준모사(semi-calque), 삭제(deletion) 및 기타의 혼합적 방식. 이러한 다양성은 공식적인 처방적 언어규범이 지배하는 라트비아 문화에서 상당히 이례적인 일이다.

여기 각 전략의 예를 제시한다.

[1] 지도의 경우 사용자가 도착문화에서 지도를 읽고 표지를 이해할 수 있도록 하기 위해 모든 고유명사를 원래 형태로 유지(직접 전이)한다.

[2] 잘 알려진 고유명사의 경우 음차하거나 각색한다: *Spānija, Andalūzija,*

Madride, Barselona, Kanāriju salas, Maljorka, Beleāru salas 등

[3] 대부분 지명은 제목에서 직접 전이한 후 본문에서 음차한다.

Guadalajara

Gvadalaharas begātās vēstures liecinieki liela mērā pazūd pilsētas modernajā apbūvē, taču zinātājs atradīs tajā spožas renesanses laklmeta pēdas.

[4] 어떤 경우 제목에는 장소명을 직접 전이하고 본문에서 생략하기도 한다.

El Albaicin

Šajā pilsētas rajonā, [도시의 이 지역은] kas atrodas uzkalnā iepretim Alhambrai, vislabāk var izjust pilsētas arābiskās pagātnes olpu.

[5] 고유명사를 직접 전이한 후 모사를 추가하기도 한다.

Svētā Jāzepa alas[성 요셉 동굴], kuras primo reizi izpētītas 1902. Gada, ir izveidojusi pazemes upe, kura vēl joprojām plūst pa savu gultni.

[6] 번역사들이 종종 준모사(semi-calque)를 이용한다.

Auglīgā El Pla līdzenuma vidū paceas 543 metrus augstais *Randas kalns*(puig de Randa) [란다의 언덕].

하나의 문단에서 이러한 여러 방법을 혼합하여 사용한 많은 페이지들이 있다. 예를 들어 바르셀로나의 Montjuic을 설명하면서 번역사는 직접 전이, 음차, 직접 전이와 모사, 준모사 방식을 모두 사용했다.

MONTZUIKA [음차]

Barselonas dienviddala iepreti tirdzniecidas ostai paceas 213 m augstais *Montzuikas* [음차] kalns – pilsetas liekaka atputas zona. Daudzie muzeji, makslas galerijas, atrakciju parks un naktsklubi padarijusi to par iecienitu pulcesanas vietu ka vakaros, ta diena.

Iespejams, ka saja kalna bijusi keltu apmetne vel pirms tam, kad romiesi tur uzcela temple Jupiteram, dodot kalnam vardu *Mont Jovis* [직접 전이]. Varbut no si nosaukuma celies kataloniskais *Montjuic* [직접 전이], lai gan pec citas teorijas tas savu vardu *Ebreju kalns* [모사: 유대인의 산] ieguvis no ebreju kapsetas, kas kadreiz tur bijusi. Udens trukuma del kalns bija mazapdzivots lidz pat 1640. gadam, kad ta gala tika uzcelta pils. 1929. gada *Montzuika* [음차] beidzot ieguva savu patstavigu nozimi, klustot par Starptautiska gadatirgus norises vietu. Kalna ziemelu puse tika uzceltas jaunas majas, bet no *Spanijas laukuma* [준모사: 스페인 광장] liz kalnam izbuveta iespaidiga Avinguda de la *Reina Maria* [모사: 마술분수대], ko reizem izgaismo daudzkrasaini prozektori. Virs tas pacelas Palau Nacional [직접 전이], kura glabajas lieliska makslas darbu kolekcija. *Poble Espanyol* [직접 전이](*Spanijas ciems*) [모사: 스페인 마을], ir amatniecibas centrs, kuru veido eku kopijas no visiem *Spanijas* [각색된 음차] regioniem. Pedeja liela celtnieciba *Montzuikas* [음차] kalna saistas ar 1992. gada Olimpiskajam spelem, kad tika uzceltas pasaules klases sporta buves.

코르도바를 설명하면서 직접 전이, 음차, 준모사 방식이 번갈아 사용되었다.

Iela pie ielas: *Cordoba* [직접 전이]

Kordovas [음차] sirds ir senais ebreju kvartals, kas atrodas uz rietumiem no mesejas(*Mesquita*) [직접 전이] augstajiem muriem. Pastaiga pa so kvartalu izraisa sajutu, ka seit maz kas ir mainijies kops 10. godsimta, ad *Kordova* [음차] bija viena no varenakajam *Rietumeiropas* [준모사: 서구유럽] pilsetam. Dzelzi kalti rezgi rota sauras, brugetas kajamgajeju ielinas, kur darbnicas juvelieri darina smalkas rotaslietas. Saja pilsetas dala atrodas lielaka dala turisma objektu, bet talak uz ziemeliem, *Tendillas laukuma* [준모사: Tendillas 광장] apkartne, sakas modernize kvartali. No *Tendillas laukuma* [준모사: Tendillas 광장] uz austrumiem atrodas *Plaza de Corredera* [직접 전이] – 17. gadsimta tirgus laukums.

결론

번역사의 주체(agency)에 관하여

로빈슨은 번역사의 도착언어 단어와 구문 선택을 규제하기 위해 마련된 규범적 규칙들은 실제 번역에 관련성이 떨어질 뿐만 아니라 번역사가 텍스트에 관해 직관을 가지고 최선의 선택을 하는 것을 적극적으로 막는 결과를 낳는다고 지적했다(1991, p. 260). 실제 번역 사례를 보면 번역사가 책임 있는 선택을 하며 처방적 규범에 도전할 준비가 되어 있음을 보여준다. 여행책자의 라트비아어 번역에 있어 총편집인이 번역사들에게 그러한 자유를 허락했으므로 (편집인과의 면접 자료) 라트비아 독자들의 이해를 돕기 위한 방향으로 번역하고 외국어 고유명사를 옮길 때 여러 다양한 전략들을 사용하였는데, 이는 라트비아 번역 전통에서 이례적인 일이었다. 상대적으로 최근에서야 독자적 자율성을 갖게 된 라트비아 출판사들은 저자와 번역사에게 엄격한 가이드라인을 강요하지 않는다. 번역 전략에 대한 합의는 주로 출판사와 번역사들 간의 협상 과정을 통해 이루어진다. 그러므로 번역사가 자신의 작업에 대한 어느 정도 영향력을 행사할 수 있다.

좋은 번역은 독자가 번역서를 산 목적을 달성할 수 있도록 하는 것이라 설명할 수 있다. 좋은 번역은 '번역 때문에 그 목표를 달성할 수 없는' 일이 일어나지 않도록 하는 것이다(로빈슨, 1997, p. 77). 만일 라트비아 번역사가 단순히 전통을 따라 음차만을 사용했다면, 독자들은 원하는 것을 제대로 찾지 못할 것이다. 반대로 번역사가 모든 고유명사에 대해 원래 언어의 형태를 유지한다면, 독자들은 특정한 뜻을 담고 있는 이름에 담긴 의미(예: *quadrat d'Or, Illa de la Discordia*)를 파악하지 못할 것이며, 발음의 어려움 때문에 라트비아 친구들과 자신의 여행 경험을 나누기 어려울 것이다. 소심하게 '그저 번역을 하는 사람'이 문화와 언어 과정에 상당한 영향을 끼치는 '번역사'로 발전한 것이다. 이러한 변화는 첫째로 번역의 목적에서 기인한 것이며, 둘째로 세계화로 인한 사람, 상품, 서비스의 활발한 이동과 함께 다양한 종류의 담화적 단위들이 대량으로 수입되고 있기 때문이고, 셋째로 사회에 팽배한 자유화와 더불어 스코포스(skopos) 이론에서 정당화된 바대로 출발텍스트의 손아귀에서 벗어나려는 번역의 자유화에서 비롯된 것이다. "우리가 주류 이론의 날카로운 발톱에서 자유로워 질수록 번역은 더욱 더 인간다운 과정이 될 수 있다"(로빈슨, 1991, p. 258).

담화의 수입과 영향에 관하여

본 논문의 여행책자 분석을 보면 지난 5년간 번역이 전례 없는 방식으로 문체 규범을 바꾸었다. 심지어 번역이 여러 텍스트 유형의 기능을 변경하기도 했다. 100년이 넘도록 정보 제공의 기능만 했던 라트비아 요리책들이 더 강력한 표현의 기능을 갖게 된 것과 마찬가지로 여행책자가 이데올로기적 기념물에서 실용적인 정보 제공 텍스트로 발전하였다.

이는 대체로 번역에 사용되는 라트비아어 자체가 훨씬 더 유연해졌기 때문이라고 볼 수 있다. 외국어 고유명사 전이 체계 변경의 필요나 가능성을 이론적으로 토론한다면 결국 아무 소득 없이 논쟁만 하다 끝이 날 수 있겠으나, 많은 번역사는 새로운 전이 방법들을 직접 활용하여 기존의 이론적으로 무장된 음차 방식이 부적절함을 증명한다. 언어 자체가 다양한 변화를 수용할 수 있음을 보여주고 있다. 그러므로 라트비아어를 잃게 되는 것이 아니라 이 언어의 생존능력을 증명하는 것이다.

세계화에 관하여

번역은 불가피하게 혼성성을 지닌다(주베르가(Zauberga), 2001). 외국어 요소가 얼마나 포함되어 있는지에 따라 도착텍스트의 혼성성이 달라진다. 여행책자의 경우 그 정도가 높을 수밖에 없다. 외국어 지명을 그대로 유지한다면 외국 문화와 언어를 직접 제시한다는 뜻인데, 이에 대해 우려해야 하는가? 번역이 문화적 정체성을 흔드는 활동이라고 보기 시작해야 하는가? 어쩌면 번역이 새로운 문화 창조 방식의 근간이 될 수 있을까?

번역을 그 생산된 환경의 산물로서 바라보아야 한다. 과거 수 세기에 걸친 외세의 지배하에서 라트비아어는 민족 정체성의 상징이었지만, 지금은 더 이상 그러한 역할을 하지 않는다고 볼 수 있다. 이제는 국가와 국제사회의 경계가 더 모호해지는 가운데, 라트비아어는 탈민족적인 세계화된 혼합과 혼성성의 증거가 되고 있다. 마찬가지로 번역과 비번역(non-translation)의 경계도 흐릿해지고 있다. 언어를 표준화하고 외국어의 영향을 차단하려는 야망은 모든 가치에 영토적 원칙을 적용하려는 시도의 일환이다. 이것은 이제 부자연스러운 것이 되었다. 급작스러운 사회적, 정치적 변화 속에서 모든 종류의 번역 활동은 지배적 성지 환경에서 규칙과 가치를 빌려오는 경향이 있다(램버트, 1995). 따라서 라트비아어 사례에서 볼 수 있듯이 담화의 수입이 단기간에 자국의 언어 규범을 바꿀 수 있다.

이것은 우려할 일이 아니다. 세계가 좁아지고 있고 우리 모두 '지구촌'

에서 살고 있으며, 우리가 같은 음식을 먹고, 같은 장소를 방문하고, 같은 책을 읽고, '같은 가치'(EU와 NATO의 화두이다)를 공유하는 시대가 된 것이다. 따라서 텍스트가 어떤 언어로 생산되었는가와 관계 없이 담화적 유사성을 가진다. 번역은 우리의 현실 세계를 반영하며 기여한다.

John Benjamins Series

04 Sociocultural aspects of translating and interpreting

John Benjamins Series

04 Sociocultural aspects of translating and interpreting

제 7 장

권력 배분과 협력

통역이 수반된 망명 심사에서의 '번역 문화'

소냐 폴라바우어 Sonja Pöllabauer
오스트리아 칼-프란젠스 대학교

망명 심사 시 통역에 대한 연구는 번역학 분야에서 중요하게 다루어지지 않았다. 그러나 점점 더 많은 망명 신청자들이 망명 심사 과정에서 통역의 역할이 사소한 것이 아님을 시사하고 있다. 이 중요해지는 분야를 다루기 위하여 망명 심사 면접 전사본을 코퍼스로 한 연구 프로젝트를 진행하였다. 연구 결과의 일부분을 발표하면서 망명 심사의 상호작용 구조에 영향을 미치는 몇 가지 구체적인 요인들을 제시하기 위해 '번역 문화' 개념을 사용하였다. 실증적 자료들을 바탕으로 번역 문화의 핵심 요소들(협동의 원칙, 충실성, 투명성)을 논의한다.

서론

본 논문은 망명 심사 중 통역에 초점을 둔 연구 프로젝트(폴라바우어, 2003)의 결과 일부를 보고한다. 이와 같은 상황에 대한 연구가 그동안 번역학에서 간과되었다는 깨달음에 따라 본 연구를 수행하였다. 실제로 이 주제에 관한 문헌을 보면 망명심사 면접에서 통역은 통역사들에게 주변부적인 업무이며 큰 관심을 줄 가치가 없다는 잘못된 결론에 도달할지도 모른다. 그러나 망명 신청자들이 꾸준히 늘어나고 있고 이들은 종종 통역사들을 통해야만 면접을 받을 수 있다는 점을 보면 다르게 생각할 필요가 있다. 생명의 위협을 느껴서, 또는 더 나은 삶을 찾아 고향을 떠나야만 했던 사람들이 목소리를 내기 위해서 통역사를 필요로 한다. 반면 통역사들은 이들의 미래에 막대한 영향을 미친다. 오해가 발생하는 경우 이러한 영향이 더욱 뚜렷이 드러나는데, 이 경우 망명 신청자의 자존감에 상처를 주고 부정확한 판단이나 잘못된 정보 혹은 금전적 손실로 이어질 수도 있다. 극단적인 경우 오해로 인해 신청자의 본국으로 강제 추방되기도 하고 심지어 사형으로 이어질 수도 있다.

본 논문은 오스트리아 그라즈에 위치한 연방망명국(Federal Asylum Office)에서 열린 실제 망명심사 면접 전사본을 바탕으로 한다.[1] 분석의 목적은 통역사의 역할을 조사하고, 화자의 행동에 영향을 주는 구체적인 요인들을 파악하는 것이었다. 특히 역할 충돌, 역할에 대한 기대 차이, 비대칭적 권력 분배, 그리고 기존의(전통적) 규범 체계의 타당성에 초점을 두었다. 분석에 사용된 코퍼스는 오스트리아의 망명 심사 면접에서 발췌한 것이고 영어/독일어 언어쌍에만 국한되어 있지만, 본 연구의 결과를 유사한 상황에서의 통역 행위가 아직 활발히 연구되지 않았던 다른 국가들의 상황과 비교해 보는 것은 의미가 있을 것이다.

망명심사에서 통역사는 망명 신청국의 사회문화적 규범에 대한 지식이 상당히 차이가 있는 화자를 마주하게 된다. 종종 화자들 간의 교육수준의 차이, 제도적 체계와 사회문화적 배경에 차이가 존재한다. 권력관계가 매우 비대칭적이므로 난민들과 망명 신청자들은 극도의 불안함을 느끼는데, 특히 보이지 않게 망명국 공무원들 뒤에 존재하며 규칙을 규정하는 부조리한 조직을 맞닥뜨리면 그러한 불안함은 극에 달한다(바르스키(Barsky), 1996). 망명 심사의 특징은 관련 참여자들 간의 불평등이며, 통역사들은 이들 사이에서 위태로운 균형을 끊임없이 찾아 유지해야 한다. 모순되는 역할을 수행해야 하는 통역사는 역할 충돌과 도덕적 딜레마를 경험하며, 상호작용 당사자들 간의 충성심과 협동의 문제에 직면한다. 이러한 갈등이 바로 본 논문의 핵심 주제이다.

'번역 문화' 개념

'번역 문화' 개념은 프룬크(Prunč, 1997, 2000)가 번역학에 도입하였다. 번역 문화는 충실성, 협동, 투명성과 같은 측면들을 포함하며 망명 심사와 같은 상호작용 구조를 기술하는 데 유용함이 증명되었다. 번역 문화는 번역의 영역에서 모든 참여자의 행동을 규정하는, 통시적으로(그리고 문화적으로) 변하는 규범, 관습, 기대로 정의할 수 있다(프룬크, 2000, p. 59 참조). 본 논문에서 필자는 녹음해서 전사한 망명심사 면접에서 발견되는 번역 문화의 특정한 미시적 층위의 특징에 초점을 둘 것이다.[2]

본 연구의 결과는 번역 문화가 정적인 체계가 아니라 지속해서 재협상되어야 하는 체계임을 증명한다. 그러므로 "번역 규범들과 관습들의 기본적인 다원자가성(polyvalence)"(프룬크, 2000, p. 60, 저자 번역) 이 현장에서 작동하고 있음이 확실하다.

담당 공무원들과 통역사들의 협동

협동은 단지 기능적인 노동의 분담(홀츠-맨테리(Holz-Mänttäri), 1984) 뿐만 아니라 의사소통 상황의 모든 참여자의 이해를 상호 존중하며 "이해 상충의 균형을 맞추기 위해 사용할 수 있는 갈등 해결 규범을 협상하려는 의지"(프룬크, 2000, p. 60)를 포함한다. 권력 비대칭은 협동 개념에 포함된다.

망명 심사에서는 주로 담당 공무원들과 통역사들 간에 협동이 발생한다. 담당자들은 통역사에게 대화를 조정하고 정보를 얻어내는 권한을 양도한다. 통역사는 망명 담당 관리들의 개인적인 체면이 손상될 위험이 있는 경우, 또는 망명 신청자에게 그런 위험이 있는 경우 갈등을 해결하려고 노력한다(브라운 & 레빈슨, 1987 참조). 통역사 자신의 체면이 위협받는 경우 수정 조치들을 실행하여(고프만, 1976) 의사소통 붕괴의 가능성을 예방한다. 그러나 망명 신청자들의 경우 협동은 제한적이다. 망명 신청자들이 수정 조치를 개시하고 동등한 위치에서 협력할 확률은 거의 없다. 여기에는 두 가지 원인이 있는데, 첫째로 이들은 오스트리아의 사회문화적 관습들을 잘 알지 못하며 두 번째로 통역사들은 참여자들 간 권력 비대칭을 해결할 능력이 없거나 의지가 없다.

코퍼스에 포함된 모든 통역사는 정기적으로 통역 서비스를 제공하며 망명 심사 통역 경험이 풍부하다. 전사 내용을 검토한 결과 이들의 행동은 일반적인 패턴을 따르는 경향을 보인다. 영어/독일어 이외의 언어

쌍을 통역하는 통역사들도 비슷한 상황에서 유사한 행동을 보일 것이라 가정할 수 있는데, 이는 많은 다른 나라들도 망명 관련 언어 정책 표준이 제대로 마련되어 있지 않아서일 것이다.

다음의 발췌문에서 통역사는 담당 공무원이 원하는 의사소통 목적을 이룰 수 있도록 담당자와 협동하려는 시도를 한다(BAG9: 263-268).[3]

[발췌문 1]

```
     SK[ ((Raumwechsel, ca. 15 Min.))
         ((Changing to different room, approx. 15 min.))
     B1[                                   Wann und wie hat sie die
                                           When and how did she leave
263

     B1[ Heimat verlassen?
         her home country?
     D2[     . Okay. Please tell us when and how you
264

     AW[                    My country.     Because my father/
     D2[ left your country.            Mhm.                     No,
265

     D2[ not for the/ I'm not asking for the reason but just/ and
266

     D2[ when and how you left your country. In the first part
267

     AW[                                           Mhm.
     D2[ we just need to know how you came here.       On what day
                                                   ((Langsam))
                                                   ((Slowly))
268
```

담당자가 심사의 두 번째 부분을 개시하면서 망명 신청자에게 고국을 떠나온 이유를 정해진 표현을 이용해 물어보았으며 263줄에 있다: "Wann und wie hat siedie Heimat verlassen?"(이 여자는 언제 어떻게 고국을 떠났나요?"). 통역사는 담당자의 간접화법(*이 여자는 언제 어떻게 …*)을 자신을 포함하는 형태로("우리에게 말해주세요") 바꾸었다. 그러나 이(여성 망명 신청인)은 질문을 이해하지 못하고 말을 시작했는데, 265줄을 보면 왜 자신이 고국을 떠났는지 설명하려고 하는 것으로 보인다("왜냐하면 제 아버지가/ …"). 그러나 통역사가 곧 끼어들어 지금 이 시점에서는 고국을 떠나온 이유는 설명하지 않는 것이 좋다고 조언하면서("이유를 묻는 것이 아니고" 266줄) 면접관은 단지 어떤 경로로 오스트리아에 오게 되었는지 알고 싶은 것이라고 말해준다.

이것은 통역사가 망명 신청자의 답변 적절성을 평가하고 필요할 경우 그 답이 적절하지 않다고 알리는 분명한 예이다. 지시적 구조를 변경하고 3인칭에서 1인칭으로 바꾸는 행위를 통해 통역사는 보조 면접관 역할을 수행한다. 두 번째 문장에서(267줄) 통역사는 망명 면접의 일반적인 절차에 대해 267줄에서 추가로 설명한다("면접의 첫 부분에서는 …"). 망명 신청자가 질문을 제대로 이해했는지 269줄에서 다시 확인한 후에 비로소 면접관이 원하는 답을 할 수 있었는데, 그 후 바로 통역사는 내용을 확인하는 질문을 한다. 266줄에서 통역사의 다소 부정확하고 산만한 설명("이유를 물어보는 것이 아닙니다")이 망명 신청자로부터 원하는 답을 이끌어내는 데 충분했는지는 확실하지 않다.

다음 발췌문에서는(발췌문2 참고) 통역사가 다시 한 번 면접관의 '보조자' 역할을 맡는다(BAG7: 296-299).

이 전까지는 망명 신청자(여성)의 신원 보증인으로 동반한 사람(남편)이 면접에 적극적으로 참여하여 망명 신청자를 위해 질문을 반복하고 바꾸어 말해주어 필요한 답변을 할 수 있도록 유도하는 역할을 했다. 이 발췌문을 보면 면접관은 함께 온 사람의 개입으로 인해 면접이 제대로 진행되지 않고 있다고 판단한다. 따라서 아주 분명하게 망명 신청자 스스로 답변을 해야 하며 남편의 도움에 의존해서는 안 된다고 지적한다. "질문과 답변은 이 차원에서 진행되는 것이며 다른 방식은 안 됩니다."(즉 면접은 면접관과 망명 신청인 사이에서만 이루어져야 한다는 뜻이다). 면접관은 손가락으로 자신을 먼저 가리킨 후 망명 신청인을 가리키어 비언어적으로도 자신의 의견을 분명히 밝힌다. 통역사는 면접관의 말을

[발췌문 2]

```
    B1┌                   Frage und Antwort läuft hier auf dieser
                          Question and answer run on this
    |  └                  ((Zeigt auf sich und AW))
                          ((Points to himself and AW))
    D3[ zusammen sind.
        are together.
296
    B1┌ Ebene und nicht so.
        level and not otherwise.
    |  └      ((Zeigt auf AW und VP))
              ((Points to AW and VP))
    D3[                 It works only in this way. You are the one
297
    D3[ who gets the questions and you are the one who is going
298
    D3[ to answer these questions.
    AW[                                Yea, but I want to ask to
299
```

두 부분으로 나누어 통역한다. 면접관이 입장을 분명히 하기 위해 사용한 비언어적 신호가 중요하다고 판단하여, 통역사는 면접관의 두 번째 말을 먼저 통역한다: "이런 방식으로만 해야 합니다". 그리고 나서 처음 두 단어("Frage und Antwort…")를 받아서 이렇게 설명한다. "질문을 받을 사람은 당신이며 이 질문에 답할 사람도 당신입니다". 통역사는 '보조 경찰관'(동크, 1994) 역할을 하는 사람으로서, 면접관의 의견을 강조하려는 의무감이 있지만 특정한 억양은 없어야 한다고 느끼는 것 같다. 그러나 통역사는 "당신"(297줄과 298줄)에 강세를 두어 면접관의 요청이 중요하다는 것을 추가로 강조한다. 또한, 시제의 선택도 통역사의 입장을 보여주는데, 미래 시제 "~할"("to be going to")은 어떤 일이 반드시 일어날 것이며 그럴 것이라 이미 결정된 것임을 강하게 시사한다. 따라서 통역사는 망명 신청인이 면접관의 질문에 반드시 답을 해야 한다는 점을 알려주는 것이다. 만일 "should"와 같은 조동사를 사용했더라면, 망명 신청인에게 면접관의 질문에 답하기를 거부하는 등의 대안이 있음을 시사했을 수도 있다.

다른 상호작용 파트너들에 대한 충실성

충실성은 상호작용에서 파트너들의 이해를 해치지 않겠다는 상호 약속을 바탕으로 한다(프룬크 2000, p. 61 참조). 충실성의 세 가지 원칙은 크리스티안 노르(Nord, 1989, 1991)에 의해 소개되었는데, 메시지의 원저자에 대한 충실성, 번역 개시자에 대한 충실성, 그리고 도착어 청중에 대한 충실성으로 구성된다. 프룬크(1997, p. 11)은 여기에 네 번째 측면, 즉 통역사 자신에 대한 충실성을 추가했다. 전사본을 보면 통역사가 면접관과의 협력적 관계에 위협이 될 수 있는 갈등 요소 해결을 위해 노력하면서 면접관에 대한 충실성을 유지하는 것을 분명히 볼 수 있다. 면접관의 기대에 따라 이들의 행동과 의사결정이 규정되는 것처럼 보인다. 통역사는 망명 신청인에 대해 충실성을 보이고 있지만, 이것은 면접관과의 긍정적인 의사소통 기반을 확립하려는 근본적인 이해관계와 상충하지 않는 범위 내에서만 나타난다.

다음의 발췌문(BAG2:351-355)에서 통역사는 자신의 위신이 위협받고 있다고 느끼는 것 같다. 면접 기록 내용(망명 신청자의 개인신상 정보)을 다시 통역하는 과정에서 망명 신청인(여성)은 통역사의 말을 중단하고 질문을 하는데, 이는 면접관이 보기에 통역사가 '실수'를 한 것으로 생각할 수 있는 상황이다.

통역사는 망명 신청인의 구체적인 정보를 간접화법으로 문장구역한다. 351줄에서 통역사는 "초등(elementary)"이라는 단어를 사용하고, 352줄에서 "초등학교(elementary school)"라고 덧붙인다. 망명 신청인이 이를 이해하지 못하고 352줄에서 확인 질문을 한다. 다른 비슷한 상황

[발췌문 3]

```
   ┌-----------------------------------------------
   |AW[                    Mhm.
   |D1[ MONAT. On the TAG.  Yea, you say you do elementary in
       MONTH. On the DATE.
351 └-----------------------------------------------------------

   ┌-----------------------------------------------
   |AW[                          What's elementary school?
   |D1[ ORT2, elementary school.                    Was meinen
       PLACE2                                       What do you
352 └-----------------------------------------------------------

   ┌-----------------------------------------------
   |B1[                       Elementary school.
   |AW[                                  Primary school?
   |D1[ Sie mit Volksschule?                        Primary
       mean with elementary school?
353 └-----------------------------------------------------------

   ┌-----------------------------------------------
   |B1[  Primary school.
   |D1[ school! Sie hat zwar ah elementary g'sagt, aber macht
               Well, she said ah elementary, but never
354 └-----------------------------------------------------------

   ┌-----------------------------------------------
   |D1[ nix. So, primary school from JAHR to JAHR, it's six
       mind.                            YEAR     YEAR
355 └-----------------------------------------------------------
```

에서와 달리 통역사가 알아서 설명 하는 대신에, 망명 신청인의 질문을 단순히 영어로 통역한다. 면접관이 영어로 통역사가 사용한 용어를 반복한다. 다시 망명 신청인이 통역사가 "국민학교(primary school)"라고 말한 것인지 물어보자, 통역사는 354줄에서 그렇다고 확인한다. 면접관도 이와 거의 동시에 "국민학교(primary school)"라고 반복해서 말한다. 통역사는 의사소통 문제에 대해 설명을 해야 할 의무감을 느끼고 있다. 통역사는 354줄에서 이러한 오해를 망명 신청인의 탓으로 돌린다("Sie hat zwar ah elementary g'sagt, aber macht nix", 영어로 번역하면 "이 사람이 elementary라고 말했지만, 어쨌든요"라는 뜻이다). 그렇게 통역사는 체면을 살리려는 시도를 한다. 이 짤막한 대화 직후 계속 기록 내용을 문장구역한다. 그렇지만 이 부문의 선사된 텍스트를 살펴보면 통역사가 잘못 이야기했음을 알 수 있다. "elementary"라는 단어는 망명 신청자가 사용한 말이 아니라, 통역사 자신이 "국민학교(primary school)"의 동의어로 사용했었음을 확인할 수 있다

[발췌문 4]

```
    ┌-----------------------------------------------------
    |B1[ mit der Gruppe Divine Mission?
         with the group Divine Mission?
    |D2[                                   . . Äh er sagt/ . das war
                                           . . Äh he said/ . that was
418 └----------------------------------------------------------------

    ┌-----------------------------------------------------
    |B1[                                               Gut.
                                                       Okay.
    |D2[ ein Satz, der hat kein Anfang und kein Ende gehabt. Also
         a sentence which had no beginning and no end. Well
419 └----------------------------------------------------------------
```

통역사는 통역내용을 정당화해야 한다고 느낄 때 혹은 통역이 왜 충분하지 않은지 설명해야 한다고 느낄 때에 종종 메타적 언급(meta-comment)을 한다(BAG21:418-419).

발췌문4를 보면 통역이 불충분하여 418줄에서 면접관이 내용 확인 질문을 했던 상황에 대해서 망명 신청인이 '잘못' 말했기 때문이라고 탓을 한다("그가 말한 것이 / 그 문장은 시작과 끝이 없었습니다."(Well, he says / that was a sentence which had no beginning and no end").

또한, 망명 신청인들에 대한 "유사-충실성"(pseudo-loyalty)(그르비치(Grbić), 1997, p. 301)을 종종 확인할 수 있다. 망명신청인과 통역사가 대화를 나눌 때에는 통역사가 망명 신청인에게 충실하며 협력한다. 그러나 통역할 때 혹은 통역사와 면접관의 대화에서는 이러한 충성도가 사라지거나 일시적으로 변하게 된다. 통역사는 면접관과 망명 신청인이 성공적인 소통을 할 수 있도록 노력하며, 충성도의 대상을 바꾸는 방식으로 이를 달성한다. 충성도 대상의 변경이 도덕적 딜레마를 일으키지 않는 한, 자기 자신에 대한 충성도 또한 유지할 수 있다. 본 연구의 결과가 통역사들이 더 불리한 위치에 있는 상호작용 파트너를 일부러 선호한다는 의미는 아니다. 물론 이는 비대칭 권력 구조에서는 이론적으로 가정되는 내용이기는 하다. 또한, 지역사회 통역 상황에서 종종 가정하는 것처럼 망명 신청자들이 통역사를 '조력자' 혹은 '지원자'로 여기는 것 같지도 않다.

다음 발췌문(발췌문5 참조)은 통역사들을 지배하는 규범을 보여준다(BAG16:445-449).

445줄에서 면접관은 "나는 이 사람이 17살이라는 것을 믿을 수 없다"고 말하여 망명 신청인의 체면을 위협한다. 통역사가 이 말을 영어로 통역하기 전에 447줄에서 면접관에게 이 내용을 통역해야 하는지 묻는다. 이는 분명히 통역사가 면접관과 유대관계에 있음을 암시하는 것이다.

그러므로 전통적인 윤리 규범('번역 중개'의 중립성)에서 통역사들에게 기대하는 역할에 따르면 통역사는 모든 메시지를 그대로 전달해야 하지만 갈등 상황(즉 상호작용 참여자 중 한 사람의 체면이 위협받는 상황)에서 통역사는 면접관의 기대에 부합하려 한다.

위의 예에서 통역사는 또한 누구의 의견인지 분명히 표시("면접관이 말했다.")하여, 이 의견에 대한 책임을 면접관에게 돌린다. 이런 식으로

[발췌문 5]

```
     B1[                                                 Ich glaub ihm
                                                         Nor do I
     AW[                                         No.
     D2[ thing else you would like to add?       Nein.
                                                 No.
445
     B1[ sein Alter von siebzehn Jahren auch nicht.
         believe that he is seventeen.
     D2[                                         Soll ich ihm das sagen
                                                 Should I tell him this
446
     B1[                 Ja.
                         Yes
     D2[ oder nicht?   The officer says he doesn't believe that
         or not?
447
     D2[ you are only seventeen years old. He does not believe
448
     AW[                              He does not?
     D2[ that you are a minor.      He does not believe that you
449
```

망명 신청인과 어느 정도의 유대감이 있음을 보여주며, 상대적으로 방해받지 않는 의사소통 관계를 망명 신청인과 유지하면서 동시에 면접관과의 업무적인 합의를 이행할 수 있다.

충성도는 번역사가 번역과 관계된 참여자들이 기대하는 대로 출발텍스트와 도착텍스트와의 관계를 설정하기 위해 노력한다는 것을 의미한다. 프룬크는 이를 "암묵적 스코포스(Skopos)"(2000, p. 61)라고 한다. 그러나 망명 심사에서 두 당사자들(면접관과 망명 신청인)이 서로 다른 기대와 서로 다른 암묵적 스코포스를 가지므로, 망명 심사에 있어서 암묵적 스코포스를 파악하는 것은 어려운 일이다. 통역사는 대체로 망명심사 당국의 기대에 부응하는 경향이 있기 때문에, 역학 관계에 존재하는 불평등을 고착화하는 역할을 한다. 통역사들의 충성도가 한 쪽으로 치우쳐져 심사관과 '동맹'을 맺은 것으로 보이지만 그렇다고 해서 통역사들이 망명 신청자들에 대해 비협조적인 행동을 보인다는 뜻은 아니다(셰퍼(Scheffer), 2001, p. 62). 이런 관점에서 통역사들은 두 당사자 사이에서 아주 위태로운 균형을 유지해야 한다는 것을 알 수 있다.

만일 그 암묵적 스코포스가 망명 심사의 의사소통 목적 달성에 부적절하다고 통역사가 판단하는 경우에는 새로운 통역 규범들을 협상하여야 할 것이며, 충실성의 원칙 및 모든 참여자의 이해관계를 언제나 고려해야 할 것이다. 암묵적 스코포스에서 벗어나는 상황은 반드시 공개적으로 선언해야 하며, 그럴 경우 이것은 "명시적 스코포스"(프룬크, 2000, p. 62)가 된다. 통역이 수반되는 망명 심사에서 통역사가 모든 의사소통 당사자들의 동의를 얻은 후 문화적으로 민감한 설명을 추가하여 갈등을 해결하고 권력의 불균형 해소에 기여하고자 한다면 이러한 내용은 명시적 스코포스로 선포해야 할 것이다.

상호작용 상황의 투명성

번역문화 개념의 세 번째 기둥인 투명성은 "차별 및 속임수를 두려워하는 파트너에 대한 심리적 장벽"으로 정의할 수 있다(프룬크, 2000, p. 61). 망명 심사에서 모든 상황의 완전한 투명성은 통역사들에게만 적용된다. 그렇지만 망명 심사관들도 영어를 이해하기 때문에 대부분 상황과 행위는 상대적으로 투명하다. 아마도 이러한 상대적인 투명성이 있기 때문에 면접관은 통역사들이 적극적으로 상호작용에 참여하고 의사소통에 중요한 영향력을 행사하는 것을 기꺼이 허용하는 것일지도 모른다. 반대로 망명 신청인에게 전체 망명 절차는 훨씬 더 불투명하다. 이들은 절차에 대한 이해가 부족하며 심사에 영향을 미치는 사회문화적 요소들에 대해서도 잘 알지 못한다. 통역사가 가끔 제공하는 '문화적 측면'에 대한 설명으로 보완되지 못한다.

다음 발췌문은(BAG7:359-364) 통역사의 문화적 가치체계가 통역에 영향 미치는 경우를 보여준다.

359줄에서 면접관이 망명 신청인의 말을 제대로 이해했는지 확인한다. 통역사는 면접관의 "나"("*내*가 제대로 이해했습니까?")를 포괄적인 "우리"("*우리*가 당신을 제대로 이해했습니까?")로 바꾸어 자신의 위치를 변경한다. 통역사가 자신을 면접관의 '보조자'로 생각하고 면접관과 한 팀으로 인식하는 것으로 보인다. 워닥(Wodak)은 이러한 구조를 포함(inclusion)과 배제(exclusion)의 담화("우리"와 "그들")라고 부른다. 이러한 형식의 담화 구조는 발화자가 그룹 구성원을 파악하고 외부인들을 표시하는 역할을 한다(워닥, 1994, p. 271). 361줄을 보면 면접관은 서기에게 기록을 지시하며, 동시에 통역사는 그의 마지막 질문을 영어로 통역한다. 그리고 362줄에서 통역사는 망명 신청인의 답변을 재구성("그렇긴 하지만 당신은 …를 기대하고…")하고, 망명 신청자에게 자신의 통역 '제안'("그렇게 말하죠 let's say so")에 대해 알려주는 것을 364줄에서 볼 수 있다. 그리

[발췌문 6]

```
    B1[         . . Also sie wollte hier arbeiten, verstehe ich
                . . Well, she wanted to work here, do I understand
    D3[ züchten.
        grow.
359 -------------------------------------------------------------

    B1[ das richtig?
        that correctly?
    D3[        Then it was your wish, do we understand you
360 -------------------------------------------------------------

    B1[          Er sagte, vielleicht werden wir hier gemeinsam
                 He said perhaps we will grow
    D3[ correctly, that you were wishing to come to Europe to
361 -------------------------------------------------------------

    B1[ Tomaten züchten.
        tomatoes together here.
    D3[ work?
    AW[     Yea, I don't know that the man put me to prostitute.
362 -------------------------------------------------------------

    D3[        Yea, but you were expecting to do a correct job,
    AW[ Tha what he said.
363 -------------------------------------------------------------

    D3[ let's say so.                           Sie wollte arbei-
                                                She wanted to work
    AW[            I don't want to work as prostitute. That's
364 -------------------------------------------------------------
```

고 364줄에서 다시금 입장의 변화가 있음이 파악된다. 통역사는 대부분 망명 신청인의 답변을 일인칭 문장으로 번역하지만, 여기에서 갑자기 인칭을 바꾸어 3인칭으로 전달하는데, 이는 답변의 발언자를 분명히 표시하기 위함이다. 이러한 바꿔말하기는 강력한 가치 판단을 드러내는데, 통역사의 가치체계에 따르면(그리고 망명 신청인도 마찬가지일 것이다) 매춘은 '올바른' 혹은 '합당한' 직업이 아니라는 점이다. 그리고 통역사는 이러한 '부적절한' 활동들에 대해 거리를 두려고 하는 것으로 보인다.

특히 문화적으로 특정 의미를 지니는 용어들의 경우 소통 참여자들의 다른 사회문화적 배경이 분명히 의사소통을 저해하게 된다. 문화적으로 결정되는 언어 및 비언어적 현상들에 대한 이해 부족으로 오해가 발생할 수도 있다는 점을 통역사가 정확히 깨닫지 못하는 것 같다. 통역사들이 망명 신청인의 사회문화적 배경에 대해 충분한 정보가 없어서 특정한 용어를 이해하고 통역하기 어렵거나, 망명 신청자에게 문화적으로 의미 있는 행동에 대해 적절한 정보를 제공하지 못해서 오해가 발생할 수 있다. 그런 경우 종종 통역사들은 이러한 오해를 망명 신청인들의 책임으로 돌리곤 한다.

결론

위에서 제시한 예시들을 보면 망명 심사 상황에서 통역사가 맡는 역할이 종종 명확히 분리되지 않고 모순되며 실제로 역할 간 구분이 희미한 경우가 많음을 알 수 있다. 전통적 윤리 규범에서 기술하는 통역사의 역할은 서류상으로만 유효할 것이다(카퍼트와 푸치(Kaufert and Putsch), 1997 참조). 그러나 통역사들이 망명 심사 결과에 상당한 영향을 미친다는 점을 기억할 필요가 있다. 즉 통역사들이 가치 있는 서비스를 제공하는 것은 사실이지만 상당한 조작의 가능성도 있다는 것이다.

미주

1. 본 프로젝트의 코퍼스는 그라즈에 위치한 연방망명사무소에서 2000년 10월부터 2001년 7월 5일까지 기록된 20회의 망명심사 면접의 음성녹음 자료이다. 면접의 평균 시간은 62.3분이었다. 가장 긴 면접은 거의 3시간(175.34분)이었으며, 가장 짧은 면접은 19.05분이었다. 코퍼스에는 영어를 사용하는 면접관이 참여한 심사만 포함되어 있으며 통역사가 영·독 통역을 수행했다. 참여한 면접관(B1, B2, B3)은 세 명으로 모두 남성이며 세 명의 통역사(D1, D2, D3)는 모두 여성이었다. B1은 15회의 면접을, B2는 3회, B3는 2회 실시하였다. D1 통역사는 8회의 면접을, D2는 2회, D3는 2회의 면접을 통역했다(통역사 D1과 D2는 전문 통역사였고, D3는 전문 통역 교육을 받지는 않았지만, 망명 관련 통역 경험이 풍부하다.). 4개국(나이지리아, 시에라리온, 리베리아, 수단) 출신의 19명의 망명 신청인들이 면접 대상이었다.

2. 음성녹음은 HIAT 전사시스템(엘리히(Ehlich), 1993 참조)을 이용하여 전사하였다. 전사 규범은 다음과 같다.

.	짧은 침묵(3초 이내)
..	긴 침묵(3초 이상)
/	부정출발(false start)
밑줄	강조
((xxx))	비언어적 특징이나 설명의 말
(xxx)	들리지 않는 부분
대문자	익명의 정보(이름, 지명 등)

3. 괄호 안에 있는 정보는 각 전사본의 이름(예: BAG1)과 발췌본 줄(예: 114-118)을 나타낸다. B [Beamte] = 면접관, D [Dolmetscher] = 통역사(번호 1-3은 각 면접관이나 통역사 번호를 나타냄), AW [Asylwerber] = 망명 신청인, SK [Schreibkraft] = 기록관, GV [Gesetzlicher vertreter] = 법률 전문가, VP [Vertrauensperson] = 신원 보증인. 독일어 구문의 경우 바로 아래에 영어로 번역(기울기 글꼴)되어 있다.

라스팔마스 데 그란카나리아 이민자 구금소에서의 통역

의사소통과 권력

기르예모 R. 나바로 몬테스데오카 Guillermo R. Navarro Montesdeoca
스페인 라스팔마스 데 그란카나리아 대학교

현대의 다언어적 상황이 점차 다양하고 복잡해지고 있다. 따라서 통역사들은 의사소통 과정을 포괄적으로 접근해야 할 다양한 상황에 직면한다. 본 논문은 그러한 사례로서 2001년 11-12월 스페인 라스팔마스 데 그란카나리아 이민자 구금소에서의 통역 경험을 고찰한다. 이민자들과 주정부의 의사소통에 영향을 주는 다양한 요소들이 있으며, 언어 외적인 변수들이 언어적 변수들만큼 중요하다는 것을 알 수 있다. 특히 권력 관계라는 측면에서 볼 때 이민자들과 통역사들은 낮은 사회적 지위를 갖는다. 또한, 권력관계는 전문적, 법적, 번역적, 및 의사소통 차원에서 맥락적 제약을 구조화한다. 다양한 범주의 변수를 이해하려면 기호학적 접근법이 적절하며 궁극적으로 통역이라는 직업에 대한 포괄적인 이해를 할 수 있을 것이다.

서론

본 논문에서 필자는 2001년 11월과 12월 스페인 카나리 제도의 라스팔마스에 위치한 바랑코 세코 이민자 구금소에서 통역사로 일했던 경험을 반추하고자 한다. 이곳에서 아프리카로부터 스페인과 카나리제도로의 이민이 어떤 영향을 주는지 직접 관찰하고 구금된 이민자들과 일하는 통역사들의 언어 외적 측면의 어려움을 관찰할 수 있었다. 먼저 관련 맥락의 특징을 통해 이곳에서의 통역 행위의 복잡성을 살펴볼 것이다. 이어서 협력과 이해가 반드시 궁극적인 목표가 아닌 상황에서 영향을 미치는 돈, 권력, 거짓말 측면에서 의사소통 행위들을 고찰하고자 한다.

맥락의 모델링

세계화에 인해 다언어적 상황이 더욱 복잡하고 다양해지면서 통역사들은 훨씬 다양한 상황에 직면하게 된다. 베우그란데(Beaugrande, 1994a, p. 221)는 다음과 같이 지적한다.

사람들 간의, 그리고 이들의 언어와 문화 간의 '현대적' 연결은 훨씬 더 범위가

넓고 다변화되었기 때문에, 많은 사람은 자신이 어디에 속해 있고 자신의 행동이 어떻게 다른 이들에게 영향을 주는지에 대해 아주 제한적인 이해만을 하고 있다. 전체적으로 데이터 '폭발' 현상이 나타나며, 복잡성과 새로움(novelty)의 비율이 '과부하' 수준에 도달했다.

본 논문은 스페인 라스팔마스 데 그란카나리아에 위치한 이민자 구금소에서 통역사로 일했던 경험을 기술한다. 필자는 다양한 관점에서 언어 간 의사소통의 본질적 특성에 대해 고찰하고 일반적인 의사소통에 대해 생각할 기회가 있었다. 필자는 베우그란데가 '데이터'라고 지칭한 요소들을 가능한 한 많이 포함하는 일반적인 틀을 제시하고자 한다. 아래에 제시된 맥락적 모델은 본 논의를 위한 이론적 틀이면서 동시에 결론이라고 할 수 있다.

번역에서 맥락의 중요성은 잘 알려졌다. 윌스(Wilss)에게 맥락이란 "다수의 상황적 관점들에 의해 영향받고 수정되는, 복잡하고 다차원적인 현상"(윌스, 1994, p. 37)이다. 이 바탕에는 "단어가 맥락 안에서 어떻게 사용되고 사용자들 사이에 교환되는지에 따라 의미가 결정된다"는 개념이 깔려 있다(메이슨(Mason), 1994, p. 25). 상대적으로 텍스트 중심 접근법(1987, pp. 12-13)을 취하는 뉴마크(Newmark)조차도 이후에 "많은 단어는 언어적, 문화적, 상황적 맥락에 따라 심오한 영향을 받기 때문에 고립된 채로 번역될 수 없다"고 인정했다(1991, p. 25). 그러나 덧붙이기를 "맥락에 매인 단어들보다는 맥락에서 자유로운 단어들이 상대적으로 더 많다"고 했다. 물론 맥락이 단순히 단어를 둘러싼 주변 단어들로 이해되기도 하지만, 실제로 언어행위가 진공상태에서 이루어지는 것이 아니므로 사회적 맥락 안에서 접근해야 할 필요가 있다. 따라서 번역은 "사회적 맥락 내에서 이루어지는 의사소통의 과정"(하팀과 메이슨, 1990, p. 3)으로만 이해되어야 하며 화용적이고 기호학적 측면이 언어 간 의사소통(즉 통역과 번역)의 일부분을 구성한다(하팀과 메이슨

(Hatim and Mason), 1990, 4장).

그러나 맥락은 종종(원작 텍스트이건 번역 텍스트이건) 텍스트 자체에서 분리된 것처럼 다루어지곤 한다. 더욱이 우리는 주어진 텍스트의 일반적 특성들만을 중시하는 경향이 있다. 예를 들어 우리는 프랑스어를 프랑스 문화와 연계시키는 반면 카메룬, 세네갈, 콩고는 고사하고 스위스, 벨기에, 캐나다 문화와도 연결짓지 않는 경향이 있다.

통역의 의사소통 모델(그림 1)은 텍스트를 둘러싼 구체적 맥락에 대해 우리가 알고 있는 바를 나타내는 틀을 제공하여 다양한 관점에서 다양한 의사소통 상황들을 나타내려 한다. 중심에 출발텍스트(말 또는 글)가 있다. 예를 들어 우리가 생리 증후군이나 열이 나는 증상에 대해 의사와 이민자 사이를 중개하는 통역 상황에 처할 수 있다. 이와 관련된 텍스트는 상당히 명확하다. 생리 증후군은 모든 문화권에서 거의 동일한 통증과 증상으로 이해되기 때문이다. 그러나 열과 관련된 텍스트는 불명확할 수 있는데, 예를 들어 사하라 이남 아프리카의 많은 지역에서는 열이 난다고 하면 황열병을 떠올릴 수 있다. 이러한 차이가 어떤 분류체계에 따라 작동한다면 이들은 내부 맥락(inner context)에 포함될 것이다.

내부 맥락과 외부 맥락의 차이는 특정한 종류의 교환상황을 수립할

그림 1. 통역의 의사소통 모델

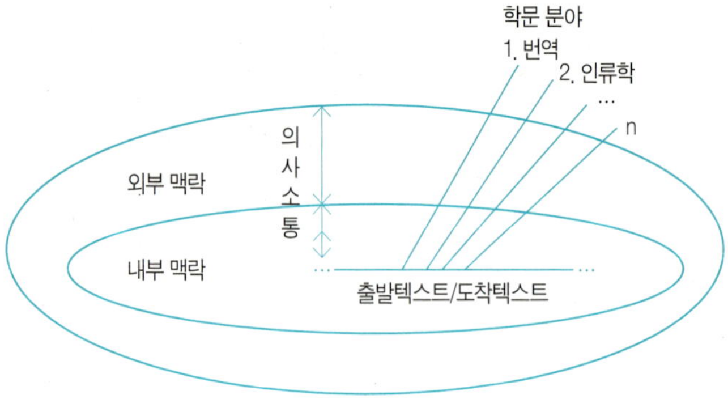

수 있는지에 달려있다. 내부 맥락은 통역사가 자기 것으로 여기는 지식을 뜻한다. 기본적으로 사회학적 관점에서 언어와 문화의 연결고리를 지칭하는 것이다.

외부 원에는 성공적 의사소통에 필요한 예상치 못한 지식이 포함된다. 예를 들어 담당 경찰관이 곧 퇴근할 시간인지 아닌지에 따라 구금 이민자들의 요청이 받아들여지거나 거부될 수 있다. 외부 맥락은 좀 더 임시적 지식이 필요하다는 것을 보여준다. 예를 들어 생리 증후군을 앓는 이민자를 대하는 경우, 성별에 따른 금기 때문에 남성 의사나 남성 통역사는 환자와의 의사소통이 어려워질 수 있음을 알아야 한다. 또한, 열에 관해 이야기할 때 많은 이민자는 '열'을 '황열병'으로 이해하거나, 열이 난다고 인정할 경우 즉각 추방될 위험이 있다고 믿는다. 생리와 관련된 예시는 어디에 초점을 두는가에 따라 내부 맥락 혹은 외부 맥락으로 분류될 수 있다. 열과 관련된 예시는 권력 및 정치적 관계가 갖는 역할이 있으므로 외부 맥락으로 분류된다.

의사소통 과정은 텍스트, 내부 맥락 및 외부 맥락 내에서 존재한다. 세 단계 모두를 관통하며 다양한 연결고리를 수립한다. 이 모델에서 여러 축들은 텍스트에서 맥락으로, 그리고 맥락에서 텍스트로 이어지는 학문 분야들을 가리킨다. 즉 우리는 의사소통 상황을 다양한 관점으로 바라볼 수 있으며, 더 많은 관점을 취할수록 의사소통을 향상할 수 있는 결정에 도달할 확률이 높아진다. 우리의 이해를 높이기 위해서 번역학은 사회학, 심리학, 의학 등 다른 학문 분야로 확장되어야 한다.

번역의 일반적 목적이 의사소통(즉 이해)을 돕는 것이라 가정할 수 있지만, 현실적으로 이 가정을 재고해야 한다는 것을 본 논문에서 살펴보고자 한다.

이민: 아프리카로부터

세계화는 새로운 일이 아니지만, 세계화가 대중 문화에 미치는 영향이 새롭게 인식되고 있으며 더 많은 사람이 직접적인 영향을 받고 있다. 20세기 유럽의 식민지들이 독립하고 베를린 장벽이 무너진 후 서구 사회로의 이민이 급격히 증가하였다.

카나리 제도의 경우 대부분의 비정규 이민자들은 아프리카(58.31 퍼센트)와 남미(25.51 퍼센트)로부터 온다(디아스 에르난데스 외(Díaz Hernández et al), 2001, p. 5). 본 논문에서 다루는 내용은 사하라 이남 이민자들에 대한 것이며 통역은 영어, 프랑스어, 스페인어로 제공되었다(구금소에서는 다른 많은 언어도 사용되었다).

스페인 사회부에 따르면(벨 아델과 고메스 파이렌(Bel Adell and Gómez Fayrén), 2000) 1998년 사하라 이남에서 스페인으로 이주한 사람은 21,834명이다. 통계가 있지만 정부에서 이런 종류의 이민자 관리 체계가 부족하므로 스페인에 거주하는 "불법 이민자들의 정확한 숫자는 절대 파악할 수 없을 것이다."(디아스 에르난데스 외, 2001, p. 5, 저자 번역). 30여 개 국가에서 이주하지만 대부분 서아프리카 국가들이다. 그러나 이들의 출신 국가를 조사하는 간단한 업무조차 쉽지 않다. 어떤 이민자들은 망명 신청을 할 수 있도록 내전 중인 국가(시에라리온, 리베리아) 출신이라고 거짓으로 말했다고 변호사들과 통역사들과의 비공식적 대화 도중 인정하기도 한다.

대부분 통역사들은 아프리카 및 아프리카 사람들에 대해 개괄적으로만 알고 있다. 어떤 이민자가 어떤 나라에서 왔는지 안다고 할지라도 통역사에게 그것이 어떤 의미가 있겠는가? 유럽 통역사가 아프리카 국가에 대하여 얼마나 알고 있는가? 커뮤니케이션 상황에서 통역 할 때 '사하라 이남 국가들'은 '갈색 눈의 유럽인들'처럼 임의적인 집단이다. 그러나 의사소통(즉 이해)이 진짜 목적이 아닌 경우 이러한 보르지안

(Borgian) 리스트가 도움이 될 수 있다. 사실 '국가'라는 개념이 별 도움이 되지 않는다. 예를 들어 카메룬에는 268개의 민족에 속하는 1,600만 명이 살고 있다. 영어와 프랑스어가 공용어이지만 24개 언어가 존재하므로 모든 이들이 공용어를 구사하는 것은 아니다. 이것은 아프리카라는 맥락에 대한 명확한 개념을 확보하기 어려운 구금소에서 직면하는 상황 중 하나의 예에 불과하다.

비정규 이민자들의 유입으로 스페인과 카나리 제도는 새로운 현실에 직면하고 있다. 다른 유럽 국가들은 식민지들이 독립하게 되면서 이미 겪어 온 문제들이다. 그러나 스페인의 이민 문제에 대한 인프라와 구조가 전반적으로 부족하며 이민자들의 의사소통 필요를 해결할 체계가 부족하므로 다른 국가들의 경험은 크게 도움이 되지 못한다. 다시 말해 이민자의 출신국에 대한 지식 부족은 인적 자원과 기타 자원의 부족에 기인한다.

통역: 아무것도 없는 땅

2001년 당시 내무부가 스페인 고용국을 통해 통역 일자리를 제공했기 때문에 통역사가 이민자 구금소에서 일을 하려면 먼저 실직 상태여야 했다. 내무부 예산으로는 통역사들과 계약할 수 없었으므로 월급의 90 퍼센트 이상은 고용국에서 직접 지급하였다. 경제적 자원이 부족했다. 한 명의 파트타임 통역사와 한 명의 파트타임 의사를 고용할 정도의 예산밖에 없었으며, 일 년에 고작 5개월에 해당하는 고용이었다. 의사는 정식 급여를 받았지만, 내무부 고용 통역사들은 모두 통역 및 번역 관련 대학 전공자였음에도 불구하고 고졸 근로자 수준의 급여를 받았다. 구금소에서 근무하는 통역사의 역할은 두 가지였다. 하나는 도착한 이민자들에게 구금소의 세 가지 규칙을 알려주면서 '환영'하는 일이었다. 첫 번째 규칙은 모든 이민자가 구금소에서 일하는 모든 사람들을 존중해야 한다는 것이며, 두 번째 규칙은 이민자들이 '높은 위생 기준'을 유지해야 한다는 것이다. 셋째로 어떤 다툼도 허용되지 않는다. 통역사의 두 번째 임무는 건강검진 시 의사와 환자 사이를 중개하는 것이었다.

두 상황에서 모두 이민자들은 사회적 및 의사소통 측면에서 약자의 위치였다. 이들은 규칙에 따라 행동해야 했으며, 건강검진 시 의사가 상황을 주도했다. 통역사들은 의사소통을 돕기 위해 애를 썼지만, 의사소통을 중재하는 업무를 수행하는 조건으로 정부에서 급여를 받았으므로 중립적 참여자는 아니었다. 램버트(Lambert)는 다음과 같이 말했다(1994, p. 20, 원문 강조).

> 조직이 번역에 미치는 영향은 문제의 상황적(*occasional*) 측면보다 훨씬 더 크다. 이러한 영향은 처음부터 끝까지 존재하는데, 이는 번역하는(혹은 번역하지 않는) 결정과 번역사에게 주어지는(암묵적/명시적) 지시사항들, 그리고 사용자의 기대가 사회적 상황의 지배를 받기 때문이며, 이에 대항하려는 시도가 있을 때에 특히 그 영향이 드러난다.

근본적인 질문은 통역사가 이해를 돕는 것 이상의 역할을 하는 것이 과연 정당화될 수 있는 지이다.

의사소통 과정: 돈, 권력, 거짓말

의사소통 과정은 돈, 권력, 그리고 거짓말의 관점에서 접근할 수 있다. 여기에서 '돈'이란 자원(급여, 경찰관, 시설들, 통역사)을 일컫는다. '권력'은 파울러(Fowler, 1985, p. 61)를 따라 "사람과 제도가 다른 이들의 행동과 물질적 삶을 통제할 수 있는 능력"으로 정의할 수 있다(물론 나는 이러한 통제를 물질적 차원으로 국한하지는 않겠다). '거짓말'이란 우리가 거짓말을 할 때 사용할 수 있는 언어, 기호 및 의사소통을 의미한다(에코(Eco), 1977, pp. 6-7). 예를 들어 어떤 법적 권리가 공식적으로 보장되었다고 해서 사람들(이민자들)이 실제로 이러한 법적 권리들로부터 혜택을 보고 무슨 일이 일어나는지 잘 알고 있다는 뜻은 아니라는 것이다.

본 논문의 연구 배경인 구금소에 대해 먼저 언급할 것은 대부분의 직원이 이민자들의 개인적인 비극적 상황에 동정심을 느꼈다는 것이다. 그렇다고 해서 암묵적 및 명시적 계층 구조의 중요성이 축소되지는 않는데, 경찰관들이 가장 상위에 위치하며 다음으로 의사, 그다음은 통역사와 다른 직원들, 그리고 마지막으로 이민자들이다.

결과적으로 말해 의사소통은 사회적으로 평등하게 이루어지지 않았다. 경찰관들이 명령을 내리면 이민자들은 이를 따랐다. 의사는 처방을 명령했고 환자들은 이를 따랐다. 환자들이 자신의 치료에 대해 문의하는 것이 허용되지 않았다.

돈은 중요한 요소였으며 종종 자원 부족으로 인해 개인들의 의사소통이 차단되었다. 예를 들어 이민자들은 기관에 직접 말을 할 수 없었고 자원 배분을 결정하는 권한이 있는 의사들이나 경찰관들을 통해 의견을 전달해야 했다. 당국에서 특정 문제를 해결할 수 없거나 해결을 원하지 않는 경우 이들은 종종 의사소통을 회피했다. 이것이 일련의 언어적 및 비언어적 요소에 가해지는 장애요인 중 하나였다.

거짓말은 이민자들과의 소통에서 중요한 역할을 했다. 사실 일반적인 의사소통에서도 거짓말이 핵심적인 역할을 한다. 기호학적 관점에서 기호체계(언어체계 포함)는 거짓말을 하기 위해 사용되지 않는다면 존재하지 않는다. 에코는 다음과 같은 논리를 제시했다(1977, p. 7; 원문 강조).

> 기호(sign)는 무언가를 중대하게 대체하는 모든 것을 일컫는다. 이 무언가는 기호가 대신 상징해주는 그 순간 실제로 어딘가에 반드시 위치하거나 존재할 필요는 없다. 따라서 원칙적으로 *기호학은 거짓말을 하기 위해 사용될 수 있는 모든 것을 연구하는 학문*인 셈이다. 만일 어떤 기호가 거짓말에 사용될 수 없다면 진실을 말하는 데에도 사용될 수 없다. 즉, 무언가를 '말하기' 위해 사용될 수 없다는 뜻이다.

본 연구에서 이민자들은 종종 출신 국가나 의료기록에 관해 거짓말을 했다. 말라리아와 같은 열대 질병 기록이 있을 경우 스페인에서 추방될 수 있다고 생각했기 때문이다. 이들 대부분은 인터뷰에 사용되는 유럽 언어들에 능숙하지 않기 때문에 통역은 더 어려웠다. 즉 통역사와 이민자 모두 모국어로 말하지 않는 상황이었다. 이민자 중에서 식민지 언어를 잘 구사하는 사람들은 거의 없었으며 대부분은 아예 구사하지 못했다. 그러므로 다른 이민자가 통역사 역할을 하기도 했다. 따라서 추가적인 설명이 필요한 경우가 많았다. 예를 들어 "옴에 걸린 적이 있는가?"라는 질문은 "피부가 간지러운 병을 앓은 적이 있는가" 로 바꾸어야만 했다.

통역 교육기관이나 유럽연합 의회에서는 이러한 통역은 아마 인정하지 않을 것이며, 일부 미국 법정에서는 그러한 설명식 통역이 명확히 금지되어 있다(미켈슨(Mikkelson), 1998, pp. 32-36). 그러나 베우그란데(1994b, p. 16)와 같은 저자들은 통역사들이 이해를 돕기 위해서라면 메시지를 새롭게 만들어내야 하는 상황이 발생한다 하더라도 어쨌든 번역사는 의사소통을 돕는 역할을 해야 한다고 주장한다. 우리의 경험으로는 이민자들이 때로 거짓말을 하고 언어적 능력이 부족하다 할지라도 의학적 진단과 치료를 위한 의사소통은 잘 이루어진 것으로 판단한다.

이민자 구금소에서 통역사들은 내무부를 위해 일하는 것이며 이들의 주요 임무는 정부의 명령을 전달하는 것이었다. 일반적으로 의사소통의 목적은 이민자들에게 정보를 전달하는 것이지 이들의 목소리를 듣는 것이라고는 할 수 없었다. 이는 아마도 재정적 자원과 관련 있는 두 가지 서로 다른 요인들에 기인할 것이다. 첫째, 앞에서 언급한 대로 스페인은 불규칙 이민자들을 감당할 재원이 부족하다. 그래서 의사결정자들은 이민자들의 인권 보호를 위한 정책을 이행할 여력이 없다고 느낀다. 현 체제에 문제가 있다고 인정한다면 이는 법적 분쟁들로 이어지게 될 것이며 인종차별의 비난을 받게 될 수도 있다. 둘째, 구금소의 경찰관들은 과로에 시달리며 80명 이상의 이민자들에 배치된 경찰관은 두어 명 뿐인 경우도 많다. 따라서 이들은 통역사들이 이민자들의 이런저런 요구사항을 전달하여 '피곤하게' 하기보다는 자신을 도와주기를 바라는 것은 놀라운 일이 아니다.

통역사들의 역량이 공식적으로 인정되지 않는 상황에서 통역사들은 의사소통 당사자들 중(고용주를 대표하는) 한 측이 종종 협력을 꺼리는 의사소통 상황의 중심에 위치하게 된다. 특히 이들에게 어려움을 주는 상대가 바로 자신들을 고용한 측일 경우 이러한 상황에서 불편함을 느끼게 된다.

이렇게 의사소통 상황에서 참여자들 간의 불화합을 고려할 때 번역과 의사소통의 본질을 재고하게 된다.

결론: 기호에 대한 생각

전통적으로 번역에 있어 언어학이 중요했으며(예: 캣포드(Catford), 1965, 뉴마크, 1992) 언어학이 번역의 모든 것을 설명할 수는 없지만, 여전히 중요하다. 사회에서 번역(및 의사소통)은 여전히 단어를 바꾸어주는 행위, 즉 언어적 등가를 성공적으로 찾는 행위로 인식된다. 이는 번역이라는 직업에 장애물로 작용한다. 더욱이 파울러(Fowler, 1985), 램버트(1994), 울프(1995) 등이 문화, 권력 및 사회가 언어 간 소통을 이해하는 데 필요한 개념임을 주장하지만, 번역사들 그리고(더 드물지만) 통역사들은 여전히 맥락보다는 단어들에 집중하는 경향이 있다. 아마도 이는 일반적으로 의사소통에 적용될지도 모른다. 어쩌면 우리는 메시지(message)가 아니라 언어(language)에 집중하기 위한 도구들을 개발하고 향상해 왔는지도 모른다.

『번역의 밈(Memes of Translation)』에서 체스터만(Chesterman, 1997, p. 8)은 번역이라는 용어가 "한 장소에서 다른 장소로 운반"한다는 뜻이지만, 번역에서 메시지는 이동되거나 운반되지 않고 오히려 복제(replicate)된다고 말했다. 이런 측면에서 우리는 기호(혹은 기호학적 기능들, 에코, 1977)가 사회적임을 고려할 필요가 있다. 기호 자체에 의미가 있는 것이 아니라 사회적 맥락들이 텍스트에 의미를 부여할 뿐이다. 따라서 어떤 경우 메시지가 언어적으로 틀린 것이 없지만 제대로 전달이 안 될 수 있는데 이는 본 논문에서 기술한 맥락적 제약요인들 때문이다.

제도로서 번역은 사회적 상호작용의 규범에 영향을 받는다(헤르만스(Hermans), 1995). 언어 간 소통에 참여할 때 우리는 '타인'을 마주하는데 이민자 구금소의 경우와 같이 이는 대부분 불평등하게 이루어진다(울프, 1995, p. 125). 협력이 있으면 의사소통이 이루어지지만 협력을 당연시할 수는 없다(베르미어(Vermeer), 1998, p. 46). 따라서 구금소에서의 통역은 언어적 교환보다는 맥락적 상황에 더 많이 좌우되었다.

권력관계는 거의 모든 발화의 기저에 있으며 통역사들은 이러한 관계성 내에서 통역을 수행한다. 권력은 무엇을 어떻게 언제 말하는가에 영향을 끼친다. 대표민주주의 사회에서 권력은 폭력을 동반하기보다는 의사소통(혹은 의사소통의 부재)에 대한 통제를 통해 발현된다. 많은 경우 법 앞에 서는 시민들은 알 권리를 갖지만(이들이 법적 언어를 말할 수 있는지와 관계없이) 들려지는 내용을 이해할 권리는 갖지 않는다. 따라서 우리는 파울러(1985:62)의 다음과 같은 주장에 동의한다.

> 언어를 단순히 불평등을 반영하는 순진한 매개로 보지 않고 언어가 불평등에 기여하는 행위임을 인식하면 언어학자들은 더 비판적이 될 것이며 연구에 사회적 목적을 부여하게 될 것이다.

공공의료서비스 통역사가 중개하는 의사소통에서 이루어지는 언어, 문화적 정체성 협상

메테 루드빈 Mette Rudvin
이탈리아 볼로냐대학교

본 논문은 공공서비스 통역사가 중개하는 의사소통에서 정체성을(언어적, 문화적, 제도적, 민족적으로) 협상하는 방식을 연구하며 특히 의료통역에 중점을 두었다. 문화적/민족적 정체성은 언어를 통해 발현되므로 통역사가 중개하는 문화간 커뮤니케이션도 결과적으로(고정된 정체성이 아니라 유동적인) 정체성을 협상하는 과정이다. 따라서 자신과 타자에 대해 내재한 인식을 협상하는 과정이라 볼 수 있다. 문화간 커뮤니케이션에서 통역사는 두 화자와의 관계에 있어 자신의(직업적 및 개인적) 위치와 역할을 협상할 뿐만 아니라, 개념적으로 텍스트적으로 매우 다른 두 사람이 각자 입장을 취하고 역할을 협상할 수 있도록 도와주어야 한다. 각 주체가 자신의 사회적, 역사적으로 구성된 정체성들을 가지고 소통에 참여한다는 전제를 바탕으로 본 논문은 정체성과 정체성 구축/협상 과정이 어떻게 언어적으로 표현되는지 보여준다.

몇 가지 작동 전제

이어질 주장들에 대한 기초를 마련하기 위해 먼저 두 가지 전제를 확립해야 한다. 첫 번째 전제는 간단히 요약할 수 있는데, 비록 분명한 것처럼 보이지만 그래도 정확하게 짚고 넘어가야 한다. 그것은 바로 통역과 번역 과정이 기계적인 작업이 아니라는 점이다. 실제로 통역사의 역할 중 많은 부분은 개인 및 집단 차원에서 의사소통 전략들을 관리하는 것이며, 이 과정에서 비언어적 기술이 용어의 정확성만큼이나 중요하다. 페어클러프(Fairclough, 1995)가 지적하듯 언어는 이미 존재하는 코드가 아니라 언제나 세상에 대한 경험과 세상의 표상으로 기능한다. 따라서 텍스트는 단순히 용어 체계가 아니라 지식과 신념 체계이다. 텍스트 생산(작가, 번역가, 연설자, 통역사)은 '그저 언어'가 아니라 언어적 교환에서 참여자들 간의 사회적 상호작용이며, 따라서 구조들에 대한 공유된 지식을 가정하는 사회 행위의 한 형태이다. 의사소통 전략을 관리(바덴조(Wadensjö)의 용어로는 '조율')하는 것은 단일언어 상황에서도 민감하고 복잡한 일인데 통역사가 중개하는 삼자의 문화간 소통에서는 더 더욱 그러할 것이다.

두 번째 전제는 본 논문의 주제와 더 구체적인 연관성을 지니는데, 의료 체계와 같은 제도적 체계들이 말 그대로 체계(system)라는 것이다. 그리고 체계는 보편적이거나 절대적이지 않고 문화에 따라 다르다. 서구의 의학은 북미 원주민들의 치유 의식이나 민간요법이 그런 것처럼 많은 측면에서 어떤 체계에 불과하다. 1980년 초반에 인류학을 공부한 정신과의사인 클레인만(Kleinman)은 "의료 체계는 실체가 아니라 개념이며 연구자가 주장하는 개념적 모델"이라고 말했다(클레인만, 1980, p. 25). 그는 의료 활동을 아래와 같이 설명한다.

> [···] 질병에 대한 조직화한 대처이며 이는 의료 체계(*the health care system*)라는 특수한 문화 체계를 구성한다. 우리가 종교나 언어, 가족제도를 문화 체계로 논하는 것처럼 의학도 문화 체계로 볼 수 있으며, 이는 사회 제도들의 특정한 배열과 개인 간 상호작용 패턴들에 기반을 둔 상징적 의미체계이다. 모든 문화에서 질병, 질병에 대한 대처, 질병을 앓는 사람들과 치료하는 사람들, 그리고 이와 연관된 사회제도들이 모두 체계적으로 연결되어 있다(클레인만, 1980, pp. 24-25; 원문 이탤릭체).

따라서 의료 체계는 문화와 시간에 매인 담화 공동체로서 규범의 지배를 받는 행동 패턴들을 생성하는 제도이며, 이는 더 포괄적인 공동체의 행동 패턴들을(반드시 일치할 필요는 없지만) 반영하는 제도이다. 비즈니스 문화를 '기업 문화'라 일컫는 것과 마찬가지로 의료 체계도 특정한 제도적 권한 및 고유한 의사소통과 담화 매체(mode)의 지배를 받고 이를 반영한다는 측면에서 '기업'적이라 묘사할 수 있다. 의료서비스 제공자의 역할과 업무 또한 문화적으로 정의되며, 제도 및 이를 포괄하는 공동체가 정의하는 특정한 직업 윤리의 제약을 받는다. 이는 의료서비스 제공자의 권한을 분명히 정의하고 명시하게 될 것이다. 예를 들어 실증연구나 초자연의 영역에 바탕을 둔 제약일 수 있다. 이로써 민간, 전통, 대체요법과 공식적으로 인정되는 의료 사이에 명확한 구분이 지어질 것이다. 또한, 임상의사의 역할이 총체적(holistic)인지, 아니면 특정 증상만을 집중적으로 다루는 전문화된 것인지, 혹은 임상의가 케어 제공자인지 치료 기계인지, 절대적 권위를 지닌 사람인지 아니면 자문을 제공하는 역할만 하는지 등을 확립하게 된다. 여기에서 연결되어 나타나는 또 다른 문제는 민감한 정보를 누구와 공유할 것인가, 즉 의사, 종교인 아니면 가족들만 공유할 것인지의 문제이다. 서양 이외의 지역에서 많은 사람들은 서양의 생체의학을 '대체 의학'으로 생각한다. 눔리(Numrich)가 주장하듯이 윤리학자들은:

> [⋯] 규범적이고 자율성에 기반을 둔 생체윤리적 추론 방식이 전 세계적으로 공유되는 것은 아니라는 점을 더욱 인식하고 있다. 이러한 경향을 인식하여, 의료계 교육자들은 학생들에게 다문화 돌봄과 의사소통에 대해 적극적으로 준비를 시키기 시작했다. 예를 들어 주술사(무당)는 영향력 있는 보조적 의료인이 될 수 있는데, 서양 의학에서는 이와 유사한 직업이 없다. 주술사 교육은 거의 전적으로 영적인 세계에서 이루어지며 이들은 전인적(holistic) 기능을 수행한다. 지역사회 지도자들의 소개로 이번 연구의 인터뷰에 응한 사람들의 75% 정도가 영적 치유를 위해 정기적으로 주술사를 찾는다. ⋯ 필요한 대로 여러 질문을 하고 이야기를 집중해서 듣는 것만으로 주술사들은 효과적 치유를 위한 적절한 방법을 제시할 수 있다. 흐몽족 주술사들은 자신과 다른 이들을 위해 이것이 필요하다고 생각한다(눔리, 2002).

질병에 대한 이해가 문화에 따라 다르다는 것을 인식하고 대처하려면 기저에 있는 변수들과 일치하는 치료법을 택해야 한다. 즉 이웃이 자신에게 주술을 걸었다고 진심으로 믿는 환자에게 항정신병약을 처방하는 것은 심리적으로 효과적이지 않으며, 환자의 지역사회 성직자를 불러 주술을 풀도록 하거나 두 방법을 병용하는 것이 더 효과적일 수 있다. 소위 '전통적' 문화에 속한 환자가 대체로 자신의 형이상학적 또는 영적인 설명 틀을 제쳐놓고 서양 의학의 전적으로 생리학적 설명 틀을 수용해야만 할 경우 치료는 효과적일지 몰라도 환자는 만족하지 않을 것이며, 중요한 전통과 의식들, 예를 들어 영혼이 몸을 잘 떠나게 해주는 의식이나 출산 관련 정결의식 등과 같은 의식들이 존중되지 않았다고 느낄 것이다(그 이외에도 음식, 청결, 신체 기능, 출산 관련 전통, 임종과 애도, 고통 등과 관련된 수천 가지 예들을 언급할 수 있을 것이다). 이러한 불만족이 실제 치료 절차를 위태롭게 할 수 있음을 보여주는 연구들이 있다. 갈란티(Galanti, 1997)의 데이터는 온전히 서양의학에 따른 치료만을 강요하기보다 서양의학에서 전혀 '이성적인' 근거가 없다 할지라도 환자의 문화적 틀을 수용하고 이러한 기대사항들을 맞추기 위해 의료진들이 노력한 경우 치료 결과가 훨씬 더 좋았으며 환자의 전반적 상태(기질)와 치료에 대한 협조가 더 좋았음을 보여준다. 예를 들어 환자가 의사나 정신과의사 뿐만 아니라 성직자나 퇴마사도 만날 수 있도록 하거나, 죽음의 순간에 영혼이 잘 떠나갈 수 있도록 창문을 열어놓는 것을 허용하거나, 아니면 간단하게는 하루 24시간 가족이 곁에 있도록 허락하는 등이 가능하다.

언어학적/인류학적 개념인 에틱(etic)과 이미크(emic) 관점을 적용하여 흔히 말하는 '전통적' 문화에서 온 환자의 관점과 일반적인 서양의료진의 관점의 차이를 설명해 볼 수 있다. 이미크적 관점은 내부인으로서 자신의 관점, 즉 '자연적 관점'를 고려하는 반면 에틱적 관점은 외부인의 관점이다(갈란티, 1997, pp. 8-9). 서양의학에서 에틱과 이미크 관점의 불양립성을 '협상'하고 이러한 불양립성에 맞서야 하는 것은 의료진이 아니라 환자 자신인 경우가 많다. 본 논문은 의사와 환자 사이에 통역사가 개입되는 경우 환자는 종종 통역사를 동맹이자 의사소통 조력자로 의지하여 이러한 협상 과정을 조율할 것을 기대한다. 다행히도 법률분야 보다 의료 분야 종사자들은 병원에서 겪는 문화적 차이에 인한 어려움에 더 많은 예민함을 보이고 있으며 특히 미국, 영국, 캐나다, 스칸디나비아 국가들, 호주에서 그러하다. 이는 아마도 의료계 종사자들의 목적이 변호사나 판사들의 목표와 매우 다르기 때문일 것이다. 의료진의 궁극적 목표는 환자의 증상을 효과적으로 치료하는 것이지만, 법조인들의 목표는 지역사회의 법적 체계의 규범들과 요구사항들(체포, 재판, 판결, 구형, 무죄판결, 사면 등)을 충족하고 특정 사회의 '정의' 개념에 따라 법을 시행하는 것이다. 의료진은 그것이 치료에 도움이 된다고 믿으면 환자의 이미크 관점을 수용할 수 있지만, 판사는 그렇지 않다. 법조계 종사자들은 해당 사회의 공식적 법적 테두리에 제약을 받으며 법과 정의를 이해하는 데 있어서의 문화적 차이를 아주 완곡하게만 반영해줄 수 있으며, 그것도 정상참작이나 감면을 허용해주는 정도로 그친다.

의사소통의 층위

체계로서의 공공기관들은 역사적, 사회적, 문화적으로 구성되며 이들의 기능과 역할수행 방식은 문화에 따라 큰 차이를 보인다. 그러므로 이민자가 이민 당국에 어떤 서비스를 요청할 때 환자로서, 망명 신청인으로서, 범죄의 증인으로서, 피고인으로서, 직업/수당 신청인으로서 기대하는 내용이 상대방의 기대 수준과 반드시 일치하지 않을 수 있다. 앞서 언급한 대로 환경과 영역을 제도로 구분하는 것 자체가 문화에 매여있는 것이다(예: 보건/의료나 영적인 것, 법적 측면에서는 공공 대비 사적 도덕률 및 정의 구분 등). 또한, 이민자의 의제와 목적이 기관의 이해와 반드시 일치하지는 않는다는 것을 의미한다. 예를 들어 환자는 속마음을 털어놓고 망명(비유적 의미 또는 실제석 의미로)의 우여곡절을 이해해줄 수 있는 사람을 찾는지도 모른다. 고용/수당 신청인은 '시스템을 활용'하여 어떻게 하면 더 많은 돈을 모아 집에 보내주는 방법을 찾을지도 모른다. 피고인은 판사에게 잘 보이거나 환심을 사기를 바랄 것이다. 이러한 목적들은 명확히 구분되고 세부적으로 나누어져 있는 서구 사회의 제도 및 기관들과 일치하지 않는다. 게다가 각 기관에서 통용되는 의사소통의 방식과 형태들이 각기 다르다. '동일한' 문화권 내에서도 기관마다 사용하는 언어는 확실히 다르다는 것을 잘 알고 있지만, 종종 '동일한' 상황(예: 의사의 진찰)이라 할지라도 문화가 다르거나 소문화(micro-culture)가 다를 경우 의사소통과 언어 규칙들이 다르다는 것은 잊기 쉽다. 이는 동일한 언어와 지역사회에도 적용될 수 있는데, 특히 언어권이 지리적으로 넓게 흩어져 있는 영어, 프랑스어, 아랍어 등이 그러하다. 굼퍼즈(Gumperz, 1982)는 서인도 영어와 표준 영국 영어 사이에 어조묶음(tone grouping) 차이 때문에 서인도 런던 출신이 "please"라고 하는 것을 상대방이 잘못 알아듣는 사례를 보고했다. 앞서 언급한 이러한 맥락들 속에서 이루어지고 매우 다른 문화적 코드와 담화 매체를 포괄하며 통역사가 중개하는 의사소통에서, 두 명의 대화 참여자들은 그렇다면 어느 정도까지 서로 다른 목적을 표현하게 되는가? 특히 우리의 연구목적에 더 중요한 것은 어떻게 통역사가 이러한 의사소통 상황에서 생겨나는 집단 정체성과 개인 정체성의 서로 다른 수준과 상태를 관리하는가?

공공서비스 담화에 있어 본 논문에서 다루는 주제들과 관련되어 세 종류의 '층위의 차이'가 있다고 할 수 있다. 구조적 제도적 차이들, 제도적 담화의 차이들, 그리고 의사소통 행태의 '일상적' 차이들이 그것이다. 제도적 차이는 문화 체계로서의 제도의 조직을 담당하며, 이들이 정의되고 구성되는 방식 및 제공하는 서비스에 대한 사용자 기대의 차이를 담당한다. 제도적 담화의 차이 및 의사소통 패턴의 차이는 특정한 상황에서 대화 참여자들의 의사소통 방식의 적절성과 관련이 있다. 통역사가 개입하는 경우 담화 전략들을 통한 관계 구축이 상호작용의 모든 층위에서 자연스럽게 적용될 것이다. 공공서비스 제공자와 통역사의 관계, 서비스 제공자가 고객 및 통역사와 맺는 관계 등이 그러한 차원이다. 제도적 담화와 일반적인 '일상의' 담화의 경계가 항상 분명한 것은 아니며 동일한 의사소통 상황에서도 큰 차이가 나타날 수 있다. 실제로 의사와의 진찰 중 잡담을 하거나 이야기를 하는 경우, 혹은 소아 청소년과 진찰에서 어린아이와 같은 말투를 사용하는 경우와 같이 단일한 의사소통 상황에서도 담화 역할과 정체성들이 끊임없이 변한다.

클레인만은 문화에 따라 전문 의료 조직이 어떻게 다른지에 대한 이론적 틀과 개요를 제공했으며, 갈란티는 많은 예시를 통해 환자의 정신건강, 신체건강 및 초자연적/영적 영역에 대한 이해, 질병의 원인(병인학)에 대한 이해, 몸과 마음의 이분법 및 영적 치유와 의학의 이분법에 대한 이해에 따라 정신건강의 치료와 관련된 기대가 매우 다르게 나타남을 보여주었다. 갈란티의 사례들은 앞 문단에서 언급한 다양한 층위의 의사소통 차이를 보여준다는 점에서 가치가 있다. 종종 다른 문화권에서 온 환자들이 위계질서 존중을 이유로 혹은 예의를 차리기 위해서 상급자(의사뿐만 아니라 간호사)에게 낯서기를 꺼리기 때문에 치료계획에 대해 설명을 들을 때 잘 이해가 가지 않았음에도 고개를 끄덕이거나 "알겠다"고 말하는 경우들을 소개한다(갈란티, 1997, pp. 20-21). 또는 어떤 환자들은 공손해야 한다고 생각하여 의료진을 '귀찮게' 하지 않기 위해 진통제를 달라고 요청하지 않는다(갈란티, 1997, pp. 35ff). 혹은 실제로 어떤 중동지역 환자는 의사들이 해당 분야의 전문가로서 궁극적인 권위를 지니며 의료적 문제들을 환자와 상의해서는 안 된다는 생각에 환자 동의서에 서명할 필요가 없다고 생각한 사례도 있다(갈란티, 1997, pp. 22). 더욱이 전체주의 사회는 더 평등한 미국과 같은 사회에서 빈번하게 일어나는 법정 소송의 결과를 감당할 준비가 되어있지 않을 것이다. 반대의 사례로는 젊은 상류층 이란 남성 환자가 자신의 사회적 지위에 대한 인식과 여성이라는 점 때문에 병원 간호사들을 무례하게 대했던 경우도 있다(갈란티, 1997, p. 25). 흐몽과 서구 의료윤리의 충돌에 관한 훌륭한 저서인 『영혼이 당신을 잡으면 당신은 넘어진다(The Spirit Catches You and you Fall Down)』에서 파디만(Fadiman)은 구순구개열이 있는 흐몽 아동에게 거의 합병증이 없는 간단한 수술을 권했던 사례를 통해 서구 생명윤리와 '전통적' 병인학 사이의 충돌을 다음과 같이 소개한다.

> [···] 부모가 아이를 안고 병원을 나가버렸다. 몇 년 전 이 가족이 라오스에서 태국으로 피난을 가는 도중에 아버지가 돌로 새를 죽였는데 제대로 되지 않아 새가 아주 아팠다. 이 새의 영혼이 구순구개열을 가져온 것이다. 이 벌을 받지 않으려 한다면 이는 중대한 모욕일 것이다(파디만, 1997, p. 262).

'질병'의 원인에 대해 이해의 격차가 너무나도 클 뿐만 아니라 의학적 치료의 목적과 치료의 '성공'이 서로 양립할 수 없다. 갈란티와 마찬가지로 파디만도 방법론적으로 공동치료의 효과를 보여주었다. 즉 서구 의학(환자에게 에틱)과 전통적, 통합적 치료(환자에게 이미크)를 병행하는 치료 계획을 세우는 것이며, 예를 들면 주술사가 진행하는 다양한 치유 의식들을 수술과 병행하는 것이다(ibid 266).

의사소통 프로세스

대략적인 할리데이적 도식에 따라(테블(Tebble), 1999을 따름) 의료상담에서의 다양한 층위의 의사소통 조율을 다음과 같이 구분할 수 있다.

(1) 담화 영역(Field of discourse): 담화의 주제가 되는 건강과 질병을 의미하는데, 생명 윤리적으로 그리고 문화적으로 다양한 존재론적 범위를 다 포괄하며 특정 지역의 의료체계 구축으로 발현됨
(2) 담화 관계(Tenor): (조직, 인종, 성별, 연령, 사회적 관계 등) 참여자들 간의 역할, 관계, 지위와 위치 등을 협상하는 대인적 관계
(3) 담화 매체: 언어의 역할, 담화 관행, 의학 전문용어와 언어적 모델, 채널(구두, 서면 혹은 둘의 혼합). 테블이 지적한 대로 담화 매체는 특정 상황에서

참여자들이 기대하는 언어의 역할, 텍스트의 상징적 조직 및 맥락에서 텍스트의 역할과 지위 등과 관련이 있다.

앞의 개요에서 담화 영역(질병과 건강)에 대한 이해, 범주 및 정의가 문화에 따라 근본적으로 다름을 보여주려고 하였다. 담화 영역은 제도적 용어와 담화 측면에서 언어학자들, 사회언어학자들과 통번역학자들에 의해 철저하게 분석되었으므로, 이것이 대인관계에서의 역할 협상(즉 환자에서 가족 구성원, 사회적 강자, 대중의 일원 등으로 전환됨)에 관련된다는 것을 빼면 여기에서 더 자세히 다룰 필요는 없을 것이며, 이제 담화 관계의 층위로 넘어가도록 하겠다. 담화 관계 층위에서 대인관계는 서비스 제공자와 고객 사이에, 그리고 두 명의 대화참여자들과 통역사 사이에 형성된 우호적 관계 안에서 작동한다. 사용되는 언어가 하나인 경우 대화자들은 서로의 역할과 관계를 협상할 때 사용하는 여러 가지 전략들을 가지고 있는데, 다양한(특히 체면을 차리기 위한) 높임말 표현들, 우회법이나 완곡법(예를 들어 신체 기능에 대한 사회적 태도와 관련되거나 명시적인 성적 표현에 적용됨), 직접 혹은 간접 표현, 존칭과 직함, 대명사의 사회적 관리를 위한 문법적 장치들(사회에서의 역할 표현), 인사말, 상대방의 말을 묵인하거나 반복하는 등 동의를 구하는 전략들, 사회 직시(social deixis) 등이 포함된다. 대인관계에서의 역할을 좌우하는 초 언어적 규범과 동작 규범에는 시선을 맞추거나 피하기, 신체적 가까움이나 접촉을 피하기, 몸짓, 성별 거리, 부적절한 대화 주제 회피, 존경이나 무시를 상징하는 침묵 또는 장황한 말, 단체 대화의 규범, 발언권 분배와 대화의 방향성과 같은 대화 조직과 관리, 억양 패턴을 통해 표현되는 애정도, 반박하지 않기, 침묵 허용도와 동시적 발화 및 끼어들기의 용인 정도 등이 있다.[1] 테블이 언급한 대로 내용뿐만 아니라 내용이 표현된 방식까지 전달하기 위해서 통역사는 관계적 측면의 특징들도 전달해야 하나 어떻게 환자를 안심시키면서 규칙을 준수하는 방식으로 검사 결과를 전달할 수 있는지 알아야만 한다(ibid). 통역사는 담화 관계 층위에서 사용할 수 있는 의사소통 도구들을 적극적으로 활용하여 사회조직의 규범(문화), 기업 규범(제도) 및 개인의 독특한 특성들에 의해 규정되는 관계들과 정체성들을 조율한다. 물론(아래에 보고한 베트남 환자들의 경우처럼) 대인관계와 역할에 관련된 규칙과 변수들이 언어권에 따라 매우 다른 것처럼 담화 관계의 언어적 규칙들도 언어권에 따라 크게 다르다. 그러므로 담화 관계 층위에서 이루어지는 문화간 담화의 텍스트적 협상과 조작이 근본적으로 복잡할 수밖에 없다.

정체성 협상

이쯤에서 우리가 '정체성'을 어떤 의미에서 사용하는지 명확히 할 필요가 있을 것이다. 본 논문의 목적을 고려할 때 사적 정체성(personal identity)과 공적 정체성(public identity)을 구분하기로 한다. 개인적, 혹은 사적 정체성은 집단적 문화의 차원과 개인 차원(일생의 경험, 상충하는 세력들 및 다른 경험들을 통합하는 힘으로 형성되는 개인적인 자아)에서 모두 작용한다. 문화적(및 국가적, 민족적) 정체성은 개인적 차이보다는 집단에 기반을 두며 특정 사회의 합의에 의해 도출된 가치와 행동 양식에 기반을 둔다. 이러한 형태의 정체성은 개인에게 '자리'가 있음을 느끼게 해 주며 '소속감'을 느끼게 해 주며, 어린이의 심리적 사회화 과정에 매우 중요하다.

그러나 다른 문화 그룹들과의 접촉으로부터 고립된 경우가 아니라면 필연적으로 개인의 자아는 정체성들의 복잡한 네트워크 안에서 개인이 접하는 다양한 문화적 정체성들로 구성된다. 이러한 종류의 문화적 혼용성(hybridity)의 영향은 특히(공공서비스와 통역서비스를 구하는) 이민자에게서 두드러질 것인데, 이민자는 새로운 환경에 적응하며 새로운 가치관과 관습들을 받아들일 수밖에 없으며 이는 시간이 지날수록 더욱 분명해진다. 문화적 혼용성은 지역사회 통역사 자신에게 더 강력한 영향을 주는 경우들이 많으며, 통역사 자신이 속한 국가에 귀화한 사람이거나 이민 2세대, 혹은 거주국에서 수년간 거주하여 자신의 원래 그룹의 가치관과 행동뿐만 아니라 거주국의 가치와 행동양식에(무의식 또는 의식적으로) 동화된 경우들이다. 이민 2세대를 대상으로 한 수많은 연구와 이민 2세대의 많은 증언을 보면 통합 과정이 얼마나 복잡하고 고통스러운지 알 수 있다. 부모 세대의 가치관은 종종 새로운 '고국'의 가치관과 충돌한다. 가장 명확한 사례들은 자유분방한 서구에서 사는 전통적 이슬람 이민자들일 것이며, 이들의 보수적인 성적 가치관(여성 할례와 중매결혼 등) 및 인권에 대한 보수적 태도를 자유분방한 서구 사회에서 절충하는 것이 매우 어려울 것이다. 착하고 순종적인 이슬람교도이자 딸, 자매, 손녀로서의 자신의 정체성과 새로운 또래집단과 어울리기를 원하는 젊고 독립적인 서구 청소년으로서의 정체성을 관리하고 균형을 유지하며 조율하는 것이 고통스러울 만큼 힘들 때도 있다. 이것이 통역과 직접적인 관련은 없을지 몰라도 이러한 과정은 종종 한 개인이 매우 상충하는 정체성들을 동시에 유지해야 함을 잘 보여준다. 집단 차원에서(특히 이민 2세대들에게 있어) 이러한 균형 잡기는 매우 역동적인 과정이며 이를 통해 새로운 형태의 집단 정체성과 개인의 정체성이 형성된다. 통역과 직접 관련은 없을지라도 이러한 정체성 형성의 좋은 예는 파키스탄 출신의 젊은 노르웨이 희극 배우인 샤바나 레흐만인데, 보수적인 파키스탄 사회를 유쾌하고 가볍게 패러디하는 그녀의 유머가 매우 큰 인기를 끌고 있다. 아이러니하게도 보수적 성차별 코드에 대한 그녀의 공격은(자기 가족들은 아니지만) 파키스탄 사회의 보수적 구성원만이 아니라 인류학자들과 여성학자들을 불쾌하게 했다. 최근 한 보수적인 일간지에서 발간하는 잡지가 그녀의 사진을 표지에 실었는데 아무것도 입지 않고 노르웨이 국기만을 걸친 모습이었다. 아마 정체성들의 충돌(과 창의적 혼합)을 이보다 더 강렬한 상징으로 보여주는 것은 없을 것인데, 이슬람 출신의 벌거벗은 여성이 세계에서 가장 자유분방한 사회 중 하나의 국기만을 걸치고 있는 모습이다.

또한, 집단 차원과 개인 차원에서 정체성들은 시간에 따라 변할 수 있으며 정형화될 수 없다는 것을 기억해야 한다. 실제로 솔로몬(Solomon)이 상기시키듯 "하나의 민족 내에 다양한 개인적 취향들이 존재할 수 있으므로 문화적 정체성이나 민족 정체성을 바탕으로 고정관념을 갖지 않도록 하는 것이 중요하다. 개인의 의사결정과 상호 이해의 구축에 있어 대체재는 없다"(솔로몬, 1997, p. 92). 통역사가 거주국에 통합되는 사이에 통역사의 고향도 변했기 때문에 통역사의 고국과의 접촉은 더 멀어지기 마련이다. 의사소통 상황에서 자신의 위치를 논하면서 잉가일러리(Inghilleri)는 두 대화 당사자들의 문화 '사이'에 위치하는 통역사만의 공간이 지금까지 문헌에서 수용할 수 있던 정도보다 훨씬 더 복잡하고 훨씬 더 비중립적이라는 중요한 발언을 하며 통역사의 역할이 훨씬 더 복잡하다고 설명한다:

> 더욱이 통역사가 담화 안에서 부적절한 법적 대표성, 문화적 혹은 정치적 무지나 편견, 기타 제도적 제약에 대해 보충하고 보완한다는 생각은 통역사가 서로 다른 문화적, 언어적 관행들 '사이'에 효과적인 중립 공간을 점한다는 가정을 바탕으로 한다. 종종 통번역 연구에서 회자하는 이러한 '사이' 개념은 통역사와 번역사가 차지하는 이러한 '문화간 공간들'이 문화들과 의미가 겹치는 매우 이질적이고 혼합된 장소라기보다 이데올로기가 부재한 공간이라고 제안하는 것이다(잉가일러리, 2004, pp. 4-5).

통역사들은 두 중립적 문화들 사이에 위치하는 것이 아니라 관련된 다양한 맥락들, 상황들, 문화들의 주관적 표상(representations) 사이에 위치한다. 클레인만에서 인용한 다음 글은(버거(Berger), 1973 참조) 정체

성 구축 과정이 얼마나 복잡한지 보여준다:

> [⋯] 개인은 '실제'에 대한 이 내면화된 '실제'의 관점의 도움으로 자기만의 개인적 정체성을 만들어가면서 동시에 이를 외면화(객관화)하며, 이렇게 하여 자기 충족적 예언처럼 '실제' 세상에서 인정을 받거나 동일한 사회적 현실을 발견한다. 사회적 현실의 강력한 힘은 내면의(개인적) 신념, 가치, 관심과 외부의(사회적) 신념, 가치, 관심이 이렇게 일치하는 것에서 대부분 기인하는 것이다(클레인만, 1980, p. 36).

통역사의 협상 전략

다른 하나의 정체성은 바로 공적인 정체성으로서, 개인의 제도적-기업적 정체성은 합의에 기반을 둔 집단행동에 더 많은 영향을 받으며 여러 측면에서 '사적인' 형태의 정체성보다 더 엄격하다. 더욱이 직업적 정체성은 종종 엄격한 직업 윤리관의 적용을 받는다. 지역사회 통역사들도 여러 측면에서 다양한 직업적 정체성들에 매이게 된다: 제도적-기업적(병원, 의원, 서구 의학 등), 환자나 환자 가족의 기관에 대한 이해와 기대, 환자 자신의 질병과 건강에 대한 의견, 통역사로서의 직업윤리 의식 등이 그것이다. 서로 다른 직업-제도적 정체성들간의 이러한 접점에서 통역사의 역할 범위가 매우 혼란스러워질 수 있다. 언어중개자이자 용어 데이터베이스, 문화의 다리, 심리적 지원 제공자와 손을 잡아 주는 사람, 정보 제공자, 같은 시민 중에서 어떤 역할인가? 통역사의 역할을 논할 때에 등장하는 문제인 불편부당-중립 원칙은 바로 직업적 정체성들의 균형 잡기 혹은 협상의 영향을 받는 것들이다. '협상' 과정은 '서로 맞서고 투쟁하고 갈등을 겪으면서 융합되고 조정되며 모양이 만들어지고 주고 받는' 과정을 의미하는데, 이는 언제나 어느 정도의 반대를 수반하며 항상 일종의 전쟁터가 된다. 하지만 그렇다고 결론을 내릴 수 없음을 전제하는 것이 아니라 오히려 다양한 대화참여자들이 타협과 이해에 도달하는 결론을 기대하게 된다. 바덴조와 많은 다른 통역학자들이 어떻게 통역사들이 이러한 의사소통의 협상 과정에 깊게 개입하는지 보고하였다. 기계적 전달자 모델은 이미 폐기되었다고 말해도 좋을 것이다. 수많은 연구를 통해 통역사가 개입하는 의사소통에서 문화적 요인들이 어떻게 언어적 및 비언어적 측면에 영향을 주는지 밝혀졌다. 이러한 접근법을 따라 본 논문에서는 통역사가 자신의 문화적 배경의 영향을 받으며, 언어적 전략들을 이용해 삼자 간의 의사소통에서 적극적으로 자신의 정체성을 협상한다고 주장한다.

기관에서의 담화에 관한 문헌, 특히 의료계의 담화 관련 문헌은 이러한 기관에서 역할이 언어적으로 비언어적으로 협상한다는 것을 충분히 증명하였다. 또한, 특정 분야에 집중된 담화들도, 심지어 매우 기술적인 내용을 담은 담화들도 결코 동질적이지 않으며, 기관 맥락에서 다양한 정체성들의 범주화, 환자/서비스 필요자/가족/어린이/노인 혹은 간호사/기술 조언자/간호도우미/동료/어른 등의 범주화가 유동적이며 혼합적이라는 점을 잊지 말아야 한다. 환자의 조카가 통역하고 의사가 환자의 동의를 구하는 상황에서의 환자와 의사의 대화를 분석한 연구(브루넷 외, 2003)에서 메이어 등(Meyer et al)은 이러한 대화가 기관에서 이미 구성된 있는 패턴을 따르지만, 통역하는 조카는 의사와 같은 목표를 가지고 환자가 의사의 설명을 이해하기를 바람에도 불구하고 통역자가 이러한 대화 패턴을 항상 따를 수 있거나 따르기를 원하는 것은 아님을 보여준다. 이 사람이 자신의 정체성을 '병원 통역사'가 아니라 '조카'로 잡았기 때문에 통역 전략들도 이를 반영한다고 생각할 수도 있다. 같은 책에서 한네케 보트(Hanneke Bot)는 통역사가 일인칭 대명사에서 삼인칭 대명사로 전환하여 치료 상황에서 자신의 역할을 협상하는 모습을 보여주었다(브루넷 외, 2003). 이는 전문적인 훈련을 받은 통역사보다는 임시 통역사의 경우(특히 가족이 통역 하는 경우 대화의 삼자 모두 이러한 가족관계와 환자와의 사회적 관계를 아는 상황) 더욱 그러할 것인데, 가족의 입장과 통역사의 입장을 모두 지닌 임시 통역사는 종합적이고 때로는 상충되는 정체성들을 협상해야만 한다(특히 이것이 중립성과 입장 옹호의 갈등 그리고 정보 구함/제공의 갈등과 관련될 수 있다.). 보드의 사례들은 환자들이 통역사와의 관계, 이해관계의 상충, 중립성 등을 어떻게 다루는지 잘 보여주었다. 기관의 맥락이기는 하지만 여전히 사람들 사이의 사회적 의사소통임을 고려할 때 역할이나 정체성 경계는 완전히 명확하거나 분명한 경우가 거의 없고(보트는 '경계 침해boundary violations'과 '경계 침범boundary transgression'을 구분한다), 종종 경계가 협상이 되기도 하는데 훈련된 통역사들의 경우에도 마찬가지이다. 통역사 '개인의 모습'(직업적 모습과 아마도 '개인적' 모습 포함)이 앞에서 언급한 담화의 세 층위 모두에서 활성화되어 등장한다. 난민 신청 맥락에서 수집된 잉가일러리의 데이터는 "통역사가 윤리규범과 관련하여 전략적 결정들을 내리는 것을 볼 수 있는데, 예를 들면 규범을 준수할 때와 규범이 관련성이 없거나 지키기 불가능하다고 판단될 경우 규범을 무시하는 때를 구분한다"는 것을 잘 보여주었다. 통역사의 역할(즉 정체성)은 사회적, 문화적, 제도적, 정치적, 개인적 요인들에 영향을 받을 뿐 아니라 기관에서의 자신의 역할 맥락 내에서의 구체적인 자리매김에 영향을 받는다. '망명이라는 맥락에서' 이러한 역할은 "사회적 포용과 배제, 이민정책, 국제정치, 국가의 헌법 등 거시-사회적 이슈들" 안에서 규정된다(ibid). 이 시점에서 많은 복잡한 문제들이 제기된다. 통역사는 한순간 문화적으로 '변이'되어 첫 번째 화자의 '정체성'을 스스로 취한 후에 다음 화자에게도 그렇게 하면서 통역사들이 '입장을 변경'하거나 '참여 상태'를 변경하는 것인가(고프만, 1981, p. 137). 아니면 통역사가 안정된 혼성 정체성을 유지하는가. 통역사의 충성도가 도전받는 경우 이들의 일차적 충성도는 누구에게 있는가? 만일 충성도가 명확히 드러나게 되면 언제 어떻게 관계 맺음이 개입하게 되며 그 결과는 어떠한가?

조율과 입장 변경에 대한 실제 데이터를 분석하면 이러한 질문들에 대해 해답을 얻을 수 있을 것이다.

갈란티는 한 미국 병원에서 즉석에서 투입되는 통역사의 이용 사례를 두 가지 소개한다. 첫째로, 어떤 라틴계 여성이 자궁 적출술 동의서에 서명해야 하는 경우였다. 이중언어자인 환자의 아들이 통역을 담당했고 상당히 정확히 통역하는 듯 보였으며 환자는 동의서에 서명했다. 그러나 다음날 자궁이 제거되었음을 알게 된 환자는 매우 화를 냈으며 병원에 소송하겠다고 협박했다. “라틴 남성이 어머니와 여성의 은밀한 부위를 논하는 것은 부적절하므로 부끄러운 아들이 복부에서 종양을 제거해야 한다고 설명하면서 넓은 부위를 가리켰다”(갈란티, 1997, p. 22). 환자는 가질 수 있었던 자녀의 수로 추정할 때 자신의 지위가 손상되었다고 느꼈다. 두 번째 사례에서 아랍 환자의 시어머니가 첫아이를 낳은 며느리에게 건강 관련 사항을 통역하였다. 그러나 대가족을 중시하는 문화이기에 시어머니는 피임과 관련된 정보는 통역하기를 거부했다. “그녀는 정보를 전달하는 척했지만 실제로 다른 이야기를 하고 있었던 것 같다”(ibid 22). 로버트 폴락의 비디오인 『정신과 상담 통역: 멘토의 교육과정(Mental Health Interpreting: A Mentored Curriculum)』에는 다음과 같은 일화가 소개된다. 젊은 베트남 여성 통역사가 미국 여성 정신과 의사와 사전 미팅을 하고 있다. 통역사가 의사에게 환자와 함께 오는 사람이 있는지 물었는데 환자의 할아버지를 포함한 가족 여러 명이 함께 할 것임을 알게 된다. 통역사는 그러자 최대한의 협조를 얻기 위해 할아버지와의 소통을 돕기 위한 다양한 언어 및 비언어적 의사소통 전략들(“눈을 빤히 쳐다보지 마세요” “목소리 톤을 낮추세요” “자신을 지칭할 때 성을 빼고 이름만 말하세요” 등)을 사용할 것을 의사에게 조언했다. 갈란티는 유사한 사례로 한 베트남 환자의 가족들이 대화 하면서 계속 집안의 가장인 할아버지의 허락을 받으려고 했던 경우를 소개한다. 이 경우 10대인 딸이 통역사 역할을 했다(갈란티, 1997, p. 23). 거시 구조적 층위에서 역할과 정체성들이 표현되지만, 자연스럽게 담화 관계 층위의 대인관계 언어 전략 혹은 비언어적인 공손함 전략을 통해 나타나게 된다. 마지막 사례의 경우 사전 미팅에서 통역사는 문화 전문가 혹은 정보 제공자로서의 조언자 역할까지 하고 있다. 통역사만이 다양한 참여 주체들의 정체성들이 복잡하게 얽혀 있으며 충돌할 가능성이 있다는 것을 인지하고 있기 때문에, 전략들을 조율하고 선택한 전략들로 참여자들을 이끄는 독특한 위치를 점하게 된다.

삼자 관계에서의 정체성 협상 – 정신과 상담 사례

나는 이전에 쿠르드 여성 환자들을 통역하는 이란 통역사가 환자와 의사소통을 수립하고 유지하기 위해 다양한 공손 전략을 사용하여 자신의 역할을 끊임없이 협상 및 재협상해야 한다는 것을 보여주었다. 처음에 환자가 통역사를 거부하는 것을 극복하기 위해 상당히 많은 시간이 소요되었으며 이는 힘들고 지치는 과정이었지만 결국 환자와 치료사가 성공적으로 의사소통 할 수 있었다. 미시적 언어 층위 혹은 담화 관계 층위에서 구현되는 대인간 지위 협상 과정이 거시 구조적 차원에서 얼마나 복잡한지 주목해 보았다. 통역사의 다양한 집단적, 개인적 정체성들이 끊임없이 도전받고 시험대에 올랐다. 의사소통 참여자들은 고문 피해자들이며 시골에서 살았던 소수의 쿠르드 여성 난민들, 테헤란에서 왔으며 거주국에서 수년간 거주한 이란 통역사, 그리고 핀란드-노르웨이계 정신과의사였다. 사용된 언어는 페르시아어와 노르웨이어였다.

주요 정체성 구축 요소들은 다음과 같이 요약할 수 있다.

(1) 민족성: 쿠르드 환자에게 이란 통역사는 가해자들을 대표하는데, 이는 시골의 전통적 배경을 지닌 환자들과 달리 통역사가 도시 상류층 출신이기 때문

이며, 더 중요하게는 통역사가 정치적 세력이자 정치적 억압세력과 배경을 같이 하기 때문이다.

(2) 언어: 쿠르드어를 모국어로 하는 통역사를 찾는 것은 불가능했으므로 차선책은 환자의 제2 언어인 페르시아어였다. 그러나 환자에게 억압자의 언어를 사용하는 것의 상징적 무게가 상당한 장애물이었다.

(3) 연령: 나이가 많은 환자들은 자동으로 '상급자'처럼 행동하게 되므로 통역사와 의사에 대해 좀 더 '친숙한' 방식으로 행동하게 될 수 있다.

(4) 사회적 지위: 고국에서의 가족의 지위. 환자들은 종종 상당한 노력을 기울여 자신과 대화 상대자들의 사회적 연결고리를 찾으려고 했으며 이에 따라 상대방에 대한 사회적 위치를 결정하곤 했다.

(5) 충성도: 환자는 통역사가 거주국 사회의 관습과 가치에 완전히 적응하였고 편안한 생활을 하고 있다고 생각하며, 반면 자신은 고국을 도망쳐 나와야 했고 새로운 나라에 잘 적응하지 못한다고 생각하는 경향이 있다. 다시 말해 통역사가 거의 '배신자'처럼 간주하는 것이다. 필자가 이탈리아 보건 분야에서 최근 수행했던 '언어 중개자들'과의 인터뷰에서, 동료와 학생들이 이를 확인해 주었다. 많은 중개자-통역사들이 '충성도-요소'가 매우 복잡하고 양방향으로 적용될 수 있다고 느꼈다. 환자들은 처음에는 중개자와 의사 사이의 기관적-문화적 친밀함에 거부감을 느끼며, 자신들이 중개자와 공유하는 문화가 안심 되는 동시에 위협이 될 수도 있는데 이는 비밀 정보가 해당 사회로 새어나갈 수 있다는 두려움을 느끼기 때문이다(루드빈(출판중)과 라비니(Rabbini), 2006 참조).

(6) 지역사회와의 통합 정도: 통역사는 환자의 지역사회에 대하여 내부인이자 외부인이었다. 거주국 사회의 민족 집단에 많이 통합된 경우 원만한 업무 관계 수립에 도움이 될 수도 있지만, 이 경우 통합이 *없었던* 경우가 오히려 도움 된 것이 환자는 상담 세션에서 제공하는 정보가 지역사회로 새어나가거나 심지어 가족에게도 발설될까 걱정했기 때문이다.

대인관계에서의 역할을 협상하는 복잡한 과정은 다양한 언어 전략과 비언어 전략을 통해 구현되었다. 호칭이 중요했다. 통역사는 의사의 요청이 아니라 스스로 판단에 따라 특정한 사회 직시와 존칭 표현들을 사용했는데 이를 통해 환자의 신임을 얻고 의사가 체면을 유지할 수 있도록 했다. 비언어적 층위에서 화자들(특히 통역사와 환자)과의 사회적 거리 또는 친밀함은 인사하는 방식과 순서분배, 자리 배치와 식사 자리에서의 우선권 제공 및 기타 지위와 관계 위치설정을 나타내는 동작과 몸짓 등을 통해 표현되었다. 우열 관계를 표시하는 다른 전략들로는 서먹함, 가식적 행동, 도움 요청, 선물의 수용이나 거절, 환대 등이 있다. 통역사가 적절한 의사소통 규범을 준수하지 않는다고 환자들이 느꼈을 때 협상 프로세스가 두 번 결렬되었다. 체면의 측면과 명확한 존경의 표현이 초기 관계 구축 단계에서 매우 중요했는데, 환자들은 과거에 이러한 전략들을 채택하지 않았던 다른 통역사의 서비스를 거부한 적이 있었으며, 이것은 쿠르드 사회가 계층적 구조로 되어 있으며 이러한 사회구조를 표현하는 다양한 의사소통 전략들이 있음을 의미한다. 담화관계 층위에서의 전략들은 언어마다 큰 차이를 보인다고 앞에서 언급한 바 있으며, 여기에 기술한 사례는 그러한 차이를 특히 잘 보여준다. 알베르크(Ahlberg)는 페르시아어에 여러 스타일적 장치(존칭어 형태 등)가 있어서 서로의 계층적 관계 측면을 소통하는 데 도움을 준다고 하였으며, 이는 좀 더 평등하거나 수평적인 유럽 문화 및 언어에는 존재하지 않는 장치들이다. 미묘하지만 분명하게 존경을 표시하는 장치들을 올바로 사용하는 것뿐만 아니라 이 사실을 의사에게도 전달하는 것이 중요한데, 이는 환자가 서비스 제공자와의 관계를 협상하는 방법이며 때로는 많은 노력을 기울여서 이 협상을 한다는 것을 의사가 인지해야 하기 때문이다. 또한, 흥미로운 것은 환자의 통역사에 대한 기대와 통역사의 능력에 대한 평가는 의사에 대한 평가보다 더 엄격했다(의사소통/행동의 적절성 측면).

관계 협상을 위해 통역사가 채택한 의사소통 전략들은 공손함 차원과 예의를 차리는 전략들로 작용하였으며 거리나 우월함을 표시하고 호칭의 형태(명시적인 사회직시), 사회적 거리나 친밀함, 선물의 수용이나 거부 등이 이용되었다. 삼자 모두 복잡하고 매우 민감한 사회문화적 행동 코드들을 관리해야만 하는 위치에 있었으며 이는 종교, 지위, 친족 관계, 민족 관계, 나이, 도시/시골 구분, 성별 등 다양한 요소들에 영향을 받았다.

결론: 의미의 공유 구축?

눔리가 보고한 흐몽 공동체의 어떤 사람이 한 말을 보면 개념들과 용어가 공유되지 않았을 때 불만이 생긴다는 점을 보여준다.

> 나는 근무자들과 의사들이 질문 한 후 흐몽 사람이 질병에 대해 설명하는 것을 잘 들어야 한다고 생각한다. 그 환자가 몸에 많은 병이 있을 수도 있고 스트레스가 있을 수 있고 의사에게 잘 알리기를 원할 것이다. 의사는 이 과정이 별로 중요하다고 생각하지 않을 수 있지만, 의사는 최선을 다해 우리의 말을 들어야 하고 무슨 말을 하려는 것인지 경청해야 한다. *영어가 우리의 모국어가 아니고 우리는 질병에 대해 많은 이야기를 하고 싶은데 언어 장벽 때문에 그렇지 못할 수 있다. 그리고 통역사가 있는 경우 우리가 의사에게 질병에 대해 하고 싶은 이야기의 삼 분의 일만 전달하게 되는데 이는 흐몽 언어에 많은 단어가 있기 때문이며, 이는 불만족스럽다. 따라서 서로 연결고리가 없으면 신뢰를 쌓을 수 없어서 의사를 신뢰하지 못할 수 있다*"(눔리, http://www.crosshealth.com/Hmong%20Shaminism.doc 저자 강조)

같은 집단에 속한 참여자들은 상당 부분 지식 기반을 공유하며 언어 코드, 언어 사용의 원칙과 규범, 상황 등에 대한 지식을 공유한다. 이런 요소들이 모두 개인의 자아에 대한 지각 형성에 기여하며 화자 혹은 화자의 집단, 즉 타인에 대한 지각을 낳게 된다. 바로 이러한 지각 차원에서 통역사는 서로 다른 의사소통 전략들을 절충하기 위해 애를 써야 한다. 그러한 위치(footing)의 전환을 드러내는 지식 스키마와 참여틀("세상의 사람들, 물체들, 사건과 상황에 대한 참여자들의 기대")(탄넨과 발라트(Tannen and Wallat), 1987, p. 207), 프레임, 언어적 표시와 표지(고프만(Goffman), 1981, pp. 124-159)가 모두 문화에 종속되는 것이라면, 통역사는 어떤 프레임이 의도되었는지 파악(유머, 아이러니 혹은 조용한 적대감은 항상 분명하게 구분되는 것이 아니다)하는 언어적 능력과 통역 능력이 있어야 하며, 화자들이 가지고 있는 때로는 상충하며 문화의 지배를 받는 스키마와 프레임 지식을 맞추고 조율하고 변경하는 능력을 갖춰야 할 것이다. 통역사는 프레임 사이를 자유롭게 넘나드는 것과 같이 능수능란한 단일언어 사용자에게 요구되는 작업을 할 수 있어야 할 뿐만 아니라(고프만, 1981, pp. 124-159 참조, 특히 p. 145) 통역사는 이를 두 언어로 수행해야 하며 두 개의 서로 다른 언어와 문화에서 비교될 수 없는 지식 스키마(예를 들어 질병의 존재)와 프레임(의사와 환자 간의 의료상담과 권력 계층구조) 사이에 틈을 채워야 한다. 예를 들면 정신과 상담에서 통역사는 환자와 의사의 민족, 성별, 친족 정체성들을 협상해야 한다. 이 모든 것에 더하여 통역사는 추가적인 프레임을 협상해야 하는데, 바로 직업인으로서 화자들과 자신의 관계와 통역사로서 해야 할 역할을 협상해야 한다. 이 협상이 실제로 구현될 경우 때로는 혼란스러운 역할이 될 수 있고 일인칭과 삼인칭 사이를 오가는 상황이 된다. 흔히 통역사가 일반적 통역 이론에 따라 일인칭으로 통역 한다 해도 대화 상대자는 통역사의 역할에 대해 잘 모르기 때문에(혹은 화자들 간의 어려움이나 감정 또는 신상의 순간에) 삼인칭으로 바꿀 수 있으며, 통역사는 '자아를 벗어난' 자신의 정체성을 협상하고 자신의 위치를 조율해야 할 뿐만 아니라 자신의 역할과 관련하여 다른 화자들의 입장도 바꾸고 조율해야 한다.

앞서 언급한 페르시아어 통역사는 극도로 복잡한 층위(상담 과정에서 여러 번 허락을 받아야 했던 환자의 남편과 원만한 관계를 유지하는 것 포함)에서 정체성을 바꾸고 조율하였으며, 환자와 자신의 의사소통, 더 나아가 환자와 의사의 의사소통을 가로막는 장애물을 신속하게 인내심을 가지고 창의적으로 해결하였다. 자신과 가족의 지위가 도전받고 민족 충성도가 도전받는 상황에서 치료가 꾸준히 이어지도록 하기 위해서는 통역사가 자신감, 지혜, 프로의식을 가지고 있어야 한다. 명시적으로 언급하지는 않았지만, 정서적 차원에서 가장 감당하기 어려운 정체성 갈등은 아마도 거주국이 자신을 그 '사회의 일원'으로 규정하려 하지만 자신의 그리고/혹은 환자의 '고향 문화'로 끌어들이려는 노력 간의 갈등일 것이다. 이는 사뭇 다른 관점의 데이터에서 잘 드러났는데, 바로 통역사 데이터가 아니라 환자 데이터였다. 통역사가 표면적으로 거주국을 대변한다고 생각하여 환자가 통역사를 불신했다. 물론 이러한 민족성의 혼합과 통합 정도는 개별 통역사마다 다를 수 있다(거주국 거주 기간 등에 따라서도 달라진다). 이 특정한 사례에서 통역사는 수십 년 간 그 나라에서 살았고 그 나라 시민과 결혼했다. 개인적인 대화를 통해 드러난 것은 통역사가 자신을 스스로 귀화한 노르웨이인으로 생각하며 기본적으로 그 나라의 관습과 의사소통 형태에 충성도를 보인다는 것이었다. 거주국과의 동일시 및 환자의 민족 공동체와의 통합 부재가 불신의 원인이 될 수도 있지만 반대로 환자가 비밀 유지가 깨어질 것에 대한 걱정을 덜 하게 되므로 이득이 될 수도 있다.

역할과 정체성의 인터페이스

훈련된 전문인력과 훈련되지 않은 인력은 참여 수준과 거리 등을 좌우하는 전문직 윤리규범과 자신이 맡은 업무에 대한 이해도가 다르므로 정체성 협상에 있어 분명한 차이가 드러날 것이다. 더욱이(통역을 맡은 라틴계 아들, 아랍의 시어머니, 혹은 조카 등과 같이) 가족과 친구가 통역사로 동원되는 경우 이들의 친족 관계 정체성이 통역 전략에 깊은 영향을 미치고 심지어 중요한 정보를 숨기거나 오역하는 상황도 발생하므로 이런 통역사들과 전문 통역사들 간에는 정체성 협상에 더욱 분명한 차이가 나타날 것이다. 통역을 맡은 라틴계 아들의 경우 해당 민족공동체에서(당연한 것으로 여겨지는) 사회적 규범들과 금기사항들을 준수하는 아들로서의 개인적 정체성 및 친밀한 모자 관계가 그 상황에서 '통역사'로서 기대되는 기관적 정체성 및 직업적 역할보다 우선시되었던 것이 분명하다. 그렇게 되면 정체성 협상은 통역사 자신의 역할에 대한 이해에 영향을 준다. 전문 통역사가 훈련받은 대로 언이 전달자와 용어 데이터베이스 역할을 해야 하는가? 전문 통역사와 달리 묵시적으로 의료계나 복지 분야에서 고용주들이 통역사에게 기대하는 문화적 징검다리 역할과 심리적 지지와 지원을 제공하는 역할인가? 아니면 종종 환자가 명시적으로 혹은 암묵적으로 기대하는 대로 같은 고국 출신으로서 정보를 제공하고 시간, 지식, 경험을 공유하는 역할인가? 필자의 견해로는 고용주와 그리고 가능하다면 사용자와도 이러한 측면을(테블이 의료상담 시작 부분에서 통역사의 역할 명시화라 이름 한 대로) '계약'의 형태로 명확히 해서 통역사가 마음속에 명확하게 규정된 스코포스(Skopos)를 가지고 이를 바탕으로 적절한 통역 전략들을 채택하고 조율할 수 있도록 하는 것이 중요하다. 필자는 협소한 윤리규정을 적용하기보다는 유연하고 열린 마음을 갖는 것이 중요하다고 믿는다. 의사인 솔로몬의 다음 인용구는 본 논문을 마치면서 고무적인 메시지를 전달한다. "실제 전문 통역사들이 공유된 의미를 구축하는지, 그리고 다른 문화 집단 간에 이해를 저해하는 장애물들이 어디에 위치하는지 등을 상세하게 이해하고 밝히기 위해 더 많은 실증 연구가 필요하다"(솔로몬, 1997, p. 92).

물론 통역사들만 이러한 문제에 직면하는 것은 아니다. 인문사회 과학에서 다양한 직업군의 기초적 인식론이었던 중립성 원칙(전달자 비유)은 예를 들자면 인류학자들이 연구 대상을 수동적으로 관찰하고 '사실적' 관찰내용을 변경 없이 그대로 기록해야 하며, 심리학자들은 공명판 역할을 하고 환자들 자신의 영역에서만 환자들의 삶의 방향에 영향을 끼치며, 교사는 미리 규정된 정보와 지식 '더미'를 무미건조하게 전달해야 한다는 등의 원칙인데, 이 원칙은 이후 많은 도전을 받았다. 인간관계와 인간 사회의 체계들이 엄격하게 구조화되고 단일하고 예측 가능한 것이 아니라 끊임없이 변하고 복잡하고 역동적이며 예측 불가능하다는 인식을 바탕으로 중립성 원칙에 도전하는 것이다. 인간 상호작용을 주된 목적으로 하는 모든 직업은 필연적으로 역할과 정체성의 양자간 협상에 참여한다. 그러나 통역이라는 직업에서 이러한 측면이 더욱 강렬하게 감지되는데 이는 우리가 화자들의 정체성들이 온전히 공유되는 지식을 기반으로 하지 않는, 문화간 다 언어적 관계들을 다루기 때문이며 또한 이러한 정체성들을 다른 화자들을 대신하여 그리고 우리 자신을 위하여 협상하거나(협상을 시도하기) 때문일 것이다.

미주

1. 모든 담화 공동체는 화자 전환의 예측 가능한 순간들을 가진다. 폴리(Foley)는 화자 전환과 관련하여 언어가 조직되는 다양한 방법에 대해 논하였다(예를 들어 아보리진 영어나 Illingot). 영어에서 화자 전환을 지배하는 다음과 같은 원칙들이 있다(자바스키(Jaworski), 1999:20 참조): 대화의 공백이나 겹침 피하기; 한 번에 한 사람이 말하기; 명확히 규정된 역할들에 따라 잘 정리된 스크립트를 준수하기; 끼어들 수 있는 적절한 '틈'을 존중하기; 다음 화자를 응시하면서 마지막 단어들과 맞추어 제스처를 하거나 억양을 바꾸어 말을 마칠 때가 되었다는 신호 보내기 등이 있다.

John Benjamins Series

04

Sociocultural aspects of translating and interpreting

제 8 장

체계 구축

바벨 재구축

플랑드르 사회복지 기관들과 통번역 서비스에 대한 설문조사

카트리엔 란노이 Katrien Lannoy
호즈스쿨 부어 웨텐샵 엔 쿤스트, 블레코, 벨기에 브뤼셀
얀 반 구흐트 Jan Van Gucht
센트랄 온데르스테닝셀 소샬 베르탈렌 엔 톨켄, 벨기에 브뤼셀

플랑드르 정부는 모든 소수 민족과 문화집단들이 사회와 제도에 완전히 참여하는 것을 목표로 한다. 이 목표 달성을 위해 높은 수준의 다양한 서비스를 제공하는 잘 조직된 전문 통번역 서비스 체제가 필요하다. 통번역 서비스와 사용자들에 대한 포괄적 분석과 이웃의 두 국가에서 사용되는 시스템들을 비교하는 연구를 통해 관련 서비스 체계의 구조, 개발, 서비스 제공, 품질 관리, 재원조달에 관한 다수의 제언을 할 수 있다.

서론

벨기에는 플랑드르, 왈로니아, 브뤼셀 수도권 등 세 지방으로 구성된 연방 국가이다. 각 지방에서 해당 지역의 사회복지를 관장한다. 그러한 맥락에서 플랑드르 지방정부는 중앙 전화 통역 서비스 제공기관인 바벨(Babel)을 후원하며 이 서비스의 사용자들과 사회복지 서비스도 담당한다.

플랑드르에는 일곱 개의 전문적으로 조직되어 사회복지 통번역 서비스를 제공하는 업체들이 있다. 이들 중 네 곳은 도시 지역에 위치하여 안트베르프, 겐트, 루방, 말린스에서 지역 차원 서비스를 제공한다. 또 한 곳은(플랑드르 지역의 다섯 개 주 가운데 하나인) 동 플랑드르 주에 위치하며, 나머지 두 곳은 플랑드르 지방 전체를 담당한다. 정부가 후원하는 업체로서 바벨은 사회복지 통역 분야의 인력 양성과 훈련도 담당하고 있다.

본 논문에서 소개하는 연구는 플랑드르 정부 용역으로 수행되었다. 이 프로젝트의 공식 명칭은 “Onderzoek naar het sociaal telkenlandschap in Vlaanderen”이었으며 2003년 1월부터 6월까지 진행되었다. 시작하면서 크게 세 가지 목표를 가지고 연구를 수행했다.

[1] 플랑드르 지역의 사회복지 통역 현황을 포괄적으로 분석한다.

[2] 중앙 전화통역 서비스 제공자로서 바벨의 역할에 대한 권고사항을 마련한다.

[3] 플랑드르 지역의 사회복지 통번역 서비스 관련 권고사항을 마련한다.

연구방법

권고사항을 개발하기 위해 먼저 사회복지 통역 분야의 강점-약점-기회-위협(SWOT) 분석을 할 필요가 있었다. 우리는 서비스 제공자 측과 사용자 측을 조사하는 양면적 전략을 선택하였다.

서비스 제공자들에 대한 조사에는 다음과 같은 내용이 포함되었다:

구조화된 인터뷰

일곱 개 전문 통번역 서비스 제공업체들을 모두 직접 방문하여 핵심 담당자들과 인터뷰를 하였다.

설문지

인터뷰에서 취합한 정보를 이용하여 필요 분석 및 서비스 제공에 현재 사용되는 방법과 전략들을 중심으로 여러 설문 항목들을 생성하였다.

데이터 확인

통번역 서비스 담당 부서장들과 두 번의 회의를 통해 취합한 데이터를 확인, 검증하고 필요할 경우 수정할 기회를 가졌다.

사용자 조사에 사용된 방법은 다음과 같다.

전화 조사

통번역 서비스 업체에 등록된 200명의 사용자를 대표 샘플로 하여 전화 조사를 실시하였다. 또한, 모든 참가자에게 사용자 필요와 요구사항을 파악하기 위해 우편으로 더욱 상세한 설문조사를 요청했다.

설문지

108개의 설문지를 거두어 이를 통해 서비스 제공자 조사에서 확보한 연구 데이터를 보충하고 증명할 수 있었다.

본 연구에는 영국과 네덜란드 모델과의 비교 분석도 포함되었다. 영국과 네덜란드가 매우 비용 효율적 서비스 제공 모델을 자랑하지만, 이들의 접근방법은 근본적으로 큰 차이가 있었다. 네덜란드의 경우 매우 전문화된 단일 기관을 활용하였으며, 영국에서는 중앙에서 품질과 통번역 교육 방침을 제공하지만, 기본적으로 분산화된 체제를 개발하여 사용해 왔다.

어떤 접근방법이 플랑드르 맥락에서 더 적절한지 알아보기 위하여 두 나라의 서비스 제공 시스템의 핵심 참여자들과 인터뷰를 하였다.

결과와 관찰내용

통번역 서비스 제공자 조사

우리의 조사에서 핵심적인 부분은 통번역 서비스 제공에서 어떤 빈틈이 있는지 파악하는 것이었다. 따라서 우리는 다양한 사회복지 통번역 서비스가 어떤 지역과 어떤 분야에서 이용 가능한지 조사하기로 하였다.

인터뷰 스케쥴과 서비스 제공자 조사를 바탕으로 우리는 플랑드르 지방의 통번역 서비스 제공의 사회적 지도를 작성하였는데, 열한 개 주요 활동 분야로 나누었으며 구체적 사용자 형태에 따라 다시 구분하였다. 열한 개 주요 분야는 다음과 같다.

- 연관 분야
- 지방정부 당국
- 법률(복지 관련 분야만 해당함.)
- 구체적 대상: 아동과 청소년
- 구체적 대상: 난민, 이민자들 및 자리를 잡고 살고 있는 소수인들
- 구체적 대상: 노인
- 교육
- 보건(일반 보건, 정신건강, 장애인 복지)
- 사회복지 서비스
- 고용 서비스
- 복지 주택 부서들

또한 사용자 참고 가이드 출판을 위해 각 서비스 제공자들의 기록들을 표준화하는 시스템을 만들었다.

주와 지방의 서비스 제공기관들이 맡고 있는 지역도 조사하였다. 그림 1은 본 연구에서 작성한 밀도 지도 중 하나를 보여준다.

그림 1. 바벨 밀도 지도: 일 년에 지자체별로 수신된 전화 건수

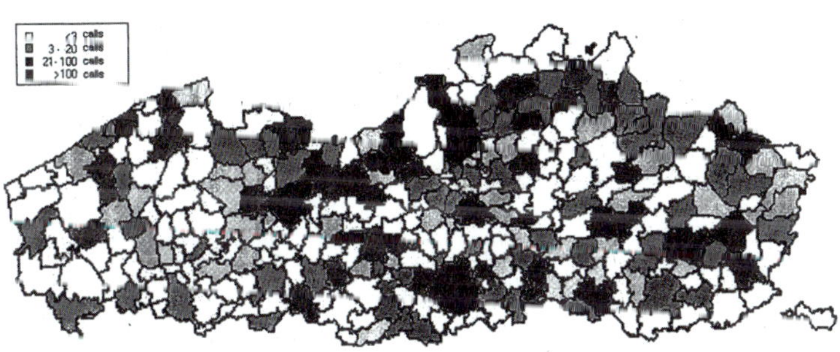

밀집된 지역은 대략 안트베르프, 겐트, 브뤼셀 등 도시 지역들과 일치한다. 흰색 부분을 살펴보면 플랑드르 지방의 거의 절반 이상이 효과적으로 포함되지 못하고 있음을 알 수 있다.

대부분의 통번역사들은 자원봉사자였다(표1 참조). 그러나 예비조사 데이터를 보면 대부분의 실제 업무는 전문가들이 수행하는 것을 알 수 있었다.

표 1. 통번역사 지위

유형	명수	비율(%)
자원봉사	472	69
프리랜서	96	14
직원	24	4
기타(예: 학생, 연금수령자, 복지 수령자)	85	13
합계	677	100

사회복지 통번역 분야에서 인력들의 지위와 소득 문제는 여전히 우려와 논의의 대상이다. 서비스 제공기관들은 또한 서비스 제공, 조직 구조, 사용자들과의 관계, 직원 운영, 우수 관행 등에 대하여 질의를 받았다.

서비스 제공기관들의 평가를 이용하여 세 가지 통역 방식에 대해 장점과 약점을 분석했다. 세 가지 방식은 대인 통역(순차통역이나 위스퍼링), 전화 통역 및 영상 통역이다(마지막 방식에 대해서는 안트베르프 스텔레리지크 톨켄-엔 베르탈디엔스트(Antwerp Stedelijke Tolken-en Vertaaldienst)가 수행한 실험을 바탕으로 추가되었다). 분석 결과를 레이더 도표로 표시하였다(그림 2-4).

그림을 쉽게 이해할 수 있도록 반대되는 특징들을 레이더의 반대쪽에 위치하도록 했다. 더 많이 칠해진 분야일수록 해당 통역 형태에서 더 중요한 부분임을 의미한다. 옅은 회색은 거의 최대의 점수를 받았음을 의미하며 진한 회색은 평균 점수를 표시한다. 일부 보이는 흐린 부분은 최소 점수를 가리킨다. 따라서 넓은 옅은 회색 구역은 통번역 기관들의 다양한 의견들을 반영한 것이며(일부 기관들은 매우 높은 점수를 주고 다른 기관들은 매우 낮은 점수를 줌), 짙은 회색으로 칠해진 부분은 상대적으로 점수 분포가 비슷했음을 의미한다.

그림 2. 대인 통역의 장점과 약점

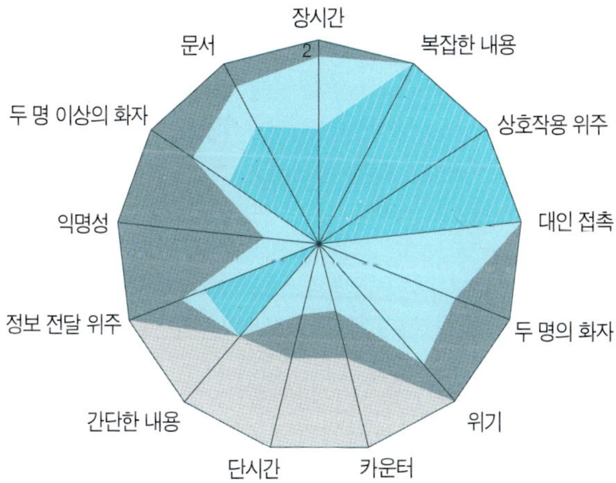

그림 3. 전화 통역의 장점과 약점

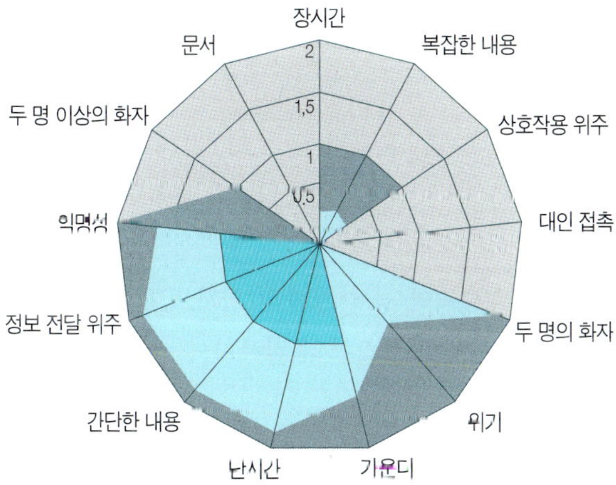

그림 4. 영상 통역의 장점과 약점

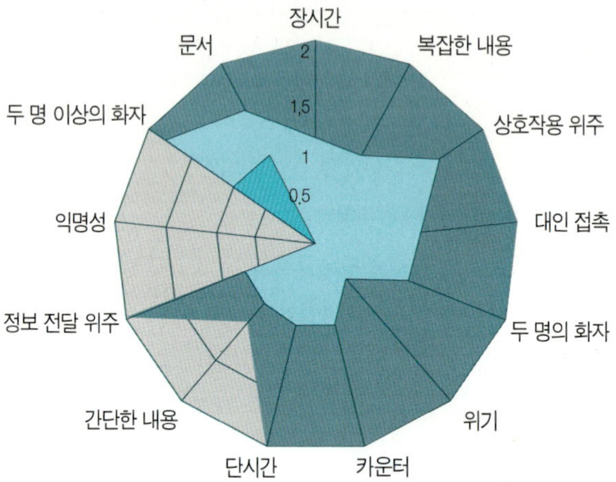

전화 통역과 대인 통역은 장점과 약점이 거의 반대인 것으로 드러났다. 전화 통역의 장점에는 짧은 개입, 단순하고 정보 위주의 내용이며 익명성을 원하고 두 명 이하의 화자들인 경우에 적합했다. 전화통역은 카운터에서 활용되거나 위기 상황(접근의 용이성 때문)에서도 이용된다. 반대로 대인 통역은 더 복잡하고 상호작용이 필요한 장시간의 의사소통 상황에 적합하며 두 명 이상의 당사자들을 포함하는 경우, 그리고 문서들을 함께 봐야 하는 경우 적합하다. 면대면 접촉이 필요한 상황에서 활용될 수 있으며, 전화 통역과 마찬가지로(직접 사람들이 개입한다는 점에서) 위기 상황에서도 유용할 수 있다. 영상 통역은 두 유형의 장점을 혼합한 형태이지만 평균적으로 다른 두 유형보다 크게 낮은 점수를 받았다.

전화 통역과 대인 통역의 상호 보완적 성격으로 볼 때(영상 통역은 이보다 덜 유용함) 현장에서의 필요를 해결하기 위해서는 두 가지 방식이 모두 필요하다.

사용자 조사

현재 통번역 서비스를 이용하는 사람들을 대상으로 이들의 필요와 기대사항 및 금전적 측면을 조사했다. 대부분은 통번역 서비스를 위한 별도의 예산을 두지 않는다고 답했으며, 예산이 따로 있다고 답한 응답자 중 대부분은 예산이 불충분하다고 답했다.

또한, 사용자들은 언어 중재의 필요가 있을 때 가장 많이 관찰되는 해결방법을 순위를 매겼는데, 빈도를 기준으로 가장 낮은 순위가 가장 빈번하게 사용하는 해결방법을 가리킨다. <표 2>에서 보듯이 공통의 접촉 언어를 사용하는 것이 가장 자주 사용하는 방법이었으며, 다음으로 간단한 네덜란드어와 몸짓 사용, 친구와 가족 혹은 훈련받지 않은 동료들을 임시 통역사로 활용하는 방법 등이었다. 전문적인 전화 통역과 대인 통역 서비스를 이용하는 것은 상당히 제한적인 것으로 나타났다.

표 2. 언어 중재 해결방법 순위(점수가 낮을수록 더 자주 사용되는 방법임)

접촉 언어	간단한 네덜란드어와 몸짓	친구나 친척	동료	전화 통역	대인 통역	소개	도움을 받지 않음
1,602	2,606	3,020	3,373	3,987	4,000	4,467	7,211

그리고 사용자들은 이러한 언어 중재 해결방법들을 서비스 제공 품질에 미치는 영향을 기준으로 평가하였다(표3 참조). 접촉 언어 사용과 즉석 통역사 사용이 상대적으로 높게 평가된 것은 놀랍지 않다. 아마 간단한 언어 사용과 손짓 사용에 대해 전반적으로 중립적인 평가를 한 것이 더 놀라운 결과일 것이다. 그러나 전화 통역이 두 번째로 높은 평가를 받았기 때문에 사용자들은 전문 통역의 품질에 대해 신뢰하는 것으로 보인다.

표 3. 언어 중재 해결방법의 품질(숫자는 범주별 실제 응답 빈도를 가리킨다.)

	긍정	중립	부정
접촉 언어	78	26	16
간단한 네덜란드어와 몸짓	28	28	40
친구나 친척	47	30	27
동료	34	24	27
전화 통역	59	11	8
대인 통역	39	15	7
소개	6	11	7
도움을 받지 않음	1	4	11

권고사항

두 모델의 장점 취합

두 국가(영국과 네덜란드) 모델에 대한 비교 분석이 포괄적인 것은 아니었지만, 이 모델들이 플랑드르 상황에 바로 적용될 수는 없다는 것을 금세 알 수 있었다. 그럼에도 각 모델의 장점들을 택하여 사회복지 통번역에 적용하기 위해 시도하였다. 중앙 기관이 품질 관리와 제어 기능을 담당하고 지방 전체는 전화 통역을 통해 커버하며 대인 통역은 분산화된 방식으로 효과적으로 제공하는 방식을 제안한다.

삼층 구조

규모의 경제 효과를 위해 플랑드르 지방 전체를 담당하는 전화 통역을 조직할 것을 제안하였다. 대인 통역의 경우 주 단위로 제공하는 것이 가장 효과적일 것이다. 다섯 개 주 단위 서비스기관들이 모여 플랑드르 전체를 커버할 수 있으므로 모든 사용자에게 기본 서비스를 제공할 수 있게 된다. 지역마다 상황이 허락한다면(즉 주요 도시들) 플랑드르 당국이 해당 지역 제공기관들과 파트너로 협력할 수 있을 것이다. 전체적인 구조는 <표 4>와 같이 나타낼 수 있다.

표4. 바벨 재구축: 서비스 제공

<table>
<tr><th>관할 구역</th><th>구조적 차원</th><th>품질 관리</th></tr>
<tr><td>국가 전체</td><td></td><td></td></tr>
<tr><td>플랑드르 지방</td><td>플랑드르
전화 통역 서비스</td><td rowspan="3">플랑드르 중앙 통역 서비스
및 품질 위원회</td></tr>
<tr><td>주</td><td>다섯 개 주 통번역 서비스</td></tr>
<tr><td>지자체</td><td>여러 지자체 프로그램들</td></tr>
</table>

플랑드르 지방 지원 구조

현재 바벨은 전화통역 센터이면서 동시에 플랑드르 지방의 지역사회 통역 분야 개발을 담당하는 공식 기관의 역할을 담당하고 있기 때문에 현장에서 역할의 혼란과 긴장을 일으키는 것으로 조사되었다.

따라서 독립적인 지원조직인 플랑드르 중앙통역서비스(Flemish Central Interpreting Service, FCIS) 설립을 제안한다. 대표성을 갖고 투명한 방식으로 의사결정이 이루어지기 위해서는 이 조직이 품질위원회의 지원을 받게 되며, 품질위원회는 모든 전문 통번역 제공기관들의 대표들로 구성되는 운영위원회이며 주요 책임은 포괄적 품질 관리 전략을 수립하고 감독하며 전문 통번역사들 뿐만 아니라 자원봉사 통번역사들의 훈련과 인증에 초점을 둔다.

FCIS에 등록하려면 자원봉사자들은 기본적인 교육 과정을 수료해서 통역의 기본 기법들을 익히고 통역 업무의 기본 원칙들과 모범 사례들을 습득해야 한다. 전문 인력으로 등록하려면 후보자는 72시간의 훈련 과정을 마쳐야 하며, 새로운 모듈들이 추가되면서 앞으로 5년간 200시간 이상으로 확대되어야 한다.

FCSI는 또한 지식관리센터로서 모든 교육자료와 심사 자료들, 도구, 모범사례들을 보관하는 중앙 보관소 역할을 한다. 신생 업체와 기존 업체들이 계속 발전하도록 지원할 것이다. 플랑드르 문서 센터에서 학술적 지원을 제공해야 한다.

현재 사회복지 통번역사들의 가장 적절한 직업적 지위는 고용인이거나 프리랜서 형태인 것으로 보인다. 장기적으로 볼 때 프리랜서는 성공적인 전문 통번역사들만이 유지할 수 있는 형태이다. 그러므로 우리가 본 연구를 진행하면서 프리랜서 사회 통역사들에게 더 새롭고 유연한 지위를 제안하는 것이다.

이 분야에서 더 깊은 전문화가 이루어지기를 바라지만 자원봉사자들은 이 분야에서 절대적으로 필요한 유연성을 제공하기 때문에 이들의 역할은 앞으로도 중요할 것이다. 자원봉사자들은 새로운 이민자들이 유일하게 활용할 수 있는 통번역사이다. 또한, 전문 통번역 서비스는 사회복지 업무에만 주로 활용되므로 다른 영역에서 자원봉사자들이 필요하다.

자원봉사자들은 외국 고객을 위해 직접 일할 수 있는 유일한 주체들이다. 사회복지 서비스 당국이 언어 중개를 조직하는 것을(특히 통번역사에게 비용을 지급할 여력이 없어서) 고객들에게 맡기는 경향이 있다는 것을 고려할 때 자원봉사자들의 중요성은 더 크다고 할 수 있다.

사회복지 요율 정책

조사된 사용자들의 30퍼센트 미만이 통번역 비용을 위한 예산이 있다고 답한 상황을 고려할 때, 그리고 이러한 예산조차 충분하지 않다는 점을 고려할 때 바벨에서 제공하는 전화통역 서비스가 사회복지 기관들에는 무료로 제공될 것을 제안하고 동일한 고객들을 위해 일하는 다른 기관들의 경우 할인된 가격으로 제공하며 그 외(언론매체와 같은) 다른 조직들의 경우 이것이 통번역 업체들의 핵심 역할을 방해하지 않는 한도 내에서 상업적 요율로 서비스를 제공하는 것을 제안한다.

결론

우리는 본 연구의 방법론과 사회적 통번역 서비스의 3개 층 구조 제안이 다른 국가의 연구와 통번역 서비스 구현에 있어 유용한 틀이 되기를 기대한다. 또한, 이 분야에서 다른 지역이나 국가들의 접근방법과 경험에 대한 비교 연구를 기대하며 환영할 것이다.

10분짜리 결혼식에서부터 3주짜리 스파 치료 프로그램까지

슈타이어마르크 주의 수화통역 시스템의 재구성

나쟈 그르비치 Nadja Grbič
오스트리아 그라즈, 칼-프란젠 대학교 번역학과

오스트리아의 수화 통역은 1996년 이후 급격한 변화를 겪었다. 통역사들이 더 많은 교육 과정에 참여했으며 통역사협회를 설립하였고 자신들의 직업을 정의하면서 더 체계적으로 일하기 시작했다. 그러나 우리는 아직도 이들의 업무 내용을 많이 알지 못한다. 본 논문은 사회적 체계 개념을 이론적 틀로 사용하여 슈타이어마르크 지역의 수화통역사들을 평가하는 포괄적인 실증 연구를 보고한다.

배경

최근까지 오스트리아의 수화 통역사들은 대부분 자연 발생적 통역사들이었다. 이들은 아들과 딸, 친구, 사회복지 직원, 청각장애인[1] 교사나 교육자들이었으며 통역해주는 청각장애인들과 강력한 감정적 유대를 가졌다. 전문 교육을 받지 않았고 준수할 직업적 규정도 없었으며 대부분 고립되어 개별적으로 일 하기에 어떤 종류의 집단 정체성, 즉 공통의 사회시스템을 형성하지 않았다. 서로 간의 교류가 근본적으로 부재하므로 관리 체계도 없었기 때문에 수화 통역을 수행하는 사람들은 다른 통역사 집단에서 핵심적으로 간주하는 기본적 능력들에 대해서, 그리고 통역 품질을 구성하는 요소들에 대해서 매우 다른 의견들을 갖고 있었다. 이들이 가진 공통점은 청각장애인들에 대한 개인적인 헌신의 자세였는데, 사회에서 청각장애인들에 대한 사회적 문화적 인식뿐만 아니라 개인적인 경험들에 인해 청각장애인들이 도움이 필요한 사람들이라는 인식을 가졌다(실증 데이터를 포함하여 더 상세한 내용은 그르비치, 1994와 1998 참고).

근본적인 변화가 일어나기 시작한 것은 1996년 그라즈에 위치한 칼-프란젠스 대학의 번역학과에서 유럽연합의 지원을 받는 국제적 프로젝트의 하나로 오스트리아 수화 통역사들을 대상으로 한 추가 교육 프로그램 교과과정을 개발하기 시작하면서부터였다. 1997년부터 1998년,

그리고 1999년부터 2000년 사이에 두 번의 1년의 파트타임 과정이 48명의 통역사를 대상으로 구성되었다(그르비치, 2001 참조). 이후 오스트리아 수화통역사 협회가 1998년 3월 설립되었다. 이 교육과정을 이수한 통역사 중에서 열정을 가지고 이 직업의 전문화 과정을 진행하기 위한 협회의 창립회원이 되었다(케케이스 외(Keckeis et al.), 1998 참조).

1998년 11월부터 우리 대학교 번역학과는 통역사협회 및 청각장애인 협회와 함께 국가시험 위원회에서 일 년에 두 번 수화통역사 시험을 운영해왔다. 2000년부터는 이 시험을 통과하였거나 추가 교육 프로그램을 이수한 통역사들만이 청각장애인 통역 서비스 비용의 대부분을 담당하는 오스트리아 관계 당국의 공식 인증을 받는다. 2002년 가을 처음 개설된 5년 과정으로 오스트리아 수화(Austrian Sign Language)와 자신이 원하는 외국어 등 두 개 언어를 공부하는 풀타임 프로그램의 첫 입학생들이 들어왔다.[2]

이론적 배경 — 규범과 체계

전문직종에 대한 포괄적인 교육을 처음으로 실시하기 위해서는 그 직종에 영향을 미치는 다양한 요소들과 프로세스들을 철저히 분석할 필요가 있는데 이는 학문적 교육의 제공이 그 직업이 수행되는 사회적 매트릭스에 상당한 영향을 미치기 때문이기도 하다. 따라서 가장 중요한 이슈 중 하나는 전문직 및 품질과 같은 다양한 개념의 기저에 있는 기본적 사상을 파악하는 것이다. 전문화 과정에 참여한 행위자들과 조직들이 어떻게 그러한 개념들을 구성하거나 재구성했으며 어떻게 이해하고 유지하는가?

이러한 문제들을 조사하기 위해서 포괄적인 실증 연구가 필요하다. 그러나 이러한 연구를 수행하려면 관련된 연구 과제를 파악하고 적절한 연구 전략을 수립하며 통역이라는 사회적 행위와 연계하여 결과를 해석할 수 있도록 더 큰 규모의 이론적 틀을 적용해야 한다. 유용한 한 가지 이론적 도구는 바로 규범(norm) 개념이며, 이는 수년간 번역학에서 중요한 이론적 개념으로 자리 잡았고 이제 부분적으로나마 통역학에서도 적용되고 있다. 슐레징어(Shlesinger)는 규범 개념을 적용할 수 있을지에 대해 의문을 제기했고(1989), 해리스(Harris)는 더 낙관적이어서 이 규범 개념을 통역학에 처음으로 도입했다(1990). 지금까지는 이 개념을 연구에 이용한 사례가 많지 않다. 숄다게르(Schjoldager, 1994, 1995)은 학생과 전문 번역사들의 번역과 통역에 대한 포괄적 연구를 수행했으며, 잰슨(Jansen, 1995)은 법정통역사들의 통역 전략에 대한 상황적 변수들의 영향을 사례연구로 발표했다. 두 연구 모두 전사본을 분석한 것이다. 다른 연구자들로는 디리커(Diriker, 1999)가 텍스트 외적 출처에서의 지배적 규범과 관련하여 동시통역의 문자 담화를 분석했고, 가르존(Garzone, 2002)은 동시통역 품질에 관한 연구에 규범 개념을 적용하는 문제를 고찰했다.

통역과 번역이 규제적 측면이 있지만 불안정하고 임의적인 규범들의 지배를 상당히 받는다는 점에 동의해야 한다. 또한, 번역과 통역이 인지적 현상일 뿐만 아니라 사회적, 문화적 현상임을 인식해야 한다(통역 연구에서 규범 요소가 간과되었다는 주장은 질(Gile, 1999)를 참고). 그러나 규범은 더 큰 체계(system)의 구성요소로 간주하여야 한다. 투리(Toury)의 규범 개념(1995, 1999), 특히 체스터만(Chesterman)의 확장된 모델(1993, 1997)은 유용한 발견적 도구이지만, 이들이 진공상태에서 존재하는 것은 아니다. 규범은 '정확'하며 '적합'하다고 간주하는 형태의 행동에 대한 기대를 반영하는 것이며, 규범과 같은 개념은 항상 더 큰 맥락에서 발달하는 범주이다.

따라서 사회적 체계 구성을 시작하기 위해서는 규범 체계에 대한 이론적 접근을 하는 것이 도움 된다. 이를 통해 규범 개념을 더 크고 복잡한 틀 안에서 탐구할 수 있는데, 이는 규범이 한 체계 내의 상호작용으로 수립되기 때문이다. 예를 들어 헤르만스(Hermans)는 "기술(description)만으로는 부족하며, 설명(explanation)과 같은 특정한 목적을 달정해야 한다. 그러기 위해서는 현상을 맥락 내에서 보아야 하며, 맥락을 함께 고찰할 수 있는 도구가 필요하다. 그러한 차원에서 [···] 체계라는 개념이 들어온다"(1999, p. 102)고 설명한다. 규범과 마찬가지로 사회체계도 현실을 관찰하고 기술하기 위한 발견적 개념이며 그 자체로의 존재론적 지위는 갖지 않는다. 헤일(Hejl, 2000)에 따르면 사회체계 구축을 위한 조건은 그 체계의 개별 구성원들의 인지적 상태의 조화(parallelization), 구성원들간의 상호작용 및 현실에 대한 공통의 구조화 등이다. 한 체계의 개별 구성원들은 동시에 다른 체계의 구성원들이기도 하며, 이들이 서로 얽힌 사회체계 네트워크 속에서 살고 상호작용하며, 이들 체계 간의 '접점' 역할을 한다. 이들은 여러 체계에 속하기는 하지만 언제나 개인 구성원으로 존재한다. 구성원들의 인지적 상태의 조화가 필요하므로, 헤일(2000, p. 136)은 사회체계를 동일한 참조(syn-referential)체계로 간주한다.[3] 이러한 체계는 보수주의와 사회변화의 특징을 동시에 가지기 때문에 우리는 후임자와 선임자, 일탈자와 중퇴자를 찾아볼 수 있다.

이러한 일련의 가정을 바탕으로 오스트리아 수화 통역사 집단을 하나의 사회체계로 지칭하고 탐구하고자 한다. 이러한 접근법을 통해 체계의 서로 다른 요소 간의 상호작용 및 다른 체계들의 영향에 인해 발생하는 구체적인 요소들과 프로세스를 더 쉽게 파악할 수 있다. 헤일(2000, p. 140)과 마찬가지로 본 논문도 사회체계가 안정적 개체가 아니라는 가정에서 출발한다. 사회체계 내에 상충하는 현실들 및 충돌하는 요구사항을 찾아볼 수 있으며, 이는 다른 체계들의 영향 결과이다. 그러한 상황에서 한 사회체계가 발전하는 방향은 대부분 그 체계 내의 권력 분배 양상에 따라 달라진다.

연구 — 목적, 방법론, 참여자

본 연구의 목적은 상당한 기간에 걸친 구체적 통역 상황들을 기반으로 수화통역사들의 사회체계를 재구성하는 것이었다.[4] 누가 무엇을 통역하고, 어떤 전략을 사용하며, 누구를 대상으로 통역하며 어떤 문제가 발생하는가? 연구 방법으로는 표준화된 설문지를 이용하여 수화 통역사들을 대상으로 조사 했다. 응답자의 통역 행위에 대한 주요 특징들과 개인적 경험에 대한 정보를 얻기를 기대했다. 설문은 2001년 1월과 2002년 12월 사이에 진행되었다. 오스트리아 슈타이어 지방의 공인 수화통역사 9명 모두 연구에 기꺼이 참여하였다. 이들은 정해진 기간에 수행한 모든 통역 업무에 대해 자료를 제공해야 했는데, 2001년부터 2002년까지 수행했던 각각의 통역 일에 대해 설문지를 작성해야 했다. 본 논문에서는 연구의 전반부인 2001년 설문지의 분석과 해석 내용에 대해 보고하고자 한다.

설문지는 다음과 같은 주제에 대해 25개 문항으로 구성되었다: 통역사 배정(누가 언제 어떻게), 통역 전 준비과정(용어 등), 통역 일의 청각장애 고객들, 시간, 장소 및 유형, 개인의 평가(만족도와 어려움) 및 통역료 지급 등이다. 본 연구에서는 통역 과제와 실제 통역 상황(일)을 구분하였는데, 이는 일부 통역 과제가 하나 이상의 통역 상황을 동반할 수 있기 때문이었다. 예를 들어 극장에서 동일한 연극의 여러 회차 공연을 통역할 수도 있고, 컴퓨터 강의를 통역하는 업무에서는 일정 기간에 걸쳐 여러 통역 상황이 발생할 수도 있다. 2001년 통역사들은 총 496건의 통역 과제를 수행했으며, 이는 889개의 실제 통역 상황을 포함한다.

조사에 참여한 아홉 명의 통역사 중 여덟 명이 여성이며 한 명이 남성이었다. 이들 중 세 명은 대학교를 졸업했으며(언어학 전공 1명, 통번역 전공 2명이며, 통번역 전공자들은 다시 영어/러시아 및 오스트리아 수화/ÖGS 전공 1명, 프랑스어/헝가리어와 ÖGS 전공 1명으로 나뉜다), 두 명은 대학을 졸업하지 않은 상태였으며(한 명은 영어, 다른 한 명은 교육학 전공), 세 명은 사범전문대를 졸업했으며, 한 명은 고등학교를 마치지 않은 상태(A레벨 아님)였다. 이들 모두 2001년 1월 그라즈대학교에서 수화통역을 위한 1년 파트타임 과정을 이수했으며, 설문을 진행할 당시 반년에서 8년 정도의 경력으로 수화통역사로 활동하고 있었다. 활동 영역을 보자면, 네 명은 언어교육기관(예: 대학교, 평생교육기관 등)에서 근무하고, 세 명은 교육기관(예: 청각장애인 교사와 교육자)에서 근무하며, 한 명은 아직 학생이었다(교육학 전공). 한 명만이 프리랜서 수화 통역사로 있했다. 아홉 명의 통역사 중 한 명은 부모가 청각장애인이었다. 이들의 개인적 배경으로 볼 때 통역사들의 사회체계 이외에도 세 가지 추가적인 사회체계가 이들의 의사결정에 영향을 미치는 것으로 보인다: 청각장애인 커뮤니티, 청각장애인 교육 및 대학에서의 통역교육이다.

연구 – 결과

통역 과제와 통역 일

통역사가 연간 매월 수행한 실제 통역 일을 기준으로 네 그룹으로 나눌 수 있다(표1 참조). 첫 번째 그룹은 2001년 통역 건수가 25건 이하로서 한 달에 최대 2번을 의미한다. 두 번째 그룹은 50-100 건의 통역 일이며 이는 한 달에 5-7회를 의미한다. 세 번째 그룹은 100-200 건이며 한 달에 8-14회를 뜻한다. 마지막으로 한 사람이 200건 이상의 통역을 했는데 한 달에 21회 꼴이며, 참가자 중 유일하게 전문 수화 통역사로 일하는 사람이다. 평균은 연간 99회, 월 8회였으며, 중간값은 78이었다.

이렇게 숫자의 차이가 크게 나는 것은 통역사 사회체계에서 이상 행

표 1. 연간 및 월간 통역 횟수(n = 889)

그룹	2001년 통역 회수	월별 통역 회수	통역사(명)
1	〈 25	〈 2	2
2	50-100	5-7	3
3	100-200	8-14	3
4	〉 200	21	1
평균값	99	8	
중간값	78	6,5	

동을 보이는 두 그룹이 있기 때문인데, 1번 그룹은 '취미'로 통역을 하며 4번 그룹에 속한 한 명이 유일한 전문 프리랜서 통역사이다. 전형적인 통역사들은 2번과 3번 그룹에 속하며, 이들은 다른 직업(주로 정규직)이 있으면서 한 달에 5-14회 통역을 프리랜서로 수행한다. 통역 횟수의 차이는 직업에 대한 서로 다른 이해로 이어진다고 가정할 수 있다.

통역 과제(n = 496)와 실제 통역 건수(n = 889)를 비교하면 개별 통역사들이 수행한 통역의 유형이 다름을 알 수 있다(표2 참조).

C통역사는 과제 한 건당 평균 하나의 통역 상황이 있었으며, 이것은

표 2. 통역과제와 통역 일 비교

통역사	비율
C	1 : 1,1
G	1 : 1,4
D	1 : 1,5
B	1 : 1,8
평균값	1 : 1,8
H	1 : 1,9
I	1 : 2,0
E	1 : 2,1
F	1 : 2,5
A	1 : 2,9

이 통역사가 일회성 지역사회 통역 상황(병원 방문, 직원회의, 은행, 장례식 등)[6]에서 주로 활동한다는 것을 의미한다. 반대로 A통역사의 경우 과제 한 건당 평균 세 건의 통역 상황이 있었다는 것은 교육 상황과 같이 여러 통역 상황을 동반하는 환경에서 근무한다는 것을 뜻한다.

월평균 통역 과제 수는 74건이었다. 그러나 실제 월별 통역 수행 건수를 보아야 더 정확한 이해를 할 수 있다(그림 1 참조).

3월에 통역 일이 가장 많았고(118건), 통역사들이 수입이 '안 좋은' 달은 1월, 2월, 7월, 8월, 8월, 9월, 12월이다. 이것은 통역을 전문으로 하는 통역사에게 특별히 걱정거리였다.

889 건의 통역 일 중에서 88퍼센트는 슈타이어 주도인 그라즈에서 이루어졌고 11퍼센트만이 다른 지역이었다. 이것은 시골 지역에는 통역사들이 충분하지 않다는 뜻일 것이다.

통역사 예약

통역 과제(n = 496) 중에서 31퍼센트는 에이전시를 통해 예약 되었으며 69퍼센트는 개인적으로 전화나 팩스로 연락을 받았다. 대부분 의뢰

그림 1. 통역 상황의 분포

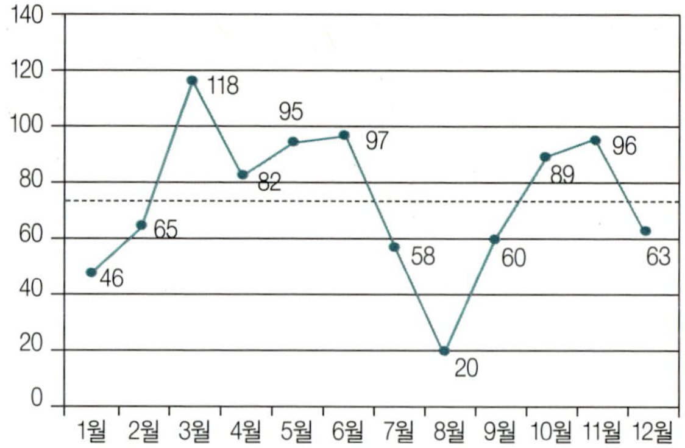

자는 청각장애인 자신이었다(그림 2 참조).

청각에 문제가 없는 개인이나 기관이 의뢰하는 경우는 청각장애인과의 문제가 통역사 없이는 해결되기 어려운 경우(예: 법원 및 고용주)가 대부분이며, 기타 홍보를 위해 수화통역사를 고용하거나(정치, 예술, 문화 분야의 기관들), 혹은 청각장애인을 자신의 커뮤니티로 포용하기 위해서(종교단체 등)이다.

통역의 품질과 업무 만족도는 사전에 예약 되었는지, 충분한 자료를 미리 제공했는지에 크게 달려있다. 통역사들 대부분은 1-2주 전에 의뢰를 받았다. 14퍼센트의 경우만 충분히 사전에 예약되지 못했다고 느꼈다. 자료 제공과 관련해서 상황은 크게 달랐다. 통역 과제(n = 496) 중 20퍼센트만이 제대로 자료를 받았으며, 48퍼센트는 전혀 정보를 받지 못했다. 때로는 스스로 자료를 찾아야만 했으며(5퍼센트), 때로는 자료를 받았지만 추가로 정보를 찾기도 하였다(7퍼센트). 통역사들이 '표준'적인 일이라고 인식하는 경우에는 따로 준비가 필요 없었다(20퍼센트). 어떤 통역이 표준적인 과제인지에 대해서는 통역사마다 상당한 차이를 보였다(한 통역사당 모든 과제에 있어 0퍼센트에서 50퍼센트까지 다양함).

그림 2. 통역 의뢰자

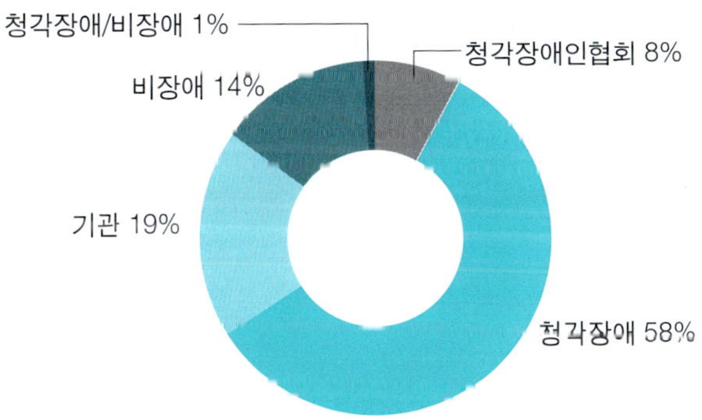

준비

통역 일의 복잡성과 준비 시간이 통역사의 일에 대한 만족, 자신감 및 동기부여에 큰 영향을 주었다. 데이터 분석 결과는 다음과 같다. 통역 일(n = 899)의 30퍼센트는 통역사가 전문용어를 요청해야 했다. 대부분의 경우(52퍼센트) 청각장애인들에게 요청했고, 17퍼센트는 동료에게, 그리고 31퍼센트는 청각장애인과 비장애인 담당자에게 모두 요청했다.

전체적으로 통역 일의 절반 정도에 대해 통역사가 준비를 했다(표3 참조).

표 3. 준비 시간

	통역 일 = 889	준비한 통역 일 = 432
통역일 vs. 준비한 일	100%	49%
통역 시간(시간)	2815	1,500
준비 시간(시간)	586	586
통역 시간(퍼센트)	83%	72%
준비 시간(퍼센트)	17%	28%
평균 준비/일	40분	1시간 20분

2001년 통역사들은 총 2,815시간 일했고 586시간을 준비에 할애했다. 준비가 필요했던 통역 일(432)을 기준으로만 본다면 한 건의 통역에 평균 1시간 20분을 준비했던 것으로 나타난다. 이것은 통역시간과 준비시간 비율이 3:1임을 의미한다. 통역사들은 준비에 들어간 시간에 대해서는 보상을 받지 않는다는 점을 기억할 필요가 있다.[7]

고객

통역 건수의 절반 이상(54퍼센트)이 여성 청각장애인이 고객이었고 23퍼센트만 남성 고객이었다. 이 결과로 보면 여성보다 남성 청각장애인이 강의를 듣거나 병원에 가거나 공공기관을 방문하는 횟수가 적다고 조심스럽게 결론내릴 수 있다. 전체의 70퍼센트는 성인 청각장애인이었고 12퍼센트는 청년, 2퍼센트는 죄수, 그리고 16퍼센트는 다양한 연령대가 섞여있는 그룹을 대상으로 한 것이었다.

수화가 완전히 표준화되어 있지 않고 많은 청각장애인이 제대로 학교 교육을 받지 못했기 때문에 이들 중 일부는 변형된 수화를 사용하여 통역사들에게 어려움이 된다. 수화 이용자들의 특징에 관해 물었을 때 통역사들은 21퍼센트의 통역에서 이들을 이해하는 데 어려움이 있다고 답했다. 그림 3은 통역사들이 밝힌 의사소통의 어려움과 원인이다.

24퍼센트의 경우 청각장애 고객이 젊은 세대에서 사용하지 않는 수화 어휘소를 포함한 예전 ÖGS를 사용했다. 다른 24퍼센트는 청각장애인이 최소한의 언어 능력만 있는, 즉 독일어나 ÖGS를 완벽히 알지 못하는 경우인데, 이는 오스트리아의 청각장애인 교육에 문제가 있음을 보여주는 걱정스러운 결과이다. 17퍼센트는 청각장애인이 ÖGS 대신

그림 3. 언어 관련 어려움

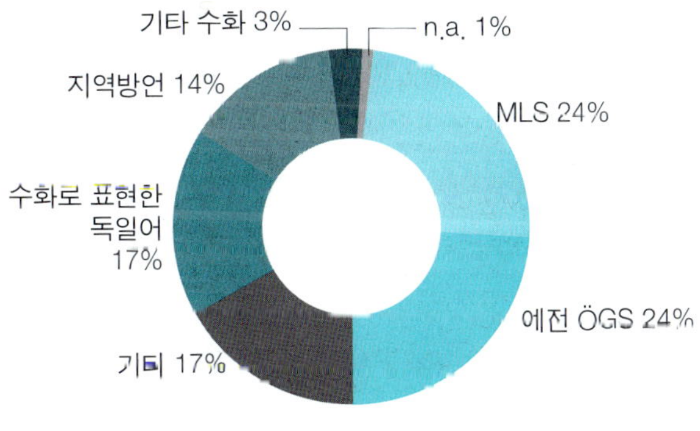

독일어를 수신호로 구사했는데, 이것은 수신호를 이용하기는 하지만 수화 규칙을 따르는 것이 아니라 독일어 문법을 이용해서 구조화하는 시스템이다. 17퍼센트의 경우 통역사가 청각장애인을 이해하는 데 다른 어려움들이 있었던 경우이다. 예를 들어 청각장애인이 집에서만 통용되는 수화를 사용하거나 손짓을 하며 크게 떠드는 경우, 또는 뇌성마비나 정신분열과 같이 다른 장애를 수반하는 경우였다. 14퍼센트는 지역의 수화 방언을 사용한 경우였고, 3퍼센트는 예를 들어 청각장애인이 난민인 경우와 같이 다른 나라의 수화를 사용한 경우였다.

실제 통역 일

통역사들은 통역 상황의 11퍼센트만 팀으로 일했다. 이렇게 비율이 작은 이유는 공공기관과 개인 고객들이 하나의 통역 일에 통역사 두 명을 고용하기를 원하지 않기 때문이다. 오스트리아 수화통역사협회가 권고하고 담당 부처에서 승인한 규칙은 통역이 1시간을 넘어가거나 주제가 매우 전문적이거나 두 명 이상의 발표자가 토론하는 형식의 통역인 경우 두 명을 고용하게 되어 있다. 그러나 여러 통역 과제에 대한 통계 분석 결과를 보면 고객들이 이 권고안을 지키지 않는 것으로 드러났다. 한 명의 통역사의 평균 통역 시간이 3시간이었다. 따라서 통역사들이 일부 통역 상황에서 파트너가 없는 것에 불만을 느끼는 것이 당연하다. 이러한 상황이 직업병으로 이어질 수 있다는 연구도 있다. 산업의학 분야에서 마스만(Maßmann, 1995)은 덴마크 연구들을 인용하면서 수화통역이 일방적이고 반복적 업무로서 반복적이고 일정한 무리를 주게 된다고 설명한다. 이 결과 건초염, 만성 근육염, 테니스 엘보(상완골 외측상과염), 손목골 증후군[8]과 같은 질병을 일으킬 수 있다. 더욱이 오랜 기간 통역할 때의 인지적 부담도 유념해야 할 것이다(예를 들어 모서-머서 외(Moser-Mercer et al.), 1998 참조).

다양한 통역 일을 분석하여 기간과 빈도에 따라 네 종류로 분류하였다.

1. 거의 절반 정도의 통역 일이 일회성이었다. 즉 한 번의 병원 방문이나 결혼식과 같이 한 번 필요한 일이다(47퍼센트).
2. 25퍼센트는 주기적인 과제였으며, 한 과제가 특정 기간에 걸친 여러 번의 통역 일로 구성될 수 있음을 의미한다. 예를 들어 대학교 강의를 한 학기 수강하는 것 등이다.
3. 24퍼센트는 며칠에 걸쳐 이루어지는 일이며, 통역사가 하루 이상 연속으로 통역 해야 하는 경우인데, 예를 들면 1주일 컴퓨터 강좌 혹은 스파에서의 3주간 치료 세션 등이다.
4. 4퍼센트만이 반복적 과제로서 예를 들어 여섯 번 공연되는 연극을 통역하는 일이었다.

가장 짧은 일회성 통역은 10분간만 진행되었던 결혼식 통역이었다. 가장 긴 규칙적 과제는 어떤 기업의 팀 회의였으며 일 년에 31회 통역을 수행했다. 그리고 최장기간 연속 과제는 한 직업학교에서 2개월간 지속해서 통역을 한 경우였다.

통역 일을 분류하는 또 다른 방법은 다양한 통역 상황을 구분하는 것이다. <그림 4>는 100회 이상의 통역 일이 교육과 훈련 분야에서 이루어지며(이들 중 70퍼센트 이상은 직업훈련과 재교육 분야였다) 그 다음으로 전문적 분야, 의료 분야 및 추가 교육 분야였다. 심리학, 정치, 공공기관, 사회적 상황, 법률 관련 상황, 기타 기관과 청각장애인협회 등에서 20-50회의 통역이 이루어졌다. 20회 미만이었던 영역은 문화 관련 상황, 강의와 강연, 경제 관련 상황, 개인적 상황, 종교, 운전면허 시험, 컨퍼런스, 스포츠 행사 등이었다.

담화 유형에 따라 통역 상황을 네 가지로 분류할 수 있다. 통역일의 40퍼센트 정도는 한 명의 청각장애인, 한 명의 비장애인, 그리고 통역

그림 4. 상황

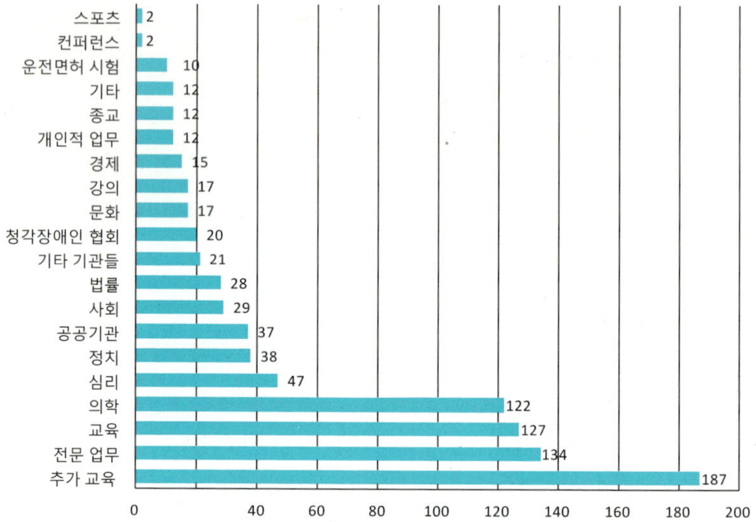

사로 구성되는 3자 대화였다. 32퍼센트는 통역사가 독일어를 ÖGS로 통역해야 했다. 22퍼센트는 여러 사람이 독일어나 ÖGS로 토론이 진행되는 가운데 통역을 했다. 7퍼센트만이 ÖGS에서 독일어로 통역하는 일이었다. 이렇게 ÖGS에서 독일어로 통역하는 건수가 매우 적기 때문에 수화 통역사들은 대부분 독일어로 통역하는 것을 꺼리며 수화를 독일어로 통역할 때 많은 어려움을 겪는다.

개인의 평가

앞에서 설명한 데이터는 통역사들이 몸담은 사회체계를 통계적으로 재구성하는 데 사용되었고, 이 외에도 개인적이고 주관적인 데이터를 수집하였다. 필자는 통역사들에게 특정한 통역을 수행할 때의 어려움, 문제의 원인, 전문 지식과 용어의 필요성, 특정 통역에 대한 전반적 만족도 등을 물어보았다.

통역 과제의 5분의 1만이(21퍼센트) 어렵지 않다고 느껴졌으며, 33퍼센트는 "많이 어렵지 않다", 34퍼센트는 "상당히 어렵다", 12퍼센트는 "매우 어렵다"고 답했다(그림 5 참조).

통역이 어려운 이유는 다음과 같이 답하였다(응답 빈도대로 열거함): 복잡하고 어려운 준비 과정, 청각장애인의 특이한 수화 사용, 수화 표기 부족(전문용어), 통역업무 환경(예: 조명, 환기, 쉬는 시간 없음, 붐비는 환경 등), 청각장애인이나 통역사 자신에 대한 비장애인들의 행동, 심리적 스트레스(예: 심리상담을 통역할 경우), 팀 부재, 혼잡스러운 토론(사람들이 말하면서 수화를 하는 경우), 신체적 어려움(예: 장시간 서 있어야 함), 청각장애인의 통역사 자신이나 비장애인에 대한 행동, 숫자와 이름 통역(예: 운동선수 시상식 등). 영어에서 ÖGS로의 통역, 개인적 불편함(질병, 우울증, 집중력 저하), 팀으로 일하는 동료 통역사들과의 문제, 그리고 보여주기용 통역'(정치 연설과 같이 청각장애인이 없는 상황에서 통역하는 경우).

통역 과제 중에서 15퍼센트만이 필요한 언어가 전문화되지 않았다는 인상을 통역사들이 받았다. 19퍼센트의 경우 언어가 매우 전문화되지 않았다고 느꼈다. 34퍼센트의 경우 언어가 적절히 전문화되어 있으며, 32퍼센트는 매우 전문적이었다.

통역사들이 높은 수준의 전문화된 언어를 사용하고 통역 업무의 절

그림 5. 난이도

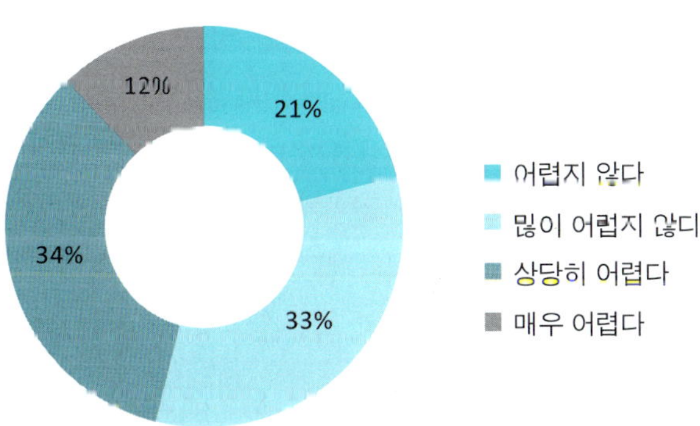

반 이상이 어렵거나 상당히 어렵다고 답변했지만 대부분 업무에 대한 만족함을 표시했다. 55퍼센트의 경우 매우 만족했고 33퍼센트의 경우 상당히 만족했으며, 12퍼센트의 경우에만 비교적 만족스럽지 못했거나 전혀 만족하지 못했다고 응답했다. 통역사가 특정 통역 일에 대해 만족하지 못한 경우 원인은 단순히 사용된 전문 용어 때문이거나 신체적인 피로 때문으로만 볼 수 없으며, 일부 통역 상황이 감정적인 스트레스를 준다는 점도 기억해야 한다. 예를 들어 엄마가 아이를 포기해야 하는 상황, 자살 시도 후의 통역, 정신과 상담 중의 통역, 혹은 당사자들이 폭력적이거나 무시하는 행동을 보이는 경우 등이 있다.

결론

통역 상황에 대한 방대한 양의 데이터 분석을 통해 수화 통역사들이 속한 사회체계를 처음으로 자세히 살펴볼 수 있었다. 연구에 참여한 모든 통역사에게 감사를 표한다. 이들이 이렇게 방대한 연구 프로젝트에 시간을 내어주지 않았다면 연구 진행이 불가능했을 것이다. 서로 다른 데이터 세트에 대한 상관관계를 분석하지는 않았지만, 이 결과만으로도 수화통역이 다차원적 업무 분야이며 다양한 요소들이 작용하고 일반적 통역의 특징과 일반적이지 않은 통역 유형이 공존한다는 것을 알 수 있다. 또한, 체계 내에 전형적 참여자들과 비전형적 참여자들이 있는데, 이들은 자신들의 사회적, 전문적 배경 때문에 다른 사회체계에서 이 사회체계로 규범을 들여오는 역할을 한다고 가정할 수 있고, 이렇게 도입된 규범들이 수화통역 체계에 결정적인 영향을 미친다. 이 체계의 수렴 하거나 나뉘는 현실들, 가치와 규범, 보수성과 사회변화 사이의 상호작용 등을 이해하려면 추가 연구가 필요하다. 이 체계 구성원들의 주관적 견해와 태도를 담은 대량의 코퍼스를 수집하는 정성적 연구가 필요하며 통역 과정 참여자들, 특히 무엇보다도 청각장애인들의 사회적 현실에 대한 연구도 필요하다. 그럴 때에 비로소 이 사회체계를 포괄적으로 재구성할 수 있다. 본 계량연구의 결과는 후속 연구의 기초가 될 뿐만 아니라 통역사 양성 프로그램 개발의 건전한 토대가 되며 오스트리아 수화 통역사들이 수행하는 복잡한 행위에 대해 사회의 인식을 높이는 데 도움이 될 것이다.

미주

1. Deaf(대문자 D 사용)는 사회적, 문화적 공동체로서 청각장애인들을 지칭하는 사회적 정의이다.

2. 이러한 접근법의 특징은 외국어 두 개를 공부한다는 것이며, 이와 유사한 프로그램은 지금까지 없었다.

3. 루흐만(Luhmann)을 따라 헤르만스(1999)는 번역을 자기 지시적(self-referential)이며 자기 규제적 체계로 본다. 루흐만에 따르면 사회체계는 개인들이 아니라 의사소통들로 구성된다. 반대로 헤일은 사회체계를 살아있는 구성원들의 집합으로 이해하며, 자기 지시적, 자가 조직적, 자기 유지적이지 않고, 이것은 구성원들과 사회체계 간의 병행성(parallelism)을 피하기 위함이다.

4. 오스트리아에서 일어나는 통역 과제를 모두 분석하는 것은 불가능하므로, 우리는 한 체계의 하위 체계, 즉 오스트리아 슈타이어 지역 수화통역사들의 체계만 재구성했다.

5. 당시에는 수화통역 풀타임 과정이 없었으므로 두 학생은 다른 언어 두 개를 선택하고 ÖGS를 제 3 언어로 수업을 들었으며 수화통역 학위는 받지 않았다.

6. 수화 통역사들이 강의를 통역하는 경우는 매우 드물다(2001년 총 15회).

7. 가장 짧은 준비 시간은 15분, 가장 긴 준비시간은 10시간이었다.

8. 손의 수근관(carpal tunnel) 중간 신경이 눌릴 때 나타나는 증상이다.

John Benjamins Series

04 Sociocultural aspects of translating and interpreting

John Benjamins Series

04 Sociocultural aspects of translating and interpreting

제 9 장

통역학의 견해

'사회적 연구로의 이동?' 통역연구의 경로와 패러다임

프란츠 푀히하커 Franz Pöchhacker
오스트리아 비엔나대학교

지난 15년 전만 하더라도 부수적이라 여겼던 통역의 측면들에 대해 연구자들이 더 많은 관심을 두게 되면서 통역연구 분야가 방향전환을 경험하고 있다. 본 논문은 영향력 있는 개념, 모델, 패러다임 측면에서 통역 연구의 변화하는 환경을 고찰하고 이해하고자 한다. 연구 대상을 바라보는 다양한 방식들을 '밈(meme)'의 개념 및 이론적 모델링의 다양한 측면들을 통해 서술할 것이다. 20세기 후반 이루어진 이 분야의 진화를 배경으로, 쿤(Kuhn)의 정의에 따라 패러다임의 지위를 부여할 수 있는 몇 가지 연구 전통을 고찰하며, 특히 이들의 상호 관계를 조망한다. 지역사회 기반 통역과 관련하여 1990년대 많이 활용된 담화 기반 상호작용(interactionist) 패러다임을 특히 강조하면서, '사회적 연구로의 이동' 경향을 분석할 때 이것이 통역의 개념화와 이론적 모델링에 미치는 영향과 이 학문분야의 인식론, 방법론, 연구 정책에 미치는 영향을 살펴보고자 한다.

서론

수십 년간 거의 주변적인 것으로 여겨진 통역의 측면에 대한 연구자들의 관심이 증가하고 있다는 것은 새로운 사실이 아니다. 1990년대 초부터 이 분야에서 개최된 국제 학술대회는 분명히 이러한 변화를 반영하고 있다. 예를 들어 1994년 튀르크 학술회의(강비에 외(Gambier et al.), 1997)에서부터 2000년 말 포를리에서 열린 학술대회(가르존과 비에찌(Garzone and Viezzi), 2002), 통역품질에 관한 2001년 알무네카(Almuñécar) 회의(코야도스 외(Collados et al.), 2003)에 이르기까지, 그리고 1991년 엘시노어에서 열린 1차 국제 언어(Language International) 학술대회(돌레럽과 로데가드(Dollerup and Loddegaard), 1992)에서부터 최근까지 이어진 학술대회들(예: 훙(Hung), 2002)에 이르기까지, 또한 1992년 프라하에서 열린 제8회 통번역 국제학술대회(크레볼라와 제트마로바(Králová and Jettmarová), 1993)에서부터 2003년 제10회 대회에 이르기까지 다양하다. 무슨 일이 일어나고 있는가? 이러한 변화가 통역 연구에 미치는 영향은 무엇인가? 과연 '방향전환', '꺾어짐' 혹은 '패러다임의 변화'가 있었던 것일까?

본 논문에서 통역연구의 과거와 현재를 고찰하며 영향을 받은 개념화, 모델, 방법론적 접근법들을 위주로 통역학의 진화를 설명하고자 한다. 체스터만(Chesterman, 1997)이 번역학에 적용했던 '밈(meme)' 개념 및 다양한 모델링 측면들을 이용하여 어떻게 통역 현상이 이해되고 이론적으로 정립되었는지 고찰할 것이다. 이어 통역학이 1970년대부터 어떻게 발전했는지 살펴보면서 쿤(Kuhn, 1962/1996)이 소개한 '패러다임'으로 정의할 수 있는 일련의 연구적 전통을 제안할 것이다. 이러한 배경에서 통역연구 학문분야에서 '사회적 방향전환'의 증거로 목도하는 변화들을 논의하며 이것이 개념정의, 모델, 연구방법, 연구정책 등에 미치는 영향을 살펴볼 것이다.

바라보는 방법

포를리 통역연구 학술대회의 논문집 서문에서 가르존과 비에찌(2002, p. 5)는 "통역학에서 아마도 가장 중요한 하나의 참신한 요소는 통역이 회의통역에만 국한되는 것이 아니라는 인식"이라고 밝혔다. 여기서 강조하는 것은 통역의 새로운 형태가 아니라 '인식' 자체이다. 사실 20년 전에 이미 통역에 대해 '자연번역(national translation)'(해리스와 셔우드(Harris and Sherwood), 1978)을 포함하는 포괄적인 통번역적 관점을 처음으로 주장한 해리스는 온타리오 통번역사협회 게시판에 "통역은 회의통역 그 이상을 의미한다"(해리스, 1982, p. 4)는 글을 쓰며 동료들을 설득하려 했다. 가르존과 비에찌(2002, p. 5)는 다음과 같은 아주 명료한 설명을 제시한다.

> 리에종 통역, 수행통역, 비즈니스 통역, 법정 통역 등 회의가 아닌 상황에서의 통역은 언제나 존재했지만, 전통적으로 유럽에서는 전체 전문 통역서비스에서 차지하는 비중이 매우 미미했다. 이러한 형태의 통역은 높은 인정을 받지 못하고, '진짜 통역'(즉 회의통역)과 큰 관련이 없으며 언어 유창성만 있다면 누구라도 할 수 있는 것이라고 생각하였다. 따라서 특별한 교육을 받거나 연구할 가

치가 없다고 여겨졌다.

다시 말해 필자를 포함한 많은(회의) 통역 연구자들에게 통역의 다른 영역들을 '발견'할 수 있었던 것은 이미 존재하던 분야를 우리가 과거에 간과하거나 살펴보지 않기로 했었기 때문이다. 원래의 그리스어 의미를 살린 '이론'이라는 용어, 즉 고찰하거나 바라보는 행위(체스터만, 1997, p. 1)를 적용하자면, 통역 연구자들이 연구 대상의 일부분을 간과하는 방식으로 통역을 '이론화' 또는 바라보았다고 할 수 있다.

연구 대상을 바라보는 방식은 한 분야의 개념정의와 기본적 개념화로 구체화한다. 정의와 개념의 영향을 살펴보기 위해 통역학 역사를 개척한 연구자들과 관련된 두 가지 중요한 사례를 제시하고자 한다.

정의와 개념

첫 번째 예는 독일어 사용지역 및 다른 지역 연구자들에게 중대한 영향을 미쳤던 통역과 번역 개념화를 제안한 카데(Kade)와 관련된 것이다. 1960년대 독학으로 리에종 통역과 회의 통역을 하여 나중에 라이프치히대학교 교수의 위치까지 오른 카데는 독일어 단어 *Translation*을 통역과 번역을 모두 지칭하는 상위어로 제안하였다(카데, 1968). 이보다 25년 전에 독일 전문통번역사협회 회장인 오토 모니엔(Otto Monien)은 문학 번역사에서부터 외교 통역사, 관광가이드에 이르기까지 직업적으로 여러 언어를 넘나드는 다양한 사람들을 모두 지칭하는 용어로서 *Sprachmittler*('언어 중개인', '언어적 중개자')라는 단어를 사용했다. 이러한 포괄적 상위어 접근방식을 이어받아 카데는 언어 간 중개가 다양한 형식으로 이루어질 수 있다고 인정하면서 도착텍스트가 출발텍스트와 비교해 의미와 의사소통 가치가 변하지 않는 '등가(equivalence)' 기준을 충족하는 *Sprachmittlung*의 일종으로 *Translation*에 초점을 맞추기로 하였다. 따라서 *Translation*은 언어적으로 정의된 엄격한 등가 요건을 충족하는 번역 및/또는 통역에 국한되는 반면, 포괄적 의미의 *Sprachmittlung*은 각색, 바꿔쓰기 및 훈련받지 않은 이중언어자들이 아주 예전부터 수행했던 원형적 형태의 *Translation*까지 다 포함하는 용어로 이해할 수 있다(카데, 1968, p. 9).

그래서 *Sprachmittlung*은 고품질 *Translation*을 포함하여 모든 종류의 '언어 중개' 활동을 가리키는 포괄적인 용어이며, 여기에 전문 통역도 포함되었다. 그러나 상황이 그렇게 간단하지 않다. 카데가 용어를 제안한 지 약 20년이 지난 후, 면대면 의사소통에서 훈련받지 않은 이중언어 구사자들의 중개 행위를 연구하게 된 두 명의 독일 언어학자 크납(Kanpp)과 크납-포트호프(Knapp-Potthoff, 1985)는 이러한 비전문적 대화 중개자의 활동을 *Sprachmitteln*('언어적 중개')라고 부르기로 했다. 그래서 상당히 혼란스럽게도, '자연적 번역' 차원에서의 *Sprachmitteln*이 넓은 의미의 *Sprachmittlung*의 하위 개념으로 속하게 되었지만 1960년대 카데가 발전시킨 더 엄격한 의미의 구두 *Translation*은 포함하지 않게 되었다.

그림 1. Sprachmittlung – Translation – Dolmetschen

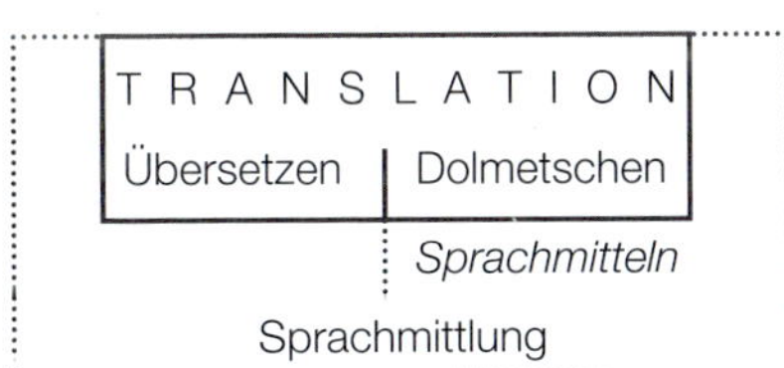

그 무렵 셀레스코비치(Seleskovitch)는 (회의)통역을 (문자)번역과 구별되는 것으로 발전시켰는데, 이는 라이프치히 학파에서 지지했던 언어학적 관점의 통역 연구에 반대하기 위한 것이기도 했다. 전문적 (회의)통역과 비전문적 통역을 구분하기 위한 목적으로 발표한 1985년 논문

에서 셀레스코비치(1985, p. 19)는 프랑스어 용어인 *interprétariat*을 비판하며 로버트의 사전에서 이 단어를 '통역사의 기능과 직업'의 뜻으로 풀이했다는 사실도 비판했다. 셀레스코비치에게 합당한 유일한 단어는 의미를 파악하고 재표현하는 것을 기초로 하는 전문적(회의) 통역을 뜻하는 *interprétation* 뿐이었다. 반면 *interprétariat*은 두 언어를 구사하고 한 언어를 다른 언어로 바꿀 수만 있다면 번역(*la traduction*)을 할 수 있다는 근본적인 가정을 반영하는 '미개한' 개념이었다. 논문의 앞부분에서 셀레스코비치는 천년 이상 이어진, '두 개의 혀'를 이용하는 수많은 통역 행위를 언급하고 이러한 이중언어 사용자들의 행위를 *interprétariat*으로 간주했다. 여기에 또 다른 반전이 있다. 이민자들을 돕는 프랑스 NGO인 이민자서비스(Inter-Service Migrants)가 1970년 통역 서비스를 개시했을 때 이 활동을 지칭하는 단어가 *interprétariat*였다(소베르트(Sauvêtre), 2000, p. 36). 프랑스어로 이 개념들을 다음과 같이 표시할 수 있다.

그림 2. 'interprétation'과 'interprétariat'

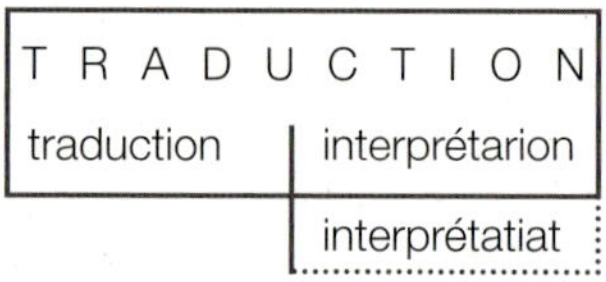

카데와 셀레스코비치 모두 통역(*Dolmetschen, interprétation*)의 개념을 번역(상위어라는 것을 표시하기 위해 대문자 사용)의 한 형태로 묶는 테두리를 명확하게 표시했다. 이들은 전문적이지 않은 언어적 중개활동을 부차적인 것으로 격하시키면서 '완벽한' 이상적 형태의 통역, 즉 순차 통역과 동시통역 형태의 회의통역을 전면에 내세웠다. 이들은 '자연적 번역'과 전문 통역의 이분법적 구조를 세우면서 어떻게 어디에서 개념적인 구분선을 그어야 하는지의 문제는 얼버무리고 넘어갔다. 카데와 마찬가지로 전문적 통역교육을 받지 않았던 셀레스코비치의 기준은 ESIT나 AIIC에서 인정하는 교육 프로그램 졸업장이었을 것이다. 반대로 카데는 출발텍스트와 도착텍스트 간의 언어적으로 정의된 등가성을 통역사들이 기준으로 삼아야 한다고 주장했다. 또한 카데(1997, p. 29)는 의사소통의 한 부분으로서 통역은 '사회적' 현상이며 사회적 요인들의 영향을 받고 사회적 목적을 달성하는 데 사용된다고 강조했다. 그러나 이러한 통찰은 언어적 등가성을 강조하는 라이프치히 학파의 그림자에 가려졌다.

이러한 개념적 제안들은 전문성과 관련된 근본적인 갈등을 반영하며 충분히 이해할 만한 갈등이다. 또한, 학문적으로 개념 분석과 정의가 필요하다는 점을 반영한다. 필자는 통역사의 전문적 지위는 분명히 '사회적' 개념이며, 이것이 '통역'이라는 개념을 세분화하는 첫 번째 혹은 가장 중요한 기준이 될 필요는 없다고 말하고자 한다. 또한, 통역사의 시간적 측면, 즉 동시통역인가 순차 통역인가를 주된 개념적 구분 기준으로 사용할 필요도 없다. 필자는 번역 활동이 이루어지는 '사회 맥락'이 바로 우리가 다양한 '통역'의 다양한 구현을 고려할 수 있는 폭넓은 차원이라고 생각한다. 역사적으로 볼 때 사회 맥락에는 다른 '사회들'(부족, 집단)(구성원들) 사이의 고립된 접촉이 포함되며 교역, 무역, 과학 협력과 교류 등 제도화된 형태의 상업적, 지적 '거래'가 들어가고, 다양한 언어와 민족 집단들로 구성된 복잡한 사회단체 내에서 이루어지는 의사소통 접촉 등이 포함된다. <그림 3>처럼 '사회 간'('국가 간') 접촉과 '사회내'('지역사회 내') 접촉의 연속선 위에 이러한 다양한 사회적 접촉 시나리오를 배치할 수 있다.

이러한 배경에서 '통역'이라는 개념은 사회 간(국제적) 상호작용에서부터 사회 내(지역사회) 상호작용에 이르기까지 이어지는 연속선 위에 손쉽게 나타낼 수 있다(그림 4). 같지는 않지만 연관된 차원에서, 상호작용의 형식을 일컫는 가장 흔한 용어인(다자간) 회의와 면대면 대화를 이

그림 3. 다양한 사회적 상호작용 영역에서의 통역

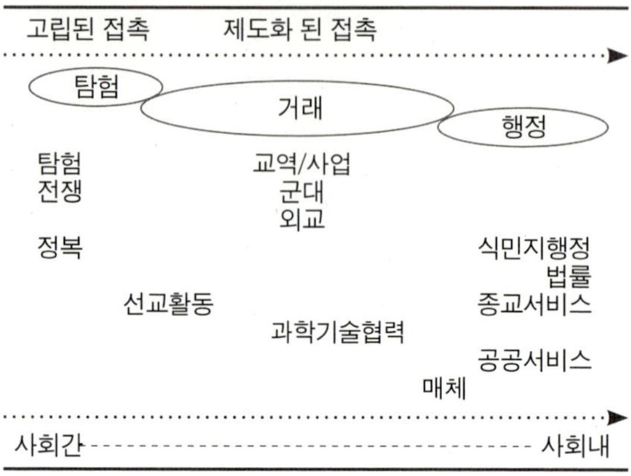

그림 4. 통역의 개념적 스펙트럼

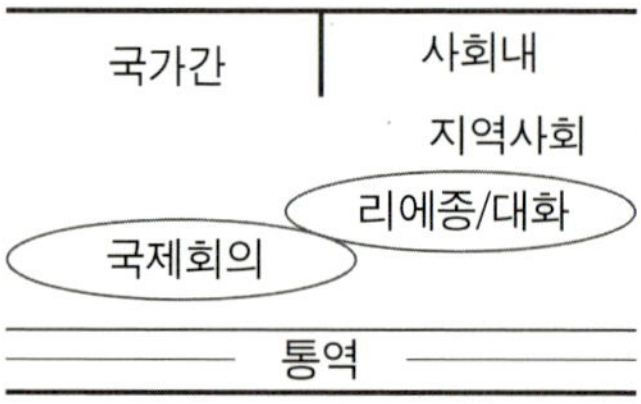

용하여 통역 활동을 크게 두 종류로 구분할 수 있으며, 이들 사이에 상당한 중간지대와 겹치는 부분이 존재한다.

이렇듯 현상을 사회적으로 맥락화된 관점에서 바라보면 통역에 대한 더욱 포괄적이고 단일한 개념을 얻게 된다. 그렇지만 여전히 통역 현상을 바라보고 이해하는 많은 다양한 방법들과 다양한 이론적 관점들이 존재한다. 유전자처럼 복제되어 번식하는 지적인 창조물인 '밈(meme)' 개념은 체스터만(1997)이 번역 분석에 적용하여 성과를 거두었으며 필자는 이것을 통역에 적용할 것을 제안한다. 여기에서는 필자가 통역학 입문서에 상세하게 설명한 내용을 간단하게 검토하고자 한다(푀히하커, 2004).

통역의 밈

체스터만(1997)이 그랬던 것처럼 필자도 통역 현상에 대하여 너무나 보편적이고 기본적이어서 '슈퍼밈(super-meme)'이라 부르는 몇 가지 개념이 존재한다고 제안한다. 통역이 번역이라는 일반적 개념과 연결된다는 특징(여기에서 파생되는 밈은 '출발어-도착어' 밈이나 '등가' 밈 등이 있음) 이외에도, 통역에 있어 반박할 수 없는 슈퍼밈은 '프로세스'와 '소통적 활동'이다. 통역 현상에 대한 이 두 가지 통찰은 문헌에서 충분히 다루었으므로 별도의 설명이 필요 없다. 필자가 '평범한' 밈이라 제안하는 통역에 관한 더 구체적인 개념들은 다음과 같다: 언어 전이, 해석, 정보 처리/인지적 기술, 텍스트/담화 생산, 중개.

통역의 가장 기본적 개념은 – 번역도 마찬가지인데(체스터만, 1997, p. 20) – 한 언어의 단어들이 다른 언어의 단어들로 바뀌는 프로세스이다. 한 언어체계의 요소들에 대한 작용으로서 이러한 언어 전이(verbal transfer)는 물론 셀레스코비치가 *interprétariat*이라는 용어를 거부하면서 단순한 '대응전환'으로 비난하였다. 그녀는 진정한 통역은 의미를 해석(make sense)하는 과정이라고 주장한다. 셀레스코비치는 이것을 통역사가 출발어 연설을 이해하는 측면에서 강조했지만, 청중에게도 '해석'되도록 통역사가 이해한 것을 (재)표현하는 일에도 적용될 수 있다. 즉 청중은(통역사의) 발화의 의미를 이해할 수 있게 된다. 후자는 기능주의적 전통의 독일 학자들이 강조하였고, 대표적 학자는 베르미어(Vermeer, 1978)이다.

사뭇 다른 학문적 관점에서 보면 거버(Gerver, 1978)와 같은 심리학자들은 통역을 '정보처리'의 한 형태로 보았으며 통역에 수반되는 '인지적 기술들'을 파악하는 데 집중했다. 복잡한 정보처리 기술로서의 통역 밈은 국제회의 동시통역 연구에 있어 가장 오랫동안 존재했으며 기억(memory)과 집중의 분산 등과 같은 인지적 문제들에 중점을 두었다.

1970년대 말 떠오른 또 다른 학문 틀은 텍스트 언어학과 담화 연구로서 통역사의 임무를 '텍스트와 담화의(이해 및) 생산'이라고 강조했다. 여기에서는 통역사의 입력과 산출을 표층 결속성, 심층 결속성, 간텍스트성, 수용성 등 텍스트 특징의 관점에서 분석할 것을 제안했다. '담화'('텍스트'가 아닌)의 개념은 특히 양 방향적 의사소통과 연결되어 있으며 통역에 있어서 화자 전환, 비언어적 소통 등 대화의 특징들을 살펴보았다. 마지막으로 담화 관리 개념과 상당히 가까운 개념으로서, 통역을 중개(mediation)로 보는 밈이며 이것은 사실 라틴어 어원에서 유래한 것이다(헤르만(Hermann), 2002, p. 18).

여기에서 소개한 다섯 가지 통역 밈은 두 개의 슈퍼밈 중 하나와 연결할 수 있다. 예를 들어 구어 전이와 인지적 정보 처리는 분명히 '프로세싱' 아래에 종속될 것이며, 텍스트/담화 생산과 중재는 아마도 '소통적 활동' 슈퍼밈 안에 위치할 것이다. 이러한 모든 밈은 조율된 체계 속에 가깝게 위치하며, 이 체계는 네 가지 일반적인 개념적 지칭점인 언어, 인지, 상호작용, 문화로 구성되어 있다(그림 5).

그림 5. 통역연구의 밈 지도

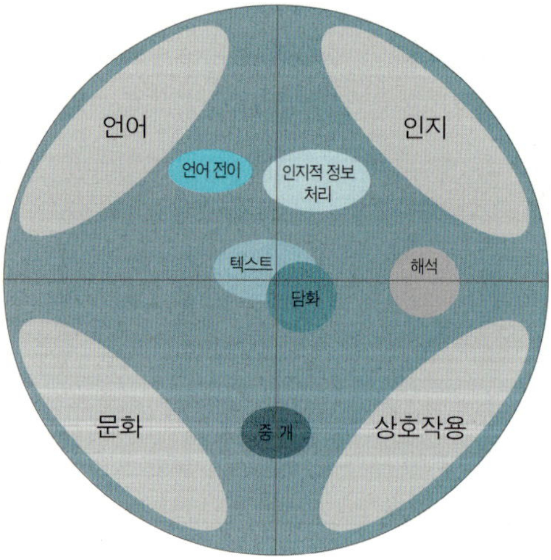

네 가지 개념적 영역 안에 존재하는 '밈 집단'에 속한 다양한 밈들의 상대적인 위치는 <그림 5>에 표시한 대로 통역에 대한 생각의 진화를 반영한다고 볼 수 있다. 기본적 밈인 언어 전이에서부터 시계방향으로 보면, 통역에 대한 주요한 생각이 언어(시스템으로서의 언어)에서부터 시작해 인지로 이동한 후 상호작용의 영역으로 이동했음을 알 수 있다. 실제로 대부분의 밈은 언어, 인지, 상호작용 영역에 위치하며 문화 영역이 가장 비어있다. 통역 연구에서의 '문화적 전환(cultural turn)'을 주장하는 크로닌(Cronin, 2002)과 같은 학자들의 노력으로 앞으로는 이 부분이 바뀔 수 있으며, 예를 들어 '혼성성(hybridity)'와 같은 밈이 지도에 추가될지도 모른다. 그러나 일단 지금까지 발전한 통역학 연구의 기본적인 개념들은 위의 그림에서 잘 정리되었다고 생각한다.

모델링 측면

통역 연구자들이 연구 대상을 바라본 방식에 대한 고찰을 마무리하기 위해서 통역 현상의 상세한 분석을 위해 제안되었던 모델들을 간단히 살펴보고자 한다. 물론 다양한 모델을 모두 다루지는 않을 것이다(푀히하커, 2004, 5장 참조). 대신 통역을 모델화할 때 사용되는 몇 가지 측면들을 제안하고자 한다. 어떠한 모델도 통역 현상 전체를 완전하게 포착할 수 없어서 지금까지 통역의 모델링 노력에 있어 어떤 측면들이 가장 강조되었는지 살펴보는 것은 흥미로울 것이다.

<그림 6>은 모델링의 일곱 가지 측면, 혹은 층위를 동심원 형태로 보여준다. 가장 바깥쪽에 위치한 가장 폭넓은 층위는 통역의 '인류학적' 모델로서 <그림 3>에서 제시한 것처럼 통역이 인류 문명과 역사에서 차지한 역할을 보는 것이다. 상대적으로 역사적 깊이와 추상화가 적고 사회의 구조에 초점을 맞춘다면 통역을 사회의 한 직업으로서 모델화하는 '사회-직업' 모델이 된다. 여러 학자가 지역사회 기반 통역 개발을

그림 6. 모델링 층위

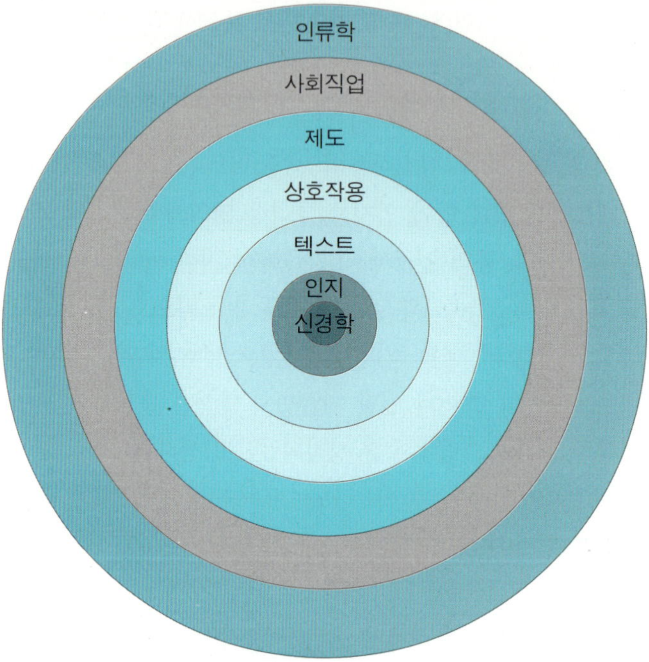

위해 적용하였던 쳉(Tseng, 1992)의 전문화 모델이 좋은 예가 된다. 시야를 더 좁혀서 국제기구, 의회, 법정과 같은 특정한 사회제도에 집중할 경우 통역의 '제도적' 기능을 모델화하게 된다. 다음으로 국제회의나 면접과 같은 특정한 유형의 커뮤니케이션을 중심으로 볼 경우 특정한 상황에서의 활동으로서 통역의 '상호작용적' 모델이 된다. 의사소통 과정에서의 물질적 도구로서 텍스트에 집중한다면 통역을 '텍스트' 혹은 '담화' 프로세스로 보게 될 것이며. 언어 사용의 기저에 있는 정신적 프로세스에 관심이 있다면 통역의 '인지적' 모델을 얻게 될 것이다. 마지막으로 정신적 프로세스가 실제로 일어나는 장소를 보기 위해 가장 기초적인 '신경' 연구를 통해 뇌의 조직과 활동을 볼 수 있다.

일곱 층위의 모델링을 엄격히 구분된 범주로 볼 것이 아니라 가변적인 초점으로 이해해야 하며, 더 세분된 모델 중에는 여러 측면을 통합하기도 했다는 것을 기억해야 한다. 그렇지만 통역을 모델링 하는데 있어 모든 측면이 같은 관심을 받았던 것은 아니다. 사실인지 프로세스에 대한 연구는 거버(1967)에서 질(1985), 세튼(Setton, 1999)에 이르기까지 통역 연구에서 가장 많은 분량을 차지한다. 이외에 모델링 작업에 있어 많은 관심을 받은 측면은 상호작용 측면이다. 예를 들어 키르히호프(Kirchhoff, 1976), 슈텐츨(Stenzl, 1983), 바덴조(Wadensjö, 1998), 알렉시에바(Alexieva, 2002)의 모델들이 있다. 다른 측면들은 자주 다루어지지 않았는데 대부분이 바깥쪽 동심원들, 즉 사회적, 제도적 맥락 안에서의 통역사의 존재와 사회 내에서의 통역 등과 같은 측면들이며, 이들은 상대적으로 연구가 많이 이루어지지 않았다.

이론은 이 정도로 충분하다. 이제 통역학 분야의 사회학을 생각해보면 이 분야는 용어 정의, 개념과 모델만 있는 것이 아니라 특정한 사회적, 제도적, 전문적 맥락에서 특정 시간에 특정 장소에서 일하는 사람들로 구성되어 있다. 학문(science)이라고 하는 근본적으로 사회적인(즉 집단적인) 작업의 참여자로서 통역학 연구자들과 이들의 업적은 이들이 속한 연구 공동체, 동료들, 선행 연구자들과 분리해서 설명할 수 없다. 이러한 전제 때문에 쿤이 과학적 진보에 대해 잘 알려진 설명을 제시한 것이며 이를 적용하여 통역학 분야를 살펴보도록 하자.

통역 연구의 패러다임

앞서 다루었던 밈과 마찬가지로 통역 연구의 모든 패러다임을 상세하게 소개(푀히하커, 2004)하는 것은 본 논문의 목적이 아니다. 따라서 간단히 윤곽만 잡아보도록 하겠다. 그렇지만 '패러다임'이라는 개념에 대해 몇 가지 짚고 넘어갈 필요는 있다.

'패러다임' 밈

과학자들이 일련의 공통의 가정, 모델, 가치, 표준 방법 등을 포괄하는 특정한 패러다임 혹은 세계관을 바탕으로 연구를 하며 이러한 패러다임은 궁극적으로 세상을 보는 다른 시각에 의해 도전을 받고 대체될 수 있다는 쿤의 생각이 강력한 밈의 좋은 예이다. 어떻게 보자면 쿤의 생각은 원래 예상했던 것보다 더 많이 성공했다고 할 수 있다. 물리학자로서 쿤은 자연과학에만 국한하여 과학 혁명을 설명하려 했기에, 점진적인 진화를 통해 발전한다고 생각한 다른 학문 분야에도 자기 생각이 적용되는 것을 보고 상당히 놀랐다. 더욱이 나중에 쿤은 자신의 '패러다임'이라는 용어가 지나치게 광범위하다고 생각하여 이것을 특정한 연구 전통 안에서의 '패러다임 케이스'나 '전형'을 뜻하는 것으로 축소하였으며, 학계 전반을 아우르는 의미를 표현하기 위해서 '학문적 매트릭스'와 같은 용어를 대신 사용했다(쿤, 1962/1999, p. 182). 그러나 원래 제안했던 다소 유연한 '패러다임'이라는 개념이 과학 철학 전반에 확산하였고, 1990년대 초반부터 통역학 연구 문헌에 반복적으로 등장하게 되었다.

'패러다임'이 갖는 포괄적 의미와 구체적 의미 사이의 갈등(같은 생각을 하는 연구자 커뮤니티 vs. 연구 방법의 전형)을 반영하듯이 통역 연구자들도 이 용어를 다양한 방법으로 사용했다. 예를 들어 모서-머서(1994)는 번역 연구에 관련된 두 개의 서로 다른 공동체, 즉 인문과학과 자연 과학계를 구분하기 위해 패러다임을 사용했다. 반대로 슐레징어(1995)는 특정한 이론적, 방법론적 프레임워크를 기반으로 하는 구체적인 연구 접근법을 지칭하기 위해 패러다임을 언급했다. 내가 사용하는 패러다임은 이러한 두 용례의 중간쯤에 위치하며, 이를 통역 연구의 짧은 역사에 대입하면 다섯 가지 통역 연구 패러다임이 도출된다.

IT에서 DI로

패러다임의 의미를 생각이 비슷한 동료들의 커뮤니티로서 같은 가치, 가정, 방법론 등을 공유하는 집단으로 생각한다면 통역 연구의 원형적인 패러다임은 아마도 셀레스코비치와 그녀의 저서 『번역에 관한 해석 이론(Interpretive Theory of Translation, IT)』을 중심으로 한 파리 학파(Paris School)일 것이다. 세튼(1999, 2장)이 잘 설명한 이 IT 패러다임은 기본적으로 해석의 밈을 중심으로 하며, 이 패러다임의 대표적 연구(셀레스코비치, 1975; 르데레르(Lederer), 1981) 모두 실험 데이터가 포함되어 있기는 하지만 분명히 실험실 연구보다는 실제 전문 통역을 관찰하는 방법론을 선호하였다. 다음으로는 통역의 정신적 프로세스를 설명하려는 목적은 IT 패러다임과 같지만, 직관에 의존한 통역 현장 기반의 연구법에 동의하지 않으며 심리학과 인지과학에 관심을 가진 많은 다양한 연구자들이 속한 통역 연구 패러다임을 '인지 프로세싱(cognitive processing, CP)'이라 칭할 수 있다. 거버의 선구적 연구(1976)를 인정하면서, 질, 매킨토시(Mackintosh), 모서-머서, 그리고 거버의 제자 램버트(Lambert)와 같은 통역사이자 연구자들은 1980년대에 파리 학파 패러다임의 확실성에 도전했다. 특히 질과 모서-머서는 통역 연구의 과학적 기준을 높이기 위하여 학제적 협력이 필요하다고 주장했다. 트리에스테에서 1986년 개최된 심포지엄에서는 IT 패러다임을 강력히 비판하면서(그랜과 도즈(Gran and Dodds), 1989) 정보처리 기술의 밈을 중심으로 하는 CP 패러다임이 세력을 얻게 되었고 질(1994)이 실험적 연구와 같은 실증 연구의 '르네상스'라 부르는 시대를 맞이하게 되었다. '트리에스테 시대'부터 1994년 투르쿠 학술대회까지 지대한 영감과 영향을 끼쳤던 질과 그의 "노력모델(Effort Models)"(질, 2002 참조)과 별개로, 트리에스테 대학교와 다른 곳에 있는 신경과학자들은 신경심리학적 실험을 기초로 더욱 세분된 연구 접근법을 추구했다. 이러한 신경언어학

(neurolinguistic, NL) 패러다임은 원래 파브로(Fabbro)와 그랜(1994) 등이 주로 연구했던 분야이며, 최근에는 "번역하는 뇌"(토몰라 외(Tommola et al.), 2000/01)를 시각화하기 위해 뇌 이미징 기술을 활용하는 방향으로 이동했기 때문에 첨단 연구 인프라에 크게 의존하는 패러다임이다.

기술 자원의 집약도 측면에서 정 반대에 위치하는 패러다임은 주로 기능 중심 번역 이론의 영향을 받는다. 이 패러다임의 초기 사례로는 구어-문어 연장선에서 통역에 인한 전환을 연구한 슐레징어의 석사논문(1989) 연구인데, 여기에서 처음으로 투리의 번역규범 개념을 통역에 적용하였다. 필자가 수행한 연구에서(푀히하커, 2000) 기술적 번역연구와 독일의 기능주의 접근법이 공유하는 공통의 이론적 기반이 있음을 지적했는데, 이것은 통역을 '도착어' 중심의 '텍스트' 생산으로 보는 번역-이론적(translation-theoretical, TT) 패러다임이다. 앞에서 언급한 세 패러다임보다 결속력이 떨어지기는 하지만, 이 TT 패러다임은 통역의 사회문화적 성격만이 아니라 텍스트 적이며 상호작용적 측면을 연구한다는 점에서 특별한 의미가 있다. 사실 1980년대 후반 통역학 연구자들은 회의 이외의 상황에서의 통역을 연구하기 위한 이론적, 방법론적 틀을 찾기 위해서 미국의 인류학, 사회학, 사회언어학(담화연구) 등에서 주로 영감을 얻었기 때문에, TT 패러다임이 이들에게 명확하게 인식되지는 않았다. 이 외에도 수화통역에서의 화자 전환에 대한 로이(Roy, 2000)의 1989년 박사학위 연구와 경찰 및 의료 면접에서의 대화통역에 관한 바렌조의 연구(1998)는 대화식 담화를 기초로 한 상호작용(dialogic discourse-based interaction, DI)으로서 통역을 바라보는 연구 접근법의 대표적인 패러다임 사례이다. 이 DI 패러다임은 1990년대 후반 지역사회 기반 통역 분야가 급성장하면서 세력을 얻게 되었으며 특정한 사회 및 제도적 맥락에서 통역사가 중개하는 3자 간 의사소통에서 '상호활동으로서의 발화'를 분석하여 '텍스트로서의 발화'를 보충하려 했다.

혁명(진화)?

1970년대 후반부터 통역학 연구의 흐름을 잘 안다면, 통역 연구의 주된 연구 전통을 설명하기 위해 여기에서 제시한 다섯 가지 패러다임을 쉽게 수긍할 것이다. 그러나 이 패러다임이 서로 어떤 관계가 있는지 이해하기는 쉽지 않다. 각 패러다임의 차이와 유사성, 관계 등을 자세히 고찰하는 대신, 직관적인 도식화를 통해 내가 생각하는 패러다임들의 관계를 표현해 보았다(그림 7).

<그림 7>은 두 개의 서로 다른 영역, 즉 '전문직'(과 교육)의 영역과 '과학'(인지, 사회 언어)의 영역 사이의 학문적 공간에 놓여있는 다섯 가지 패러다임을 보여준다. 왼쪽에 위치한 IT 패러다임은 거의 온전하게 전문적 영역에 속한다. CP 패러다임도 비슷하게 전문직업에 뿌리를 두고 있어서 IT 패러다임과 상당히 겹치지만 이와 동시에 인지과학 영역에도 걸쳐 있다. 거기에서 NL 패러다임이 CP 패러다임과 겹치기는 하지만 NL 패러다임은 통역학의 학제적 영역을 벗어나는 공간에 위치한다고 생각한다. 이와는 대조적으로 '비과학적' 접근법인 TT 패러다임은 다른 패러다임들에 가려진 작은 공간에 놓여 있으며 많은 부분 IT 패러다임과 겹친다. 그리고 마지막으로 가운데 공간에는 DI 패러다임이 자리잡고 있으며, 전문적 영역과 사회과학 영역에 이르기까지 많은 영역

그림 7. 통역학의 다섯 가지 패러다임의 위치

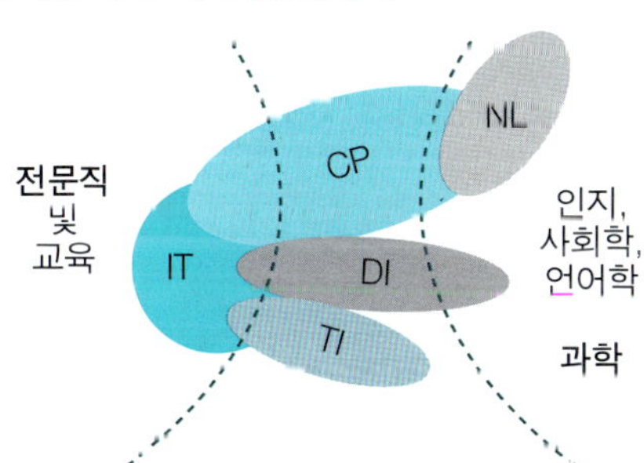

과 접점을 가진다.

이 도식은 다양한 공존과 연관성을 보여주기 때문에, 필자가 설명하는 패러다임들은 쿤이 설명한 대로 하나의 우세한 패러다임이 도전을 받고 새로운 패러다임으로 대체되는 그러한 패러다임의 변화와 일치하지 않는다. IT 패러다임과 CP 패러다임이 한때 셀레스코비치와 질의 대결 구도 속에서 치열한 공방을 벌였던 것을 제외하고, 하나의 패러다임이 다른 패러다임의 자리를 차지한다는 증거는 거의 없다. 일종의 원형적 패러다임인 IT 패러다임이 이후에 이루어진 많은 양의 연구에 밀리기는 했지만, 세튼(2002)이 최근에 주장한 대로 이 패러다임의 선구자적 통찰력은 지금도 여전히 통역 연구에 큰 영향을 미치고 있다. 마찬가지로 토몰라(1999)가 통역학 연구가 '심리학' 방향으로 가는지 아니면 '신경학' 방향으로 가는지 질문했을 때에 물론 CP 패러다임과 NL 패러다임의 경쟁을 지칭한 것이지만, 그렇다고 해서 어느 한쪽으로 귀결하려는 의도는 없었다고 생각된다. 통역 프로세스 연구를 위해서는 앞으로도 계속 신경생리학적 연구결과에 관심이 있을 것이고, 서로 다른 언어로 담화를 이해하고 생산하는 데 관여하는 정신적 활동들 또한 계속 연구할 필요가 있을 것이다.

필자는 <그림 7>에서 제시한 도식과 이미지가 완벽하지 않다는 것을 잘 알고 있다. 그렇지만 많은 동료들이 관찰한 것이 필자가 보여주려 했던 것과 상당히 비슷하다는 이야기를 듣고 용기를 얻었다. 1995년에 조심스럽게 통역학이 "이제 만들어지고 있는 학문 속에서 이제 만들어지고 있는 (하위)학문"이라고 말하면서 슐레징어(1995, p. 9)는 (동시)통역 연구에 도움을 줄 것으로 기대되었던 여러 다학제적 패러다임을 고찰한 후 다음과 같은 결론을 내렸다: "우리가 반드시 추구해야 할 필요는 없다 할지라도 우리에게는 단일화된 패러다임이 없다". 비슷한 맥락에서 가르존과 베르찌(2002, p. 11)는 최근 다음과 같이 서술했다: "통역 연구는 지금도 서로 다른 다양한 패러다임에 기초하고 있지만 이제 더 많은 학자들이 독립적이며 자부심이 있는 연구 커뮤니티에 대한 소속감을 느끼고 있으며, 우리의 연구 분야는 전 세계 과학계에서 점차 많은 인정을 받고 있다."

사회적 전환?

통역학의 밈, 모델, 패러다임을 간단하게 살펴보았는데 그렇다면 본 논문의 제목에서 던지는 질문에 어떻게 답을 할 수 있을까? 통역학이 '사회적 연구'로 이동하고 있는가? 만일 그렇다면 어떤 영향을 미치게 될 것인가?

'사회적 연구로의 전환'의 기본적인 의미는 본 논문의 앞부분에서 명확하게 제시하였다. 즉 통역의 전문적 지위나 통역 모드와 같은 기준이 아니라 상호작용의 '사회적' 영역을 중심에 두는 포괄적 개념화가 전통적으로 통역을 이해하고 연구했던 방식을 대체하는 것이다.

그러한 포괄적 이해를 바탕으로, 통역학 연구자들은 이 사회적 측면을 더 상세하게 이론화할 필요가 있으며 '담화 생산'과 같은 통역의 밈을 확장하여 '사회적 상호작용에서 '적극적' 담화 관리로서 통역을 바라볼 수 있으며 '중재'의 밈을 탐구하는 데 있어 '상호작용'과 '문화'와 같은 개념적 측면 내에서 중재자의 정체성, 역할, 권력관계 등을 연구할 수 있다.

통역의 모델을 수립할 때 '사회적' 프로세스의 기본 단위로서 상호작용 차원에서뿐만 아니라 '사회적' 전문가 수준과 제도적 측면에 관심을 가져야 한다. 따라서 직업 기준에 따른 전문화와 윤리와 같은 문제를 포함하여 통역이 특정한 사회문화적 맥락에서 '조직'되는 방식이 중요한 연구 분야이다. 오조린스(Ozolins, 2000)가 전문화를 위한 경로 중에서 전문가 중심의 경로와 제도/기관 중심의 경로를 구분한 연구가 고

무적인 사례이다. 또 다른 연구로는 디리커(2001)가 최근 박사학위 연구에서 부르디외의 사회적 장 이론을 가지고 터키의 회의통역 전문직의 이데올로기를 고찰하였다. 더 구체적인 기관의 맥락에서 회의통역 연구자들은 유럽의회의 통역 관습을 분석하였고, 사회 내 차원과 국제적 차원의 접점에 위치한 매체 환경에서 연구가 이루어졌다.

통역사(및 번역사)의 근무 환경을 '사회'문화적 차원에서 포착하려는 가장 급진적인 제안 중 하나는 *Translationskultur*("번역 문화", 번역 기준) 개념이며 프룬크(Prunč)가 해당 사회나 기관에서 번역 활동을 주관하는, 사회적으로 정의된 규범, 관습, 기대와 가치를 표현하기 위해 제안한 개념이다.

분명하게 사회적-전문적 및 제도적 차원에 대한 것이지만 어쩔 수 없이 상당히 추상적인 모델은 연구방법론에 상당히 많은 영향을 미친다. 롭슨(Robson, 1993)이 '심리-통계적 패러다임'이라 부르는 실험연구의 한계가 지적되었으며 질(1998)은 이러한 지적을 CP 패러다임에 대해서도 한 바 있다. 사회-제도적 프로세스와 상호작용 프로세스 연구에서 이러한 한계가 명확히 드러난다. 반대로 통역학 연구자가 연구 대상의 '사회적 현실'과 그 맥락을 연구하기 위해서는 이론화하는 것만으로 충분하지 않다. 그렇다면 '사회적' 과학연구로부터 연구 접근 방법의 절충안을 발견할 수 있을지도 모른다. 실제로 통역과 통역사에 대한 여러 연구에서 설문지를 이용한 조사를 수행했지만, 이러한 방법은 이제 사회학 연구에서 더는 기본적인 연구방법으로 간주하지 않는다. 오히려 다양한 다른 학문 분야의 학자들과 협력하여 사회학자들과 문화인류학자들은 반박할 수 없는 사실적 설명을 신뢰하는 실증연구 방식에서 벗어나 포스트모던('상대주의') 방식의 연구 접근법을 받아들였으며, 이러한 연구방법은 대략 정성적 연구방법이라 할 수 있다. 포착해서 정량화할 수 있는 객관적 현실은 존재하지 않는다는 가정을 바탕으로 질적 연구를 수행할 경우 연구자는 어떤 일관된 이론적 틀에 자신의 개인적인 해석을 대입해야 한다는 것을 깨닫게 될 것이다. 이것은 아직 방법론적 도구들이 통합되지 않았고 표준화된 연구 관습이 수립되지 않은 통역학과 같은 분야에서는 쉬운 도전이 아니다.

포스트모던 사회과학 연구방법을 이용하여 '사회적 연구로 이동'할 경우 맞이하는 근본적인 변화는 이러한 '해석적' 접근법이 연구자의 위치를 상대화시킨다는 것이다. 통역에서와 마찬가지로 '중립성의 신화'(메츠거(Metzger), 1999)와 객관적으로 파악할 현실이 있다는 주장은 이제 더 이상 지지를 받지 못하기 때문에, 연구를 진행하는 관찰자는 자신의 관점, 정체성, 이데올로기적 성향을 더욱 비판적으로 인지하게 된다. 이것이 개개인의 연구자에게 의미하는 바는 이론적 선택과 '바라보는 방식(ways of seeing)'에 문제를 제기해야 한다는 것이다. 예를 들어 카데와 셀레스코비치의 개념적 선택을 생각해보자(그림 1과 2). 이들이 처한 사회적 맥락을 고려하자면 이들의 선구적 이론들은 분명히 당시 팽배했던 이데올로기의 영향을 받았다. 카데의 경우 주관적인 인간적 변수들을 분명히 인식하고 있었지만, 자신의 연구는 언어체계에서 추출한 엄격하고 객관적 기준에 초점을 두었는데, 이는 분명히 공산주의 독일의 정치적 이데올로기와 일치하는 것이다. 반대로 셀레스코비치는 국제회의 통역사들의 전문적 이데올로기에 매여 있었으며, 회의 통역사들의 지위 향상을 위해 많은 노력을 기울였다. 만일 이것이 학자의 이데올로기적 위치와 관점이 이론적 선택에 미치는 영향이라고 한다면 데이터에 대한 이들의 해석과 결론의 '진실성'과 객관성이 과연 존재하는가?

연구실에서 혹은 현장에서 연구를 진행하는 학자가 스스로 물어야 하는 이러한 핵심적 질문들을 학문 전체에 대해서도 던질 수 있다. 통역학에서 달성하려는 것은 무엇인가? 어떤 목적과 누구의 이익을 위해서인가? 우리가 단지 현실의 일부분을 기술하고 설명하는 것인가? 아니면 자체적인 의제를 가지고 사회적 관습에 비판적으로 관여하고 있는가? CP 패러다임의 연구 대부분은 효과적인 통역사 교육 및 인지 프로세스의 기초 연구에 대한 관심을 바탕으로 수행되었기 때문에 학문의 사회적 입지는 그다지 중요하지 않았다. 심지어 미국 연방거래위원회(FTC)의 반경쟁 관행 제소에 대한 AIIC의 투쟁 과정에서 통역학의 역할은 거의 없었고, AIIC(2002)의 업무량 조사라던가 SCIC의 통역품질 관련 대규모 연구 프로젝트(되르프링거(Doerflinger), 2003)는 통역학 연구자들에 의해 수행되지 않았다. 우리가 연구 과제들에 대해 그러한 중요한 기관들의 신뢰를 얻을 수 없는 것인가? 물론 이것은 이데올로기적 입장보다는 연구 전문성에 대한 인식의 문제일 수도 있지만, 여전히 우리 학문분야에 중요한 시사점이 있다. 또한, 통역학이 '사회적 방향'으로 간다는 것은 우리 학문분야의 '사회적' 연관성을 증명해야 한다는 것을 의미한다. 즉 우리의 개념정립과 연구결과가 국제화와 세계화와 같은 문제들을 포함해서 사회와 사회기관의 문제들과 관련이 있어야 한다는 뜻이다. 예를 들어 확장되는 유럽연합 기관들에서의 다언어 커뮤니케이션, 화상회의 통역의 잠재성과 영향, 이민자들의 공공서비스 접근성, 정당한 법적 절차에 통역이 미치는 영향 등은 사회적으로 의미있는 연구 과제들이며, 이러한 연구 사례들을 통해 통역학의 사회적 관계를 시험할 수 있을 것이다. 이데올로기적 입장, 기술적 접근과 처방적 접근의 대립, '객관적' 접근과 비판적 개입 접근법의 차이 등을 비판적으로 의식해야 하며, 이는 개인 연구자들의 노력뿐만 아니라 통역학 연구 커뮤니티 전체에게 필수적이다.

특히 지역사회 기반 통역 분야에서 이것은 통역 연구자들에게 근본적인 딜레마를 일으킨다. 이들이 '그다지 전문적이지 않은' 통역도 타당한 연구 대상으로 인정해야 하지만, 이와 동시에 자신들이 몸담은 통역학이라는 분야의 성장을 가능하게 했던 전문화와 학문적 체계화를 저해하지 않으려면 비전문적 통역 행위를 비판하고 거부하고 싶을지도 모른다. 사회적 역할을 추구하는 방향으로 이동하면 통역연구가 윤리적 가치 및 정치적 신념과 부딪힐 수 있으며 매우 혹독한 '사회'경제적 현실을 즉시 마주하게 될 것이다. 통역을 사용할 '재원이 부족'하고 통역 연구에 대한 기관의 지원이 없으면 어떡하겠는가? 전문적 이데올로기와 다른 이데올로기들로부터 비판적 거리를 유지하면서 전문 통역과 통역연구가 필요하다는 점을 어떻게 설득할 수 있을까?

비엔나에서의 의료통역과 사회복지 통역에 대해 필자가 수행한 연구에서(푀히하커, 2000) 이러한 문제들을 고민하였는데, 이러한 문제들이 너무나 복잡해서 간단한 해답을 내놓을 수 없다는 것을 알았다. 따라서 이 모든 것을 통역연구를 수행하는 우리 각자에게 도전 과제로 제시하고자 하며, '사회적 연구'를 택할 경우 불가피하게 받아들여야 하는 도전임을 밝힌다.

결론

통역학의 개념, 모델, 연구전통 등을 고찰하여 우리의 연구 대상의 사회적 측면, 그리고 통역학 연구자로서 우리의 연구 관행의 사회적 측면이 최근 몇 년간 중요하게 대두하였다는 것을 보여주었다. 이러한 변화는 한 순간의 급격한 전환이라고 보기 어려우며, 점진적인 인식의 전환 혹은 관점의 확대로 특징지었다. 이러한 시도는 언제나 어떤 현상에 대한 개인적 해석을 반영하게 되며, 다른 이들은 다른 시각으로 볼 수 있다는 점을 기억해야 한다. 그렇지만 1986년 트리에스테 심포지엄이 통역연구의 '실증적 전환'의 중요한 계기가 되었던 것처럼 2000년 말 포를리에서 열린 통역학 국제학술회의(가르존과 비에찌, 2002)는 통역학의 '사회적 전환'을 반영하는 회의라고 할 수 있다. 21세기 초 우리의 학문 분야에서 사회적 전환이 있었음을 인정한다면, 이처럼 폭넓은 방향성이 막대한 인식론적, 이론적, 방법론적 영향을 갖는다는 것이 분명하며, 이 모든 영향을 이해하려면 앞으로 수년이 더 걸릴 것이다.

John Benjamins Series

04 Sociocultural aspects of translating and interpreting

로디카 디미트리우는 루마니아 이아시 Al. I. 쿠자 대학교 영문학과에서 강의하며, 문학부 통번역 학부 및 대학원 과정 학과장이다. 번역학 분야에서 세 권의 책과 40개의 논문을 저술했으며, 번역의 이데올로기와 문화적 이슈, 번역과 화용론 및 번역 교육에 관한 연구에 주력해 왔다. 박사학위 연구에서는 다양한 역사적 시기에 루마니아 문화에서의 번역 규범 조사와 번역 분석을 수행했다.

다니엘 갸농은 맥길대학교, 몬트리올대학교, 퀘백대학교 몬트리올 캠퍼스 등에서 문예창작과 문학번역을 강의했다. 21권의 소설을 썼으며 50편이 넘는 단편소설을 캐나다와 프랑스 문단에서 출판했다. 또한, 시각예술가로 활동하고 있으며 퀘벡 시각예술과협회 회원이다. 셔브룩대학교(퀘벡)에서 문학박사학위를 받았다.

마리아 고레치 몬테리우는 현재 포르투갈 레이리아에 있는 에스콜라 슈페리에 데 테크놀로지아 에 게스타오에서 기술번역과 영어를 가르치고 있으며 번역사로 활동하고 있다. 리스본대학교에서 번역학 석사학위를 받았으며 기술번역 분야에서 박사학위 과정에 있다.

나자 그르비치는 오스트리아 그라즈대학교 번역학과 조교수이며 수화 과정 책임자이다. 언어학과 슬라브족 언어들을 공부했으며 수화통역으로 박사학위를 받았다. 통번역학 강의를 하며, 2002년 여름 그라즈대학교에서 시작한 5년 과정의 풀타임 학부 통역교육 프로그램을 개발했다. 연구 분야는 수화통역의 사회적 측면, 번역/통역과 권력의 문제, 번역 역사, 페미니스트 번역 등이다.

리타 코타리는 생 자비에 대학교에서 강의하며 번역연구소를 맡고 있다. 저서로는 『번역하는 인도: 영어의 문화적 정치』(생 제롬, 2003)가 있으며, 구자라트 지방의 선구자적 소설인 『양아들(The Stepchild)』을 영어로 번역하였다(옥스포드대학 출판부, 2004). 또한 구자라트어 시를 번역했고 여류 작가들의 구자라트어 단편소설을 여러 작품 번역하였다(자빈, 뉴델리, 2006).

페카 쿠야매키는 핀란드 사본린나에 있는 요엔수대학교 번역학부 학과장이며 독일어(통번역) 교수이다. 번역학 관련 세 권의 책의 저자이자 편집자이며, 가장 최근에 출판된 책은 『번역 보편소 – 과연 존재하는가』(BTL 49, 아나 모라넨과 공동집필)이다. 현재 핀란드어 번역 역사와 번역 기술에 관해 연구 중이다.

키트리엔 란노이는 국제회의 통역사이다. 그 외에도 프랑스어와 네덜란드어를 가르치며, 브뤼셀 호게스쿨 부어 웨텐참 & 쿤스트 대학교의 블레크호 캠퍼스에서 연구자로 지역사회 통역 관련 연구논문을 저술한다.

스텔라 린은 네덜란드 그로닌겐 대학교에서 15년간 번역학과 번역(프랑스와 스페인어)을 가르치고 있다. 이전에 유럽연합에서 번역사로 일했으며 다양한 스페인어 사전 편찬에 관여했다. 박사논문은 번역에서 시문학 묘사 모델에 관한 것이다(http://www.ub.rug.nl/eldoc/dis/arts/s.i.linn/). 현재 2006년 출판 예정인 두 권의 학술대회 논문집의 공동편집인이며, 하나는 『번역과 이문화성: 아프리카와 서구』(Peter Lang에서 출판 예정)이며, 다른 하나는 해외에서의 네덜란드 문학 수용에 관한 것이다.

가브리엘 모얄은 캐나다 맥마스터대학교에서 프랑스문학과 비교문학을 가르친다. 다양한 출판물에서 번역 역사에 관한 많은 논문을 발표했으며, 현재 1815-1848년 프랑스와 대영제국 사이의 문학 관계에서의 번역의 역할에 관한 프로젝트를 수행하고 있다.

기르에모 R. 나바로 몬테스데오카는 카나리제도에 위치한 고등학교의 스페인어와 문학 교사이며, 라스 팔마스 데 그란 카나리아 대학교 연구원이다. 박사논문은 관광과 지속가능 개발에 관한 연구였다. 이 연구에서 카나리제도의 사회경제적 및 사회문화적 맥락에서의 의사소통 프로세스에 대해 다루었다. 과거 이민자 구금센터에서 통역사로 일했던 경험이 이 책에 실린 논문의 배경이 되었다.

프란츠 푀히하커는 비엔나대학교 통역학 부교수이다. 국제회의 통역과 미디어 통역사로 활동했으며 통역 관련 다양한 분야에 관해 논문을 발표했다. 『통역학입문』(Routledge, 2004)의 저자이며, 미리엄 슐레징어와 함께 『통역학 연구(The Interpreting Studies Reader)』(Routledge, 2002)와 국제 학술지 『통역: 통역 연구와 실제(Of Interpreting: International Journal of Reseach and Practice in Interpreting)』의 공동 편집장이다.

소냐 폴라바우어는 번역사이자 연구자이며, 그라츠대학교 번역학과에서 일하고 있다. 현재 관심분야는 통역 연구, 특히 지역사회 통역 연구이다. 지역사회 통역 및 망명 심사 통역에 관해 일곱 편의 논문을 저술하였으며, 망명 심사 통역 연구로 박사 학위를 받았다.

안소니 핌은 스페인 타라고나의 로빌라 이 비르길리 대학교에서 번역 및 지역화 전공의 대학원 프로그램 디렉터이다. 번역과 문화간 관계에 대해 11권의 책을 저술했으며, 가장 최근 저서는 『움직이는 텍스트: 번역, 지역화 및 분배(The Moving Text: Translation, Localiation, and Distribution)』(Benjamins, 2004)이다. 파리 Ecole des Hautes Etudes en Sciences Sociales에서 사회학 박사학위를 받았다.

메테 루드빈은 볼로냐대학교 현대외국어 문학과에서 1995년부터 번역, 영어영문학 및 언어중재를 강의하고 있다. 전통문학, 번역, 대화통역 및 언어 중재와 관련된 강의와 폭넓은 저술 활동을 했다. 또한 수년간 이탈리아에서 전문 번역사와 법정 통역사로 활동하고 있다.

얀 반 구흐트는 사회심리학자이며 국제회의 통역사이다. 현재 플랑드르 정부의 사회적 통번역 개발 프로젝트를 수행하고 있다. 레시우스 호게스쿨(Lessius Hogeschool)의 연구자로 지역사회 통역 분야에서 연구와 저술 활동을 하고 있다.

개비 톰슨-홀게무트는 번역학 석사학위를 받았으며, 현재 아동문학 번역 관련 박사논문을 쓰고 있다. 저술 분야로는 동독 아동 및 청소년 문학, 구 동독의 영어권 아동문학 번역, 독일에서의 일반적인 번역 관련 주제, 출판산업, 문화/문학 정치 등이 있다.

아그네스 휫필드는 요크대학교(캐나다 토론토) 번역학과 교수이며 전 학과장이다. 퀘벡 문학과 번역에 관한 50편 이상의 논문과 10권의 저서의 저자이며, 여기에는 프랑스 문학 번역사들에 대한 두 권의 편집본이 포함된다: 『Le Mètier du double. Portraits de traducteurs et traductrices francophones』(Fides, 2005) 및 『행간 쓰기. 캐나다의 영어권 번역사들의 초상(Writing Between Lines: Portraits of Canadian Anglophone Translators)』(윌프리드 로리에 출판사, 2005).

미카엘라 울프는 오스트리아 그라츠대학교 번역학과 소교수이다. 번역학으로 석사학위를, 로망스어로 박사학위를 받았다. 연구와 강의 분야는 번역 사회학, 번역의 문화적 측면, 번역 역사, 탈식민지 번역 및 페미니스트 번역이다. 현재 합스부르크 왕가의 대규모 독일 번역 코퍼스를 이용하여 번역의 사회적 측면을 연구하고 있다.

John Benjamins Series

04 Sociocultural aspects of translating and interpreting

INDEX

찾아 보기

찾아보기

ㅂ

ㅅ

ㅊ

ㅌ

ㅍ

ㅎ

존 벤자민스 통번역 총서 04

통번역의 사회문화적 측면

Sociocultural aspects of translating and interpreting

초판 인쇄 2014년 7월 1일
초판 발행 2014년 7월 10일

편저자 A. 핌, M. 슐레징어, 주자나 제트마로바
기 획 정호정(한국통역번역학회 회장)
옮긴이 이주연
발행인 김인철
발행처 한국외국어대학교 출판부
130-791 서울특별시 동대문구 이문로 107
전화 02)2173-2495~7
팩스 02)2173-3363
홈페이지 http://press.hufs.ac.kr
전자우편 press@hufs.ac.kr
출판등록 제6-6호(1969. 4. 30)
디자인 · 편집 (주)이환디앤비 02)2254-4301
인쇄 · 제본 네오프린텍(주) 02)718-3111

ISBN 978-89-7464-921-0 93700
978-89-7464-914-2 (세트)

정가 27,000원

*잘못된 책은 교환하여 드립니다.

HUiNE은 한국외국어대학교출판부의 어학 및 사회과학도서 Sub Brand이다. 한국외대의 영문명인 HUFS, 현명한 국제전문가 양성의(International+Intelligent)의 의미를 담고 있으며, 휴인(携引)의 뜻인 '이끌다, 끌고 나가다'라는 의미처럼 출판계를 이끄는 리더로서, 혁신의 이미지를 담고 있다.